叢書・ウニベルシタス　1034

他者のための一者

レヴィナスと意義

ディディエ・フランク
米虫正巳／服部敬弘 訳

法政大学出版局

Didier FRANCK
L'UN-POUR-L'AUTRE: Levinas et la signification

Japanese translation published by arrangement with
Presses Universitaires de France
through The English Agency (Japan) Ltd.

目次

凡例

一、原文の《 》は「 」。
一、原文の（ ）は（ ）。ただし訳者の判断で原語を挿入するために用いている場合もある。
一、原文の " " は『 』。
一、原文の [ ] は [ ]。
一、原文で強調のためのイタリックは傍点。
一、原文の大文字で始まる単語は〈 〉。また特定の用語や意味のまとまりを示すために訳者の判断で用いている場合もある。
一、原文の — は——。また複雑な構文を分かりやすくするため、あるいは誤解が生じないようにするため、訳者の判断で——を補っている場合もある。
一、原文の太字は太字。
一、〔 〕は訳者による補足や説明。また著者により暗黙の意味が示唆されている場合にも使用している。
一、単語や文に複数の意味がかけられている場合は＝でつないである。
一、引用頁数などで明らかな誤りがある場合は訳者の判断で訂正した。
一、ハイデガー、フッサール、ヘーゲルなどの引用に関しては、ドイツ語原典から直接訳した。

「他者のための一者——すなわち、意義のなかの意義性そのもの！」

序論

われわれが神を失い、神を信じることを常にすでにやめてしまった以上、神とは何を意味するのか。神は、その理解（intelligence）を開くことになる命令や信仰の外で、意味をもちうるのだろうか。無神論は、自ら手放したものについて、それを手放して以来、理解することを求めてはいないだろうか。神の死を、どのような仕方であれ、宣告することになる言葉において、またその言葉にとって、神という語――われわれは〔神の〕〈名〉とは言わず、また〈神々〉や〈神的なもの〉について語っているわけではない――は、どのような意義（signification）をもつのだろうか。そのような語が言語《ランガージュ》に属している場合、言語《ランガージュ》とは何でなければならないのか。そしてそのような語が意義を表す（signifier）ためには、意味（sens）とは何でなければならないのか。積極的な形で言い換えるなら、われわれは、どんな神学とも独立に、つまりはもっぱら哲学的な仕方で、そこで神という語が意味をもつようなある状況と、聖書がそこから理解可能であり続けるようなある意味とを、記述することができるだろうか。

しかし、どこからこうした諸々の問いは、その必然性を受け取るのか。ニーチェは、神の死とニヒリズムの完成を宣言したとき、西洋の歴史全体に関わる言葉を残している。ニーチェは、このようにニヒリズムの完成を思考するために、またそうすることによって、最高の諸価値の無価値化という苛烈な過程を要約すると同時に、ギリシャ哲学とキリスト教神学とが結合した歴史を支配する法則を提示している。しかしながら、「神が死んだ」という言明は、本質的に両義的である。〔というのも〕この言明は、〔一方で〕あるもの〔神〕に対して接近する道を閉ざしているが、〔他方で〕にもかかわらず同時に、このあるものについての理解、すなわちこのあるものの接近を前提としている〔からである〕。しかし、もしこの接近が、その死が確証されたもの〔神〕自体と不可分である、律法＝掟の遵守や信仰告白ではありえないとすれば、一体、この接近とは、何でなければならないのか。

この問いは、さらに別の理由からも不可避である。ハイデガーは、存在－神－論がそこから展開される存在論的差異の発生をたどる際に、したがって存在が元初にどのように顕現したのかを、アナクシマンドロスの箴言を解明するなかで記述する際に、キリスト教的な理解可能性（intelligibilité）に依拠する。実際、ハイデガーは、思惟がそこから存在を語らざるをえなかったところの諸々の語のなかでも最も古い語、つまり彼が、der Brauch、すなわち「必需（usage）」と訳す、「ト・クレオーン（τὸ χρεών）」という語の意義を解明するために、聖アウグスティヌスにおいて frui、すなわち「享受する（jouir）」という動詞がもつ意義を援用している。では、存在論的差異の系譜〔発生史〕をたどるなかで、もともとギリシャ的であったものの意味を、存在の真理から確定しようとするとき、このようにラテン語や、fruitio dei、すなわち神の享受を参照することは、一体何を含意するのか。それは、存在の歴運に関して、本来ギリシャ的であるものの規定が、キリスト教的信仰とキリスト教神学の経験領域を経由することなしには不可能であるということを含意してはいないだろうか。[1] しかし、ハイデガーがその可能性にはこだわらなかったこの

〔キリスト教への〕迂回は、ハイデガーの思惟全体に徐々に関わってくる、ある問いを提起している。この思惟の本来的な運動とはどのようなものだろうか。「今日のわれわれの思惟に課せられていることは、ギリシャ的に思惟されたものを、より一層ギリシャ的に思惟することである」[2]。したがって、ギリシャ的であるものが生じる次元、すなわち形而上学的であるか、あるいは形而上学的となることを拒むものが生じる次元を認めたからには、問題は、そうした次元の本質現成（essence）を思惟することである。この本質現成は、ギリシャ的なものの手前で、つまり更新された意味でのギリシャ的ならざるものとして、その次元の全く別の可能性を保存する、あるいは覆蔵するような本質現成である。つまり、技術の本質がそこから生じるところのἀλήθεια〔アレーテイア〕からEreignis〔エアアイクニス〕へと、非覆蔵性（non-retrait）としての真理から性起（appropriation）へと移行することが問題なのである。したがって、もしギリシャ的なものが、キリスト教の啓示の光の手を借りることによって現象学的に構築されるとするならば、いかにしてギリシャ的であるもののギリシャ的ならざる本質現成は、〔ギリシャ的ならざるものと〕同様に更新された意味において、キリスト教的ならざるものでありうるだろうか。しかし、あらかじめ神という語に、キリスト教神学の外部においてだけでなく、形而上学の外部でもあえて意味をもたせることなしに、〔この問いに〕答えようとすることなどできるのだろうか。したがって、形而上学の終焉、あるいはその始源という点から、また種々の理由から見て、形而上学の超克が要求しているのは、存在の歴史とキリスト教——キリスト教を通じて、神という語は存在の歴史のなかに入り込んだ——とは別の形で、神という語が了解〔聴取〕されうる仕方を記述することなのである。

しかしながら、こうした要求は、すでに認められたものではないだろうか。神の意味を覆蔵しているような、ある意味の概念（notion）を、神の意味の起源を存在から引き出すことなしに彫琢することによって、神という語が意味をもつ諸々の具体的情況（circonstance）を探求することは、まさにレヴィナスが自分の課題として引き受けたものではないだろうか。レヴィナスは、『存在するとは別の仕方で、あるいは存在することの彼方へ』冒頭の短い前置きの最後で、*essence* という術語は、この著作においては「存在者と異なる存在」、動詞的意味における〈存在すること〉を表すことを明示した後、この著作の目論見を要約して告げる文章を、次のように記している。「存在すること（*essence*）と存在者と「差異」とからなる結合を狂わせる例‐外（ex-ception）を主観性のなかに認めること。主体の実体性において、自我における「唯一者」の強固な核において、唯一無比の自我の同一性において、他人への身代わりを見出すこと。意志することに先立つこうした自己犠牲を、受容性、受動、有限性よりも——そしてそれとは別の仕方で——一層受動的な感応（susception）に従って、超越の外傷への仮借なき曝露（exposition）として思考すること。この引き受け難い感応性（susceptibilité）から、内世界的な実践や知を派生させること。こうしたことが、〈存在の彼方〉に名を与えようとする本書の諸命題である。確かに、この〔存在の彼方という〕概念が独創的であると主張することはできないかもしれない。しかし、この概念へ接近する道は、その古来の急斜面を全く失ってはいない〔そこに接近する道が険しいことに変わりはない〕。登攀に伴う諸困難——そしてその挫折とその繰り返し——は、エクリチュールのなかに刻み込まれており、このエクリチュールは、おそらく探求者の息切れをも証示している。しかし、存在に感染せざる神の声を聴くことは、形而上学と存在神論に転落した存在を、その忘却から救い出すことに劣らず、人間において重要かつかすかな〔脆い〕可能性なのである[3]」。

　なぜ神の意味を存在の意味から免れさせることが、同時に主観性を存在論的差異から免れさせることでもあるのか。もし存在論的差異が、差異化されるもの、すなわち存在と存在者と、存在を理解することでこの差異を実現する者〔現存在〕とを分節化するなら、存在論的差異は、一方で、われわれがそうであるところの存在者の規定を含意すると同時に、他方で、あらゆる理解の可能性そのものがそこに保たれているところの存在の意味が、意味の存在そのものである、ということを前提としている。したがって、主観性を存在論的秩序から引き離すことは、「存在は存在理解と不可分である」、「存在はすでに主観性への呼び求めである」(4)、そして主観性は存在の関数である、などという『存在と時間』の根本にあるテーゼに反対することになるだけではなく、さらにとりわけ存在と意味とを分離することになる。どんな意志することにも先行する、他人への身代わり、自己犠牲、あるいは存在からの超脱(désintéressement)〔利害関心から逃れること、存在の内から脱すること〕を主体の同一性〔身分〕とするとき、また主観性を存在から解き放って他人へと召喚するとき、結局のところ問題となっているのは、ある意味の体制《レジーム》から他の意味の体制《レジーム》へと、ある理解可能性から他の理解可能性へと移行することなのである。代わりに、「内世界的な実践や知」、つまり一言で言えば存在論を、存在から超脱した主観性や、このもう一つの意味の布置、またこの意味の布置と連動したもう一つの理解可能性へと従属させることが、もしできないとすれば、この〔ある意味の体制《レジーム》から他の意味の体制《レジーム》への〕移行の射程は、当然限定的なものとなるだろう。逆に、もし存在が、その歴史において、たとえ一度でも存在を超越するものを輝かせることがなかったとすれば、この同じ移行は、単純に不可能となるだろう。しかし、善を存在の彼方に位置づけたプラトンは、まさにこうした輝きを証言したのではなかっただろうか。

したがって、この〈彼方〉の意味、あらゆる存在論の外で神という語がそこから意義を表しうるような超越の意味を探求するには、意味や思惟の究極の尺度としての存在の知との、存在の真理と存在の歴運の形而上学的展開との全面的な対決が不可欠なのである。そうすると、この存在の歴運に関して、問いは次のようになる。すなわち、超越は、存在者の存在することとして思惟されなければならないのか、超越は、その意味を、存在‐神‐論がその完成を成すようなこの〔存在論的〕差異から受け取っているのか、それとも超越は、「他人に対する責任という倫理的情況」[5]からよりよく理解されるのではないか、という問いである。そして、「超越及び神の問題と、存在することに還元されざる――すなわち存在することの内在に還元されざる――主観性の問題とは不可分である」[6]からには、また神の意義は、他人に対する主観性の関係から分離できないからには、ハイデガーが超越をそれと同一視したところの存在から、超越を分離することによって、超越の意味を問いたずねることは、事実上、次のことに行き着くことになる。すなわち、それは「理性の諸命題と信仰の諸命題とのあいだの合致＝調和という色褪せた夢の彼方で、そこにおいては、存在の思惟のもつ有意味なもの（le sensé）が、聖書のテキストから意味を受け取っているものに結合し、あるいはその逆のことも成り立つような統一を打ち立て〔る〕、意味概念の拡張を探究する」[7]ということである。

したがって、われわれは、われわれの冒頭の問いかけへとレヴィナスを導いた道をたどり直すことなしに、どのようにしてこの問いかけに答えようとすることができるというのだろうか。喚起しておくべきなのは、どんな哲学的問いも、それがそこから生じてきた〔哲学の〕歴史を引き受ける一つの仕方なのであって、この歴史に哲学的問いは従属しており、この歴史は哲学的問いによって新たに理解可能となりうるということである。これこそ、哲学的問いの彫琢が、常に、どのような仕方であれ、解釈という様相を呈する理由であり、読解という形を取る理由なのである。そして、事象そのものへの回帰――この同じ事象がすでにその対象となっている言明、それをとおしてその事象がわれわれに伝達された言明を再活性化することなしにはありえない回帰――を、少なくとも当初はあらゆる哲学の形式的な方法的原理としてきた思惟にとって、読解することは、見られたものを、それが語られたままに再び見ることである。しかし、どんな見ることもある領野において行われるとすれば、見ることは、この領野の限界を確定することなしには再構築されえないであろう。ところで、限界を識別すること、それは限界を乗り越える準備をすでに整えているということであり、それと同時に、すでに見られたものをあえて別の仕方で見ようとすることである。哲学書の読解をそのように理解するならば、そのときそれは、哲学の実践＝訓練そのものと一体になるのである。

第一章　問いのなかの問い＝問いについての問い

第一節　ある問いからもう一つの問いへ＝他者へ向けたある問いについて

超越が存在と相関的である以上、超越の意味を語るには、存在の意味、より正確には、存在が開示され、現れ、発見される仕方から出発しなければならない。ハイデガーは、『存在と時間』の冒頭で、新たに存在の意味への問いを提起すべき様々な理由を手短に説明したうえで、その問いの特殊性を強調しようと試みた。もしどんな問いも何らかのもの――〈問われているもの〉〔Gefragtes〕――にかかわっており、またその問いが何ものか――〈問いかけられているもの〉〔Befragtes〕――に即してこの何らかのものを問いたずねており、さらに問いがまさに指向するもの――〈問いただされているもの〉〔Erfragtes〕――に到達すべく問うているとするなら、存在の問いは、〈問われているもの〉、〈問いかけられているもの〉、〈問いただされているもの〉という名のもとで、存在者の存在、存在者、存在の意味を〔それぞれ〕分節化して明らかにする。この分析は、即座に次のような問題を提起する。「どの存在者に即して存在の意味が読み取られるべきなのか。存在の開示は、どの存在者から出発すべきなのだろうか。出発点は任意なのか、それとも存在の問いの彫琢にあたって特定の存在者が優位をもつのだろうか。この範例的な存在者はどれなのか。またそれはどのような意味で優位をもつのか[1]」。解答は問いに帰着する〔存在を〈問う〉存在者というのが解答である〕。つまり、存在の意味への問いを提起しうる可能性をその存在において保持している存在者だけが、基礎的存在論にとっての導きの糸の役割を果たすことができるし、またそうなるはずである。したがって、存在の意味への問いの形式的構造から、次のことが帰結する。すなわち、基礎的存在論は、実存論的分析論と合致するに至るということ、さらに存在認識の内的分節構造はすでに、存在を開示する問いの分節構造のなかに書き込まれているということである。この問いが基礎的である以上、それははじめから「それ自体で完全に透明な見通し[2]」をもって提起されなければならない。しかし、本当にそうなのか。問いの分析は、ある種の死角、盲点、あるいは少なくとも「はっきりしない箇所[3]」を抱えてはいないだろうか。

レヴィナスは、『存在するとは別の仕方で、あるいは存在することの彼方へ』の「論述＝曝露（*L'exposition*）」と題したところの冒頭で、その叙述全体を二重の意味で要約＝凝縮し、「普遍的な現象学的存在論[4]」の焦点にある、存在の発見〔開示〕としての真理の根源的規定を再び取り上げ、次のように述べている。「哲学は、真理を探究し表現する。真理は、言明ないし判断を特徴づける以前に、存在の展示〔開示〕（exhibition）に存する。しかし、存在という名のもとで真理に現れるものとは、一体何であろうか。そして誰がそれを目にするのだろうか[5]」。これら二つの問いは、密接に結びついている。というのも、後者の問いに答える者だけが、前者の問いを提起することができるからである。では、存在の展示、あるいは存在の真理にかかわる問いかけは、何を含意しているのだろうか。それは、「〈何〉（*quoi ?*）」、〈何なのか〉

（*qu'est-ce ?*）、〈何であるのか〉（*qu'est-ce qu'est ?*）という問いを発する。存在するものについて、問題は、それが何であるかということである。〈何〉という問いは、すでに存在にすっかり包まれており、存在にしか目を向けることがない。この問いはすでに存在に没頭しているのである」[6]。自ら探求しているものにはじめから訴える、この〈何〉という問いは、したがって存在の只中で登場し、存在の外側にあるわけではない。それは、「同時に存在論であり、自ら理解を試みている存在そのものの現実化に関わっている」[7]。しかし、この問いが根源的である場合、どんな思惟も、それが何であれ、存在了解〔理解〕に依存しており、また反対に、存在は、理解可能性そのものとして問いに提供されている〔存在は、問いのなかで理解の条件そのものとして機能している〕。しかしながら、この理解可能性は、どのような理由から問いを引き起こすのだろうか。「これこそ、〈誰〉と〈何〉という問いに対する先決問題である。なぜ展示においては〔そもそも〕問いというものが存在するのか」[8]。

それは、仮象と隠れとの可能性がなければ現出することは決してありえないからなのだろうか。それとも、どんな顕現も持つ部分的〔断片的〕性格ゆえに、真理は、段階的に露開されていくらかの時間を要し、さらには時間そのものを必要とするからなのだろうか。しかし、このように答えることは、問いにうまく答えているのだろうか。というのも、実際、なぜ存在の真理が探求のテーマとならねばならないかを理解することが重要ではなく、なぜ探求が、ある問いという形で行われることになるのかを理解することが重要だからである。「〈問い〉のなかの問い＝〈問い〉についての問いは、もっとラディカルである。なぜ探求は問いとなるのか。すでに存在のなかに浸りきって、さらに存在を開示することとなる〈何〉という問いが、どのようにして要求（demande）や祈り＝願い（prière）となるのだろうか、つまり所与の「伝達」に、他人に差し向けられた援助への、救援への要請＝呼びかけ（appel）を挿入する特殊な言語となるのだろうか[9]」。

どんな問いも、それが発信する情報の彼方ないし手前では、実際には他人への準拠＝祈り（invocation）でもあり、この次元は、問いの形式的構造の各契機を貫いている（transir）。ドイツ語の「問い」、Frage は、古高ドイツ語の frâga から派生したものであり、この frâga は、ラテン語の「祈り」、prex と同じ語根をもっていること、また、探求する、要求するを意味するラテン語 quaero は、祈ることを意味するラテン語 precor と密接な関係があるということを想起すべきなのだろうか[10]。〔あるいはさらに〕次のことを付け加えるべきなのだろうか。すなわち、存在の問いは完全に透明な見通しをもって提起されることが求められるのなら、学生を前にして毎週続けて行われる講義が問題であれ、あるいは読者が一ページずつ〔一人で〕解読していく論文が問題であれ、存在の問いの論述の具体的情況、その呼びかけ（interpellation）の力が展開される状況を無意味なものとみなすことができなくなる、ということを付け加えるべきなのだろうか[11]。「存在の意味を問う哲学ですら、この問いを他人との出会いから行っている[12]」。確かに存在の顕現は、「第一の出来事」である。しかし、「第一のものの第一位性そのものは、現在の現前にある」のなら、どのようにして顕現の漸次性、隔時性というものを理解することができるだろうか。〔というのも〕、この顕現は「開示と直観との眩い瞬間」ではなく、「問いから答えへと断続を挟んで持続する」顕現であり、ある問いからもう一つの問いへ断続を挟んで持続する顕現、同と他とのあいだの間隙なしにはありえない顕現〔だから〕である。この事実から、われわれは、顕現が関係する主体へと送り返されるのではないだろうか。この主体、「見ている〔関係する〕〈誰〉」は、もはやその顕示（ostension）によって求められる存在の受託者――「存在の開示に置かれているとみなされた同一的主体」――ではありえない。そうではなく、それは「〈同〉と〈他〉との〔今後規定すべき〕隔時的筋立ての結び目[13]」なのである。したがって、現段階では推測にしかすぎないが、次のように考えることができる。つまり、問いそのものに含意された他人との関係と時間性とを記述することは、この同じ問いの形式的で部分的な構造からその建築術が描写される、存在論的理解可能性にはもはや属していないであろうし、あるいは逆に、存在論は「忘れられた声」[14]をひそかに響かせているはずである、と考えることができる。そしてこうした声が語ることのできるものに、またその声の抑揚変化にも、耳を傾け始めるには、存在論で語られていることから〔まず〕耳を傾けなければならないのだろうか。

しかし、こうした推測は、幾分性急ではないだろうか。「誰が見ているのか」という問いは、存在論的性格も備えてはいないだろうか。実際、誰が見ているのかという問いは、誰かの同一性を問いたずねているわけではなく、「「見ている誰」のその一般性における存在すること」を問いたずねている。「それ〔問いかけ（interrogation）〕は、「この〈誰〉とは誰か（qui est ce *qui* ?）」という問いにおいて、この〈誰〉とはどのようなものかを問いたずねる。そしてこの〈誰〉に対して、存在に向けられる〔のと同じ〕眼差しが注がれるのである」[15]。〈誰〉は、〈何〉の代わりに、存在にすっかり包まれ、存在が顕現するところの者は、顕現する存在のなかに位置づけられる。それは、たとえ彼が「知がそこに沈殿して寄り集まって形成される内奥性の襞（repli de l'intimité）」として、つまりは、知から消え去ることなしに知から身を退けるもの、あるいはそうした者という様態で、存在のなかに身を置いているとしてもそうなのである。したがって、存在がその全き真理において現れうるには、自己意識が、曝露された存在そのものにおいて、むき出しで改めて発見されなければならない。それは果たして可能なのか。またどのようにして〔存在の〕開示〔展示〕は知となるのか。あるいは思惟は、思惟がその一部であらざるをえない存在からどのようにして生じるのだろうか。

第二節　主体は存在の関数でしかないのか

もし真理が存在の自己への現示（monstration）であるなら、真理は裂開なしにはありえず、存在は裂開において自己から隔てられるのである。「顕現は、存在の全体性が存在の全体性へと現れる閃光のようなものではありえない。なぜなら、この「……へと現れる」ことが指し示しているのは、まさしく時間である位相差（déphasage）だからである。それは、同一的なものの自己自身に対する驚くべき隔たりなのである！」したがって、存在が自己を発見する瞬間の位相差によって、存在の真理が可能となる。というのも、顕示が自己へと退却するその瞬間は、視向するもの、志向性[16]であると同時にその主題、思惟であると同時に存在だからである。しかしながら、時間は、この時間の時間化の様態を考慮に入れれば、自己の想起（réminiscence）でしかなく、「想起である時間と時間である想起――意識と存在することとの統一[17]」でしかない。

それによって存在が真に存在へあますところなく現れるところの時間的位相差において、全体性は、ある仕方で、全体性の彼方へと赴く。しかし、全体という場合に外部性がない〔場合を指す〕とすれば、どのような形で〔全体性の彼方へ〕赴くのだろうか。「真理において主題化された全体性からの超越は、全体性を諸部分へと分割するようにして生み出される」、とレヴィナスは答えたうえで、次のように続けている。「しかしながら、諸部分はどのようにして真理としての顕示が含意するものである全体と等価となりうるのか。それは、全体を反映＝反省することによってである。ある部分に反映された全体は、像（image）である。したがって、真理は存在の諸々の像のなかで生み出されるのである[18]」。しかしながら、このことから何を理解すべきなのだろうか。像とは、直接的に現れるもの、感性的なものであり、全体を反映する際には、全体をそのまま現すわけではないものである。像とは「真理が終点にはない〔…〕顕示の終点」である。しかし、もし真理が全体の分割を要求するなら、それは「消えることなく完成する」ことはありえない。したがって、真理は感性的な像だけでは生み出されない。それは約束されるのであり、像の彼方にある知の約束である。「真理は、常に約束され、常に未来にあって、常に愛される。真理は約束の中にあり、智恵への愛である」。真理は哲学＝愛智である。「存在の存在することは真理であり、哲学である」[19]。なぜなら、存在することは、同一的なものの自己との隔たりかつ自己への回帰としての時間の時間化だからである。存在の存在することは、このように了解されるなら、「ときに開示と呼ばれる、〈同〉の〈同〉への可視性」であり、「不透明性の原初的散逸（*dispersion originelle*）〔一掃〕」である。そこでは、「諸形式が明らかになり、知が呼び覚まされ」、「存在は夜から出る、あるいは少なくとも、睡眠――夜のなかの夜――を離れ、意識というおさまらぬ不眠へと向かう」。そしてこの光そのものは見られることができる。なぜなら光は、語られ、記述されるからである。しかし、主題的ならざる光のなかで主題的に現れる光は、それ自体において反射し、鳴り響く。あるいはそれは、レヴィナスによれば、「そのなかで唯一の〔比類なき〕響きをもって、また沈黙の響きをもって「聞く眼」に響く[20]」。

全体が全体の彼方へと向かう位相差のなかに存在することの光の起源があるとすれば、この超越が実現される時間性は、存在ないし存在することの彼方に赴くことはないのだろうか。しかも、不透明性を散逸〔一掃〕させる時間は、夜から昼への移行であり、睡眠から覚醒への移行なのである。しかし、昼も覚醒も、夜や睡眠の単なる否定でしかないのだろうか。夜や睡眠は存在することに属しているのだろうか。あるいは、「逆に、それらは「別の仕方で」や〔その〕「手前」で「ある」のだろうか」。そして、もし志向性を引き起こすことによって存在の真理を実現している時間の隔脱（diastase）が、主体の出現でもあるとすれば、問いは、次のように主体へと集中することになる。すなわち、主体とは存在することの様態ないし関数でしかないのか。存在は、主体の意味の唯一の地平を構成するのだろうか。レヴィナスは、次のように明確に書く。「主体は、存在論から完全に理解されるのだろうか〔レヴィナスの原文では感嘆文〕。これこそまさに、目下の探求の主要問題のうちのひとつであり、あるいはより正確には、目下の探求が問いに付すことなのである[21]」。問いに付すことは、したがって、ある意味の次元から他の意味の次元へと移行すること、また、いずれにせよ、形式的には「意味とは、何らかのものの理解可能性〔Verständlichkeit〕がそこに保たれているところのものである[22]」のだから、ある理解可能性から他の理解可能性へと移行することを明らかに目指しているのである。

第二章　名詞、動詞、存在論的差異

第一節　動詞から名詞へ――同一化

存在の自己顕示としての真理において、超越の意味を、それが全体性に吸収され、全体性のなかで細分化（partition）して自己を実現する前に、まさに作用しつつある状態で、いかに取り押さえるのか。この意味を取り押さえるのは、まさしく部分的イメージ、直接的なもの、感性的なものというこの分割（division）の結果として生じるものから着手することによってでなければ、いかに可能だろうか。

実際、存在することという光のもとに現出する（apparaître）諸事物は、その感性的質――固有の感性的なもの〔感覚に固有の対象〕は常に真である[1]――、それも時間的諸体験におけるそれを通して現れる。時間と、感覚するものと感覚されるものとの共通の作用としての感覚との結合とは何か。あるいは、この感覚はどのように顕現するのか。レヴィナスが引用するフッサールによれば、「感覚することをわれわれは根源的時間意識とみなす」。そしてもし「意識が印象なしには何ものでもない」[2]とすれば、問題は、印象が意識に対して与えられるに至る仕方を理解することである。意識が属している主観性の絶対的流れが、意識自身の過去把持〔意識による・意識についての・過去把持〕において、意識を意識自身から隔てる限りで、意識は、印象から生じる。視向された感覚と感覚の視向（visée）とを分断する過去把持は、時間化、すなわち根源的志向性、あるいは志向性の起源である。そして最初の印象の同一性を保持する過去把持は、〈同〉の変質や否定ではなく、〈同〉による〈同〉の変様であり、存在しつつある存在（l'être en train d'être）、動詞的意味での存在することである。「時間的変様は、出来事でも作用でも、何らかの原因に対する結果でもない。それは、存在する〔である〕という動詞である[3]」。

以上のことから、何を理解すべきなのだろうか。流れの形式、あるいは流れることそのものである原印象の過去把持的変様は[4]、時間を構成しており、出来事、原因、あるいは結果のように時間を想定するものからは理解しえない。したがって、もし動詞ということで、作用を指示する名詞を、あるいは作用の意味に時間という意味を付加する名詞を理解するとすれば、時間化とは、動詞ではない。しかし、存在するという動詞は、他の諸々の動詞のようなひとつの動詞ではない。というのも、それはいかなる作用も指示せず、何も名づけないからである。それは、動詞のなかの動詞である。「存在するという動詞は、あたかも言語が明らかに命名と等しくなることはないように、時間の流れることを語る。それは、あたかも存在するということにおいて、動詞が、ただ存在するという動詞の動詞的機能とのみ再び結びつくかのようである」。したがって、時間的変様、存在の真理、あるいは存在の存在することである時間化は、動詞の動詞性であり、存在するという動詞、あるいは存在〔すること〕の動詞、すなわち、言語《ランガージュ》（langage）なのである。言語は、諸記号や諸名詞の体系である以前に、またある特定の言語《ラング》（langue）である以前に、

「動詞の過剰物（excroissance）」[5]であり、それゆえに印象が自己を体験する仕方、感覚が意識となる仕方を統べている。「体験された感覚——存在と時間——は、すでに動詞において了解されている」[6]のであって、反対に感性的なものは常に語られており、すでに語られている。

どのような意味でそうなのか。動詞である言語は、名詞でもあり、「感覚という、動詞的あるいは時間的な流れることにおいて、命名は、諸々の同一性を指示、あるいは構成する」[7]。いかにしてそうするのか。時間化は、感性的なものを発見すると同時に、それを取り集める。つまり、過去把持は、原印象の過去把持であり、この印象の過去把持である自らにおいて、志向的、理念的に印象を保存し、回収する。過去把持された印象を視向する志向は、過去把持的変様が連続的変様である以上、その多様な所与性様態をとおしてこの印象を同一化する。したがって、志向は、印象を、その同一性において視向する。だからこそ、「経験における所与の同一化は、純粋な主張＝思念（prétention）である。それは、見ること（vision）、あるいは純化された経験ではない。それは、これ一般やそれ一般を知覚することにあるのではなく、これをこれとして、それをそれとして「言わんとする＝了解する（entendre）」こと、「主張する＝思念する（prétendre）」こと（まさに「言ウ＝思念スル（meinen）」というドイツ語が正確に表わしている運動を遂行すること）にある。それは、諸々の内容についていかなる予断も挟むことなしに、これをそれとして「言わんとする＝了解する」ことによってそうするのである」[8]。

フッサールがそれによって最も一般的な仕方で志向性を特徴づけているところのこの言ウ＝思念スル（meinen）という動詞は、実際何を意味するのだろうか。「言ウ＝思念スル」とは、視向すること（viser）である。しかし、それはこれらの語あるいはこの言説によって私があれこれのことを語らんとするという意味で、言わんとする＝了解する（entendre）ことでもある。では、志向性は何についての了解（entente）

——聴取、言ウ＝思念スル（vouloir dire）、理解——なのだろうか。「これをそれとして言わんとする＝了解すること（entendement）は、対象を言わんとする＝了解するのではなく、その意味を言わんとする＝了解する」[9]。そしてもっぱらまさにこの意味からこそ、諸存在者は現出することができる。「諸存在者は、その意味において同一的な存在者として現れる。それらは、まず与えられ、主題化されて、次に意味を受け取るのではない。それらは、自分が〔すでに〕もっている意味を通じて与えられるのである」[10]。この理念的で同一的な意味は、何に由来するのだろうか。この意味は、経験を可能にするものなのだから、経験から生じることはありえない。それは、時間的変様であり存在の存在することとしての志向性、つまり言語《ランガージュ》、より正確には名詞としての志向性にその起源をもっている。「志向性は思惟であり、言わんとする＝了解すること（entendement）、主張＝思念（prétention）、同一的なものを名づけ、何らかのものを何らかのものとして宣告する（proclamer）ことである」[11]。そしてそれは、宣告すること、さらには「定言的宣布《ケリユグマ》（kérygme）」である[12]。なぜなら、存在論的秩序においては、〔それに〕先行するものは何もないからである。「同一化とは、宣布《ケリユグマ》的である」。もし志向性が同じく宣布的であるなら、それは、本質的に〔存在することとして〕、存在することによって、そうなのである。換言すれば、「「それとしてのこれ」——それは体験されない。それは語られる」[13]。

　したがって、ここで了解されるような言語《ランガージュ》が実体を共にしているのは意識であり、この言語《ランガージュ》は、「主題化と同一化としての真理の働きそのものに属している」[14]。しかしながら、次のことを指摘しなければならない。それは、ハイデガーにとって主題化と同一化は全く両立しないということである。ハイデガーは、解釈学的な〈……として〉と命題論的な〈……として〉とを区別した後で、主題化を、配慮（pré-occupation）〔Besorge〕の唯一の理論的変様特有の特徴とみなしている。ハイデガーによれば、主題化は、

「世界内部的に出会われた存在者を、それが自らを純粋な〈発見すること〉に「対して企投する」〔ことができる〕ように、すなわち客観〔Objekt〕となりうるように、取り出そうとする。主題化は客観化する。それは、まず存在者を「措定する」のではなく、存在者が「客観的に」問いかけられ規定されうるものとなるように、存在者を取り出すのである。世界内部的に存続するもの〔Vorhandenes〕のもとで客観化する存在は、卓越した現在化＝現前化という性格を備えている」[15]。そしてハイデガーが、現存在の脱自的時間性への意識の志向性の基づけに関する脚注において参照させるのは、認識についての伝統的解釈、とりわけフッサール現象学において、直観とその時間的意味を構成する現在化＝現前化とに与えられた特権である。したがって、同一化と主題化とを同一視することは――「経験されたことは主題的、すなわち同一的である」[16]とレヴィナスは断言する――、暗に存在者と対象との、眼前性（Vorhandenheit）と手許性（Zuhandenheit）との存在論的差異を取り消すこと、世界性の分析を無視すること、実存論的分析論全体の主要な区分のひとつを問い直すことなのである。次のことを付け加えておこう。主題化概念の拡張は、「魂が、蒙らないように触発されるという事実」[17]によって主題化を規定し、その直後に「魂を触発するものが、魂に現れ、「現前」する」と明言するのだが、こうした主題化概念の拡張なしには、また主題化と知とを現前一般へとこうして敷衍することなしには、「知へと還元しえない心的現象の発見」[18]をハイデガーの功績として認めた後で、「主知主義的モデルの回帰に抵抗するのに十分なエネルギー」をもっていなかったとして〔レヴィナスが〕ハイデガーを非難することは、当然ながら不可能だということである。では、〔ハイデガーにはなかった〕余分のエネルギーは、たとえそれが「存在することの倫理的中断」[19]から生じるとしても、以下でやがて問題となる、あの「どんな受動性よりも受動的な受動性」へといかにして接近しうるのだろうか。

第二節　命題の両義性――〈語られること〉と〈語ること〉

真理の働きへと戻ろう。現出するものは、常にすでに語られている。「現象の現れ（*apparoir*）は、現象が意義を表すこと（*signifier*）から分離されない。この意義を表すことは、思惟の備えている宣告的・宣布的《ケリュグマ》志向へと送り返すのである」。もし「どんな現象も、言説であるか、あるいは言説の断片である[20]」とすれば、すでに語られたものではないような感性的なものはない。なぜなら、繰り返すが、言説は、時間化、すなわち感性的なものそのものを感性的にする、感覚するものと感覚されたものとのあいだの位相差から生まれるからである。強調しておかなければならないのは、言語として構造化された意識や自発性に属す意味（sens）のこの宣告なしには、またそれに基づいて同一化が了解されるところのこの「不可思議な図式機能[21]」なしには、何ものも決して現出しえないし、現れることも与えられることもありえないということである。どんな現象も現象学〔現象のロゴス〕である。「存在は存在の意味から不可分である！存在は語られる（parlé）。それはロゴスのなかにある[22]」。そして、現れるもの、与えられるものを完全に言語の外で理解しようと試みることは、誤解＝反意味であるどころか、まさに無‐意味なのである。「意義を表すこと（signifier）は、与えることではない」。そして「与えられるものは、ある文言（phrase）〔言語〕の事実である[23]」。

したがって、存在者は、どんな受容性よりも前にすでに同一化されており、すでに語られている。この同一性は、〈語られること〉と「相関的」な〈語ること〉へと送り返す。時間的変様の光のなかで存在者を名づけ同一化する〈語ること〉、この「〈語られること〉へと向かい、そこに吸収される〈語ること[24]〉」は、宣布的《ケリュグマ》志向性そのものにほかならないのであり、時間の取り集めなしには、また隔時性の共時化、あるいは物語（récit）なしには、当然機能しないし、これらのものなしには、同一性は存在しえない。「唯一、〈語られること〉において、〈語ること〉の物語（épos）においてこそ、時間の隔時性そのものが、記憶可能な時間において共時化され、主題となる。物語は、それが曝露する同一的実体へと付加されるに至るのではない――それは、同一的実体を記憶可能な時間性によって照らされた同一性として曝露するのである[25]」。それゆえ、こうした物語ること（narration）なしには存在者はない。物語ることにおいて、失われた時間が常に、再び見出されて同一化を引き起こして終わるのであり、したがって、物語がそのおかげで命題論的ロゴスに先行するところの「図式機能の不可思議な働き[26]」がそこで実現するのである。しかし、過去が現在において完全な形で表象されたり取り戻されたりすることはできないのであれば、また時間の移り行きや喪失が不可逆的で回収しえないものであるなら、その動詞性、その時間性における〈語ること〉は、現在化＝現前化することで取り集めや主題化を行なう〈語られること〉へと必然的に結びつけられるのだろうか。そして「人間における〈語ること〉という能力は――たとえ〈語られること〉と厳密に相関的な〈語ること〉の機能がどのようなものであれ――存在に仕えるのだろうか[27]」。この問いを提起することは、同時に、語られた意義とは通約不可能な意義を、共時性へと還元不可能な隔時性を探求すること、つまりは、語られた存在の意味、その現前性の意味ではいまだない、あるいはもはやすでにそうではない意味を問いたずねることではないだろうか。しかし、存在論からはじめることなしに、そして存在者が現出する〈語られること〉から出発することなしに、いかにこの意味を獲得し、そしていかにして、存在とその意味の背後に、「存在論においては忘却された別の意義の響き[28]」、すなわち別の意味の体制《レジーム》のかすかな残響を聞き取ることができるというのだろうか。

〈語られること〉は、単に動詞か名詞かのどちらか、あるいはその両者であるだけでなく、それはさらに、ἀπόφανσις〔アポファノーシス〕、つまり言明かつ顕現、述定的〔宣布的〕命題である。ところで、もし存在者の命名が、何らかの仕方で動詞を沈黙へと還元し、存在忘却に当てはまるとすれば、述定的〔宣布的〕命題は、逆に、動詞的に＝言葉によって存在者を了解させ＝存在者に意味をもたせ〔存在者を存在させ〕（faire entendre verbalement l'étant）、存在することの様態、時間化の様態として存在者を了解させる＝存在者に意味をもたせる〔存在者を存在させる〕ことができるのではないだろうか。あるいは、別の言い方をすれば、繰り返すが、真理に属している言語が、動詞としての存在と、名詞によって同一化された存在者との差異、すなわち存在論的差異を、いかにして生ぜしめるのだろうか。

　この問いに答えるために、同語反復的命題から出発することにしよう。この同語反復的命題は、どんな仕方であれ、あらゆる述定形式を支えるものである。「〈AはAである〉は、単にAの自分自身への内属、あるいはAがあらゆるAという性格を備えているという事実を意味しているだけではない。〈AはAである〉は、「音響が響く」、あるいは「赤が赤化する」というようにも了解される。〈AはAである〉は、〈AがA化する〉（A a-oie）というように了解されるのである[29]。しかし、「赤が赤化する」という命題において何が起きるのか。動詞は、この命題において、名詞ないし実詞の自己合致を切断し、こうして隔たり、位相差、存在することを発見する隔時性――時間化――を生み出す。この場合、述定〔宣布〕（prédication）は、赤の存在すること、ないしは赤の赤化することを存在することとして、了解させる＝それに意味を持たせるのである。しかし、存在することは動詞であり言語《ランガージュ》なのだから、「〈語られること〉、〈ロゴス〉の背後には、存在することも存在者もない。動詞としての〈語られること〉は、存在することの存在することである[30]」。そして、「AはAである」という命題に妥当することは、もしBが、Aの存在することが実現され時間化される仕方として了解されるなら、「AはBである」という命題にも妥当する。したがって、動詞は、存在の名〔名詞〕ではなく、「動詞は、述定的〔宣布的〕命題において、存在として了解された存在の響き〔残響〕そのものなのである。時間化は、命題《アポファンシス》〔述定的命題〕において、存在することとして響く[31]」。

どのようにしてそうするのか。本質的に両義的な仕方で、である。「〈である〉という繋辞《コプラ》において、存在することと名詞化された関係との両義性が輝き明滅する。動詞としての〈語られること〉は、存在すること、あるいは「名詞化」である。あるいはより正確には、ロゴスは、存在と存在者とが二重に了解し合い同一化し合いうるような両義性《アンフィボロジー》において結節する。そこでは、名詞が動詞として響きうるし、命題《アポファンシス》〔述定的命題〕の動詞が名詞化されうるのである[32]」。実際、「AはAである」、あるいは「ソクラテスはソクラテスである」という命題は、動詞的には「ソクラテスがソクラテス化する」という命題として、また名詞的には「ソクラテスは、ある個人を指示し同一化する名詞である」という命題として了解されうる。前者の場合、存在するという動詞は、存在することの響きそのものであり、個体性が〔その〕存在様態である。後者の場合、この動詞は、この動詞がそうであるところのものである存在者を、つまり「あらゆる何性（quiddité）として、存在者の存在することしかもたない存在者を、名づけられた他のどんな存在者の何性とも同様に同一化される何性」を指示している。前者の場合、存在は、唯一その存在することの流れを導く。後者の場合、存在は、存在者の属性、存在者の存在、さらには最高の存在者となる。しかしながら、この区別は、決して分離ではない。というのも、ロゴスは動詞かつ名詞、名詞かつ動詞だからであり、どんな動詞も名詞に変わりうるとすれば、逆にどんな名詞も動詞に変わりうるからである。「名詞化に抵抗する動詞は存在しない」、とレヴィナスは指摘し、即座に次のように続けている。「述定〔宣布〕において、存在するという動詞（述定がその「本来の場所」である）は、存在することを響かせる。しかし、この響きは名詞によって存在者のうちに取り集められる。それゆえ、存在することは、響くのではなく、指示するのである」(33)。したがって、〈語られること〉は、存在と存在者との差異に依拠する存在論の「生誕地」であり、このロゴスの両義性《アンフィボロジー》は、基礎的存在論自体にすら関わっている。〔というのも〕基礎的存在論は、存在を存在者から厳密に区別することによって、「同一化された存在者について語るように存在について語る」(34)のであり、冠詞を用いるだけで〔存在する（Sein, être）という〕動詞を名詞――存在（*das* Sein, *l'être*）――にする〔からである〕。

レヴィナスは、われわれが今しがたその概略を描き直した基礎的存在論の解釈から出発して存在論的差異の発生を記述することによって、ハイデガーとは全く別の仕方で歩みを進める。ハイデガーは、この同じ差異の到来を、不在（Abwesen）と接合した現前（Anwesen）に抗する恒常性の反乱＝蜂起（insurrection）として理解する。それも、ἀλήθεια〔アレーテイア〕とλήθη〔レーテー〕との関係、存在の真理とその覆蔵との関係、すなわち存在とその忘却との関係から理解するのである(35)。したがって、『存在と時間』の未完によって始まると共に中断されたままの本質的な諸問題のうちのひとつが、〔後期ハイデガーとレヴィナスによる〕二つの解答を得ることになる。そのうちのいずれか一つに決めてしまうのは性急であろうが、いずれにしても、二つの解答へと分節化していることが、言語《ランガージュ》の本質の再‐規定を要求している。というのも、ハイデガーがヘラクレイトスに従ってἀλήθειαとλήθηとの統一をλόγος〔ロゴス〕として思惟しているとすれば(36)、レヴィナスは、存在論的差異を、動詞と名詞との統一から考えているからである。

存在論的差異をロゴスの両義性《アンフィボロジー》へと送り返すことは、第一に、「言語《ランガージュ》の前‐存在論的な重要性を測定する」(37)ことである。この〔前‐存在論的という〕形容詞は、ここでは、実存論的分析論におけるように、〔暗に存在論的である現存在のように〕暗に存在論的ということを意味しているのではなく、どんな存在論にも先立つということを意味している[38]。それ〔存在論的差異をロゴスの両義性《アンフィボロジー》へと送り返すこと〕は、第二に、存在することが、時間化がそれによって〈自己を語る〉ところの動詞の動詞性である限りで言語《ランガージュ》である以上、「〈語ること〉に対する〈語られること〉の優位を認めない」ことである。この優位の拒否は、語ることと語られることとの相関関係を次のように問いに付すことへと帰着する。「〈語ること〉は、〈語られること〉の能動形でしかないのだろうか。「自己を語る（*se dire*）」は「語られる（*être dit*）」へと帰着するのだろうか[39]」。では、この再帰代名詞〈自己を〉（*se*）は、〈自己を語る〉からまさに結果として生じる〈語られること〉に基づいては、もはやそのようなものではありえないからには、この〈自己を〉（*se*）をどのように理解することができるだろうか。この〈自己を〉は、どのような主観性のねじれ（torsion）、ないし再帰性（récurrence）なのだろうか。また、どんな〈語られること〉にも先立つ〈語ること〉へと遡行することなしに、また〔このような〕還元なしに、どのようにしてそこに〔主観性のねじれや再帰性に〕接近することができるだろうか。

第三章　ある曝露からもう一つの曝露へ＝他者への曝露について

第一節　意義性を賦与すること

それでは、〈語ること〉の意義は、〈語られること〉の意義——ここで存在は自己へと開示され、存在論的差異が生み出される——とは比較することがもはや、あるいはいまだできない場合、どのようなものでありうるのだろうか。そしてこの〈語ること〉とは、どのような主観性の分節化なのだろうか。「〈語ること〉は、存在することと存在者とを現前させる守護者とは別の仕方で意義を表す。——それこそ、目下の記述のテーゼのうちのひとつである」[1]。しかしながら、繰り返すが、存在の〈語られること〉から出発して歩みを進め、そこに〈語ること〉の痕跡ないし残響を聞き取ろうとすることなしに、どのようにしてこのもう一つの意義性へと帰着する（*reducere*）ことができるだろうか。どんな書かれたものにおいても、少なくともどんな散文においても、〈語ること〉は、明らかに〈語られること〉によって吸収されてしまう。というのも、〈語ること〉自身、諸々の述定的〔宣布的〕言明の対象となり、存在することによって主題化され顕現させられ捉え集められるからである。「しかし、そこで〈語ること〉が主題化されるところの〈語られること〉から〈語ること〉を顕現させることは、〈語ること〉本来の意義性をいまだ隠してはいないし、永久に「捻じ曲げ」てもいない。〈語られること〉に吸収される〈語ること〉の筋立て（intrigue）は、この吸収には汲み尽されることはない。それは、自身の痕跡を主題化そのものに刻印しており、一方の、構造化、すなわち存在者の布置の体制《レジーム》――歴史記述者にとっての世界及び歴史――と、他方の、名詞化されざる命題《アポファンシス》の体制《レジーム》とのあいだで揺れ動きながら、主題化を蒙っているのである。名詞化されざる命題《アポファンシス》の体制《レジーム》において、〈語られること〉は提示＝命題（*proposition*）にとどまり続ける。この提示＝命題は、隣人に対して行われた提示＝命題であり、それは、〈他人〉へ「賦与された意義性（signifiance baillée）」なのである[2]」。

　この筋立てということで何を了解しなければならないのだろうか。「〔筋立てという〕語が指示しているのは、観照する主体という特権的立場をもつことなしに、われわれが属しているもの[3]」、すなわち、主体が、どのような仕方であれ、やはり常にドラマ的で動詞的な仕方で結託しているもの、である。筋立ては、いわばノエシス＝ノエマの相関関係に取って代わるが、主観性がもはや志向性や理論〔テオリア＝観想〕という術語では記述されないし、もはや絶対的に構成するものではない以上、そのようなノエシス＝ノエマの相関関係の後では、どんな現象も筋立てに属するものとして理解されうるし、また理解されなければならない。〈語ること〉の筋立ては、〈語られること〉へと吸収され、主題化されることで、おそらく、諸存在者の取り集めのように考えられている。この取り集めのなかでは、存在するという動詞そのものが存在者を指示しているのである。しかし、もしこの動詞の動詞性、すなわち存在することが、ロゴスの両義性《アンフィボロジー》ゆえに命題《アポファンシス》〔述定的命題〕のなかで響き続けるなら、提示＝命題は、それによって存在が自己に曝露されるような、「〈語ること〉の一様態」でもありつづける。そして、この提示＝命題は、常に隣人へと差し向けられる「〔命題の形で〕提示すること」以外の仕方で、この様態でありつづけることがありえるだろうか。何事かに関して語られ、何者かに対してもなされる提示＝命題の両義性とは、〈語ること〉が〈語られること〉のなかへ残した痕跡なのである。そして、〈語ること〉の動詞性は、この二重性ゆえに、語られた動詞性によって完全に吸収されてしまうわけではなく、すべて名詞化されてしまうわけでもない。したがって、〈語られること〉を〈語ること〉へと還元できるのは、まさに命題《アポファンシス》〔述定的命題〕が、「〈語られること〉の脱主題化の境界線上にあって、接近と接触の一様態として了解されうる」[4]からなのである。名詞と動詞とのあいだのこうした宙吊り状態なしには、また繋辞において輝き明滅する両義性なしには、〈語ること〉へと辿りつくことは明らかに不可能であろう。〔というのも〕〈語ること〉の意味はおそらく、存在の意味ではない〔からである〕。そして、こうした〔名詞と動詞とのあいだの〕逡巡なしには、存在から〈存在するとは別の仕方〉へと、すなわち、〈語られること〉から派生した意味ないし理解可能性の体制《レジーム》から〈語ること〉本来の体制《レジーム》へと、移行することはできないだろう。

レヴィナスが、ある方法的付記――この付記が彼の文章を規則的に中断させるのだが――のなかで、自身の叙述全体がそれをめぐって組織されているところの両義性について次のように明確に説明するとき、〔上のこととは〕別のことが言われているのではない。「〈語られること〉を言明する〈語ること〉とは、感性的なものにおける最初の「活動性＝能動性」であり、この活動性＝能動性はこれをそれとして固定する。しかし、こうした固定や判断、主題化や理論〔テオリア＝観想〕といった能動性は、純粋な〈他人のため〉としての〈語ること〉、すなわち純粋な記号（signe）の贈与――純粋な「記号となること」――純粋な自己表現――純粋な真摯さ――純粋な受動性としての〈語ること〉のなかで不意に生じる。とはいえ、〈能動性が〈語ること〉のなかで不意に生じると言えるのは〉、〈語ること〉――〈他人〉への記号の贈与における純粋な自己表現（〈語られること〉以前の言語）――が、〈語られること〉を言明する〈語ること〉へと変じることを示すことができればの話である。これから検討することになるのは、〈他者〉への言明の提示＝命題から言明を切断する言明の名詞化であり、〈語られること〉へと吸収される〈語ること〉、辞書の項目として記載された現用語――しかし、話している人々にとっての同期的体系――がその係留点を見出すような構造を「語りうるもの（le fable）」において付与する〈語ること〉である(5)。

さて、〈語ること〉は、他人へ接近することであり、他人に「意義性を賦与する（bailler signifiance）」ことである。この表現は何を意味するのか。それは、一七世紀の日常語〔俗語〕から借りてこられた表現であり、例えば、モリエール『ドン・ジュアン』で用いられているのが確認できる。シャルロットは、彼女の冷淡さを咎めるピエロに向かって、実際次のように答えている。「どうしたらええだよ？ わしの性質《たち》だもの、いまさら生まれかわりもできねえだ」。すると、ピエロは次のように反論する。「性質《たち》ばかりじゃねえだよ。かわいいという気がありゃあ、ちったあ表に出る（bailler signifiance）もんだあね(6)」。したがって、他人へと意義性を賦与することは、思いやりの証しを他人に示すことであり、他人を考慮することである。しかし、今日、意義性（signifiance）とは、意味（sens）をもつという事実であって、もし接尾辞 *ance* が作用の抽象名詞を形成しうるとすれば、意義性とは、意義を表すこと（signifier）そのものである。

いかにして〈語ること〉は、意義性に関するこれら二つの語義を統一するのだろうか。〈語ること〉は、前‐存在論的である以上、存在論に属するものから記述することはできない。したがって、〈語ること〉

は、志向的諸対象においても自己現前する意識の沈黙において予め思念された思惟を、言葉《パロール》＝発話によって表現することではなく、たとえそれが超越論的であろうと、間主観的な共同体の只中でのメッセージの伝達でもない。「〈語ること〉は確かにコミュニケーションである。しかしそれは、あらゆるコミュニケーションの条件としての、つまりは曝露としてのコミュニケーションなのである」(7)。ここから何を了解しなければならないのか。またレヴィナスが「それを前提とする情報の循環には還元されない――コミュニケーションの閂を外すこと」(8)と名づけるものは、いかにして実現するのか。ここでは、曝露とは、もはや自己意識における存在の自己顕現ではなく、寄る辺なき可傷性（vulnérabilité）である。「皮膚がそれを傷つけるものに曝されているように、また頬が打つ者に差し出されているように、一者は他者へと曝されている。存在と存在者との両義性の手前で、また〈語られること〉以前に、〈語ること〉は、語る一者を発見する。それは、決して対象が理論〔テオリア＝観想〕に露になるようにではなく、防御（défense）を怠ることによって、寄る辺を離れることによって、侮辱（outrage）――侮蔑（offense）と傷（blessure）――に身を曝すことによって、発見されるように、この一者を発見する」(9)。

第二節　ケノーシスと意義

いかにして、曝露のある意味から、もう一つの意味へと移転することができるのだろうか。現れるものは、常にすでに〈語られたもの〉であり、すでに〈語られて〉あることなしには現出することができないとすれば、また自己意識あるいは主観性における存在の自己曝露ないし自己顕現が言説の働きであるとすれば、〈語られること〉が送り返す〈語ること〉は、〈語られること〉とは通約不可能であろうし、曝露はそこで、他の筋立て、他の意味の次元に属することになるだろう。しかし、コミュニケーションの条件であるこの筋立てでは、あらゆる意義の形式的構造を離れることはできない。そして〈語ること〉に属す主観性は、〈語られること〉に属す存在論的で実体的な主観性ではありえない。反対に、意義の転義（trope）〔メタファーなどの比喩の総称〕が抽象されうるはずなのは、まさしくこの他の筋書きからなのである。それでは、真摯さ、可傷性、受動性としての曝露においてこそ、〈語ること〉の筋立ては山場を持つ（se nouer）に至るのではないだろうか。あるいはより正確な形で問いを提起すれば、どのようにして他人への曝露は、意義性となるのだろうか。

一者から他者への曝露は、どのようなドラマの具体化なのか。他人に身を曝すことは、裸になること、自分の内部性〔内面性〕の平穏さから身を引き剝がすことである。しかし、このような引き剝がし（arrachement）は、徹底的に実現されずに、起こりうるのだろうか。また、もし裸出〔裸になること（dénudation）〕はもし裸出がエゴの自己同一性の境界線で、すなわち死に至る裸出」にまで達していないとすれば、あるいはもし裸出がエゴの自己同一性の境界線で、その現在の究極の一点（ponctualité）、その時間形式、つまりその存在の究極の一点を前にして、とどまっているとすれば、この引き剝がしは起こりうるだろうか。ここでも、他の箇所と同じく、最高ないし究極の度合だけが重要である。私は、他人に自分の身を曝しながら、私の存在とあらゆる存在とから身を引き離している。そして「引き離し（dépouillement）の限界は、その点性において、自己から身を引き剝がし続けなければならず、召喚された（assigné）一者は、存在すること（esse）へと貼り付いた自身の内部性〔内面性〕から分離するほどまでに自己を開かなければならない――すなわち、一者は、存在〔の内〕から超脱しなければならない。自己の統一性の只中での、この自己からの引き剝がし、この絶対的非合致、この瞬間の隔時性は、〈他者の貫入した一者〉（l'un-pénétrépar-l'autre〉として意義を表すのである」[10]。他人への曝露は、その実現の瞬間において理解されうるのと同じくらいラディカルに理解されるなら、それは〈他者の貫入した一者〉として実現される。しかし、この筋立てが、存在からの超脱の筋立てであるなら、苦痛であるところの〈他者の貫入した一者〉は、〈他者のための一者〉であり、その形式的構造こそまさしく記号と意義との構造なのである。「他者のために自己を提供することによって、あるいは、他者のために自己の同一性を抛棄する（se vider）ことによって、記号は意義を表す」。ここでケノーシス〔自己放棄・自己無化〕とは、意義の出来事そのものであり、常に自己へと立ち戻り、円環のように自己のなかに立ち戻る意識とは反対のものである。こうして他人に自己を曝すことによって、主体は、記号を与える〔合図を送る・表す〕というよりも、与えられた記号となり、「〈語ること〉において――他者へ与えられた記号との合致として、記号の非-自己合致が始まる」[11]。〈語ること〉の主体は、記号となることによって、自己を記号化する＝自らを告知する（se signaler）ことによって――「メッセージを伝える者がメッセージである」[12]――諸記号の交換を解放する〔その閂を外す〕。というのも、他人への曝露は意義性そのものだからであり、また逆に、意義の形式的構造は、この裸出と可傷性とから記述を通じて抽象されうるからである。

〈語ること〉が、どのような意味で、ある構文論のなかで結合した言語学的諸記号に先立っているのか、またどのような意味で、〈語ること〉が「言語《ラング》の緒言＝言語《ラング》以前の言葉」[13]、すなわち命題なき提示＝命題、あるいは「言語《ラング》以前の言語《ランガージュ》の本質そのもの」[14]であるのか、いまや理解可能となる。〈語ること〉とは、したがって、文字通り、他人に話しかける＝他人と接触する（prendre langue avec autrui）ことである。〈語ること〉は、言語的記号に先立っており、どんな辞書にもなく、前-存在論的で前-現象学的であり、言語《ランガージュ》の無-起源的（an-archique）起源であり、それなしには辞書が存在しないようなものである。にもかかわらず、〈語ること〉は、記号という形で考えられつづけている。というのも、〈語ること〉は、「この記号の贈与によって記号を与える〔表す〕、記号の贈与」だからであり、それは「記号によって記号を表す〔合図を送る〕記号、自ら記号となる記号」[15]だからである。しかし、もしどんなロゴスも、自らが顕現させるものと相関的な、何ものかについてのロゴス＝言語（λόγος τινός）であるなら、また、ハイデガーにとっても依然そうであったように、伝統的に、記号の根源的機能が、示すこと（montrer）であるなら[16]、以上のことは矛盾したことではないだろうか。

〈語ること〉が、自我を自分から引き剝がすことで、他人に身を曝すことであるなら、〈語ること〉は、「自己に対して凝固する血塊のように再び現れて自己と合致するような、どんな同一性からも私を放免する。存在することを転倒させる放免（absolution）。つまり、存在することの否定ではなく、存在からの－超脱、「存在するとは別の仕方」である。それは、「他者のために」まで突き進み、他者のために燃え尽き、自己にとってのあらゆる定位の土台を、他者のために焼尽し、この焼尽――そこですべては再生する危険があるのだが――によって具現することになるあらゆる実体化〔……〕を焼尽する」[17]。もし〈語ること〉がどんな同一性も、どんな存在も拋棄する（vider）ことであり、中核（noyau）まで徹底して自らを脱－実体化すること、中核を摘出する（dénoyauter）ことであるとすれば、他人に与えられた、存在から超脱した記号は、いかなる存在者の記号でもなく、さらには「無以下のもの〔取るに足りないもの〕[18]」の記号である。というのも、無は、依然存在のネガであり、それゆえ存在の相関物だからである。無の記号は、それでも音が鳴る二束三文の骨董品というわけでもないが、示すという記号の機能からは切り離され、現象学的存在論へは還元しえない。しかし、強調しなければならないのは、それは、存在自身が、あらかじめその覆蔵性（retrait）から切り離されて、存在忘却において理解されてしまい、存在自身の忘却及びその止揚＝

立ち上がり（levée）からは理解されていない限りでそうだ、ということである。ところで、次のことを喚起しておこう。すなわち、〔ハイデガーにとって〕「存在忘却は、性起（Ereignis）に目覚めることで、「止揚」される〔立ち上がる〕[19]」のである。

第三節　方法としての激化

したがって、「曝露のなかの曝露」、最上級の曝露ないし「表現[20]」としての〈語ること〉と他人への曝露とに対して、自己に充溢した主体、充足し主権を備え、その受動性を〔意志的に〕引き受ける（assomption）までに至る能動的主体は、主導権を握ることができない。だからこそ、〈語ること〉は、「〈他人〉への曝露の最高の受動性」であり、「受動性の誇張法（hyperbole）」、「最も受動的な受動性[21]」なのである。このような最上級の使い方に注目しておこう。もし〈語られること〉から〈語ること〉へと遡行することが、存在と思惟との同一性を切断することであるなら、またこの遡行が、ノエマとノエシスとの相関関係は、自分のなかに含まれえないもの、それも自分を絶対的に超越しているもの、すなわち他人を、固定すること（assignation）に対応するのだと確言することによって、ノエマとノエシスとの相関関係を切断することであるとするなら、その場合、〈語ること〉とその筋立てとの分析は、存在論的探求に特徴的な可能性の条件の解明、あるいは根拠の探求といった形式と外観をとることなどありえない。では、理由の秩序〔順序〕に従って諸概念を繋いでいくことなしに、諸概念を分節化して明らかにすることはできるのだろうか。

他人への関係がいかに言説として表現されるかという問いに答えるために、現象学的分析――この分析に従えば、現れるものは、その地平の外、それを上演する具体的状況の外、その作動区域〔舞台・現場〕（théâtre d'opération）の外で考察されてしまうならば、かつて自分が備えていた意味をもつことはもはやない——へあくまで忠実であることを断ったうえで、レヴィナスは、「諸観念を組み合わせ」、「諸概念をひとつひとつ並べる」ことのできる「新しいやり方」を例証しようと試みている。基づけの秩序に従った諸概念の連鎖と対置された、「ある観念を別の観念によって正当化しうる、他のやり方がある。それは、ある観念からその最上級へ、その誇張法（emphase）へと移行することである。こうして新たな観念——最初の観念には全く含まれていなかった観念——が、エスカレート（surenchère）から生じる、ないし発出する。新たな観念は、最初の観念を基礎（*base*）にしてではなく、それを昇華することによって正当化されるわけである[22]」。逆説的にも構文論を中断させる概念的な紐帯のこうしたもう一つの様態について、レヴィナスは即座に二つの例を提示している。(1)世界は、自らを措定する。その存在様態は、テーゼ＝定立であり、世界内部的存在者は、テーマ＝主題である。彼は次のように続ける。「しかし、真に最上級で自らを措定する（se poser）ことは——私は言葉遊びを弄しているのではない——、身を曝す〔最大限自らを措定する〕（s'exposer）こと、現出するほどまでに自己を措定すること、言語《ランガージュ》となるほどまでに自己を明確に示す（*affirmer*）ことではないだろうか」。曝露は、レゲイン〔語ること・集めること〕の一様態である。あるいは、同一の事例のもうひとつのバージョンは、次の通りである。すなわち、超越論的統覚の総合的統一という概念は、何ら経験的なものをもたないが、それは「現前のなかの現前が備えている、極端な純粋性——緊張にまで至る極端な純粋性——であり、それはアリストテレス的な現勢態の存在、現前の現前、「主体によってなされた経験」——この経験において現前がまさに自己へ立ち戻り補塡され実現されるのだが——における現前の炸裂にまで至る、究極の緊張である。意識という心的現象は、こうした存在の誇張法（emphase）であり、現前のなかの現前、逃げ道なき現前のエスカレートなのである……」[23]。経験と志向性とを生み出す誇張法は、経験からはみ出しており（déborder）、したがって、それは、存在を自己から分離してそれを自己へと取り集めることによってそれを自己へと曝露するものとして、すでに存在そのものの只中で作動している。しかし、この最上級が存在論〔存在のロゴス〕を可能にするということは、最上級がその痕跡であるところの超越が、存在論と同一視され、また存在に即して理解可能となるということを何ら意味してはいない。(2) もし、哲学的伝統に従って、諸感覚が、まず与えられて次に思念されるとすれば、受動性、つまり受容性かつ〔感覚的〕認知（accueil）〔としての受動性〕は、純粋に受動的であるわけではない。というのも、それは、強固な内面〔良心の声〕に甘んじているからである。こうした「西洋的」受動性と比べれば、〈語ること〉は、能動性と相関的な受動性よりも受動的であり、最高に受動的である。なぜなら、〈語ること〉の受動性は、留保することも引き受けることもできないものだからである。「言説以前に、私はある形式をまとっている。私は、私の存在が私を隠しているところに存在する。話すこと（parler）、それは、こうした形式というカプセルを破壊することであり、自らを委ねることである」[24]。

したがって、誇張法を通過することで、現示としての曝露から可傷性としての曝露へと移行できるのである。間接的に自発性へと送り返されるがゆえに受動性の名に値しないすべてのものから、受動性というものを解放することができるのは、まさにもっぱら受動的であるというわけではないものの受動性を強化することによってなのである。しかし、ここで誇張法ということで何を了解すべきなのだろうか。それは単に言葉のあやでしかないのだろうか。もし誇張法が文体上の修飾であるなら、誇張法（emphase）は、とりわけ〔語源であるギリシャ語の〕ἔμφασις〔エムファシス〕という語が示しているように、「……のなかにあらわれること」である。[25]ところで、存在論においてはほとんど聞き取れない程度にしか響いていない、忘却された諸意義に対して耳を傾けるべきところでは、また、決して語られたことのない〈語ること〉について、すなわち「語ることのできないものについて〔慎みなく〕明かすこと（indiscrétion）」が「哲学の課題そのもの」[26]となるところでは、また、謎のように、そこで自らを裏切りつつ現れ、現れつつ自らを裏切る〈存在の彼方〉を語ることが問題であるところでは、まさにこの超えて運ぶ＝〈彼方〉に届いている（超えて運ぶ superfero）もの、最高度へと運ぶ＝最上級に手が届いているものにどうして頼らずにいることができるだろうか。さらには、諸現象において、また存在するという動詞に訴えざるをえない言語において、存在することそのものともどんな現象性とも対照的なものを輝かせることによらずして、どのようにして歩みを進めることができるだろうか。つまりは、忘却された声に語らせることによらずして、どのようにして歩みを進めることができるだろうか。「システムを中断させるのは、まさにカテゴリーの否定以上のものである最上級なのである。それはあたかも、論理的秩序と、それが手を結ぶに至る存在とが、両者を超過する最上級を保存しているかのようである」[27]。かつてこのように述べたことのあるレヴィナスは、このとき、自分の叙述と同時に、自身が要求する方法をも一挙に特徴づけて記述しているのである。誇張法（emphase）は——それを用いること自体、何ら誇張的ではない、というのも誇張法を用いることは必要だからである——、レヴィナスのスタイルを表わしている。なぜなら、誇張法は、厳密にレヴィナス自身の歩み全体を定義するからである。「そこで諸観念が変貌する誇張法（hyperbole）というものがある。この変貌を記述することは、現象学を行うことでもある。哲学の方法としての激化（exaspération）！」[28]。そしてもしこの激化を理解することがなければ、上述のすべては理解不可能なままであって、今後もそうあり続けるのである。

第四章　自己に反する唯一者

第一節　〈召喚された者〉の忍耐

他人への曝露がどんな受動性よりも受動的であるなら、どんな〈語られること〉にも先立つ〈語ること〉――そこでは「曝露が自らを曝露する」のであり、「真摯さが真摯さそのものを裸出させる」[1]――は、自発的な〈自ら記号となること〉、あるいは自発的な差し向け（adresse）ではありえず、「私を唯一者として同一化する召喚への応答である。それは、私を私に連れ戻すことによってではなく、私からあらゆる同一的何性を、またしたがって、さらに召喚のなかに忍び込んでいくような、あらゆる形式、あらゆる任命〔された身分〕を引き離すことによって、私を同一化する」[2]。この自己からの引き離しや引き剝がしが実現される仕方を明確にするために、存在の関数として、拒絶不可能な＝格変化しない（indéclinable）責任となる同一性の変貌、〈語ること〉の主体である同一性の変貌についてはひとまず措いておこう。「裸出のなかの裸出＝裸出の裸出」[3]である〈語ること〉は、苦痛であり、苦痛という「この皮膚の裏面は、あらゆる引き離しよりも一層剝き出しの裸性である[4]」。苦しみがなければ、意義もないだろう。というのも、他人に身を曝すこと、すなわち〈語ること〉は、記号の贈与によって記号を与える〔表す〕ことだからである。「〈語ること〉によって、苦しみは、与えることという相のもとで（sous les espèces du *donner*）意義を表す[5]」。しかし、記号の贈与と意義性そのものとから不可分のこの苦しみは、どんな受動性よりも受動的であり、理性が引き受けることのできないものである。したがって苦しみというのは、理性＝理由なしの、つまり〈無のための〉〔無意味な〕苦しみでありうる。「〈他者のための一者〉としての意義が、一者による他者の〔意志的な〕引き受けなしに、受動性において仮定するのは、意義に襲いかかって脅かす純粋な無意味の可能性である。この理性の極限にある狂気なしには、一者は自己を再び把握するであろうし、その受動〔情念〕の只中で存在することを再び開始することだろう。何という苦痛の両義的逆行（adversité）だろう。〈他者のために〉（あるいは意味）は、〈他者によって〉にまで、肉体を痛めつける棘に苦しむほどにまできわまる。しかし、それは〈無のために〉〔無意味に〕である。こうしてはじめて、〈他者のために〉――どんな受動性よりも受動的な受動性、意味の誇張法（emphase）――は、〈自己のために〉から身を守るのである[6]」。

　実際、仮に主体が無のために〔無意味に〕苦しむことも、さらには無のために〔無意味に〕死ぬこと――というのも、死は常に苦しみのなかで始まるのだから[7]――もできないとすれば、苦痛は、もはや裸出の最上級ではありえないし、曝露の〈他者のための一者〉は、意義性ではもはやありえず、〔無ではなく〕単に否定的なものの苦痛と忍耐（patience）でしかなくなるだろう。確かに、「〈語ること〉は、忍耐と苦痛との意味である[8]」。しかし、〈語ること〉がそうしたものであるためには、忍耐と苦痛は、意味を全くもたないことがありうるということ、また〔こうした忍耐や苦痛の〕無意味ないし狂気が、意義をもちうるということを認めなければならない。逆に、仮に主体の苦しみには、常に理由があり、あるいは常に理性によって、理性において取り戻されるとすれば、受動性は、もはや最上級ではなくなるであろうし、自発性や引き受けと相関的になるだろう。そして「苦痛点［である］存在なき一者」[9]は、存在へと立ち戻り、再び存在者となってしまうだろう。したがって、〈無のために〉は、〈他者のために〉が〈自己のために〉へ回帰するのを防ぐのである。それが、存在することの一連の動きを唯一中断しうる狂気と引き換えに実行された、意味の脱存在論化によって得られるものである。この意味の脱存在論化が実行された際の一貫性は、ハイデガーによって行われた実存の脱実体化と意味の存在論化――実存の脱実体化は、意味の存在論化の遺産を継承することによって、意味の存在論化に対応する――の一貫性にも比肩しうるものである。

　では、どんな受動性よりも受動的な、他人への曝露において自身が記号となる者、すなわち〈語ること〉の主体の同一性とは何か。それは召喚される。つまり、それは〈召喚された者〉である。「同一性は、〈召喚された者〉の全面的忍耐のなかにある。〈召喚された者〉は――自己に反して――忍耐するもの（patient）として、絶えず死に、その瞬間において持続し、「老いゆく」。〈自我〉から〈自己〉への還帰――〈自我〉の脱‐定位（dé-position）ないし罷‐免（de-stitution）――、それは、身体的生としての〈存在からの‐超脱〉の様態そのものである。身体的生は、表現及び与えることへと捧げられるが、それは自己を〔能動的に〕捧げるのではなく、〔受動的に〕捧げられる。それは、供物、苦しみ、外傷の可能性そのものとしての受肉における、自己に反する自己である」[10]。したがって、記号であること、記号となること、他者のためにあること、あるいは他者へと召喚されてあること、こうしたことは、唯一の自己として、〈自己に反して〉（*malgré soi*）しかもたないということである。しかし、「自身及び自己は〈自我〉――主権を備えた諸志向の焦点としての〈自我〉――の脱-定位そのものである」[11] 以上は、またこの〈自己に反して〉の自己は、諸作用の根源にある志向的意識としても存在論的同一性の究極の拠点としても記述されえない以上は、この〈自己に反して〉は何を意味するのだろうか。

明らかに、〈自己に反して〉は、〈他者のために〉と他者への一者の曝露――これがまさに苦痛であるということを強調しておこう――という最上級の受動性とからその意味を引き出すはずである。〈自己に反して〉は、〈自己のための存在〉として構成されたいかなる主体へも送り返すことはなく、また先行するいかなる意志にも自由にも送り返すことはない。こうした〈自己に反して〉は、可傷性、感受性、身体なしには決してありえない苦痛の出来事そのものなのである。「苦痛の苦しさ、病ないしは悪の悪性、そして純粋な状態では、身体性の忍耐そのもの、労働や老化の労苦。こうしたものは逆行そのものであり、自己における〈自己に抗して〉である」[12]。しかし、この苦痛の可能性としての身体性の忍耐、つまりこの自己における〈自己に抗して〉の受動性は、忍耐に伴う時間的長さ以外のどこで、また忍耐の時間性の受動的総合以外のどのような仕方で、その意味を与えることができるだろうか。

第二節　推移と老化

どんな受動性よりも受動的である受動性としての〈召喚された者〉の忍耐は、自由な決意、あるいは自発的なイニシアチヴからは時間化されえないし、またもっぱら自己から生じ、自由であるだけでなく現在でもあるものからは時間化されえない。〈召喚された者〉は、他人に身を曝すとき、自ら自発的に記号となるのではなく、召喚に応答することによって記号となる。したがって〈召喚された者〉の全面的忍耐、あるいは他人への責任は、「自由な能動的関与（engagement）、すなわち現在から生じることはない。それは、あらゆる現勢的な現在や表象された現在を超過するものである。それはそのようにして始源なき時間のなかにある。忍耐の無‐起源（an-archie）を、現在から古い現在への単なる遡行として、記憶可能な時間――つまり表象可能な表象の収集のなかに集めることができる時間――に従って現在を外挿することとして、理解することはできない。この無‐起源――表象に取り集められることの拒否――には、私に関わることが備えている独特の様態がある。すなわち、推移（*laps*）である」[13]。

推移とは何か。推移は、名詞であり形容詞でもある。あるいはむしろそれは、名詞であり実詞化された形容詞でもあり、時間の契機であり時間の不安定性でもあり、それは逃れ去り、指のあいだをすり抜けて、今を解体し、永遠に失われる、回収不可能なものである。こうした推移は、主体によって構成されるわけではない。それは過ぎ去る。それも、老化（vieillissement）という様態のもとで実現されながら、自我なしに過ぎ去る。「まさに記憶の回収の埒外にある老衰として、時間――回帰することなく失われる時間――は、隔時性であり、私に関わっているのである」[14]。実際、決して再発見されない時間があり、もはや表象されることのないときというものがあり、さらにもし現在が自己へ回帰することでも自己を離れることでもあるとすれば、この回帰することなしに逃れ去って失われる時間は、意識の自己現前にはもはや属しておらず、老化とその忍耐とに属している。老化の忍耐とは、〔ハイデガーの言う〕覚悟性やその脱自的時間性の外部にある「死のための存在（l'être-pour-la-mort）」なのである[15]。では、この時間とは、主観性のどのような構造の具体化なのだろうか。「老化する主観性は、かけがえのない＝唯一のものであり、代替不可能で、この自我＝私であって他者ではなく、それは反乱が醸成されるような逃亡すらありえない服従（obéissance）のなかでの、〈自己に反して〉である。排除しあう特性。それはどんな能動的関与よりも古い他人への責任へと解消される」。言い換えれば、こうした特性は、責任のなかにそれらが両立可能となる記述的状況を見出す。老化しつつある主観性は、〈自己に反して〉いるかけがえのない唯一者である。この主観性は唯一者（*unique*）である。なぜなら、死にゆくまでに老いるのは、まさにこの私であって他の誰でもないからである。またこの主観性は〈自己に反して〉いる。なぜなら、私は逃れ去る時間から免れることはできないからであって、老衰は、その時間性そのものである、断絶なく服従すること（obé-dience）を含意するからである。したがって、回収不可能で「超越的な」[16]隔時性が意味するのは、ここでは時間の拡張ないし伸張ではなく、「〈同〉が〈同〉に戻ることのない同一性の分離」である。そして、「私」における〈同〉の同一性」に関して言えば、それは「〈召喚された者〉の唯一性（unicité）として、選び、あるいは息を吹き込まれること（inspiration）として、外部から〈自己に反して〉私にもたらされる」。この〈自己に反して〉の「私」は、流れ過ぎ去る時間によって自己自身を手放しているために、自己に立ち戻ることはなく、自己確実性において自己と同一化することによって自己を取り戻すこともない。もし同一性が存在の特性であるとすれば、「私」は、「論理的に識別不可能な唯一性」[17]であり、同一性なき一者、「存在することなき一者、取り集めることなき一者、形容不可能な一者、誰かではあるが回避しえない〔言い逃れ不可能な〕〈他者のための一者〉――唯一者」[18]である。なぜなら、〈存在なき一者〉は、自己から離れて自己へと回帰することによって、また自己を非複数化することによって同一化されるわけではない以上、まさに唯一、〈他者のための一者〉である限りでの他人への責任によって以外には〈存在なき一者〉は意味をもちえないからである。この責任は、その時間性のなかに刻み込まれているがゆえに、それは一層拒否しえない責任である。この時間性は「唯一者の老化と死であり、逃亡のありえない＝逃れようのない服従を意味する」。〈召喚された者〉の唯一性は、老化あるいは〈語ること〉の主体によってラディカルに脱実体化されており、存在から超脱している。というのも、唯一性には存在も質もなく、それは「無以下（moins que rien）」だからである。したがって、こうした主体は、他者への一者の曝露であり、意義性であり、その老衰において「主体は他者のためにある。その存在は他者のために消え去る〔衰弱する〕。その存在は意義において死ぬ[19]」。

第三節　拒絶不可能な＝不変の〔格変化しない〕唯一性

歳を重ねて壮年期にはじめて現れうるこの老化と主観性とは、しかしながら壮年期に特有のものというわけではない。というのも、〈死への存在〉の根源性を確証する際にハイデガーの引用した格言が表しているように、「人間は、生を享けるやいなや、死ぬには十分なほど老いている[20]」からである。あるいは別の言い方をすれば、「〈……に反して〉は［…］生であり、生の老化、拒否しえない責任――〈語ること〉である[21]」からである。自我は、老衰の受動的総合から理解されるなら、かけがえのない唯一者であり、代替不可能で、それゆえ主権性を備えている。しかし、自我がその同一的ならざる唯一性を受け取るのは、外部から、すなわち自我なしに過ぎ去る時間からであって、この時間に対して自我は服従――服従することとは、まさに常に何者かに服従することである――させられているのである。自我は、自己に反する自我であって、その「主権性（souveraineté）」を罷免され、老化に隷属している。あるいはまた、自己とは自我の脱定位である。しかしながら、こうした存在論的矛盾、より正確には存在論的秩序に属する矛盾の解消は、どんな受動性よりも受動的な、他者への一者の曝露としての、前‐存在論的で無‐起源的な〈語ること〉としての、他人への責任のなかにある――あるいはそこにおいて意義を表す――のであって、〈自己に反して〉がその意味を引き出すのは、〈他人のために〉からなのである。「他者のために、自我に反して――ここにこそ、卓越した意義があり、自己自身の意味がある(22)」。レヴィナスは、「責任の隔時性が主体の主観性を構成する(23)」と確言するとき、まさにこのことを述べている。というのも、責任の〈他者のための一者〉は、時間の主観性や自我論的時間と比べれば、「架橋しえない〈合間〉（*entre-temps*）によって時間を切り裂く(24)」からである。

〈語ること〉である他者への曝露は、一者からは区別されない。「曝露とは、〈責任における一者〉であり、したがってその唯一性における一者である(25)」。したがって、一者の拒否しえない責任は、少なくともコギトと同じくらい拒絶不可能である〔格変化しない〕。それゆえ、「〔命名不可能な〕唯一性を、例外的に言語の誤用（abus）によって、〈我《モア》〉（Moi）ないし〈私〉（Je）と名づけることができる。ただ、ここでの名づけ〔脱-命名〕（dénomination）は、単に代名詞的命名〔命名の代わりをすること〕（pro-nomination）にすぎない。私と命名されるものは何もない。私は話す者を通じて語られる。代名詞は、話す唯一者をすでに隠蔽しており、ある概念のもとに包摂している。しかしそれが指し示しているのは、唯一者の仮面ないしペルソナ〔人格、仮面〕、〈概念を-逃れる私〉つまりは一人称における〈語ること〉の私が残す仮面ないしペルソナでしかなく、この一人称における〈語ること〉の私は、名詞には決して転換しえない私である。なぜなら、この私は、近さ及び真摯さにおける、他者への自己の曝露、この記号の贈与によって与えられた記号〔記号の贈与によって表されるもの〕だからである。責任の主体は、超越論的統覚の統一と全く同様に、「かつて……があった」という形で語りうるものや〈語られること〉のなかに顕現するような、唯一の模範の一度きりの事実性（semel-facticité）ではない。ここで唯一性が意味するのは、自己から遠ざかることができないということ、自己を〔他の者に〕代替することができないということである。この不可能性において、私の再帰性そのものが結節する。それは、選ばれし者の唯一性、選ぶ者ではない徴用されし者の唯一性、自発性へは転換されえない受動性なのである」[26]。

では、言語の誤用はどこにあるのか。それは、前‐存在論的な〈語ること〉に属しているがゆえに名詞によって同一化される存在者ではないものを命名すること（nomination）、ないしは代名詞的に命名する〔命名の代わりをする〕こと（pro-nomination）にある。あるいは類もないほど唯一であるものの概念化、〈語ること〉を〈語られること〉へ還元することのなかにある。つまり、言語の誤用があるのは、自我がこの自我＝私ではなく、ある不定の自我、あるいは自我というもの一般である場合であり、自我が拒絶可能である＝格変化する場合であり、したがって責任もまた拒絶される＝格変化する場合である。したがって、主体の不変化性＝拒絶不可能性はもはや、一人称のそれではなく、〈他者のために〉のそれである。あらゆる能動的関与、あらゆる決意に先立つ、他人への責任という仮借なき唯一性は、どんな受動性よりも受動的であるがゆえに、自由に対立するもの〔不自由〕の手前だけでなく自由の手前にもある。免れることも引き受けることもできない「迫害への選び（élection）」は「自己に反して善性の意味を備えているはずである」。

それが意味しているのはまず、まさしく一者の受動性、責任、苦しみは、「〈善〉による一者への前‐起源的（pré-originel）支配にあり、この支配は、常にいかなる現在よりも——いかなる始原よりも——古く、自分自身と同時的な実体のように、超越論的〈自我〉のように、一者が再び自らと一つになり同一化されることを妨げる隔時性である」ということである。しかしそれは次に、「〈善〉は唯一者を常にすでに選んだのであり徴用した」[27]ということ、〈善〉は、唯一者を殖やすかもしれないが、唯一者の属性にはなりえないということを意味しており、最後に、「意志的に善である者は誰もいない」ということ、「主観性は

〈善〉の善性によって例外的にこの非自由が贖われるのを見る」[28]ということを意味している。

第四節　善から存在へ

したがって、主観性はもはや存在の顕示によって徴用されるのではなく、善を選択する前に善によって選択される。主観性は、もはや存在することの様態でも、さらには存在の歴運の停留〔Epoche〕でもなく、それは「存在することと存在することの他者との結節及び結節のほどけ——その結節あるいは結節のほどけ[29]」なのである。ここで「及び」と「あるいは」が意味しているのは、「主体は、明らかに存在の思惟と存在の真理とに対して開かれているが、ただ主体はこれらに対して開かれながらも、そこで、存在論ないし存在の理解（intelligence）として主体を理解させる＝見させる道とは全く異なる道に開かれている[30]」ということである。しかし、レヴィナスはこう述べるとき、存在や存在の真理や存在の歴史を、善及び存在の彼方から、つまりは存在するとは別の仕方から、理解するという課題を、間違いなく自己に課している。老化において、主観性は唯一者であり、かつ〈自己に反して〉であると確言し、互いに相容れないこうした特性が他人への責任へと具体的に解消されていることを強調したうえで、レヴィナスは、実際次のように続けている。「こうした解消の相のもとでは、世界ではなく〈統治〉こそが意義を表す。しかし、それは見えない〈王〉の〈統治〉であり、そのイデアがすでにアイオーン（*éon*）であるような〈善〉の〈統治〉である。その善性において統治する〈善〉は、たとえ思い出されるとしても意識の現在に入ることはありえない。意識において〈善〉は無起源である。〈神の統治〉〔神の国〕——主題化されえないある〈神〉、同時代的ではないある〈神〉、すなわち現前しないある〈神〉の〈統治〉——という聖書的概念は、

「〈存在の歴史〉」のなかの、何らかの「停留」という存在者的イメージとして、存在することの様態として考えられてはならない。反対に、存在することこそが、すでに〈統治〉の〈アイオーン〉なのである。〈アイオーン〉から〈神の統治〉へと遡らなければならない。〈神の統治〉は、生の受動的総合における召喚された唯一性という相のもとで、主観性という相のもとで、意義を表すのである[31]」。

「相のもとで意義を表す」という表現によって何を了解しなければならないのだろうか。この表現は、「〔パンとぶどう酒という〕二つの相のもとで聖体拝領をする（communier sous les deux espèces）」という言い回しに対応するものである。しかし、この参照関係はここではどのような意味をもつのだろうか。デカルトが引用するトリエント公会議の表現に従えば、聖体の実体変化においては、「パンという実体全体が、ただパンという相のままで、われわれの主イエス＝キリストの身体という実体に変わる[32]」。身体とパンという相に当てはまることは、同じく血とぶどう酒という相にも当てはまる。こうした実体変化によって、キリストは現実に秘跡として現前するのである。それゆえ、類比、移行、そしてある意味でここでは脱－キリスト教化に相当する形式化を通じて、神の統治は他人への責任という相のもとで意義を表すと確言することは、神の統治の意味が、他人への責任から完全に接近可能であると言うことである。「……という相のもとで」という表現は、ひとつないし複数の意義を具体化することを指し示している。レヴィナスは、もう一つの例として次のように書いている。「〈他者のために〉、〈自己に反して〉、〈自己から出発して〉、老化の忍耐の最中に生じる労働の労苦、また自分の口に入れたパンや自分の肩にかけたコートまでも他者に与える責務のなかで生じる労働の労苦、こうした今しがた枚挙した特性の統一は、まさに身体性という相のもとで行われるのである[33]」。こうレヴィナスが書いたとき、レヴィナスの考える身体とは、これら複数の意義の具体的分節化であり、意義が接近可能となるような現象、したがって、意義によって構成される現象である。したがって、「……の相のもとで」という表現を使うことは、具体例とその意義とが、レヴィナスの行っているような仕方で取り結ぶ、非常に特異な関係を指し示している。というのも、具体例は意義と合致しうるからであって、具体例は、意義を上演することであり、意義の作動区域〔意義が上演される舞台・劇場〕だからである。そしてこのことは、「対象への接近は、対象の存在の一部である」(34)という全現象学の原理を徹底化することに基づいている。文学を、〈語られること〉の体制《レジーム》――この体制《レジーム》において意味は意味を分節化するドラマ的な状況と不可分であり、〈語ること〉の反響が常にいずれかの様態で取り押さえられる――という意味にとるなら、諸々の意義と同じくらい多くの具体例をつなぎ合わせるレヴィナスの記述は、文学的性格を備えている。しかしそれは、本来的に概念的な厳密さに違反するようなことを全くしてはいない。繰り返すが、こうした方法ないしスタイルを理解しなければ、ここで記述されることすべては、理解不可能なままにとどまるし、また今後もそうあり続けるのである。

　存在の歴史、その停留性を、善の統治、神の統治に置き換えることからはじめなければならない。この神の統治は、現前せず、同時代的でもないがゆえに――しかしここで〔現前せず、同時代的でもないという〕この否定はどこからその意味を引き出すのだろうか――、キリストという人格において、われわれのあいだで、われわれとともに、またわれわれの傍らで現前する神の統治ではありえない。レヴィナスが、存在することは〈アイオーン〉であり、神の統治からの永遠の流出であると主張するとき、ここで彼は、ユダヤのカバラによって継承された知、グノーシスが備えるその派生的性格を強調しながらも、グノーシスの言語を借用している。このとき彼は、〈語ること〉の意義性から存在の存在神論的意味を派生させようとしているのである。(35)確証すべきは、この〈語ること〉の意義性が存在することに先立っているということだけではなく、さらにとりわけ、現示――存在することのなかでも本質的なもの――が「意味の一様態」(36)

であるということでもある。こうした〔派生関係の〕再構築なしには――この再構築が常に〔〈語ること〉の意義性からの存在の存在神論的意味の〕派生の実現そのものであることを十分強調することはできないが――、われわれは、存在の彼方の善が、どのようにして観念となりうるのかを理解することはできないし、また〈存在するとは別の仕方で〉という思想が、どのようにして存在に向かって出発し、言わば否定的な仕方で、当の思想の最も一般的な方向性を存在から受け取るほどまでになりえたのかを理解することはできないのである。

第五章　志向性なき感受性

第一節　感覚の麻痺

レヴィナスは、位相差と志向性、時間と言説として実現する、存在の自己曝露、存在の真理から、意義性、可傷性、それゆえ感受性としての〈他者への一者の曝露〉へと遡行する。レヴィナスが、このことによって感受性〔感性・感覚性〕（sensibilité）の意味を修正するのは間違いない。しかし、どのようにして修正するのだろうか。言い換えれば、受容性である限りであらゆる認識の最初の契機であるところの感性が、どのようにしてそのまま他の意義へとはみ出るようになるのだろうか。この他の意義から、逆に感性的直観が派生しうるはずであり、またそれはこの他の意義から理解されなければならないのである。

その部分が変様なしに直接受容されるがゆえに感覚的（sensible）像であるような全体の分裂として、存在の真理が生じるということを、われわれは確認した。しかし、真理が、部分的でも偏ったものでもなく、完全で全面的なものでありうるには、像は、「自分自身の極限に立ち」、また別の像との境界に「立たなければならない」。そしてこの別の像もまた……〔自分自身の極限に立ち、さらに別の像との境界に立たなければならない、そしてまた以下、無限に続く〕。したがって、もし〔「象徴する」という動詞の語源の〕συμβάλλω〔スンバロー〕という動詞が、近づけること、一つに結合することを意味するなら、「像は、全体を象徴化し＝一つに結合しなければならない」。この近づけや統合は、諸々の存在の像を通じて存在を同一化することがなければ不可能であり、感覚的なもの自身のなかで感覚的なものが同一化されなければ不可能である。そして、どんな同一化も規定なのだから、象徴《シンボル》〔一つに結合するもの〕は「受動性と直接性、すなわち感覚的凝結のなかでその規定を受け取る」[1]ことになる。強調すべきは、像－象徴関係を規定することは、外部から像－象徴関係を規定するわけではなく、像－象徴関係とは異質な概念によるものでもないということである。そうではなく、感覚的志向は、それ自身において、自分を超過したものへと、つまりこれとしてのこれ、それとしてのこれへと向けられており、それは同一化するものである、ということである。ヘーゲルによれば、「感覚的確信は、それ自身において、普遍的なものが自分の対象の真理であることを示す」[2]。つまり、「直観はすでに理念となった感性である」[3]。そして、感受性が〈理念となること〉は、第一に、真理と知という出来事は、感覚的なものの直接性を「抑え込んでいる」ことを意味する。しかし、それは第二に、言明であれ〈語られること〉であれ、あらゆる同一化が備える宣布《ケリュグマ》的性格を考慮に入れるなら、次のことを意味する。つまり「感覚的なものの受動性との最初の切断は、〈語られること〉と相関関係にある〈語ること〉である」ということを。

　同一性の一因子であるこの〈語られること〉は、「知のなかでも最も深遠な作用、知の象徴作用（symbolisme）そのもの[4]」である。それが、知のなかでも最も深遠な作用であるのは、〈語られること〉が、知に提供されるものの同一性、認識可能なものの同一性を構成するからである。また、それが知の象徴作用であるのは、直接的なものとの切断である――それゆえすでに抽象である――同一化の働きが、ある像から別の像への移り行きを伴いながら、真理の十全性を保証するからである。象徴的な知は、事象そのものから遠ざけるのではなく、むしろ逆に事象へ接近させるのである。「像は悟性なしでは停止してしまうが、この悟性には――これとそれとの同一性を宣告し公布するという――卓越した至上の審級の威厳が備わっている。それこそ、ひとが、悟性の自発性という名のもとで、昔から哲学において認めてきた威厳なのである」。したがって、像の可動性そのものであるこの悟性が、真理の開示、開示と顕現としての真理に属しているとすれば、どんな感性的直観もすでに理念性であり、すでに〈語られること〉である。言い換えれば、「ひとが概念に対置する直観は、すでに概念化された感覚的なものに属している[5]」。しかし、「概念化された」というのは、媒介された、という意味でなければ何を意味するだろうか。また、感性=感受性は、知のなかで直観として理解されるなら、それは「麻痺した(anesthésié)」、「抑え込まれ、あるいは失効した」感受性のようなものではないのだろうか。感受性は、すでにその「皮膚に突き刺さる直接性[6]」、その可傷性を失うと同時に、感受性の最も本来的な意義をも失ってしまってはいないだろうか。

仮に、感覚的なものが理念によってその直接性へと回収され、感覚的なものがあらゆる観念論の源泉となって、知と媒介との存在論的冒険のなかに巻き込まれてしまう前に、感覚的なものへと到達することがそもそも不可能であるとすれば、こうした問いは、もちろん何の意味もないだろう。味覚や嗅覚は、まず味や香りについての認識ではない。確かにそれは、〈……についての意識〉となりうる。もしどんな志向的体験も表象であるか、あるいは表象に基づいているとすれば、味覚や嗅覚は、〈語られること〉において同一化された知の一要素となりうるし、また現象学的で存在論的な意義を表すこともできる。そうではなく、どんな現出することにも先立つ——とはいえ、感覚的なものは必ず現出することの只中で、生み出され、翻訳され、表に出る〔自らを裏切る〕（se trahir）のだが——感覚的なもの固有の意義を問いたずねることは、現象性を還元することであり、「顕現として意義を表すわけではない意義」(7)を探求することである。つまり、それは、存在に即して評価される〔存在に見合う〕意味ではなく、存在の意味がそこから出発して響き渡ることのできるような意味、もし現出することが起源そのものであるとすれば、前‐起源的意味、「「機能する」ことはなく、現示としては意義を表すのではない」(8)意味を探求することなのである。

感覚は、香りや味についての主題化的経験である以前に、感覚する者と感覚されるものとの距たりをすでに仮定している——「味覚に対する開示は、味わう者が無関心である〔味覚から離れている〕ことを仮定する」(9)——志向性である以前に、感覚は享受、あるいは苦しみである。したがって、感覚は、感覚されたものについての感覚ではない。そして「表象的内容といわゆる情動的内容との区別は、最も陳腐な心理学による区別である」(10)とすれば、逆に、次の問いより陳腐でないものは何もない。すなわち、自己自身を示すという様態やそれと相関的な意識という様態で感覚は意義を表すのではないとすれば、どのような様態で感覚は意義を表すのかという問いである。したがって、問題は、「表象的ならざる諸感覚が意義を表す仕方」を明示することなのである。あるいはまた、「諸感覚の心性（psychisme）を、主題化的意識としての〈……についての意識〉として同定する前に、記述すること」こそが問題なのである。しかし、それは同時に次のことを記述することによってである。すなわち、主題化的意識が、どのように「主題化的意識に帰する顕現の特権的役割において、自分が汲みつくすことのない心性、しかも積極的な仕方で記述されるべき心性においてその意味を獲得する」のかということである。レヴィナスは次のように続けている。「そうしなければ、存在論が、主題化的思惟の始点として必要となったり——それは不可避である——、

〈書かれたもの〉（écrit）におけるその終点として必要となったりするだけでなく、意義そのものとして必要となるだろう[11]」。

したがって、心性と志向的なものとを区分するとき、それは、意味概念がこのように拡張――あるいは転倒――される瞬間〔契機〕なのである。この拡張や転倒の瞬間において、非常に一般的で形式的な言い方をすれば、意義が顕現の一様態ではなくなるとともに、顕現が、別の仕方で考えられた意義の一様態となるのである。それは、ある往復運動において、〔顕現への〕復路に就いてはじめて、〔意義へ向かう〕往路のゴールが〔顕現とは〕別の場所にあることがわかる、というような往復運動である。そして、たとえレヴィナスが「イタケーへと帰るオデュッセウスの神話に対して、見知らぬ土地を目指して自分の祖国を永遠に去ってしまったアブラハムの物語[12]」を好んで対置していたとしても、レヴィナス自身の思考の運動は、顕現の価値を認め、存在論を正当化することにかくも絶えず腐心していた以上、この対置そのものを改めて問いに付していないというのは、確かではない。

第二節　意義性としての心性

ところで、存在の自己曝露は、同一的なものの断裂、同の裂開として実現する。この隔たりは、主観性を生み出し、ある点ではすべての存在であり、存在全体である魂を生み出す。したがって、要約すれば、「心性は、同一性に突如生じる位相差――弛緩ないし緩み（desserre）――の形式である。それは、自己自身との合致を阻まれた同、睡眠と不眠とのあいだで引き裂かれ（dépareillé）、休息から引き剝がされた同であり、喘ぎ、戦慄である。それは、疎外されて他者の奴隷となる〈同〉の自己棄却（abdication）では全くない。そうではなく、他者に対して十全に責任を負った自己犠牲（abnégation）である。［…］責任という相のもとにある魂の心性、それは自我の内なる他者である[13]」。

こうした心性に関する規定はどのような射程をもつのか。またどのような点でこの規定は志向的ではないのか。志向性は、原印象の過去把持から生じ、原印象によって、「過去へと沈んでいくにもかかわらずその厳密な同一性を保持する[14]」〈今〉が定義される。こうした志向性は時間に属しており、この時間は、決して消え去ることはなく、どのような仕方であれ、常に想起可能で回収可能であり、自己自身へと再度集めることができる。ところで、〈自我の内なる他者〉は、自我と同時的ではなく、自我を超過し、決して自我に類似したものではない。「この転義の諸要素が備えている、一つに集めることのできない二元性は、〈他者のための一者〉の隔‐時性であり、現前、あるいは現前がその減弱（décroît）であるところの存在することの同時性には何も負っていない理解可能性の意義性である」。したがって、心性は意義性であり、「意義の前‐段階的な理解可能性[15]」である。こうしてレヴィナスは、フッサールを越えて次のように主張する。主観性が、意義の源泉、あるいはより正確にはあらゆる意義の意義性であり、意味の贈与である、と。というのも、意味は「他者のための同[16]」だからであり、もはや「〈他者〉から〈同〉への変貌[17]」ではないからである。

第一に、心性の規定は、この規定が、その筋立てそのものから精神病の可能性を開くという特筆すべき点を備えている。〈自我の内なる他者〉というのは、常に憑依（possession）――「魂はすでに狂気の種〔ちょっとした異常〕である」、「すでに精神病を抱えた心性[18]」――を意味しうる。このように、無‐意味の可能性が、意味そのもののなかに書き込まれており、めったに考えられたことはないが、それだけに、この可能性が常軌を逸すること（extravagance）のごく近しいところにあったことになるのである。これが常軌を逸することの困難の全体であるが、それは同時に、レヴィナスがしばしば用いるプラトンの表現を繰り返すなら、常軌を逸することが冒すことになる、また強いることにもなる「賭けるべき大いなるリスク」[19]なのである。常軌を逸することは、超越のための語ではないだろうか[20]。

第二に、心性を〈他者のための一者〉の隔時性及び責任として、つまりは意義性として理解することは、現前や存在することには何も負っていない理解可能性を描くことである。この理解可能性は、存在論的差異には何も負っていない。むしろ反対に、この理解可能性から、存在論的差異は、自分の意味を汲みだすことができなければならないのである。そうであるなら、存在の同時性、存在の恒常的な自己現前は、存在とは異なる存在者の起源にあるのか、すなわち、存在そのものは、それ自身の真理においては同時的現前でしかないのか、ということが改めて問題となる。全くそんなこと〔存在の自己現前が存在者の起源にあり、存在は現前でしかないということ〕はない。というのも、存在を、存在自身の真理の外部へと移すことで生じた存在論的差異や形而上学以前に、現前はそもそも不在ないし覆蔵性に由来しており、生起的（surgissant）で動詞的である現前は、絶えずこうした不在ないし覆蔵性へと帰っていくからである。現前、つまり存在（Anwesen）〔現前すること〕は、恒常性（Bestandigkeit）とそのままイコールというわけではないのであるが[21]、レヴィナスは、「存在すること、は、主題があるという事実そのものである[22]」、つまり〔存在することは〕措定（position）があるという事実そのものであると述べるとき、現前を恒常性と同一視してしまっている。ところで、θέσις（テーシス）、すなわち措定すること、措定は、存在の形而上学的展開を特徴づけるものである。ハイデガーは、この存在の形而上学的展開にとどまることはない。というのも、確かに〔レヴィナスとは〕違った仕方ではあるが、彼はそれを超克しようとするからである[23]。

本題に戻って、最後に、もし心性が意義性の前－存在論的理解可能性であるとすれば、意義性は、「受肉としてのみ可能である。賦活（animation）、心性の気息《プネウマ》そのもの、同一性における他性は、他者へと自己を曝露し、「他者のために」へと化した身体の同一性である。つまりそれは、与えることの可能性なのである[24]」。しかし、なぜ心性の意義は受肉として実現するのだろうか。また与えることは、どのようにしてこの受肉を要請するのだろうか。もし魂が〈同のなかの他者〉であるか、あるいは〈他者のための一者〉として意義を表すとすれば、また「魂の本性はまさに自らかつ内部から動かされることであるがゆえに、自らかつ内部から動かされうる身体には、魂が与えられている[25]」とすれば、〈他者のための一者〉、身体の賦活〔身体に魂が与えられていること〕そのものは、身体にある方向性を植え付ける。つまり、その意味を植え付けるのである。そうであるなら、身体は、〈他者のための一者〉である心性から自身の同一性を受け取るとき、この一者が備える〈他者のために〉によって、またこの一者という、存在から超脱した〈他者のために〉によって、他者へと供され、あるいは与えられ、他者に曝されるのである。常にこの曝露は、受動性、可傷性、感受性として実現する。したがって、次のように言うことができる。「意義は感受性である[26]」。あるいは同じことだが、「意義とは、自己自身と合致せざる同一性が備えている〈他者のための一者〉である。このことは、賦活された〔魂によって意味を与えられた〕身体、すなわち他人へと供され、自己を表現しあるいは自己を表明する身体の重々しさ全体と等しい[27]」。

第三節　抗いえない＝不可避な享受

感覚がいまだ〈……についての経験〉ではない時点で、また志向性がその心性の本質ではない時点で、どのようにして感覚は意義を表すのかを検討することが重要だという点を強調しておこう。意義、〈他者のための一者〉が感受性であることを示したからには、次に、どのように感覚がこの〈他者のための一者〉を実現するのか、すなわち感覚がいかに意義性として感性的＝感覚的なものであるのかを明らかにしなければならない。そして、この意義性が、それ自体で他者へ身体を曝し供する、身体の賦活に「等しい」とすれば、まさにこの供物がそのもとで意義を表す相を記述することによって、感覚の感受性を規定することができるだろう。

受肉は、他人への曝露であり、他人への曝露は、自我を自分自身から引き剥がすことである。「他者のためにあること＝他者のための存在という受動性は［…］、私が口にするパンを与えることそのものという相のもとでのみ可能である」。しかし、レヴィナスが付け加えるには、「そのためには、あらかじめ自分のパンを享受しなければならない。それはパンを与えるという利点があるためではなく、自分の心をパンにこめるためである――与えることによって自らを与えるためである。享受は感受性の抗いえない＝不可避な一契機である[28]」。「抗いえない（inéluctable）」〔戦い抜け出すことができない〕という語は、強い表現である。この力強さは、乗り越えられないもの、それに抗して戦う（luctor）ことのできないもの、そこから抜け出すことのできないものを指し示している。それでは、享受のなかで攻め落とすことのできないものがあるのだろうか。〔あるとすれば〕どのような点で享受は攻め落とすことのできないものなのだろうか。感性的＝感覚的なものについての現象学的理論的記述は、そうしたものの前で難攻を強いられるのではないだろうか。

レヴィナスは、フッサールによる志向性の分析を見直して、この分析において「単なる主題化とは対照的なものとして際立ってくる（trancher sur）一つの要素」を強調する。「すなわち、直観は、空虚にその対象を視向する視向を充実させる（すなわち満たす、ないしは満足させる）か、もしくは失望させる。象徴されるものを図示する像に対して象徴が含んでいる空虚から、飢えの空虚へと人は移行する。まさにここに、単なる〈……についての意識〉の外部にある欲望（désir）が存在する。確かにそれはなおも志向である。しかし、理論的視向とは根本的に異なる意味での志向なのであり、理論が含んでいる固有の実践がいかなるものであれ、そうである。それは、〈欲望〉としての志向である。したがって、失望と充実化（Erfüllung）とのあいだにある志向は、飢えを「……についての意識」の一特殊例とするのではなく、むしろ「対象化作用」を特定の〈傾向性〉へとすでに還元してしまっているのである(29)」。

したがって、レヴィナスは、フッサールによって直観と意味志向との関係や直観と概念との関係を特徴づける際に用いられる語のもつ前‐哲学的語義に注意を払うことによって、認識の秩序から、この秩序そのもののとは対照的なものとして際立つものを区別するのである。実際、味覚は、視向された意味が、意味と同一化された有体的な所与性によって充実されることではない。味覚には、過去把持の隔たりを必ず伴う知や志向性の展開する距離がなく、それは飢えの充足〔満腹にすること〕（rassasiement）であり、その「具体化が［…］享受である(30)」ような満足なのである。じっくり味わって飢えを満足させることは、主体と対象との距離を打ち消すだけではない。「決して飽くことのない貪食（engloutissement）(31)」、飽食は、「〈不定形のものとしての〉「第一質料〔原料〕」へと去る現象形式の破産」であり、——ハイデガーが「世界が世界化〔世開〕する」と言うことができた意味で——「質料を質料化する(32)」。したがって、じっくり味わうことは、吸収し、同化し、同一化することである。味覚は、「噛むという空間的現象が自我と呼ばれる同一化となるような出来事である。それは「生を享受すること（frueri vivendi）」で自分の生そのものを生きる生によって、噛むという空間的現象が自我となるような出来事なのである。飽食は飽食によって飽食する。生が、生を可能ならしめるものによってだけでなく生によってでも自らを養う〔生を可能ならしめるものだけでなく生自らをむさぼる〕かのように、あるいはより正確には、「自己を養うこと＝むさぼること（se nourrir）」には、こうした二重の準拠があるかのように、生は自分の生そのものを享受する」[33]。

生きることの享受――これによって自我は自己へ巻きつく――は、その属格〔「の」〕を二重の意味で理解するなら〔生きることによる・生きることの享受〕、エゴイズムそのものである。エゴイズムなしには、感受性の〈他者のための一者〉はいかなる意味ももたないであろうし、その受動性は、傷つくことなき死せる塊〔慣性質量〕の受動性となるだろう。「弁証法的緊張関係を免れた、自己自身に満足しうる可能性のなかにある享受が、感受性の〈他者のために〉の条件であり、〈他人〉への曝露としてのその可傷性の条件なのである」[34]。しかし、感受性が、私がそれによって生き享受しているパンの贈与という相のもとで実現した瞬間、また意義がこの感受性そのものとなる瞬間に、自分の口からパンを与えることは、〈意味を与えること〉となる。「食べる主体だけが、〈他者のために〉でありうるし、意義を表すことができる」。そして「意義――〈他者のための一者〉――は、血肉を供えた存在のあいだでしか意味をもたない」[35]。したがって、主体の受肉は、意義の可能性であり、意味の贈与の、贈与の意味の可能性なのである。質料論《マテリアリスム》〔唯物論〕は、意義性と両立しえないどころか、養うことという相のもとで、前‐観念論的ないしはポスト観念論的な質料論《マテリアリスム》として、この意義性の構造を記述するのである。「質料は〈他者のために〉の場そのものであり、意義が、共時性の体系のなかで〈語られること〉として現れる以前に意義をもつ仕方である」[36]。別の言い方をすれば、「悪しき質料論《マテリアリスム》があるとすれば、それは〈われわれ〉の質料論《マテリアリスム》しかない」[37]、すなわち、〈私〉の質料論《マテリアリスム》しかない。

したがって、享受は抗いえない＝不可避である。なぜなら、享受なしには、他者への曝露としての感受性、意義性と〈語ること〉としての感受性は不可能だからである。しかし、もし抗いえない＝不可避なものが、抗して戦いえないもの、乗り越えることのできないものを指しているのなら、享受は自己満足（complaisance）にとどまり、自己を延々と享受しつづけなければならないのではないだろうか。また、〈自己に反して〉、「感受性という無制限に耐え忍ぶこと（pâtir）」[38]は、〈自己に関して〉によって制限されているのではないだろうか。別の形で問いを提起しよう。「感性的＝感覚的なものの直接性」に注ぐレヴィナスの努力全体、エネルギー全体は、この感性的＝感覚的なものの直接性が、すべてを理性や知の光へと回収してしまう「西洋哲学に特徴的[39]」な媒介によって取り込まれて捕まえられる前に、この直接性を摑み取ろうとする。この直接性は、「享受とそれが満たされないことの直接性である――それは、この享受そのものを直接的に「打ち破る」引き剝がしにおいて、自己から痛みを伴って引き剝がされた贈与である。それは心を〔心から〕与える贈与ではなく、自分の口からパンを与える贈与、一口のパンを与える贈与である。それは――財布の口にとどまらず――自分の住まいの戸口を開くことである。「飢えた者に汝のパンを分け与え、貧しき者を汝の家に迎え入れること」（『イザヤ書』第五十八章）[40]」。しかしながら、享受が直接打ち破られる、と言ったり、あるいは、即且対自的な主観性の自己満足は、「感受性の鼓動である不完全な幸福によって」、その核が「直ちに」一掃される[41]、などと言ったりすることができるためには、傷と享受とが並置され両者が同時に生じうると仮定する必要があるのではないか。そしてこの共時性は、感受性そのものである〈他者のための一者〉という還元不可能な隔時性と両立しうるのだろうか。さらに、自分のパンを分け与えることは、それをすべて与えることではない。自分の住居に迎え入れることは、自分の享受を捨て去ることではない。私のパンを分け与えつつも、私は、そのパンの一部を手元に残しており、依然として私は、自分の存在への固執に、私自身のコナトゥスに、こだわりつづけている。そうであるなら、分け与えることと抗いえない＝不可避な享受とは、存在からの超脱、〈存在するとは別の仕方〉

からは除外されるのではないだろうか。あらゆる分け与えること（partage）〔分配〕と同じく、パンや屋根を分け与えることは、正義そのものでしかありえない原理に従う。この正義こそ、まさに『イザヤ書』の同じ章にある前後の節において問題となっているものなのである。[42] それゆえ、この正義は、「自分自身の質料性が備えている〈他者のために〉、他者の直接性――あるいは近しさ」である感受性の直接性から介在してくるのではないだろうか。近しさとは、「享受の直接性――味覚の直接性――「質料の質料化」を、他者へと直接的に表明すること（épanchement）であり、〔享受の直接性から、他者へのその表明という〕この変化は、接触の直接態によってもたらされる」[43] のであるが、正義はこの近しさの中心部分へと介在してくるのではないだろうか。そして、どんな介在も、媒介ではないのだろうか。

第四節　正義の地位

以上のようなレヴィナスへの反論は、おそらくヘーゲル的な反論といえるだろう。しかし、それはもっぱら、『イザヤ書』の引用を通じて必要とされたものであり、〈存在するとは別の仕方〉から存在を理解しようとする意味概念の拡張にかかわるものである。そしてこの拡張はレヴィナスの企図と合致するものである。レヴィナスは、こうした拡張の原理について明確に言明しており、感受性に関する分析の初めの方で、次のように述べている。「正義から顕現や存在を理解できるということが明らかになるだろう。〈語ること〉は正義へと導かれ、〈語ること〉は、他者に向けられるだけでなく、第三者を前にした他者へと向けられる――こうした正義は、第三者の現前そのもの、顕現そのものであり、顕現にとってはどんな秘密も親密性も隠蔽である。この正義は、絶対者を目指す存在論の狙いの起源にあるものであって、人間を存在了解とみなす定義の起源にあるものなのである」[44]。

心性が志向性のなかに解消される前にこの心性を記述するには、逆に、志向性がどのようにしてその意味を心性から引き出しているか、つまり〈他者のために〉である限りの感受性がどのようにして主題化的意識を引き起こすのかを記述しなければならない。レヴィナスは次のように説明している。「感受性が志向性へと変様することは、〈他者のために〉としての感覚することが備える意義そのものによって動機づけられている。ひとは、当の意義のなかでの、正義の密やかな誕生を示すことができる。この正義は、意識の志向性そのものが現れる主題において現前する、存在の共時的意識となるはずの正義である」[45]。共時的意識は、〈他者のための一者〉という隔時性からどのようにして生じるのか。第三者を前にして、私自身とは別に、私は、私のパンを、誰かと別の誰かとのあいだで分配しなければならない。この分配＝分け与えることは、正義〔公平〕の原理なしには不可能であって、この原理が必要とするのは、まさに比較不可能なものの比較、同時性、取り集め、すなわち存在なのである。しかし、もし正義が、第三者のどんな現前よりも前に〈他者のための一者〉から介在するなら、存在と〈存在するとは別の仕方〉とを区別し、存在を〈存在するとは別の仕方〉から理解することはできなくなるのではないだろうか。そして、もし正義が、根源に先立って、感受性のなかに介在してくるのなら、〈存在するとは別の仕方〉は、〈別の仕方での存在〉へと、さらには〈他者なき存在〉へと変転してしまうのではないか。たとえこの問いに答えるにはあまりに時期尚早であるとしても、そのことは、正義の地位とその位置づけとが帯びる重要性を今から測定することを、いささかも禁じるものではない。

上記の反論は、再び、別の理由からではあるが、ヘーゲル的である。この反論は、媒介が直接性において作用しているということを強調しているだけではない。おそらくこの反論によって、レヴィナスが弁証法を批判する仕方に反駁することができるのである。ヘーゲルは、即自を、「直接態の否定の後の、直接態の媒介的回復」へと還元することで、主体を実体として思惟しようとする。この〔回復の〕運動は、「自己の奪回（*reprise*）」の運動、「奪還（*reconquête*）」の運動であり、それを対自が支配し、この運動によって「本質〔存在すること〕がそのコナトゥスから出ることはない」ような運動である。このように考えるヘーゲルに対して、レヴィナスは、「感受性の主観性」を対置する。それは「受肉のように、回帰なき永遠の〔自己〕放棄であり、他者のために苦しむ身体としての母性、受動性と断念としての身体、純粋な蒙ることである」。しかし、これは即座に次のことを明示するためのものである。「そこでは、確かに乗り越え難い両義性がある。受肉した自我――血肉を備えた自我――は、自分の意義を失いうるし、そのコナトゥスと喜びにおいて動物のように自分を肯定することができる。まさに自分の財産を取り戻しにきたオデュッセウスを、自分の主人と認めたのは一匹の犬なのである。しかし、この両義性は、可傷性そのものの条件、すなわち意義としての感受性の条件である。まさに感受性が自己自身に満足する――「自己に巻きつく」、「私である」――限りで、この感受性は、他者のためという＝他者へのその慈善（bienveillance）において、〈他者のために〉、〈自己に反して〉、非‐作用にとどまるのであり、〈自己のための〉ならざる〈他者のための〉意義にとどまる」[46]。

　この両義性の乗り越え難い性格は何を意味するのか。それは、〈自己のために〉と〈他者のために〉とを共時化し、さらに存在と〈存在するとは別の仕方〉とをひとつの体系に取り集めうる同時的なものを前提とすることなしには、感受性という回帰なき永遠の〔自己〕放棄と、感覚的〔感性的〕確信の弁証法が含意する自己への回帰とを対置することはおそらくできない、ということ以外に、何を意味するというのか。もしそうだとすれば、この〈存在するとは別の仕方〉の意味とは何でありうるのだろうか。あるいはまた、もし存在することのコナトゥスと喜びとを動物のように肯定すること、すなわち「〔自己のみで〕突き進む力の独断的自発性」[47]が、〈自己に反して他者のために〉と同等の権利をもつとすれば、どのようにして〈他者のために〉という慈善は、自我の存在論的シニシズムに対して優位に立つことができるのだろうか。慈善は、正義という媒介、媒介としての正義なしにそもそも可能なのだろうか。さらに、もしそうしたことが可能だとしても、意義の意義性――自我のケノーシス〔自己放棄〕ないし存在からの超脱は、その構造ではないにしても、少なくともその仕方を構成するのだが――はどうなるのだろうか。次の場合には、意味と無意味とのあいだでどのようにして決断すればよいのだろうか。すなわち、この無意味が、自我－犬という乗り越え難い動物性、自分自身に引き渡された自我というこの犬の乗り越え難い動物性へと結びつけられている場合、あるいは逆に、〈他者のための一者〉という意義性が、コナトゥスの転倒であるがゆえに動物には到達不可能である場合には、どのようにして意味と無意味のあいだで決断すればよいのだろうか。レヴィナスは、実際、「自己意識とは、復路である」と改めて言明した後、次のように続けている。「オデュッセイアは、冒険、数え切れないほどの出会いの物語でもあった。オデュッセウスは、生まれ故郷へ変装して戻り、人目を欺いた。彼がすることのできた一貫して矛盾のない話〔オデュッセウスが語る冒険譚〕は、彼の素性＝同一性を隠している。彼の素性は、この話から際立ってくるが、しかしその意義性は、動物的嗅覚でも嗅ぎつけることができないのである」[48]。しかしながら、拒絶不可能な＝格変化しない責任、意義性としてのオデュッセウスの素性＝同一性は、老犬アルゴスの嗅覚では嗅ぎつけることができなかったというのなら、次のことを思い起こすべきである。彼の主人が長らく不在であったということはこの忠犬を不幸にしてしまったのだが、この忠犬が死んだのは、ホメロスが明確に記す通り、長旅から帰った男を新たに嗅ぎつけて主人と気づいたすぐ後だ、ということである[49]。

第六章　魂と身体

第一節　意義のなかの地平

これまでの問いをひとまず横に置いておこう。感受性は、何よりも他者への曝露である。そして、もし現在がイニシアチヴに基づく時間（開始と自由）であるなら、こうしたどんな現在よりも古い、「存在すること（esse）のコナトゥスの転倒、〈惜しみなく〔留保なしに〕供されてしまったこと〉」こそが感受性であり、それは「可傷性そのもの」[1]である。感受性は、受容性の手前で、〈他者のための一者〉として、また〈語ること〉として、もはや統握（appréhension）作用の内容ではないし、またこの作用そのものでもない。そうではなく——ここでもまたレヴィナスは、言語に語らせながらも、そうした〈語らせる〉ということの可能性を思惟してはいないのだが——、感受性は、他人への不穏＝動揺（inquiétude）としての懸念（appréhension）、「原因の介在以前の、また他者の現れ以前の、非－現象による触発、他者の他性にる〈語られること〉に属すからである。こうして他人から審問され、他人による問いかけにさらされた感受性とは、迫害（persécution）、「すなわち、狭窄な苦痛の諸次元や、〈手前〉という想像を超えた諸次元でのねじれである。それは、自己からの引き剝がし、無以下のもの、陰画《ネガティフ》——無の背面——への放逐、母性、同のなかでの他者の懐胎である」[2]。

では、こうした諸規定は、それぞれ互いにどのように分節化されるのだろうか。一方で、感受性は、可傷性である。なぜなら、他人への曝露には、留保がなく、どんな現在や現象よりも古く、決して契約のように関係を結ぶことも、自由な仕方で引き受けることもできないものだからである。他方で、感受性は、心性の一部である。この心性は、志向性によってはもはや定義されず、〈自我のなかの他者〉によって定義される。この心性において、自我は、自我にとって負担となる他者へ責任を負う。それは、もはや現存在にとっての重荷である実存ではなく[3]、主体にとっての他者、すなわち私にとっての他者なのである。ところで、こうした諸々の意義の総体には、それぞれ範例的な具体化というものがあり、懐胎としての母性のなかに縮約して表現されているようなものである。しかし、ついでに述べておけば、その懐胎とは、分娩なき懐胎、保留された未遂の懐胎である。それゆえ、レヴィナスは次のように書くことができる。「迫害されたものの不穏＝動揺は、自分がやがて孕むであろう者たち、ないし自分がかつて孕んだ者たちによって傷つけられる、「子宮の呻き」の変様、母性の変様でしかないのだろうか。諸々の他者への責任は、母性において意義を表し——諸々の他者の身代わりへと行き着く。それは、迫害の結果を被ることへ、迫害者が勤しむ迫害することとそのものをも被ることへと至る。母性——卓越した孕むこと——は、迫害者による迫害することへの責任をも孕んでいるのである」[4]。

こうした諸々の意義は、どのような仕組みで結びつけられるのか。またそうするために思惟は、どのようにして規定されるべきなのだろうか。レヴィナスは、レリスの『ビフュール』に触れて、この点を次のように説明する。「意義を表すことという機能を観念連合へと還元したり、言語的記号、あるいは別の記号が備えている複数の意味が、そこにその記号が位置する連合のネットワークによって説明されると考えたりすることにわれわれは慣れてしまっているのだが、このとき観念連合の過程は、〔二手の〕分岐（bifur）という概念とともに、その基本的役割を失っている。本来、思惟は、〔二重の〕抹消線《ビフュール》（biffure）、すなわち象徴である。そして、思惟は象徴的なものであるからこそ、諸観念は相互に絡み合うことができ、連合のネットワークを形成することができる。したがって、このネットワークが、そこで語が学習されるところの情況に依存していようと、他の語との音声的類似に依存していようと、あるいはその文語態に依存していようと、エクリチュールの備える記号を通じて喚起されるものすべてによって培われた、このネットワークが価値をもっているのは、ネットワークが一方の観念を他方の観念へと移行させるからではなく、一方の観念が他方の観念のなかに現前することを担保するからなのである」[5]。では、どのようにして、詩の仕組みに関するこの分析によって、諸々の意義が互いに関係づけられる仕方を明らかにすることができるのだろうか。

レヴィナスは、そこで、〈意義を表すこと〉（signifier）の二つの仕方を区別している。第一の仕方によれば、それぞれの意義は、文脈、ないし意義のネットワークと相関的である。自分自身と一致しながらも、同様に自分と一致している他の意義とは区別されたそれぞれの意義は、このネットワークから、〔他の意義との〕単なる差異を通じてその意味を受け取り、自分の外部にある総体のなかでの自分の位置によって、意義を表す[6]。しかし〔第二の仕方によれば〕、思惟が、「所与の超出」[7]である抹消線《ビフュール》や象徴として理解される際には、どんな観念も、他の観念へと超え出て行ったり、引き渡されたりする。どんな観念も、「他の観念のアウラ」(8)であって、他の観念に包み込まれている。そして、それぞれの思惟ないし意義は、それ自体で存在し、その同一性において存在しながらも、それと同時に複数なのである。「したがって、諸観念の連合は、抹消線《ビフュール》の段階で把握されるなら、表象や同一性といった古典的カテゴリーの彼方にある思惟となる」(9)。そして、このネットワークの手前にある複数性が、「一方の観念が他方の観念のなかに（*dans*）現前することを担保する」とすれば、またもしどんな意義も、入れ子構造であるとするなら、意義を表すこととは、常に他の意義のなかで意義を表すことである。それは、例えば、迫害された者の不穏＝動揺と他人への責任とが母性のなかで理解可能となる、という意味でそうなのである。どんな意義も、それが表す以上の意義、自分自身以上の意義を表し、その同一性からはみ出す。どんな意義も、連鎖（enchaînement）ではなく、入れ子的埋め込み（emboîtement）を通じて他の意義へと結びつけられる(10)。レヴィナスは、連鎖の代わりに入れ子的埋め込みを用いることによって、地平の構造を、意義そのものの構造に与え返しているのである。それぞれの意義が地平のなかにある以前に、地平がそれぞれの意義のなかにあり、また地平は、諸意義の複数性から構成される以前に、意義それぞれに内的な仕方で属している。

第二節　身体の賦活

食べることのできる主体だけが意義を表すにふさわしいのであり、意義は受肉した存在のあいだでしか可能ではないことをわれわれは確認した。したがって、ここでは肉と区別されていない身体は、意味の相互人間的な筋立ての一契機であり、主観性は、主観性の主体化の〈他者のための一者〉が実現される仕方に応じて受肉する。このことは、否定的な仕方で言うなら、次のことを含意する。すなわち、「受肉は、自らに表象する世界の只中に身を置いている主体が行使する超越論的働きではない」ということである。また肯定的な仕方で言うなら、そのことは次のことを含意する。すなわち「身体の感覚的経験は、今からすでに受肉している」のであり、「私は、私の身体に縛りつけられる以前に、他の諸身体へと縛りつけられている」[11]、つまり「他者による強迫〔包囲〕――あるいは母性――としての感覚的経験がすでに、意識の哲学が感覚的経験から構成しようとしている身体性である」[12]ということである。

身体を感受性の一契機、つまり主観性の〈他者のための一者〉、意義性の一契機とすることによって、レヴィナスは、主体を自己意識や起源、現前や自由とみなす、「西洋哲学が行き着いた」考え方と手を切ることを主張する。この〔西洋哲学が行き着いた〕考え方によれば、受肉は、「自己表象の具現化」、あるいは「〔半〕透明な自発的意識を、受容性と有限性のなかへと隠蔽すること」[13]である。西洋哲学――それは「本質的に存在の哲学」であり、そのなかでは「存在了解が、最後の言葉〔最終回答〕であり、人間の根本構造である」[14]――は、〔レヴィナスによれば〕フッサールとハイデガーとともにその終焉、すなわちその真理に到達した。彼らを前にして、レヴィナスは、「〈哲学史〉の〈最後の審判〉に臨んでいるかのような印象」[15]を抱いたことを吐露した。では、フッサールとハイデガーこそ、互いに違いがあるとはいえ、身体を理解したのだろうか。この問いを横に置くとしても、こうした〔「西洋哲学が行き着いた」考え方と手を切るというレヴィナスの〕主張自体、西洋史全体の再考とも連関し、哲学だけに限定されるわけではない、ニーチェによる身体の規定に対して無頓着なのである。哲学だけに限定されるわけではないというのは、その規定が、哲学以上ではないにしても、哲学と同様に関わっているのは、存在‐神‐論と本質的に結合していたところのユダヤ‐キリスト教的伝統だからである。「それは、まさにひとつの最後の審判である」、とニーチェが書いたのは、あらゆる価値の価値転換が完成を見る『反キリスト者』に関してなのである[16]。

こうした〔レヴィナスの〕無頓着の射程を測定し、ニーチェによる身体の考え方が、デカルト以来、主題化的存在論が、受肉や心身合一、魂による身体の賦活を理解しようとする仕方に対してレヴィナスが向ける反論を免れているか、〔免れているとすれば〕どのように免れているかを検討する前に、当然、こうした批判の前で足を止める必要がある。心性を「知覚、飢え、感覚を賦活する」〈他者のための一者〉として定義し、自分の口から引き剝がしたパンという相のもとで、身体を他者へと供することによって身体を賦活するものとして魂を理解した後で、レヴィナスは、次のように続けている。「ここで賦活〔魂を与えること〕は、メタファーではなく、こう言ってよければ、理解可能性の還元不可能な逆説を指示している。それは、同のなかの他者（l'autre dans le même）という逆説、同にあらかじめ備わっている屈折のなかにある〈他者のために〉の転義という逆説である。その意義性そのもののなかにある意義は、あらゆる体系の外部にあって、〔二つの〕平面間のどんな相関関係にも先立っている。それは、一度主題化してしまうや否や架橋し得なくなる裂け目、例えば分音される母音、この場合でいえばエリジオンしない母音接続のような裂け目を表す〔二つの〕平面間の、調和ないし和合である。デカルト的な二つの次元――身体と魂――には、互いに接触しうる空間がなく、全体を形成するようないかなる論理的トポスもない。とはいえ、この二つの次元は、主題化に先立って、あらかじめ和音を奏でている＝調和させられている。しかし、それは、アルペジオとしてしか可能ではないような和音＝調和としてなのである。それは、理解可能性を打ち消すのではなく、むしろ意義の合理性（rationalité）〔意義が理解可能となる仕方〕そのものである。この合理性によって、同語反復的な同一性――あるいは〈自我〉――は、「他者」を受容するのであり、他者に「与える」ことによって、代替不可能な同一性という意味を他者から獲得する[17]」。

ライプニッツは、デカルトが「心身合一を正しく理解せず、その原因は実体の本性一般を把握しなかったことにある」[18]として彼を非難した。微妙な違いを別にすれば、レヴィナスはまさに同じことを述べている。では、それはどのような違いだろうか。もしライプニッツにとって、心身合一についての無理解が、実体性の不十分な規定、すなわち、別の存在論によって改善されうるはずの存在論的欠陥に由来するとすれば、レヴィナスにとってこの無理解は、逆に、存在論そのものに属している。心性が、存在論以前に、あらかじめ〈同のなかの他者〉、すなわち顕現ならざる意義性として定義される以上、心性は、「〈他者に自分の口からパンを与えることにおいて他者のために自己から引き剝がされてあること〉」として、すなわち「〈他者のために自分の魂を明け渡しうること〉」として具体的に実現する[19]。したがって、心性は、それ自体でそれ自体によって、すなわちその〈他者のために〉のなかで成立する身体の賦活である。心性は、この身体の賦活を、当の心性の〔意義を表す〕仕方（façon）を具体化するものとして、あるいはその契機として、必要としている。それゆえ、心身合一の問題、あるいは超越論的エゴによる身体構成の問題は、事実それ自体により〔必然的に〕解決しているのであって、しかも理解可能性の只中で解決しているのである。理解可能性の只中で解決しているというのも、〈同のなかの他者〉は、あらゆる意義の意義性だからである。「魂による身体の賦活は、もっぱら主観性の〈他者のための一者〉を具体的に明らかにする」[20]以上は、この賦活は、船における船頭のメタファー[21]よりも、〈同一性における他性〉という転義によるほうが、うまく表現される。というのも、賦活は、この場合、他人に対してなされた贈与の、すなわち善の意味の一契機だからである。しかしまた、結局同じことだが、賦活は、〈語ること〉から直接、語られるからである。

それに対して、心身分離は、〈他者のための一者〉という一つに集めることのできない隔時性から了解可能となる。正義によって喚起された同時性、隔時性の共時化にともなって、「心性はもはや〈他者のための一者〉としては意義を表すことなく、静穏、公正へと中和されてしまう。それは、あたかも意識が、〈語られること〉、主題、存在の同時性に属すかのようである」[22]。このとき魂は、身体から分離され、感受性は、もはや他者のために自己から引き剝がしたパンという相のもとでは実現されずに、回収可能な時間のなかで、統合、あるいは再統合された、感覚する者と感覚されるものとの二元性となってしまう。

第三節　諸々の魂の身体化＝合体

受肉は、〈語られること〉において主題化された場合、理解不可能となってしまう。というのも、〈語られること〉においては、コギトは、身体から分離されるからであって、また主観性と身体性とには、ひとつの全体を構成するために〔必要な〕両者に共通の空間、あるいは論理的場が全くないからである。しかし、もし上記の反論が、デカルトだけでなく、構成を担う超越論的意識の世界化的自己統覚として受肉〔身体をもつこと〕を記述するフッサールや、受肉を決して実存範疇としなかったハイデガーにも当てはまりうるとしても、その反論は、ニーチェが身体を規定する仕方には当たらない。主観性の〈他者のために〉は、自分の口から引き剝がしたパンの贈与において実現されるがゆえに、レヴィナスにとって、主体の身体性はその主観性と不可分である。しかし、ニーチェにとっては、逆に、主観性が身体と不可分なのである。「私は隅々まで身体であり、それ以外のものではない。そして魂は、何らかの身体的なもののための語でしかない」[23]、とツァラトゥストラは教える。ニーチェは、身体を自己意識から理解しているのではなく、レヴィナスがその核を一掃しようとしている、意識と主観的統一、つまりこの超越論的統覚の総合的統一を、ヒエラルキー化された諸力ないし諸衝動の複数性＝多元性としての身体へと連れ戻すのである。この身体の活動は、無意識的であるがゆえに、まさに諸々の思惟や価値、すなわち「魂」、「精神」、「意識」、「意志」とも名づけられる力や衝動によって命令される。そうした力や衝動というものは、その一方の力や衝動が他方の力や衝動へと行使されることで、様々な形で局所化されるはずのものであり、それゆえに自らが構成する身体の空間化原理を、自らのうちに備えている。「われわれの身体は、まさに複数の魂の社会である。その結果が、私である」、と述べるニーチェは、このようにして、身体の賦活の問題を、いわば〔レヴィナスとは〕反対の方向から解決するのである[24]。

　確かに、ニーチェが身体と主観性とを理解する際、彼は「知の冒険[25]」に依存している。しかし、この依存は何を意味するのだろうか。〔ニーチェにおいて〕身体は、あらかじめ存在論の光に照らして思惟されているわけではなく、〔逆に〕存在論が、〈力への意志〉の形態学を導きの糸とする身体の光学のなかで思惟されている。より正確には、ニーチェが、論理を、自己保存を命じられた身体構造とみなすとき――自己保存は、強度の増大を伴う自己享受に相当するわけではない――、彼は、恒常的存在についての知から身体を規定しているのではなく、むしろ存在論を身体の所産とみなしているのである。身体の所産は、偶然によって生み出されるのであり、自分自身が原因となって生み出されたわけでは決してない。永遠回帰は、こうした身体の力能（puissance）を、存在論が身体に与えたり割り当てたりしてきた力の彼方へと、高めることができる[26]。

　したがって、レヴィナスの歩んだ道を辿ることなく受肉を理解しうるし、また身体の賦活を、〈他者のための一者〉という隔時性なしに、語ることができる。それは、限定的な指摘でしかないのだろうか。それとも、こうした指摘は、より一般的な射程をもつのだろうか。いまこの問いに答えることは時期尚早である。とはいえ、それでもなお、次の〔レヴィナスの〕文章を、ニーチェ自身も書けたはずであると指摘することは許されるだろう。『全体性と無限』は、次の文章から始まっている。「われわれは道徳にだまされる者なのではないかどうかが、このうえなく重要だということについて、容易に意見の一致をみることができるだろう(27)」。

第七章　接触と近しさ

第一節　最上級の近しさ

他者への曝露である感受性は、可傷性である。可傷性は、接触（contact）である。そして接触は、関係から放免された者との関係、近しい者との関係、すなわち近しさ（proximité）である。この接触と近しさは、触覚〔触れること〕の近しさからどのような点で区別されるのだろうか。というのも、触覚は、アリストテレスによれば、一つの感覚〔感官〕（sens）であると同時に、他のあらゆる感覚の条件だからである。[1] そして、もし感受性がもはや存在への開けではないとすれば、「卓越した感覚」[2]である視覚、「その距離と全体化する抱握によって知性作用（intellect）の「不偏性」を模倣ないし予示する」[3]理論的＝観想的感覚、すなわち存在論によって特権化されたこの感覚は、どのようにして近しさへと還元されるのだろうか。

還元することとは、存在と、その顕現と真理であるところの〈語られること〉との相関関係の手前まで遡行することである以上は、視覚〔視ること〕（vision）は認識と相似しているのか、それとも、視覚はそもそも接触の一様態ではないのかという点を問うことが問題である。「いとおしげに眺める〔視線で愛撫する〕」という表現は、単なるメタファーでしかないのだろうか。それとも、それは〔メタファーとは〕別の仕方で意味する〔意義を表す〕のだろうか。「ひとは、触れるようにして見たり聴いたりすることができる」と書いた直後に、レヴィナスは、次の詩を引用している。「森や、池や豊穣な野は、私の眼には視線《まなざし》よりも感動すべき（toucher）〔触れる〕ものであった。私は地上の美に身を寄せ掛けて（appuyé）、そして私は季節の薫りを両手の中に保存した」[4]。どのような意味で視覚と聴覚は接触であるのか。あるいは触覚において感性〔感受性〕一般に固有のものとは何なのだろうか。

すべてのものは同じ仕方で感覚されるのかという問い、例えばある感覚は距たった状態で働き、味覚や触覚といったその他の感覚は、直に接触して働くのかどうかという問いに対して、アリストテレスは次のように答えている。「しかし事実はそうではない。むしろ硬いものも柔らかいものも、われわれは〔中間にある〕別のものを媒介して感覚するのであり、この点は音を発するもの、見られるもの、嗅がれるものを感覚するのと同様である。ただし、後者の場合には対象を遠くから感覚し、前者の場合にはごく近くから感覚する。だから媒介＝中間のものの存在には気がつかない（λανθάνειν）」[5]。したがって、触覚を特徴づけているのは、中間にあるものの不在ではなく、まさに近しさなのである。この近しさは、中間にあるものを横断しながら開離を覆い尽くすものであり、開離の消去である。

触覚をこのように近しさの感覚として規定することは、アリストテレスが、冷と熱、乾と湿、硬と柔といった、手に取るように明らかな〔触れて理解できる〕違いを備えた基体（τὸ ὑποκείμενον）とみなす諸事物に出発点をおくことである。[6] とすれば、この規定は、二重の規定と不可分である。すなわち、事物ないし存在者を諸属性の土台とする規定、及び感性を、諸属性を啓示するものとする規定である。啓示が知であることは明らかである。というのも、一方で、改めて言えば、「固有の感覚的なものについての感覚は常に真である」からであり、他方で「感覚なしには何も学ぶことも理解することもないであろう」[7] からである。しかし、感性が必ずしも顕現を意味するわけではないとすれば、触れるという触覚の出来事は、認識の出現とは別のものでなければならないのではないだろうか。それは、「触れられた存在の、触れることができるほど明らかな何性への開示性」[8] とは別のところにあるはずではないだろうか。

この問いに答えるためには、触覚を特徴づけるもの、すなわち近しさへと戻らなければならないだろう。近しさが遠さや媒介によって包囲されているのは、近しさが備えている〈……への開示性〉という次元のおかげではないだろうか。実際、〈……への開示性〉は、感覚するものと感覚されるものとの位相差、あるいは距離、また志向性、対象を主題化ないし措定する視向を前提としており、したがって、接触の直接性を失うことに伴って、〈近しさ〉から、すでに直接的に近しいものを遠ざけてしまった、〈近しさについての経験〉へと転じることを前提としているからである。しかし、もし近しさが距離の消去であるなら、近しさは〈……についての意識〉、あるいは〈……についての経験〉に固有の距離を消し去るところまで行き着くはずではないだろうか。[9] 触覚＝触れることは、その他の感官の条件なのだから、まさに、常により近く、なおかつ決して十分に近いわけではない近しさにおいて、すなわち最上級の近しさにおいて、感覚的なものの意義が見いだされるべきなのである。まさにこの最上級の近しさにおいて、感受性は、知の一契機、あるいはその一関数となる前に、意味をもちうるのである。しかし、この最上級の近しさとは、近しさによってはぐくまれる近しさ、すでに近しくある者の不在がつきまとう近づき、近づきにおいて、また近づきによって積み重ねられた近づき、すなわち、愛撫以外に何として理解されるべきだというのだろうか。「触覚＝触れることは、諸事物の外面に関する認識へと変じる前に――またこの認識そのものを遂行しているあいだ――、近しさについての経験へと還元できない純粋な近づきであり近しさである。愛撫は、その意義が愛撫についての経験へと変転することなしに、接触において素描される。愛撫において、近しさは何ものかについての志向となることなく、近しさであり続ける。愛撫は表現行為となりメッセージの伝達者となりうるにもかかわらずそうなのである。近づくこと、近接することは、こうしたことについてひとがもちうるような知や意識へ帰着することはない。接触において、事物は近しい。しかし、それが近しいのは、事物が、ざらざらで、重く、黒く、心地よいものであったり、あるいは現実に存在していたりしていなかったりするというのとは全く別の意味で近しいのである。事物が（leibhaft gegeben というフッサールの表現に用いられた翻訳に従うなら）「有体的に＝生身で生き生きと（en chair et en os）」ある仕方が特徴づけるのは、事物の顕現ではなく、その近しさである。観念、あるいは価値は、直観的に本原的に与えられうるが、観念に直に接することはできない。感覚的なものが必要なのである(10)」。

　隣人への愛撫が、ある意味で、所与の知覚に置き換えられている。所与の知覚は、隣人への愛撫から理解されうるのである。もし「近しさは志向性ではない(11)」とすれば、近づくことである愛撫は、知覚でもノエシスでもなく、愛撫されたものは、所与でもノエマでもない。そして、もしわれわれが知覚に対して愛撫を対置するなら、それは、もう一度繰り返すが、レヴィナスが、フッサールの言語から離れるために、フッサールの言語に依拠しているからであり、現象学から出発して、その現象学のなかから、現象学とは対照的なものとして際立ってくるものを記述するからである。〔フッサールにおける〕視向〔思念〕（Meinung）と充実が、同時に、また別の仕方で、〔レヴィナスにおいて〕了解と享受という意義をもったのと同様に、ここでは〔フッサールの〕「有体的」所与性が、同時に、また別の仕方で、〔レヴィナスにおいて〕近しさという意義を表すのである。知覚は、単に感性的事物を本原的に与える意識や経験ではない。それ以上に、知覚は、まず「志向的分析が説明することのない存在の近しさ」[12]である。というのも、視向されたものと視向との切断（découplage）、過去把持、純粋印象の直接性の切断、隔たりや開離といったものなしには、志向性、あるいは経験は存在しないからである。したがって、所与と所与を特徴づけることのできる受肉とのあいだにはある間隙（hiatus）がある。この間隙は、現象学全体とその諸原理にかかわっている。しかし、感受性と、特に視覚とが、それ自身近しさであることなしには、感覚的知覚は、近づき、あるいは愛撫ではありえない。「確かに視ること＝視覚は、開示と意識であり、どんな感受性も、意識として開かれているがゆえに、視ること＝視覚と言われる。しかし、視ること＝視覚は、認識に自己を従属させている時でさえも、接触と近しさとを保存している。見えるものは、眼を愛撫する。ひとは、触れるようにして見たり聴いたりするのである」[13]。レヴィナスは、数年後、この同じ「所与の隣人への豹変」[14]へと立ち戻りながら、次のように述べることになる。「あらゆる視ること＝視覚において、接触が告知される。視覚と聴覚は、見えるものと聴かれるものとを愛撫する」。そして、この愛撫において、「近しさは、近しさとして意義を表すのであって、近しさについての経験としてではない」。より一般的に言えば、「愛撫はどんな接触においてもまどろんで〔潜んで〕おり、接触はどんな感覚的経験においてもまどろんで〔潜んで〕いる」[15]。

第二節　遺　物

しかし、もし視覚が接触の一様態であるなら、愛撫は、志向的意識と知とが愛撫を投じるところの眠気(somnescence)からどのようにして覚醒しうるのだろうか。より正確に言えば、諸事物はなぜ愛撫されるのか、また近しさがざらつき、重さ、色のような質ではない場合、諸事物は、その近しさをどこから引き出すのだろうか。諸事物はどのような仕方でわれわれに触れるのだろうか。ハイデガーが言うように、「一般的に、われわれの回りの使用される事物が、最も身近で本来的な事物である」[16]とするなら、そうした事物のなかの一つである一足の短靴《スーリエ》(Schuhzeug)、あるいはより正確には弊履(godasse)[17]に関する記述からはじめることにしよう。「靴という道具の履き広げられた内側の暗い穴からは、労働の足取りの辛苦が睨んでいる。靴という道具の粗野で堅牢な重みの中には、風の吹き荒ぶ耕地のはるか彼方にまで伸び広がる常に一様な畝を辿る、緩やかな足の運びの粘り強さが鬱積している。革には、土壌の湿気と重苦しさが覆い被さっている。靴底の下では、降りてくる夜の帳をかきわけながら、野道の寂寞が進み出る。靴という道具のなかで振動しているのは、大地の黙然たる呼びかけであり、麦の実りを大地が静かに贈ることであり、冬の畑の荒れた休耕地で大地がひそかに自らを拒絶することである。この道具(Zeug)を貫いているのは、パンの確保のための物言わぬ心労であり、再び困窮に打ち勝った言葉に出せぬ喜びであり、出産の到来のなかでの身震いであり、死の威嚇のなかでの戦慄である。この道具は大地に帰属し、農婦の世界のなかで守られている。道具それ自身はこの守られた帰属から生じ、それ自身のうちに安らうようになる」[18]。

この記述が身を置いている文脈とは別に、この記述——それは存在を超えて Ereignis〔エアアイクニス、性起〉へと向かいながら、それでも依然Ereignisに到達するわけではないのだが——と、すでにその記述がそこから借りてきているところのファン・ゴッホの絵画とは、なぜわれわれと無関係ではないのだろうか。すべては、絵画において、土で重くなった短靴《スーリエ》から、風の吹き荒ぶ空に至るまで、人間的なものの苦しみを吹き散らす。換言すれば、すべては、そこで、その皺まで見える、目に見えない農婦と、われわれとを近づける。そして諸事物の近しさは、そこで、隣人の近しさからも意義を表す。それは偶然なのだろうか。それとも、遠さや距離とは反対のものとしての〈隣〉(le prochain)と、他人としての〈隣人〉(le prochain)とのあいだには何か関係があるのだろうか。近しさは、直接的ないし最上級なものとして〈現れる〉ことはありえない。というのも、近しさは、志向性を構成する隔たりを排除するからである。したがって、近しさは、どんな意味付与にも先立って意味をもっている。ところで、「〈隣〉とは、まさに、それに意味を与える直前に、直接に意味をもっているものである。しかし、このようにして意味をもつものは、〈他人〉、つまりひとがそれに意味を与える前に意味をもっている者としてしかありえない」[19]。したがって、諸事物の感覚的近しさがその意味を引き出すのは、まさに他人の近しさからなのであって、「この〈隣〉と〈隣人〉という」le prochainの二つの意味のあいだには必然的な関連がある。

こうしてレヴィナスは、諸事物は他人の痕跡をとどめているがゆえに、われわれに触れ、われわれに近しいということを説明することによって、また、ただ顔だけが、認識が愛撫をそこへとどめておくところのまどろみから、愛撫を覚醒させることができると説明することによって、彼は、ハイデガーの記述に応答している。しかし、それは、そこで同じものを別の仕方で見ることによって、すなわち、最終的には別のものを見ることによってなのである。レヴィナスによれば、「実際、接触における、また触れられたもの——優しさ、つまり近しさ——における、感覚的なものの愛撫は、ただ、人間の皮膚、顔を通して、すなわち、隣人へと近づくことによってのみ覚醒する。諸事物の近しさは、詩である。諸事物は、それ自体で、近づかれる以前に、おのれを啓示している。動物への軽い愛撫において、皮はすでに皮膚において硬化している。しかし、諸事物に触れた手、諸存在によって踏みつけられた場、諸存在によって握られた諸事物、この諸事物のイメージ、この諸事物の断片、この断片が相互に統合される脈絡、声の数々の抑揚、その抑揚において分節化される数々の語、言語のもつ常に感覚的な諸記号、書かれた数々の文字、遺跡や遺物（relique）——こうしたものすべてのうえに、優しさは、人間の顔から、また人間の皮膚から広がっていく。認識は、近しさや純粋に感覚的なものへ帰っていく。世界のなかに対象や道具存在として投じられた物質は、同時に、人間的なものを通じて、その近しさによって私に強迫的につきまとう（obséder）物質なのである。世界の詩は、卓越した近しさ、あるいは卓越した隣人の近しさからは不可分である。そして、まさに言わば、〈他人〉という接触の起源への帰趨関係——感覚的なもののアプリオリな構造として要請される帰趨関係——ゆえに、〔〈他人〉への関係づけをもたない〕ある冷徹で「無機的」な接触は、〔あくまで〕欠如態においてのみ、単なる情報として硬直する」[20]。

諸事物は、われわれに触れ、われわれと近しい。諸事物は、〔他人の痕跡をとどめた〕遺物という資格で愛撫を呼び覚まし、遺物を取り囲む優しさは、諸事物が喚起しようと、また発散しようと、他人から生じるのである。「諸事物が何よりもまず強迫的につきまとうのは、隣人によって取りつかれたものとしてであり——文化的諸属性を帯びたものとしてではなく——、遺物としてである。接触は、事物の「無機的」な表面の彼方にあって、皮膚の痕跡と見えない顔の痕跡とによる強迫である。諸事物は、この見えない顔の痕跡をとどめており、ただ複製だけがこの痕跡を偶像として固定する」[21]。それ自体で摑まえられ、脱世界化された諸事物は、優しさを欠く冷徹な接触へと、認識を可能とするような、開離して遠さをもたらす視線へと供されることによって現れる。しかし、いずれにしても常に人間的である世界の只中で、諸事物は、近しくありうるのであり、優しさを喚起しうるのである。*Sunt lacrimae rerum et mentem mortalia tangunt,*「諸事物には涙があり、ひとの行ないは心を打つ〔心に触れる〕」[22]。そして、まさにこの近しさから、つまり感受性、〈語ること〉であるこの接触から、世界と諸事物とは、自身の詩を受け取るのである。あるいは、別の言い方をすれば、世界や諸事物に与えられている詩は、卓越した隣人の近しさ、すなわち他人の近しさから、分離できない。

第三節　世界の詩

では、〈語ること〉と詩とは、どのような関係にあるのだろうか。詩は、「言語《ランガージュ》を可能にするもの[23]」として理解されるなら、〈語ること〉そのものである。しかし、詩と〈語ること〉とを同一視することは、〈語ること〉の倫理的本質に反することになりはしないだろうか。この同一視は、〈語ること〉の絶対性を脅かし、またそれ以上に、存在と〈存在するとは別の仕方〉とのあいだの関係を脅かしはしないだろうか。それとも、こうした同一視は絶対性を反復するのだろうか。詩は、倫理と同様、主題化に逆らうのではないだろうか。それは一般に、また現代へブライ語のように、「自分自身の痕跡のなかで始まる、復活した言語《ラング》の不可解な様態[24]」を意味してはいないだろうか。より正確には、記号の贈与によって与えられた記号として理解された近しさが、「叙情の転義〔曲調〕(*trope*)をも描き出す、すなわち、愛される者に愛を語ることによって愛すること——愛の歌、詩と芸術の可能性[25]」であるという命題における「も」(*aussi*)というこの副詞は、どのような意味を備えているのだろうか。それは、同等〔比較〕や同時性を意味するのだろうか。それとも、結果や派生を示しているのだろうか。前者の場合、詩は倫理と一致することになるであろう。後者の場合、詩は倫理に従属することになるだろう。こうした単なる二者択一にとどまらないためにも、さらに付言すれば、詩は「西洋ヒューマニズムにおける超越の究極の隠れ家[26]」、さらには「〈存在するとは別の仕方〉のかつてない驚くべき様態[27]」でしかないのだろうか。そして、こうした諸々の問いは、抒情詩に特権を与えることなしに、つまりは抒情詩を雅歌とすることなしに、提起できるのだろうか。

　しかしながら、物を遺物として規定することは、ハイデガーの記述と全く無関係というわけではない。この規定は、基礎的存在論への批判を含意しており、この同一の記述が、おそらくその批判の可能性を開くのである。レヴィナスは、「主題化されたものは、主題化が近しさとなる愛撫において消える」と、さらには、同じことだが、対象は遺物において消えると述べた後で、次のように付け加えた。「そこには確かにメタファーの持ち分があり、諸事物は近しいものである前に真か幻であろう。しかし、世界の詩は、諸事物の真理に先立っているのではないだろうか。それは卓越した近しさ、隣人の近しさ、あるいは卓越した隣人の近しさと不可分ではないだろうか[28]」。それ自体で摑まれた諸事物の真理に対するこの世界の詩の優位は、何を意味するのだろうか。もし農婦の短靴《スーリエ》が、その恒存性（consistance）[29]を、短靴《スーリエ》が属している世界から受け取っているとすれば、存在、あるいは恒存性そのものは、世界によって付与されている。それゆえ、この世界は、存在にはもはや依存していない。というのも、世界が存在を授けるからである。ハイデガーのテキストに従うにとどめるなら、以上のことから次のように言うことができる。すなわち、諸々の道具的存在者（ustensile）の存在とはもはや合致しない世界は、諸事物の真理、あるいは諸事物の存在に先行している――それが、〔ハイデガーの〕記述が存在を超えて Ereignis へと向かう理由であり――

だが、それは、物が存在者から区別されない場合であり、その場合だけである――、またそれが、依然Ereignis から記述が生じない理由である。したがって、この記述は、おそらくレヴィナスが常に注意していたはずの両義性を提示しており、それは、存在と、――そこから存在するということがあるところのものであるために――存在とは別であるものとのあいだの両義性である。では、記述されたもの、どんな顕現をも超越するものの痕跡、すなわち超越の足跡（passée）を直に取り押さえようとすべきではないか。そこで描写されたもの、われわれがそれに対して感覚的であるもの、われわれがそれによって触れられるところのもの、こうしたものが、見えない顔の痕跡をとどめ、他人の近しさという意義を表すなら、まさにこの他人の近しさから、諸事物は、われわれに近しくなるのではないだろうか。まさに〈語ること〉としての近しさから、前‐存在論的世界は、その詩を引き出しているのではないだろうか。また、人間性を背負ったこれらの諸事物、すなわちこれらの遺物において表れる、存在の他者は、その意味を存在に付与する〈存在するとは別の仕方〉ではないだろうか。

　しかし、もしそうであるとすれば、この両義性は、〔ハイデガーのように〕存在と存在の本質現成の真理との両義性として思惟されうることになるのだろうか、それとも〔レヴィナスのように〕存在と〈存在するとは別の仕方〉との両義性として思惟されうるということになるのだろうか。これら二つの可能性は、共に基礎的存在論から生じているとしても、異なる意味を存在に与えるのではないだろうか。そして、もし〔ハイデガーにとって〕存在の本質現成の真理、すなわち Ereignis〔エアアイクニス〕が、存在の覆蔵性の外部、λήθη〔レーテー〕の外部からは接近できないとすれば、レヴィナスが、存在への接近、存在の顕現、あるいは存在‐論を、同語反復的なものとみなし[30]、存在と存在の本質現成の真理との関係を、存在と〈存在するとは別の仕方〉との関係として記述することができたのも、彼が、存在の覆蔵性とは無関係に、すなわち存在の備えている最も本来的なものとは無関係に、存在を理解したためなのではないだろうか。

第八章　意識の遅れ

第一節　近しさから主観性へ

宣言（proclamation）や宣布《ケリュグマ》に依拠して予め同一化したり主題化したりすることなしには、何ものも現出することはありえない。ハイデガーが「普遍的な現象学的存在論(1)」と名づけるものは、この「言語における図式機能の不可思議な働き(2)」に属しており、レヴィナスの著作は、その分析でもある。どのような点でそうなのか。もしどんな現象も現象学〔現象のロゴス〕であるとすれば、「たとえそれが厳密に個体化されていようと、いかなる実在的なものも、理念性や普遍性の外部では現出しえないであろう(3)」。コミュニケーションの可能性は、存在の顕現の可能性のなかに書きこまれているのである。では、コミュニケーションの可能性は、存在の顕現の可能性の一契機でしかないのだろうか。「確かに、コミュニケーションは、どんな真理もすべての者にとっての真理を含意している限りで真理の条件である。しかし、こうして〈すべての者〉を持ち出すことは、単に形式的で、思惟されない明証性にとどまっている。コミュニケーションの可能性は、言説の論理的働きの単なる派生的帰結として与えられる」[4]。しかしながら、次のように問うべきではないだろうか。すなわち、対話者との関係は、存在の顕示によって開かれるのか。また、すべての者、諸々の他者、他人との関係は、知を打ち立てる〈語られること〉が宣言する、同一性と普遍性とに依然として依存しているのか、と。この問いを明確に示す前に、われわれがすでに存在の覆蔵性に関して示しておいたものを裏付ける指摘が必要である。レヴィナスは、存在論に関して、真理（*vérité*）というフランス語――もともとはラテン語〔veritas〕だが――を常に用いているが、ἀλήθεια〔アレーテイア〕というギリシャ語は、一度も用いたことがない。ところで、それらは同じことではないし、普遍性が真理を特徴づけうるとしても、このことは、ἀλήθεια には当てはまらない。ハイデガーは、ἀλήθεια の普遍性について語ったことはなく、明らかに ἀλήθεια の特殊性についても語ったこともない。ハイデガーは、レヴィナスがいずれにしてもその呼称でもってハイデガーを理解することに固執し続けた普遍的な現象学的存在論という呼称を、『存在と時間』からほどなく、破棄してしまったのである。

　コミュニケーション〔の問題〕に戻ろう。困難はどこにあるのだろうか。存在の現れから出発して対話者との関係を知として考える際、ひとは、「言説を、思惟の孤独な行使、ないし非人称的な行使へと連れ戻している。しかし、すでに言説の理念性を備えた宣布《ケリュグマ》は、それに加えて、〈自我〉と対話者との近しさであって、透明な普遍性へのわれわれの参与ではない。言説によって伝達されたメッセージが何であれ、発話するということは、接触なのである」[5]。実際、現象とその〈すでに語られたこと〉とを構成する宣布の理念性は、〈語られること〉を超過する、〈他者のための一者〉の意義性、感受性、近しさである〈語ること〉へと送り返す。そしてこの近しさについて、レヴィナスはさらに次のように述べている。すなわち、近しさとは、「原初的言語《ランガージュ》、語も節もない言語《ランガージュ》、純粋なコミュニケーション」[6]であって、言語の起源という古びた問いに対して、[7]哲学的に容認しうる答えを与えるものである、と。

では、近しさとしての感受性と〈語ること〉の主観性との結びつきとは何だろうか。あるいは、近しさという様態で感性的＝感覚的であることは、どのような主観性に属しているのだろうか。近しさは、隣接関係において打ち消された距離ではなく、近づきそのものにおいて積み重ねられた近づきであり、平穏＝静止と合致ではなく、不穏＝動揺（inquiétude）である。他人から自分の意味を引き出してくる近しさは、他人によって不穏になり＝動揺させられ、他人に対する不穏＝他人のための動揺であり、ますます不穏となって私の不穏となり、果ては主体となるような不穏＝動揺である。それはまるで、最上級、誇張法、〈存在へ引き渡された自らの存在〉から出発して〈私〉となる現存在のようなものである。[8]したがって、各自性とは、存在との関係として可能となるのではもはやなく、責任として可能となる。「近しさは、「ますます近しいもの」として主体となる。近しさは、私の絶えざる不穏＝動揺として、その最上級に到達する。それは、唯一者、したがって一者となり、共有を期待しない愛の場合と同様、相互性を忘却する。近しさとは、近づく主体であり、それゆえ私が片方の項として参与するが、そこでは私が一つの項以上――あるいは以下――であるような関係を構成する主体なのである」[9]。

この最後の命題は、何を意味するのだろうか。形式的には、どんな関係も、あらかじめ自分自身と同一的な独立した諸項を、それらがひとつの全体を成すように結合する。ところで、近しさが、ここでは、一者と他者との関係であるとすれば、一者は、他者に対する一者の責任という拒絶不可能な性格から、その同一性を受け取っている。そして、他人の超越ゆえに、両者は、全く平等に位置づけられることはできずに、同一の全体に属しえない。「形式論理学があらゆる関係のなかに認めている構造が、〈自我〉と〈他人〉との関係にはない。諸項は、それらが身を置いている関係にかかわらず、絶対的な〔切り離された〕（absolu）ままなのである」[10]。それゆえ、近しさは、近づきつつある私がその〔一方の〕項となるが、〔他方の項である〕近づかれた者は、近づきそのものに際して逃避し続ける、あるいは不在であり（s'absenter）続けるがゆえに、近づかれた者がそこから免れるような関係である。それは、厳密には、項ならざるものと関係を結んでいる項である。というのも、この項は、関係から放免されている（s'absoudre）からである。したがって、私は、可逆的関係に属する項ではないような項であり、そのことで主観性である項なのである。「まさに不可逆的関係における主体のように＝不可逆的関係に従うように、関係の項は、こう言ってよければ、主体＝従僕（sujet）となる」[11]。その結果、「私は、関係には還元できない項である。しかしながら、私にどんな恒存性をも抛棄させる（vider）再帰性のなかに、私は身を置いている」[12]。というのも、一者の他者への近しさにおいて、一者が、自己に反して、自己に自分を抛棄させるまでに、他者へと自己を曝露するからである。そして、このケノーシス〔自己放棄・自己無化〕こそ、主観性、ないし自己、それも「関係かつ関係の項」[13]として、自己自身と同一的ではなく、拒絶できないほどに責任を負い、この理由から唯一であるような自己だからである。

　哲学の伝統に従って、経験ということで、その統一が宣告されるような多様性の総合を意味するとすれば、「そこでは差異がそれでも無関心ならざること〔非－無差異〕（non-indifférence）であり、切断であるような――強迫――、諸項間での差異によって切断された全体」[14]である近しさは、経験でも経験の対象でもない。隣人は、現れることはない。しかし、隣人は、その前－根源的な直接性を通じて、意識の位相差に先立ち、志向性の起源である感覚するものと感覚されるものとの分離に先立つ、その直接性を通じて、ある意味では、現前化される以前に現前している。隣人は、その直接性を通じて、〈……についての意識〉

の存在をなす、距離と距たりと自由とによって遠ざけられてしまう以前に近しいのであって、つまるところ、隣人とは、字義通り、強迫的につきまとう（obsédant）のである。

この他者に対する一者の無関心ならざること、引き受けることができないほどに強迫的につきまとう他者による一者への強迫は、何を意味するのか。また、この無関心ならざることや強迫は、どのような主観性を描くのだろうか。一方で、強迫は、「その沈黙そのものの重みによって、この重みを引き受ける力（pouvoir）を麻痺させる[15]」。というのも、強迫は、どんな意識にも、どんな媒介にも、どんな後退と引き受けの可能性にも、先立っているからである。他方で、強迫は、相互的でも可逆的でもありえず、一者と他者がひとつの全体を構成することはない。そして、自我について、つまり自我という概念、ないしは概念としての自我について言えば、普遍性と相互性とが、それぞれの個人がそこでは形式的に理解＝包含されるがゆえに両立するのに対して、隣人が自我に対して行使する強迫は、自我を、普遍的なものとして、普遍的なもののように考えることを許さない。したがって、ヘーゲルのように、次のように言うことはもはやできないのである。「私が、〈私〉、この個別的な〈私〉と語るとき、一般にすべての〈私〉のことを語っている。各人は、私が語るもの、すなわち〈私〉であり、この個別的な〈私〉である[16]」。他人によって強迫的につきまとわれている主観性は、普遍性なき個別性であり、「〈自我〉、あるいは〈私〉が何であるかをもはや語ることはできない。いまや一人称で語らなければならないのである[17]」。したがって、強迫的につきまとわれる主体は、普遍性から分離した、「一人の」自我である。そしてこの分離、ないし脱形式化（déformalisation）は、経験主義的主観主義の復活と等しいわけでも、通俗性そのものである〈私〉の肥大化（enflure）〔慢心〕と等しいわけでもない。一人称で語ることは、ここでは自己について語ることに帰着することはなく、自己満足、うぬぼれ、おしゃべりではなく、つまりは〈他者のための一者〉としての言語《ランガージュ》の崩壊ではない。そうではなく、〈自我〉から〔普遍性なき個別の〕自我への移行、増大した責任は、気高くなること（anoblissement）に相当するのである(18)。

近しさの関係は、同と他の差異によって切断されたひとつの全体を構成し、この差異は、他者に対する一者の無関心ならざること〔非－無差異〕、他者による一者への強迫であるがゆえに、近しさは、他者に対する一者の直接的な無関心ならざること〔非－無差異〕であり、〈他者のための一者〉として、すなわち主観性及び意義の意義性として実現される。「主観性固有の意義とは、近しさである。しかし、近しさは意義の意義性そのもの、〈他者のための一者〉の設立そのもの、どんな主題化された意義も存在のなかへと反映する意味の設立である(19)」。したがって、強迫的な近しさという様態で感性的＝感覚的であることが、どのような主観性に帰着するのかという問いを追究する必要はない。というのも、まさに強迫としての近しさのなかでこそ、私の拒絶不可能な主観性は結実するからである。主観性は近しさに先立っているのではなく、逆に近しさにおいて、主観性は、字義通り、意味＝感覚をもち（prendre sens）、具体化する＝身体をもつ（prendre corps）。というのも、この身体（corps）こそ、意味＝感覚の一契機だからである。

第二節　接　触

したがって、意義、〈他者のための一者〉、すなわち、触覚＝触れることの直接性がそれによって可能となる近しさ、感受性がそこから理解されるところの近しさとは、他人によって触れられることであり、他人に触れることである（contact d'autrui et avec autrui）。しかし、この接触によって何を理解しなければならないのだろうか。「接触すること。それは、他人の他性を打ち消すために他人を包囲することでも、自我を他者のなかに消し去ることでもない。接触そのものにおいては、あたかも、すでに常に他者である触れられる者は、遠ざかりながら、自我とはいかなる共通のものももたないように、触れる者と触れられる者は、分離されている」[20]。したがって、接触は、一体化（communion）でも融合（confusion）でもない。それは、触れられる者の個別性が、純粋に指示されるもの、すなわち τόδε τι〔この何ものか〕の個別性であるということなのだろうか。明らかにそうではない。なぜなら、τόδε τι は、常にひとつの場、ひとつの時間との関係において現出する、つまり「ひとつの全体、ひとつの情勢（conjoncture）、あるいはひとつの相関関係へと τόδε τι をすでに復元している、アプリオリな地平[21]」のなかで現出するからである。ところで、そのようなことは、隣人には当てはまりえないはずである。〔というのも〕隣人は、他人である以上、決して顕現しないし、自分に先立ってあるような地平のなかには現出せず、「私が隣人を τόδε τι と指示する前に私を召喚する」[22]〔からである〕。

他人は、私が自由に他人に向かい、意図的に他人を意識し、他人を指さすことができる前ですら、私を召喚することで、私に義務を課し、命令する。「他人との共同体は、他人に対する私の義務においてはじまる。隣人は兄弟（frère）である」[23]。したがって、もし兄弟関係＝同胞関係（fraternité）ということで、生来の血縁関係ではなく、どんな選択にも先立つ関係と解するなら、接触とは兄弟関係＝同胞関係なのである。この兄弟関係＝同胞関係、「近しさの本質は、あらゆるメッセージの流布の条件である」[24]。そうであるなら、近しさ、接触、兄弟関係＝同胞関係は、いずれも同じく意義性の、〈語ること〉の筋立ての諸契機を構成している。〈語ること〉、この「原初的 言語《ランガージュ》、語も節もない 言語《ランガージュ》、純粋なコミュニケーション」[25]において、存在の意味ではないにもかかわらず、主題化を通じて、第三者を前にして存在の意味となりうるような意味が結実し設立される。そして、もし〈語ること〉――また逆説的には直接性――のこうした複数の規定が、体系のなかに取り集められることがないにもかかわらず、互いに対応し合っているとすれば、それは、それらすべてが、私の、拒絶不可能で不可逆的な責任の様態だからである。

しかし、どういうわけで、個別性に対する個別性の直接的近しさが融合へと変転しないということになるのだろうか。どういうわけで、触れる者と触れられる者との接触において、両者が分離するということがあるのだろうか。換言すれば、触れる者と触れられる者とが、絶えず互いに入れ替わるような触覚の二重化、超越論的意識による身体構成の根幹にあるような触覚の二重化のうえに、他人との接触を折り返す〔他人との接触を触覚の二重化に還元する〕ことがなぜできないのだろうか。というのも、実際、フッサールは次のように書くからである。「触覚野において、われわれは、触覚を通じて構成される外的客観をもち、それから第二の客観、すなわち触覚を通じて同じく構成される身体（*Leib*）、例えば触れつつある指をもち、さらに別の指に触れている指をもつ。したがってここには先に述べたあの二重の統握がある。それは、「外的」客観の徴表として統握され、さらに身体－客観についての感覚として統握される、同一の触感覚である」[26]。

しかしながら、この同一の所与性の統握が帯びる二重性は、触れられる者の存在様態を脇に置くなら——というのも、私が片方の手でもう片方の手に触れることと、私の手ではない手に触れることとが異なるのは、ただ、後者の場合には、私自身の接触感覚が、他人の接触感覚の共現前として同時に与えられることに由来するからである[27]——、触れる者と触れられる者との同時間性（contemporanéité）以外に何を意味するというのだろうか。ところで、フッサールにとって、結局のところ、エゴとアルターエゴ〔他我〕との同時性に常に依拠する——というのも「異他的な身体物体（*Leibkörper*）はいわば最初の即自的客観である」[28]からだが——、意識と意識対象との同時性という、この共時性は、まさに強迫が打ち砕くものである。実際、「召喚という極度の切迫（urgence）は、所与性の受容と、ノエシスのノエマとしての現象が現出する多様の同一化とに必要な「精神の現前」を混乱に陥れる。極度の切迫――それは強迫の様態である（それを知ることはできるが、それは知ではない）。〔切迫というのは〕私には、対面する時間がない〔からである〕」[29]。したがって、強迫的につきまとう隣人の近しさは、私に、反省する時間や、感覚するものと感覚されるものとの位相差――それは志向性と意識そのものである――が生み出される距たりの時間を残さない。「近しさは、常に錯時的な（anachronique）現前である。意識は、いつも隣人と会う約束に遅れてしまう。自我は、隣人についてもつ意識において、そのやましい良心＝意識において、召喚され、過ちを犯す＝責任がある。隣人を、意識の尺度によって計ったり、意識のリズムに合わせたりすることなどできないのである」[30]。したがって、意識は、常にやましく、ここで、理論的な志向的意識（Bewußtsein）と実存論的意識＝良心（Gewissen）とを対置ないし区別することなどできない。というのも、少なくともレヴィナスにとっては、存在の顕現と現存在の自己啓示とは、光として生じるのであり、この光は理論的なもの一般の本質だからである。

第三節　前‐意識的過去

では、この意識の遅れ、その錯時性をどのように理解すべきなのだろうか。「対象が触発する意識においては、触発は〔意志的〕引き受けへと回帰する。ここで、触発の一撃が、外傷を伴って衝撃を与えるのは、私が記憶や修史を通じて取り集めうるもの、アプリオリなものによって支配しうるものすべてよりも一層古い過去において、すなわち、始源以前のある時間においてなのである」[31]。意識の錯時性（anachronisme）

は、意識の背後で（ανα）時間化される時間（χρόνος）の徴表、あるいは痕跡であり、それは、もはや意識体験や意識作用の時間ではない時間、フッサールによって言明された原理からは除外されるような時間である。フッサールによって言明された原理によれば、意識とは、「その各位相において必然的に意識〔されていること[32]〕」である。それゆえ、そこ〔この原理から除外される時間〕では、意識はもはや再把握され、回収される＝自らを取り戻すことがありえない。レヴィナス自身は、次のように述べている。「意識とは、一度も現在であることはなかったような過去、記憶や歴史に対して閉ざされているような過去の不可能性そのものである[33]」。そして、もしどんな意識も現前化＝現在化あるいは再現前化＝再現在化〔表象〕であるなら、この錯時性、あるいは外傷は、どんな記憶も越え出た過去、意識そのものを越え出た過去、所与を受容し引き受けることを可能にするどんなアプリオリよりも古い過去、一度も現前したことのない過去、すなわち、どんな受動性よりも受動的な受動性を意味する。

それゆえ、「アプリオリなものを排除する偶然＝二つのものの接触（contingence）[34]」であり、触知可能なものと共通の現前をもたない接触状態（tangence）である他人との接触（contact）は、〔一者と他者の〕溶解（fusion）と融合（confusion）とを逃れている。したがって、接触が実現するのは、分離のなかで、ではなく、分離として、なのである。そして、もし近しさが意義性、〈他者のための一者〉であるなら、この〈他者のために〉は、〈自己のために〉あるいは〈自己について〉よりも古い。それは、私の意識の自由よりも、自由としての私の意識よりも先立つ、召喚、命令である。「近しさにおいて聴取されるのは、いわば記憶できない過去から到来した命令である。それは、一度も現在であったことのない過去、いかなる自由においても始まることのなかった過去である。この隣人の仕方が顔なのである[35]」。

したがって、顔とは、それが命令や意味として意義を表すように、拒絶不可能な責任として意義を表し、私が一度も自由に同意したことのない責任として意義を表す。顔――「そして全身体は、例えば手や肩の曲がり具合も、顔と同様に表現することができる」[36]――は「概念なき経験」[37]であり、「概念ではなく理解（intelligence）である、第一の理解可能なもの（intelligible）」[38]であり、「意味付与からは独立した意義」[39]である。したがって、それは、どんな構成にも先立ち、「卓越した自己意義性」、あるいは「文脈なき意義」[40]であり、どんな共時性にも抗するのである。しかし、なぜ共時性そのものである光からは意義を表さないもの、存在論や現象学からは意義を表さないものを、「顔」と名づけるのだろうか。あるいは、別の形で問いを提起するなら、現象と顔との関係とは、どのようなものなのだろうか。レヴィナスによれば、〔隣人の〕顔とは、「現象性の欠損（défection）〔現象性を欠くこと〕そのものである。それは、顔が、あまりに粗野で現出できないほどだからというわけではない。それは、隣人の顔が、ある意味では、あまりに薄弱で現象しないもの〔非－現象〕だからであり、現象「以下」だからである。顔の露開は、裸性――非形式――、自己放棄であり、老化、死ぬことである。裸性以上の剝き出し、貧しさ、皺の刻まれた皮膚。皺の刻まれた皮膚とは、自己自身の痕跡である。〔顔に対する〕私の反応は、〔顔の〕現前を逸してしまう。〔というのも〕この現前はすでにそれ自身の過去〔だから〕である」[41]。

　絶対的意義である顔は、抽象的であり、この抽象性は、どんな内世界的裸性よりも剝き出しの裸性である。そして、顔が私に交付する唯一の証明書とは、貧窮証明書である。もし顔の現前が、この現前自身を欠いている現前でもあり、自己の痕跡において自己には不在であるとすれば、私の現前は、召喚の切迫には返答しえず、あるいはむしろ対応＝一致しえない。同時間性がないので決して時間に間に合わない「私は、遅れたことを非難＝告発される」[42]。そして、ここで「遅れたことを非難＝告発される」ことは、「私が存在する＝私が……である」ということの意味そのものであり、あるいは、非難＝告発は、その意味を、ただ隔時性だけから引き出しているのである。現象とは反対に、またもし現前化や現示ということで、同への他者の現前を解するなら、顔と皮膚とは、決して現前することも現れることもなく、両者は、視覚において、視覚から身を退けているものである。顔と皮膚は、「すでに自己自身には不在で、回収不可能な推移（laps）によって過去の中に抜け落ちている」[43]のであり、顕現することもなければ自らを与えることもない。

しかし、現象と、「皺の刻まれた皮膚」で「自己自身の痕跡」としての顔とのあいだの諸関係は、単なる反対関係だけで汲み尽されるのだろうか。あるいは、より正確には、それによって接触が分離や触知できない接触状態、〈語ること〉であるところの、この現象性の「欠損」とは、積極的には何を意味するのだろうか。

第九章　現象の欠損

第一節　自己自身に不在となる現前

その諸項の差異、隔‐時性によって断ち切られた、近しさの関係、顔の近づき、あるいは皮膚の接触は、相関関係や接続関係〔連言〕ではなく、また共通の現前、すなわち共通尺度がないために、どんな総合にもそぐわない。「近しさの法外さは、認識と志向性において、主観と客観が取り結ぶ接続関係から区別される。既知のものの露開と展示の彼方で、途方もない現前とこの現前の覆蔵性とが、不意を突き、また不意を突かれながら、交互に他方に転換する。覆蔵性は、記憶や現勢化に回収可能な、現前の否定でもその単なる潜伏でもない。覆蔵性とは、他性である。つまり、相関的なものの共時性における総合へと取り集められる現前もしくは過去とは共通尺度をもたない他性である」[1]。しかし、――この語は非常に正確なのだが――こうした現前とその覆蔵性、現象とその欠損との他方への交互転換（*alternance*）はどのようにして実現しうるのか。ここで〔現前とその覆蔵性、現象とその欠損の「と」という〕等位接続詞の意味とは何であり、それは、存在と〈存在するとは別の仕方〉とのどのような関係の結び目なのだろうか。

「近づきと近しさとの統一」[2]としての、近しさの仕方そのものである愛撫へと戻ろう。「愛撫において、現にあるものは、あたかもそれが現にないもののように、また皮膚がそれ自身の覆蔵性の痕跡であるかのように、探し求められる。それは、このうえもなく現にそこにあるものを、それにもかかわらず無いかのようにいまだ探しつづけて意気消沈するようなものである。愛撫とは、接触の〈合致しないこと〉であり、決して十分剝き出しにはならない裸出である。隣人は近づきを埋める〔かなえる〕ことができない[3]」。では、隣人へと向かう志向を決して充実、ないし満たすことのない隣人は不在そのものなのだろうか。そしても し「愛撫された皮膚の優しさ」は、「現前化と現前とのあいだのずれ[4]」、「近づきと近づかれたものとのあいだのずれそのもの[5]」であるとすれば、意識が、感覚されたものの近しさ、あるいは優しさに対して遅れるということは、近しさ、あるいは優しさが〔意識には〕不在であることを意味するのだろうか。しかし、顔や皮膚は、意識している時に不在であるどころか、それ以前に、自分自身にも不在である。つまり、顔や皮膚は、それ自体で不在であり、自分自身には不在となる（s'absenter）。すなわち、それは「途方もない現前とこの現前の覆蔵性」である。したがって、単なる不在ではなく、自身から身を退けることが属しているような現前、現前には不在となる現前、自己不在としての現前、すなわち無限〔者〕の現前こそが問題なのである。実際、「無限は、一つの項には具体化されえない。無限は自分自身の現前に抗う。その比類なき最上級において、無限は、不在であり、無の瀬戸際にある。常に無限は逃走する。しかし、無限は空虚、闇、痕跡（trace）を残している。この痕跡において、無限の可視的な不可視性は〈隣人〉の顔なのである。したがって、隣人は現象ではなく、その現前は現前化と現れには解消されない。隣人の現前は、〈無限〉が近づいてくる不在から、すなわち、無限の〈非‐場所〉から秩序づけられている。その現前は、それ自身の出発の痕跡において秩序づけられているのである。まさに私の責任と私の愛に対して――意識を越えて――隣人の現前は強迫的につきまとう。まるで他者の皮膚のように全き温かみを帯びた痕跡である」[6]。

無限は、経験の形式としての現前を乗り越える際、「空虚、闇、痕跡」を残すことで、身を退け、不在となる。空虚であるのは、空虚がどんな能力もしのぐからである。また闇であるのは、この名前が光からの覆蔵性を指しているからであり、また痕跡というのは、この語によって、顕現することもあらわれることもまた現前することもなしに意義を表すものを理解するからである。しかし、無限は、自分自身の現前からはみ出し、あらゆる現象性の外部で、その通りがかりに空虚を残すことしかできず、痕跡という様態で意義を表すことしかできないとすれば、この場合、痕跡と空虚との関係はどのようなものなのだろうか。また「意義性を取り込む言説とは共時化されず、その秩序のなかに並べられることのない意義性に即して振動する可能性」[7]はどこから生じるのだろうか。レヴィナスの著作全体は、この振動によって貫かれ、この振動を絶えず伝えているのである。

まず何よりも世界の只中でこそ、私は他人と出会うのであって、他人は、他の存在者のように、私が協働したり警戒したりする者として、つまりは顔がその光を帯びるところの者として、世界の只中に顕現するのである。しかし、他人は、他の要素なしに、ただそれだけで、光を帯びた世界の軌道と秩序とのなかに書き込まれているのだろうか。単に他人は、どのみち、こうした世界に身を置き、そこで自らの現前を展開するものの総体の一員なのだろうか。「他人の公現（épiphanie）は、世界から受け取ったこの意義とは独立した固有の意義性を含んでいる。他人は、単に文脈からわれわれに到来するだけではなく、こうした媒介なしに自ら意義を表すのである。地平を伴って啓示される――また啓示する――文化的意義、またある意味では、この意義が属している歴史世界から啓示される――現象学的表現に従えば、この世界の諸地平を啓示する――文化的意義、こうした内世界的意義が、攪乱され覆されるのは、別の抽象的（あるいはより正確には絶対的）現前によってであり、この現前は、世界へは統合されない。この現前の本質は、われわれに到来すること、つまり入場すること（*faire une entrée*）にある。以上のことは、次のように言うことができる。すなわち、〈他人〉の現出という現象は、顔でもある、と。あるいは（このように現象の本質的歴史性と内在とへの絶えず新たな〈入場〉を示すために）次のように言うことができる。顔の公現とは〔聖母〕訪問（*visitation*）なのである、と[8]」。

　もしどんな現象も、そこからその同一性が宣言されるところの地平において現れるなら、またもしどんな内世界的所与も、この所与が送り返されその意義がそこから生じるところの同期的文脈に書き込まれているなら、その場合、他人の現前はこうした秩序には属していない。それは「最初に到来した得体の知れぬ誰か[9]」である。というのも、他人は、絶対的に他なる場から到来して、世界の地平を貫通し、この入場はこの出所〔絶対的に他なる場〕に従って実現するからである。それは、地平を伴って〔水平に〕ではなく、むしろ上から〔垂直に〕、高さを伴って、実現する。この意味で、「現出する造形的形姿のもとでは、顔はすでに逸せられている[10]」、あるいは別の言い方をすれば、他人の顔は、現象としての自分自身の顕現を解体しており、内世界的現前は、共に実存する者の秩序によって、空間の彼方で定義されるが、他人の顔はこのような秩序を不可逆的に乱すのである。

　こうした欠損が生じるのは、引き離しや裸性としてである。なぜなら、世界の只中で、「われわれは、衣服に覆われた存在と関係している[11]」からである。顔は、顔を顕現させる形式を初めとして、どんな形式の衣服も脱がされ、「顔は、〔あらゆる形式から〕引き離され〔抽象的で〕、あるいは剥き出しになっている[12]」。顔の抽象性〔形式からの引き離し〕は論理的過程から帰結するのではなく、世界には絶対的に異質なもの、世界には絶対的に不在のものから出発して、顔が世界のなかに入場することを意味する。それゆえ、その美が完全性であるようなどんな内世界的形式からも引き離された顔は、剥き出しであり、裸性によって、顔は、自分がそこへ生み出されるこの世界から身を退けるのだが、この裸性とは貧窮（indigence）、悲惨（misère）なのである。しかし、世界において質料的＝物質的意義をもつこの貧窮＝裸にされること（dénuement）は――「プロレタリアの経済的貧窮（dénuement）」は「他者を他者として絶対的に裸出すること[13]」である、と述べるレヴィナスにとって、マルクスの思想は、決して無関係どころではなかったのだが[14]――、何よりもまず、存在と〈存在するとは別の仕方〉とのあいだの関係が実現する様態である。そして、もし顔が悲惨であるなら、その公現は懇願（imploration）である。「顔の裸性は、貧窮であり、すでに、私に向かう廉直さにおける嘆願である。しかし、この嘆願はある要求である。謙遜が、顔において高さに結びつく。そしてここから、〔聖母〕訪問の倫理的次元が告知されるのである[15]」。

第二節　全く別の戦慄

いかにしてこの告知は行われるのか。あるいは、哀願や言説は、いかにして顔の造形的本質〔存在すること〕やその明るみを帯びた顕現を貫いているのだろうか。顔を指示しうる以前にさえ、あるいは顔が現れる以前にさえ、隣人の顔によって召喚されること、また意識される以前に強迫的につきまとわれること、こうしたことは、「認識することとは全く異なる人間性の戦慄」である。こう述べた直後にレヴィナスは、

「戦慄（frémissement）」という語がここでは「プラトンの『パイドロス』の φρίκη〔フリケー、おののき〕[16]」の訳語であると説明している。では、この語は、この対話篇のどのような契機に関係づけられているのだろうか。そして、戦慄を他の戦慄から区別するものは何なのだろうか。ソクラテスは、存在との関係を述べるために、秘儀の言語を借り、「最も明らかにその姿を顕し、最も強く恋心をひくもの（ἐκφανέστατον καὶ ἐρασμιώτατον）[17]」であるよう定められているところの美の有様を記述した後で――〔「最も」という〕この二つの最上級が、われわれにイデアへの道を開き、超越へと誘いながら、われわれ自身を越えた存在へとわれわれを引き上げるのだが――、次のように続けている。「秘儀を受けたその経験がまだ新しい者、数多くの真実在をかつて十分に観得した者が、美をさながらにうつした神々しいばかりの顔（θεοειδὲς πρόσωπον）や身体の姿などを目にするとき、まず彼を戦慄が貫き（ἔφριξε）、あのときの畏怖の情の幾分かがよみがえって彼を襲う。ついで、〔美しい者の〕その姿に目をそそぎながら、身は神の前にあるかのように、怖れ慎む。もし、いたく狂える者よと思われるのを恐れていなかったとしたら、聖像（ἀγάλματι）や神に対するごとくに、彼はその者に生け贄を捧げることであろう。ところで、その姿を見つめているうちに、あたかも慄き（φρίκης）の後に起こるような一つの反作用がやってきて、異常な汗と熱とが彼を捉える。それは、彼が美の流れを――翼に潤いを与える美の流れを――眼を通して受け入れたために、熱くなったからにほかならない。そしてこの熱によって、翼が生え出てくるべきところが溶かされる。この部分は、すでに久しい以前から、硬くひからびて、すっかりふさがってしまい、翼の芽生えを妨げていたのであった。今や美の流れによって養分がつぎこまれると、翼の軸は膨れ、その根から、魂の姿の全体を蔽うまでに成長しようとする躍動を始める。魂は、もと、その全体にわたって、翼をもっていたからである。かくして、このような状態のとき、魂の全体は、熱っぽく沸き立ち、激しく高まっていく……[18]」。

魂が高まっていくところは、受肉する以前に観想した諸々のイデア、魂がそれによって養分を得、そこからその存在を受け取っている存在と真理でなければどこだというのだろうか。しかし神々しい顔、あるいは身体によって引き起こされる慄き、想起の戦慄である美の慄きは、欲望の高まり、存在へ向かう存在者の郷愁的超越にほかならない。したがって、顔の美から生じるἔρως〔エロス〕は、われわれがそうであるところの存在者の、存在とその真理とに対する関係を実現し、現象性を定義し、存在論的差異とその超越とを実現する。顔の美は、顔の現出することを照らすことによって、魂を存在にまで高める。顔の美も魂も、それぞれの仕方で、存在に属しているのである。しかしながら、プラトンが語る顔は、少年の顔であり、プラトンにおいて美は若さと一体である。しかし、若さには時間が限られており、もし若いときはいずれ過ぎ去る〔青春時代は過ぎ去るもの〕とすれば、若いときは、常にすでに過ぎ去ったようなものである。あるいはそれはすでに「老化であり、それは誰も自ら老化させたわけではないのに老化してしまっている。このことが意味するのは、誰もそう言うことなしに、世界への、陸地への、現前への、存在することへの告別である。それは、過ぎ去ることによる〈存在からの－超脱〉である」[19]。したがってレヴィナスは、『パイドロス』のこの契機を念頭に置きながら、次のように書くことができる。「現れは、顔の——依然存在することに属する——美によって——顔の若々しい公現によって、貫かれている。しかし、現れは、この若さにおいてすでに過ぎ去ってしまったものとしての若さ〔若かった時〕によっても貫かれている。それはつまり、皺の刻まれた皮膚、自分自身の痕跡である。それは、その現れに臨みつつ、若さを通じてその造形性を貫く、最高の現前の備えている両義的な形式である。しかし、〔なぜ両義的かというと〕それは、すでにあらゆる現前の失墜（défaillance）であり、現象以下のもの、すでにして貧困〔だから〕である。この貧困には現象の悲惨が隠されており、この貧困は私に呼びかけ、私に命令する」[20]。

顔は、現象かつ現象の失墜として、また造形美もしくは皺を刻まれた皮膚として、同一の戦慄を喚起するわけではもちろんない。〔一方で〕若く光り輝く美、つまり愛の熱狂をかき立て、真理へと導く美しい形式がもつ、なめらかな透明さを前にして、魂は、認識することと及び自分を認識することに戦慄を覚える。〔他方で〕美にその影がすでにさしているように美を貫く、皺の刻まれた顔の悲惨、貧窮、貧困――「その痕跡において、錯時的に巻きつく存在」[21]――に直面して、その懇願に直面して、魂は責任に〔別の〕戦慄を覚える。あるいは、換言するなら、イデア性へと開かれる美の体験における魂の膨張は、レヴィナスが、何度も、「責任の膨張」、「自己への緊張ではない〈自我〉の中の新たな緊張」[22]と名付けるものに置き換えられる。すなわち、隣人による強迫――狂気の種――が、どんな志向性よりも、どんな認識よりも前に、魂の心性を定義するとき、責任は、存在論の根源にある ἔρως〔エロス、愛〕に先行する。したがって、リビドーの可能性は、意義の〈他者のための一者〉、あるいは近しさのなかにある。この可能性は、「たとえ顔を極端に方向転換することになるとしても、顔と皮膚との統一のなかに含まれている。エロス的他性のもとに、〈他者のための一者〉の他性がある。つまり、エロス以前に責任がある」[23]。したがって、愛は自明ではなく、〈語ること〉なしには不可能であり、しかも愛を〔語らず暗示するのではなく〕語ることなしには不可能である。もし「話すこと、それは何よりも＝すべての事物に先立ち、この事物の見かけの背後から到来する仕方、事物の形式の背後から到来する仕方であり、開示性における開示性である」なら、「顔は話す」のであり、顔の「顕現が最初の言説である」[24]。ἔρως〔エロス〕は、言説の対象となる以前に、言説を前提としている。「顔への近づきにおいて、肉は言（verbe）となり、愛撫――すなわち、〈語ること〉となる」[25]。それに対して、「言説は愛ではない」[26]。そして、愛の方が言説を必要とするのだから、言の方は、肉とはなりえず、顔の意義性は、厳密には、言の受肉とは両立しえないのである。

第三節　態度＝容量の喪失と欲望

こうして顔の両義性、すなわちすでに顔の現出を貫いていた存在することに属する美の彼方、ないし手前で顔が自らの形式を貫く仕方を明らかにしたからには、私がどのようにしてこの途方もない現前とその覆蔵性とを迎え入れるかを検討することにしよう。志向性、意識、およびその諸力能を構成するこのわずかな距たり、あるいは位相差よりも前に、また私が反省する時間をとる＝時間を取ってよく考えることができるよりも前に、他人の顔は私に押し付けられる。われわれがすでに述べた通り、意識は、隣人との約束に常に遅れる。あるいは別の言い方をすれば、「隣人は、現出することなしに、その専一的個別性〔単一性〕によって私にかかわる[27]」のである。そして、ついでに強調しておくべきなのだが、もしこの〔他人と私との間の〕隔時性あるいは非対称性がなければ、他人の顔に対する私の関係は、「二つの自己意識の関係が、生死を賭けた戦いを通じて、両者が自らの、また互いの真を証し立てるように、規定される[28]」という、ヘーゲルによって描かれた、主人と奴隷の弁証法における関係と基本的には違わないものとなってしまうであろう。「意識は、始まり〔始まること〕がその本質的な部分であるような存在様態である[29]」が、他人の顔を前にして、意識とその自由とは、イニシアチヴ、始める力能である〈なしうる〉力能を失う。そして、もしこの力能が同様に否定しうる力能、あるいは殺害しうる力能であるとすれば――「自由はその行使そのものにおいて、自らが殺人者であることが分かる[30]」――、この場合「私はもはやなしうることができない」。さらにレヴィナスは次のように付け加える。他人の公現は、「感性的であれ叡知的であれ、単に光のなかに形式が現出することではなく、すでに、諸力能へと投じられたこの否である。そのロゴス〔言葉〕は、「汝殺すなかれ」である[31]」。したがって、同一化に奉仕することのない否定、回帰することを定められた逸脱ではない否定、弁証法的否定性には属していない否定というものがある。そしてもし〈存在するとは別の仕方〉が存在論に先立つ、あるいは起源に先立つものであるとすれば、他者の否定ならざる、この別の否定がその意味を引き出すのは、無限からなのである。「無限（infini）の無（*in*）〔という接頭辞〕は、何ら否（*non*）ではない。〔有限ではないという〕その否定とは、志向性の背後にある、主体の主体性である[32]」。

　そうであるなら、顔の現前が意味するのは、命令〔戒律〕（commandement）である。この命令が問いに付すのは、私の自由と私の意識、私の意識の自由であり、つまりは、現れているもの、現れたもの、これから現れるであろうものすべてを構成する可能性、あらゆる存在者を自我へと連れ戻すことで存在者に意味を与える可能性である。「〔聖母〕訪問は、〈自我〉のエゴイズムそのものを覆すことに存しており、顔は、それを視向する志向性をかき乱す〔落馬させる〕」。それゆえ意識は、他人の顔を前にして、鞍を、つまり自らの基盤を、自らの措定〔位置、地位、態度〕を、態度（maintien）と容量〔能力〕（capacité）という二重の意味での自らの態度〔平静〕＝容量（contenance）を失う。「自身の主権による自己一致、自身の同一化において、意識は、自分自身に依拠するために自己自身へと勝ち誇って立ち戻るのだが、〔顔によって〕〈自我〉は、この主権による自己一致、自身の同一化を失うのである[33]」。つまり、顔の現前は、意識の経験の学には属しておらず、たとえこの学が〔ヘーゲルのように〕精神の現象学という形を取ろうと、あるいは〔フッサールのように〕第一哲学となる超越論的自我論という形を取ろうと、そうなのである。

　この自我の態度＝容量の喪失、この自我の不穏＝動揺、あるいはこの自我の脱措定が積極的に意味するのは、同化不可能なものとの関係、「志向性には一致しない過大なもの（surcroît）」との関係、欲望としての絶対的に他なるものの迎え入れ（accueil）以外ではありえない。「これこそ〈欲望〉である。それは、充足の消し去る欲望とは別の火によって燃え上がることであり、思惟されたものの彼方で〔思惟されたものを越えて〕思惟することである」。レヴィナスは次のように続ける。「この同化しえない過大なものゆえに、またこの彼方ゆえに、われわれは〈自我〉を〈他人〉に結びつける関係を〈無限〉の観念と呼んだのである」。有限な自我は、自ら許容できない無限に曝されることで、その態度＝容量を失い、自分自身を抛棄する。より正確に言えば、無限の観念とは、それ自体でこの態度＝容量の喪失であるが――「〈無限〉はその観念をかき乱す」――、拒絶不可能な無限の責任として成就する喪失である。「他人を前にした〈自我〉は、無限に責任を負う[34]」、すなわち、〈自我〉の有限な自由が〈自我〉に許す以上の責任を常に負うのである。「自己に対する要求の増加。私が自分の責任に直面すればするほど、私はますます責任を負う。諸々の無力から作られた力能――これこそ、意識を問いに付すこと、露開とは対照的なものとして際立つ諸関係からなる結びつきへと意識が入場することである[35]」。しかし、露開とは対照的なものとして際立つことは、現象学を中断することではないだろうか。それは可能なのだろうか。またどのようにして可能なのだろうか。問いは二重である。現象学という概念において、もし現象という契機とロゴス〔言説、学〕という契機が内属するように結びついているとすれば――「どんな現象も、言説であるか、あるいは言説の断片である[36]」――、確かに、現象学が意義と同一視し同定している現出することから、意義がどのように分離されうるのかを検討することも問題だが、同時にまた、この分離が、現象学〔現象のロゴス〕によって即座に取り消されないためには、どのような言語によって語られうるのか、また語られなければならないのかを検討することも問題なのである。

第四節　彼　性

話を顔に戻そう。顔は、「具体的抽象性[37]」、抽象的で絶対的な現前であり、「絶対的に異他的領域から、すなわち、そもそも根底的異他性の名前そのものである絶‐対者から、われわれの世界のなかに入場する（*entrer*）[38]」。顕現ではないにもかかわらず、その例外的な意義、すなわちどんな文脈、共時性、世界からも除外された意義を保存している顔の〔聖母〕訪問は、いかにして可能なのだろうか。そして、もし顔の現前はそれ自身に不在となるなら、もし無限の観念である他人への自我の関係が、絶対的に不在のものとの関係であるとすれば、「露開と隠蔽とを根本的に免れている不在とのこうした関係でありうるものとは何か。〔聖母〕訪問を可能にする不在、とはいえ、意義性、それによって〈他〉が〈同〉へと転換されない意義性を含んでいるがゆえに、隠蔽性（abscondité）には還元されないこの不在とは何だろうか[39]」。

知的操作からは帰結しない顔の抽象性は、他人が身を退けることで現前する仕方、放‐免されることによって前進する仕方を意味する。「その驚くべき現象は、別の場所から生じる。顔の抽象性は、この別の場所から到来しつつ、すでにこの別の場所へと身を退けている」。では、顔の抽象性と、永遠に不在である、別の場所との関係とは何であるか。顔は、絶対的に不在のものから生じ、そこへと帰っていく。もし顔が〈我〉（Je）と対面する〈汝〉（Tu）であるなら、絶対的に不在のものは、ある意味では、人称的であるはずである。というのも、顔は、拒絶不可能な〈我〉の責任へと誘うからである。顔が指標化あるいは象徴化することも、啓示あるいは隠蔽することもできないような絶対的不在者、この絶対的に不在のものは――どんな関係も、多かれ少なかれ存在論的、あるいは現象学的秩序に直接的に属している以上――、顔〔との関係〕の中で、いかにして意義を表すのだろうか。「顔から〈不在のもの〉へと至る関係は、あらゆる啓示と隠蔽との外にある――それは、こうした矛盾しあう項から排除された第三の道である」。この尋常‐ならざる(extra-ordinaire)関係はどのように可能となるのだろうか。私は、他人を前にして、命令(commandement)と次元(dimension)という二重の意味でのある命令＝次元(ordre)に応答する。この命令＝次元に私は自由に同意できなかった。というのも、私にはそれを受諾する時間がないからである。またその命令＝次元を私は、自分が始点となって構成することはできなかった。というのも、命令＝次元は、私の意識に先立っており、私の意識は、当の命令＝次元に対する優位、その「勝ち誇った(triomphant)」性格を失っているからである。私が応答する命令＝次元は、起源の出来事、最初期の自由としての現在に先立っており、一度も現在ではなかった過去、絶対的過去を意味する。「われわれは、他人を前にしたとき、その意義性が不可逆的な攪乱(dérangement)、絶対的に過ぎ去った過去にとどまる「命令＝次元」に、応答してはいないだろうか」。レヴィナスは以下のように続ける。「そのような意義性とは、痕跡の意義性である。顔がそこから到来する彼方は、痕跡として意義を表す。顔は、絶対的に過ぎ去り、絶対的に過去のものとなった〈不在のもの〉の痕跡のなかにある……」[41]。

もし顔が絶対的に不在のものの痕跡のなかにある、つまりそこに現前しているとすれば、そしてもし顔が文脈のない意義であるなら、そのことは第一に次のことを意味する。意義性は、顔の超越を、語られた諸意義の共時的あるいは内在的秩序へと、〔他の項との相関関係による〕示差的な仕方で書き込むことによって、それを吸収〔解消〕するわけではない、ということである。しかし、そのことは第二に、とりわけ次のことを意味する。超越そのものは、「まさに超‐越者の常に過ぎ去った超‐越〔彼方へ‐超え出ること〕(transcendance)である限りで、内在を拒絶する。意義されたものと意義とのあいだの関係は、痕跡においては、相関性ではなく、非‐正シサ(*irrectitude*)〔非合致〕そのものである」。したがって、無限の観念としての他人の顔は、無限という不可逆的な過ぎ去ることの痕跡のなかにある。この不可逆性ゆえに、痕跡と、それが痕跡となっているところのもの〔この痕跡をとどめたもの〕とのあいだには、相関性も同時間性もない。「痕跡の意義性は、正シサ（rectitude）へは転換できない、「側面的」関係（露開や存在の秩序では考えることのできないもの）へとわれわれを関係づける。それは、不可逆的な過去に対応している」[42]。痕跡の非‐正シサ——正シサは合致（adéquation）としての真理の本質である——や、痕跡と、それが痕跡となっているところのものとの非合致を考慮に入れれば、痕跡が意義をもつのは、「合致が生み出される場」[43]である世界の彼方においてであり、存在、その現れ、及びその真理の彼方においてである。痕跡とは、存在の彼方がそのもとで意義を表すような様態である。というのも、合致とは、常に存在と思惟、あるいは思惟と存在との合致だからである。非‐正シサ〔非合致〕、観念に対する観念の溢れ出し（déboîtement）は、無限の観念を観念として特徴づけている。すると、現す＝示すことなしに意義を表す痕跡は、「表示されたものを再結合する指示（référence）ではなく、表示されたものの退去（retraite）を際立たせる表示（indication）」[44]である。痕跡は、超越を還元するのではなく、超越を増大させる。したがって、痕跡は、決して他者を同へと転換することがない。しかし、まさに反面、もし他人の公現が、「汝殺すなかれ」、すなわち「汝という言い方を用いることの例外的な廉直（droiture）」[45]において実現されるなら、あるいは文法的な術語を使って言えば、もし入場（entrée）と〔聖母〕訪問が、〈我〉と〈汝〉という人称代名詞から不可分であるなら、その場合、顔がそこから生じるところの存在の彼方は、それ自体、人称的なものの秩序＝次元に属しているはずであり、さらには、それ自身が、人称的秩序＝次元、あるいは優れて人称的なものであるはずである。というのも、それ〔存在の彼方＝彼〕(*il*)は、〈我〉‐〈汝〉関係を、〈我〉の〈汝〉に対する非対称的な関係、〈我〉の〈汝〉への召喚、すなわち責任として喚起するからである。「顔がわれわれにそれに対する義務を課すところの人称的「命令＝次元」は、存在の彼方にある。存在の彼方に、〈自己〉－〈同〉〔〈自己〉－〈自身〉〕、自己性によっては定義されない〈三人称〉がある。三人称は、この、根本的な非－正シサという第三の方向の可能性である。この方向は、内在が、常に超越に対して勝利を収めるような、存在に固有の、内在と超越との二項対立的なゲームを逃れている。不可逆的な過去が痕跡を通じて象る輪郭とは、「彼〔それ〕」の輪郭〔横顔〕である。顔がそこから到来するところの彼方は、三人称に属している。「彼」という代名詞は、この三人称の表現しえない不可逆性、すなわち、どんな隠蔽もどんな啓示もすでに逃れている、――そしてこの意味で――絶対的に包括不可能な、いわば絶対的な不可逆性を表現しており、それは、絶対的過去における超越なのである。三人称の彼性（*illéité*）は、不可逆性の条件である[46]」。

したがって、〈彼〉は、〈我〉と〈汝〉とを新たな共時性のなかに取り集める媒介者ではない。そうではなく、「存在の彼方という彼性とは、自我への彼性の到来が出発であり、この出発によって私は、隣人へと向かう運動を成し遂げるという事実である[47]」。〈我〉一般ないし自我一般ではなく、この〈我〉を視向し召喚する顔、あるいは〈汝〉が、その痕跡において意義を表すところの〈彼〉、入場と〔聖母〕訪問とがその可能性を引き出すところの〈彼〉、こうしたものが属している世界とは、まさに現象学的で存在論的な秩序が依然として優位に立っているような別の世界には属さない。〈彼〉は、「顔が侵入する世界に対して、「存在以下のもの」ではない」。もし〈彼〉が「存在以下のもの」となるなら、世界は、顔を、消えない影、像、ある種のマスク、演劇でいう πρόσωπον〔プロソポン、仮面〕にしてしまうだろう。そうではなく、「それは、存在論を免れた、絶対的に他なるものの全き途方のなさ、全き法外さ、全き〈無限者〉である。最高の顔の現前は、〔聖母〕訪問の突出そのものを基礎付ける、この最高で不可逆的な不在と不可分なのである」[48]。したがって、彼性の痕跡において、顔が抗う現前に対して、自ずと自分自身から身を隠す〔自ずと自己自身の覆蔵性である〕無限者の痕跡において、顔は意義を表すがゆえに、まさにこの理由から、隣人の顔、途方もない現前かつこの現前の覆蔵性は、現象性――それは「存在へと近づく思惟は思惟に開かれた存在の正確な等価物であるという事実[49]」によって定義される――の欠損を実現し、「現象という勝利に満ちた慎みなき現れ[50]」を断ち切るのである。

第十章　痕跡から謎へ

第一節　〈汝〉の根底における〈彼〉

しかし、痕跡はどのようにして現象性を断ち切るのだろうか。また痕跡と彼性との関係とはどのようなものだろうか。この二つの問いに答えるためには、その機能が本質的に顕示的である記号と、痕跡とがどのような点で区別されるかを明らかにすることからはじめなければならない。狩人は、狩猟物の痕跡を辿るとき、その痕跡を、狩猟物をあらわすものとみなし、それを、狩猟物がいたことを示す記号、狩人が自分の獲物にたどりつくためにそこから出発して方向を定めるような記号とみなしている。この場合、われわれが記号ということによって、「こうした特定の道具としてと同時に、手許性（*Zuhandenheit*）と指し向け〔指示〕の全体性と世界性という存在論的構造を示す何らかのものとしても機能する、存在〔者〕的に手許にあるもの」[1]を理解するなら、痕跡とは、まさに記号である。世界に関する〔ハイデガーの〕実存論的分析に反応しながらレヴィナスが言うには、世界において「それぞれのものは、他者を開示するか、あるいは他者と相関的に自らを開示する」のだが、こうした世界のなかに、世界という秩序のなかに、書き込まれている痕跡は、それゆえ、記号である以上、現象性とは対照的なものとして際立つのではなく、現象性の勝利を確証する。

しかしながら、現前の記号である痕跡は、過ぎ去り（passage）をあらわすもの、この過ぎ去りの過去（passé）、足跡（passée）でもある。この点に関して、痕跡は、「「二重写し」のうちに到来する」。そして、「その根源的意義性は、例えば完全犯罪を達成しようとする思惑のなかで自分の痕跡を消そうとした者が残す指紋のうちに浮かび上がってくる。自分の痕跡を消そうとしながらも痕跡を残した者は、自分が残した痕跡によって何かを語ったり行ったりすることは全く望まなかった。彼は、回復不可能な仕方で秩序を撹乱したのである。というのも、彼は、絶対的に過ぎ去ったからである。痕跡を残すこととして存在することは、過ぎ去ること、立ち去ること、消滅する〔放免される〕ことである[2]」。実際、犯罪行為によって残された痕跡と、自分の痕跡を消しながらもこの消すという行為の痕跡は消すことのできない者によって、仕方なく、全く意図せずに、残された痕跡とのあいだの違いとは何だろうか。一方は世界に属する何か、つまり犯罪の手口（modus operandi）を示し、他方はそれを示すことがない。一方は、何者かの内世界的活動の痕跡であり、他方は、まさに何者かの単純な過ぎ去りの痕跡であって、それ以外の何の痕跡でもない。一方は、事物がそれによって結びつき再結合しあうところの世界へと統合され、他方は、世界から解放され、引き離され、放免される〔消滅する〕。したがって、記号という機能＝役割からは切り離された痕跡――とはいえ、痕跡は常にこの機能を果たすことができるのだが――とは、過ぎ去りの痕跡、あるいは、過ぎ去った過去、絶対的に過ぎ去り、回収不可能ないしは記憶不可能な〔太古の〕過去の痕跡なのである。

回収不可能ないしは記憶不可能というのも、絶対的に過ぎ去った過去は、一度も、意味志向に属する現在、すなわち、現在から時間化される志向的意識に属する現在であったことはないだろうからである。

痕跡が記号ではないとしても、やはり依然として、どんな記号も痕跡ではある。なぜなら、記号とは、常にそれだけではなく、「記号を引き渡した者の過去」だからである。したがって、〈語られること〉は、〈語ること〉の痕跡をとどめており、「痕跡の意義性は、コミュニケーションのために発せられた記号の意義性を二重化する〔乗り越える〕[3]」。痕跡は、何かではなく誰かによって残された過ぎ去りの刻印であり、遺物のように、何かのうえに誰かが残した刻印である。したがって、何らかの原因の結果ではないこうした痕跡は、この場合、痕跡を刻印しそれを残した者の重み、あるいは重々しさを意味するのではないだろうか。おそらくそうである。しかし、問題は、この重みの重さはどこから来るのかという点にある。それは、過ぎ去る者の存在と現前から来るのだろうか。あらゆる意味志向の外部で、すなわちあらゆる〈語られること〉と現出することとの外部で、要するに存在と現前の外部で意義を表す痕跡は、こうしたもの〔意味志向、語られること、現出、存在、現前〕のおかげで、自分を刻印することができたわけではない。しかしながら、どのように痕跡が刻印されたかを問い尋ねることに意味があるのだろうか。それは、因果性が世界の構造であるとした場合に、痕跡を何らかの原因の結果とみなしてしまうことではないだろうか。それは、起源をもたないものの起源を探し求めることではないだろうか。というのも、痕跡は、世界から放免された絶対的過去の痕跡、絶対的に過ぎ去り不可逆的な過去の痕跡であり、まさしく決して始まりをもたなかったものの痕跡だからである。どんな過去よりも過ぎ去った過去の痕跡、記憶不可能な過去の痕跡――「そしてそれは、おそらく、永遠性でもあるだろう。その意義性は、絶えず過去に向かって伸びていく[4]」――、こうした不可逆的な痕跡は、絶対に抹消不可能なのである。

それでは、その過ぎ去りが以上のような痕跡を残す者にとって、この抹消不可能性とは何を意味するのだろうか。それは、「あらゆる否定性に対する痕跡の全能、自己に閉じこもることができず、ある意味では、慎み隠れるには大きすぎ、内部性、〈自己〉に〔閉じこもるに〕は大きすぎるほどの痕跡の莫大さ」である。レヴィナスは次のように強調する。「そして、実際われわれが言おうとしてきたのは、痕跡は、存在以下であるようなものと関係づけることなく、むしろ〈無限者〉、すなわち〈絶対的に他なる者〉に対する義務を課すということである。しかし、こうした最上級のもつ卓越性、この高み、この力〔累乗〕への絶えざる上昇、この誇張（exagération）、ないし無限のエスカレート——そしてはっきり言うなら、この神性——は、存在者の存在からも、その開示——たとえそれが隠蔽性（abscondité）と同時であったとしても——からも、また「具体的持続」からも演繹されることはない。それらが意義を表すのは、ある過去からであり、この過去は、痕跡において、表示されることも標示されることもない。そうではなく、この痕跡において、過去は、開示とも隠蔽とも合致しないままにひたすら秩序を撹乱するのである[5]」。

　したがって、どんな否定をも凌ぐものだけが、打ち消すことのできない痕跡を残すことができる。そして、絶対的に否定を免れている者によって残された痕跡は、この者を含んでいるのではない。痕跡はこの者の法外さ、すなわち、「自己に閉じこもることのできない莫大さ」——無限そのものである不能性——を意味する。あるいは、痕跡は、〔痕跡を残す〕彼が自己自身によって、自己自身としては定義されないことを意味する。痕跡がこのように理解されるなら、痕跡とは、彼性の、無限者の痕跡であり、あるいは最終的に一言で、ないし一つの名で呼ぶとすれば、神の痕跡なのである[6]。逆に言えば、次の通りである。「無限であるもの、厳密に言えば、到達することのできないものとは、したがって、何ものも規定することのできない神という絶対者などではなく、〈絶対者〉に到達することなしに〈絶対者〉を思考すること、それも、〈絶対者〉を逸するような独特の仕方――それはつまらぬことではない――で、思考することである[7]」。したがって、神の痕跡しかありえない。それも、次のことを付け加えるという条件においてのみそうなのである。すなわち、ただ、世界と存在とから絶えず絶対的に免れている〔世界と存在には絶えず絶対的に不在の〕一つの神のようなものだけが、世界と存在とに痕跡を残すことができるということ、そして、レヴィナスが書いているように、神は否定のなかに名を響かせる「〈与えられざるもの＝非－所与[8]〉」、単に不在ではない〈不在のもの〉(l'Absent) だということである[9]。したがって、神は、現前の極み、すなわち、あらゆる存在者のなかで最も存在者的ないし現前的な存在者、存在論を存在－神－論とする存在論の最高の契機ではない。絶対的に不在である神、ὁ θεός〔オ・テオス、神〕は、存在とロゴスとのあいだに書き込まれているのではなく、両者の媒介（そうであるなら、おそらく神はすでにキリスト教の神となるだろう）でもない。この神は、こうした両者の連携、結合、順序付け、あるいは均質化に抗する。さらに、神の「演繹」――もちろん神の存在の演繹ではない――、すなわちわれわれが今しがたその運動を辿ったところのこの演繹は、いかなる点においても「存在によって感染」してはいない。というのも、この演繹は、存在から生じたのではなく、〈有意味なもの〉(le sensé) の場としての他人の顔からのみ出発するからである。〔神の〕演繹は、近しさ、〈他者のための一者〉、意義性の分析から出来する。これを、ある意味ではレヴィナスの企図全体、その独創性と大胆さとを凝縮するような表現で言い換えるなら、次の通りである。「意味の分析こそ、意味が包蔵する (receler) 神の概念を明かすはずである[10]」。

　絶対的に他なる者の痕跡としての痕跡は、世界内存在の時間には回収されない過去から意義を表す。「ただ世界を超越する一つの存在――絶－対的〔放－免された〕存在――だけが、痕跡を残すことができる」。そして、逆に言えば、「痕跡は、厳密には一度もそこにはいなかったものの現前、常に過ぎ去ってしまったものの現前である」[11]。しかし、もし痕跡がもっぱら彼性の痕跡、すなわち神の痕跡であるとすれば、経験的な過ぎ去りのどんな痕跡も、必然的に神の痕跡に書き込まれているはずである。それゆえ、無限者の痕跡として意義を表す顔は、まさに彼性の痕跡において――「〈汝〉の根底における〈彼〉」[12]――、神の痕跡において意義を表すのである。自分の唯一の意味ゆえに、他人の超越は、必ず神の超越を伴う。そして「顔が輝き現れるのは、まさしく〈他者〉の痕跡においてである。そこに現前するものは、今まさに私の生から放免され(s'absoudre)、すでに放‐免されたもの〔絶‐対者〕(ab-solu)として私を訪問する(visiter)[13]」。

第二節　攪乱

したがって、一度も現前しなかったものの現前としての痕跡には〔世界の中に現前しないが世界に痕跡を残すという〕ある両義性がつきまとっている。というのも、そこで痕跡の両義性は、正確には、超越として意義を表すが、それは、この意義を、ある全体に内在する共時性ないし文脈へと解消してしまうことなしにそうするからである。しかし、この両義性はどのようにして可能となるのだろうか。また、絶対的に不在のものは、それが、「現前の残滓[14]」ですらない以上、痕跡のなかにどのようにして輝き現れることができるのだろうか。

すでに言われた通り、他人は、不可逆的に世界あるいは存在の秩序を攪乱する。では、このことは何を意味するのだろうか。〔一般的に〕攪乱すること(déranger)は、すべてが一直線に並べられて同じものになるような列(rang)の外部に〔何かを〕置くことである。この外部性とは、相対的なものであり、攪乱もこの外部性と相対的である。しかしながら、攪乱された秩序が世界と存在との秩序であるなら、また数ある内世界的秩序のうちの一つが問題ではなく、特に秩序〔そのもの〕が問題であるなら、攪乱は、単に相対的なものではありえず、例外的に特別な仕方で実現されるはずである。世界に関して言えば、秩序に対する攪乱の関係が、攪乱が生じる運動そのもののなかで一時的に分断されたり、さらには完全に切断されたりすることがなければ、世界において攪乱というものはありえない。そして、もし世界の秩序、秩序としての世界が、現前という位相差なき同時性を原理とするなら、不可逆的な隔時性、還元不可能な他性だけが、この世界を攪乱することができる。だからこそ、絶対的に不在のものから生じ、彼性の痕跡のなかで意義を表す顔の公現は、攪乱を実現するのであり、攪乱として実現されるのである。第一に隣人のそれである「近しさ」は、「想起可能な時間の攪乱である」[15]。

しかし、自ら失ったものを常に回収し、自分から遠ざかるものを常に再‐現前化する内世界的現前を、顔はどのようにして仮借なき仕方で攪乱することができるのだろうか。それは、内世界的現前へ自己を現前させる前に、内世界的現前から遠ざかる〔不在になる〕ことによってである。顔は、秩序を中断する。そして「この中断が、中断された文脈を通じて再開され〔再び捉えられ〕、そこから意味を受け取ることがないのは、この中断が今からすでに〔中断されるものからは〕放‐免されてしまった〔絶対的であった〕からである。勝負は、開始前に放棄されたのであり、〔勝負からの〕撤退は、〔勝負への〕参加以前に起こったのである。顔はやつれており、剝き出しである」――顔は、錯時性、裸性、態度＝容量の喪失である。これらのことは「回収不可能な不在という空虚そのもの」[16]を意味しており、それらは、無限者の痕跡として、何ものも秩序へと再び導くことのできない攪乱を意味している。

したがって、秩序を攪乱することは、世界をその起源に向かって超過することではなく――それは超越論的還元の形式ではない――、世界に現出せざるものとして世界に現出すること、さらにそうすることで、〈として〉の意義そのもの、すなわち存在の意味と意味としての存在から、両者の彼方へ向かって、ひそかにはみ出すことなのである。攪乱は、「攪乱が携えていた意義をすでに運び去っている運動である。攪乱は、〔普通の意味で〕秩序を深刻に乱してしまうのではなく、秩序を攪乱する。攪乱は、非常に繊細な仕方で秩序に入りこむために、われわれが攪乱を保持するのでなければ、秩序からすでに身を退けてしまっている。攪乱が残るのは、攪乱に対して応じようとする者にとってのみである(17)」。そのことの例示が必要だろうか。「〔第一に〕ある外交官に対して途方もない提案をする外交官がいるとする。しかしこの提案は、こう言ってよければ、何も言われなかったかのような言葉で行われる。大胆さは、それを備え照らし出す諸々の語そのものにおいて身を退け、消失する。〔第二に〕神託の二重性。〔神託では〕数々の常軌を‐逸することが、知恵を保証する語のなかに宿っていた。〔第三に〕恋する男は、歩みを進める〔言い寄る〕が、その挑発的ないし誘惑的な振舞いは、こう言ってよければ、言葉と態度の品位を中断させるものではなかった――こうした振舞いは、そこに滑り込んで入ったように軽やかに、そこから身を退けるのである。〔第四に〕神のようなものが、山上で、あるいは焼尽不可能な柴のなかで、自己を啓示し、また諸々の〈書〉のなかで自己を証させた。もしそれが嵐であったとしたら！　もし〈書〉が夢想家からわれわれのもとにもたらされたものであったなら！　精神からいつわりの呼びかけを追い払おうではないか！　ほのめかしそのものはわれわれをこうしたいつわりの呼びかけに誘う。この大胆さを欠いた神を引き止めたり拒絶したりするのは、このわれわれ、より正確には、この私なのである。この神は、敗者と手を結ぶがゆえに追放された神であり、追い払われた神、それゆえ放‐免された神であり、自分を表象‐しえないものとして提示し宣言するまさにその瞬間を瓦解させる(18)」。

これらの例示のあいだに共通のものがあるだろうか。そのうちの最後の例〔旧約聖書の神〕は、それまでのものとは通約不可能であり、厳密には、それまでのもののうちの一つのものとはいえない。というのも、外交官や欲望をかき立てる女性といった他人の顔は、神の痕跡において意義を表すからである。引き合いに出された状況それぞれにおいて、問題は、遠回しに謎めかして語ること（αἰνίσσομαι〔アイニソマイ〕）であり、一者が他者の同意を懇願する際のある種の曖昧さである。この曖昧さによって、一者は他者に対して提案（proposition）をするが、そのとき一者は、「他者の秘匿性（incognito）を保持したまま、相互了解ないし結託をあらわす目配せに頼ることを拒みながら」そうするのである。さらにレヴィナスは次のように付け加えている。「このような顕現せずに顕現する仕方を、われわれは――この語のギリシャ語の語源にまで遡り、現象という勝利に満ちた慎みなき現れと対立させて――謎（énigme）と呼ぶ」(19)。

では、どのようにして謎は撹乱を可能にし、この撹乱とともに現象性の欠損と痕跡の両義性とを可能にするのだろうか。謎とは、区別された二つの意義が言わば互角にわたりあう〔共存しあう〕ような、曖昧さではない。そうではなく、謎においては「ある〔意味〕はもう一つの意味〔存在の秩序〕においてすでに消失したものとして輝き現れる」のであり、もう一つの意味において常にすでに過ぎ去ったものとして、弱々しく、慎ましく、輝き現れる。「言葉を発した神は何も語らなかったのであり、人知れず（incognito）過ぎ去った。現象の光のなかで〔現れる〕すべてのものによって、神は、否定されざるをえず、反駁され、退けられ、迫害されたのである」。この謙虚さは、神の属性というよりも、現象性に即しては、すなわち最終的には現前としての存在に即しては測りえない〔現前としての存在とは比較されえない〕ある真理の様態である。そしてレヴィナスは強調するのだが、「普遍的に明証的な真理の名のもとに迫害された真理の形式的観念、〔もう一つの〕意味のなかで色褪せてゆく意味の形式的観念、つまり、現象という位相差なき同時性を断ち切るような、すでに過ぎ去って追い立てられた意味の形式的観念」[20]を哲学的に明らかにしたのは、「キリスト教思想家」のキルケゴールである。したがって、もしフッサールの言う通り、超越の謎というものがあるとすれば[21]、それは、謎が超越の様態だからであり、認識能力への関係を表すカントのカテゴリー表には書き込まれていないこの様態が、主観性との新たな関係を、それゆえ新たな主観性を、意味するからである。しかし、新たな主観性とキリスト教の真理、すなわちキリストという真理との関係はどのようなものとなるのだろうか。実際、キリスト教思想家から真理の観念を、たとえそれを形式化しているにしても借用してくることは、このキリスト教思想家から、彼のキリスト教〔に対する考え〕そのものを借用することではないだろうか。おそらくそうである。ただし、キリストという尋常ならざるものが主体という尋常なものへは送り返されえないとすればであるが。この点については、後ほど戻ることにしよう〔第十三章〕。

したがって、一方〔存在の彼方〕の意味の、他方〔存在〕の意味の中での過ぎ去り、一方〔存在の彼方〕の意味の、他方〔存在〕の意味の中での痕跡――ここで前者の意味は、後者の意味へ同化され秩序づけられ等位接続される以前に後者から身を退けている――は、現象の欠損と攪乱を実現する。というのも、謎は、現象に照らされて露開し取り消されて失われてしまうが、逆に、この過ぎ去りは、位相差ないし錯時によって現象を謎の一契機にするからである。レヴィナスが、「無神論が提出する尤もな理由がなければ、〈謎〉(Énigme)というものはなかっただろう」[22]と確言するとき、彼はまさにこのことを述べているのであり、たとえ彼がそれ以上のことをここで述べているとしてもそうである。というのも実際、この命題はまた、第一に、現象学と存在論は、現象が謎や超越の解消であるがゆえに、そのようなものとして無神論であるということをも意味するからである。しかし、この命題は第二に、厳密にかつ逆説的に混乱した極端な言い方をするなら、レヴィナスの企図を、存在の歴運と哲学の歴史へ関係づける。換言すれば、謎――「無神論の果てにある公現(23)」――に関する思考は、その可能性の諸条件のひとつに結びつけられるように、神の死へと結びつけられている。そして、「近代人にとって」、すなわち――自分の時代や自分の影を飛び越えてしまう〔不可能なことをする〕かもしれないが――われわれにとって、超越とは、おそらく「両義的である以外の意味をもつ(24)」ことはできない。それと同時に、複数の魂から成る社会としての身体というニーチェの規定、神の死と密接に関連するこの規定が、どのような仕方であれ、レヴィナスの思考と関係しうるのかどうかという〔第六章で〕先に提示した問いは、この思考から何らかの重大さを受け取っているのである。

もし謎が現象を攪乱するなら、現象は謎に属している。しかしながら、仮に謎の外延が現象の外延よりも小さいとすれば、現象は謎の一契機ではありえないだろう。ところで、すでに見た通り、どんな現象も〈すでに語られたこと〉であり、この〈語られたこと〉は〈他者に対する一者〉(l'un à l'autre) の曝露、顔、したがって謎である、〈語ること〉の痕跡をとどめている。それゆえ、「〈謎〉は、〈語られたこと〉からすでに身を退けた〈語ること〉の痕跡をとどめる現象と同じくらい広範囲に広がっている(25)」。そしてもし謎であるところの彼性の痕跡において意義を表す他人の顔が、「私に現出する前に私から言葉《パロール》を引き剝がす〔取り除く(26)〕」とすれば、謎は、単に現象と同じ外延をもっているだけではない。論理的に語り続けるなら、それだけではなく、謎の内包は、それが態度＝容量を喪失させる、ないし攪乱する現象の内包からはみ出している。しかも、それは、意義性そのものであるがゆえに、隠蔽性へと消え去ることなしに現象の内包からはみ出すのである。「表現――〈語ること〉――は、意義を変容し狂わせ、「詩的」で「文学的」で「言語的」な謎を意義のなかに持ち込むために、現象の明晰さのなかで「可視的」な諸々の意義に付加されるわけではない。語られた意義は、解釈を待つ書き物のように、意義を「撹乱する」〈語ること〉にきっかけを与える。しかし、それは、まさに〈存在〉に対する〈御言葉〉〔語ること〕の不可逆的——原理的——先行性であり、〈語ること〉に対する〈語られること〉の取り返しようのない遅れなのである。この先行性によって、さしあたり自己充足している諸々の意義が、自らただちに対立して消し去る痕跡を〔すでに〕とどめている」。したがって、謎が一種の〈語ること〉であるだけではなく、〈語ること〉は謎なのであって、この理由ゆえに、謎は現象に「先行」するのである。

第三節　謎へ応答すること

確かに、われわれは、話すにせよ書くにせよ、すでに語られた諸々の意義の示差的体系のなかに入り込んでいる。しかし、われわれがそれを用いている背後で、その可能性として、「〈語ること〉、すなわち顔は、驚くべき命題の慎み深さ（discrétion）であり、それは——『マクベス』冒頭でバンクォーが語る「大地の泡」がはじけるように——すぐに無に帰してしまうほのめかし（insinuation）の慎み深さである。とはいえ、それは、言語の扉に張り付いて聞き耳をたてている耳が聞くことができるほどのほのめかしである。この言語の扉は、それから扉が作られたところの〔すでに語られた〕諸々の意義にしたがって、自分自身の開閉の範囲のなかに閉じている。おそらく、この閉じた扉のつつましさを尊重することは理にかなっている。この開いていると同時に閉じている扉が、〈謎〉の尋常‐ならざる二重性なのである」[27]。

では、言語の扉から何を聞き取ることができるのだろうか。ここで聞き取るとは何なのだろうか。強調すべきは、命題の両義性があるということである。命題は、常にすでに語られた現象性と不可分であるが、それは、他人に差し向けられている限りで、接近＝近づきと接触の一様態である。それゆえ、「どんな話すことも謎である」(28)。というのも、命題（proposition）の第二の動詞的意味〔自らを隣人へと差し向けること〕は、どのような仕方であれ、名詞化された第一の意味〔語られた命題〕のなかに常に潜り込んでいる〔ほのめかされている〕からである。そして、もし言語の扉が、理性そのものを構成する、すでに語られた論理的意義から成るとすれば、自分自身に閉じたこの扉に耳を張り付けることは、常軌－を逸した非合理的な仕方で〔理性に反して〕、〈他者のための一者〉ないしは「言語《ラング》の緒言＝言語《ラング》以前の言葉」(29)、顔、したがって謎である〈語ること〉の反響をこの扉で取り押さえようとすることである。そうであるなら、謎を聞き取ることは、言明された命題のなかにほのめかされ〔潜り込んだ〕差し向けられた命題に応答すること、ほのめかしに対して応じることを意味する。

しかし、それはどのようにして、また誰に対して可能なのだろうか。〈語ること〉は顔であり、「顔の公現は、すべて言語《ランガージュ》である」(30)。もし顔が絶対的に他なる者の痕跡、超越の痕跡において意義を表すなら、顔と〈語ること〉の謎は、他の諸々の謎のなかのひとつの謎ではなく、卓越した〈謎〉、存在のなかにありながら存在の彼方で意義を表すもの、存在の意味と現象性とを、その過ぎ去りの痕跡を通じて、絶対的に攪乱するものである。したがって、その代わりとして、卓越した誰、「誰－性」(31)、主観性そのものだけが〈謎〉を聞き取ることができるし、ほのめかしに応答することができるのである。「〈謎〉は、そのほのめかしを保持することのできる唯一のものである主観性にとりわけ＝名指しでかかわっており、このほのめかしは、それを伝えようとすると、すぐに打ち消されて〔失敗して〕しまうので、こうした排他性は、主観性のような存在だけを誘い出す召喚という意味をもっている。出頭するよう喚問され、譲渡不可能な責任へと呼び出された主観性は――〈存在〉の露開が〈普遍性〉の前で公然と行われるのに対して――、

〈謎〉のパートナーであり、〈存在〉を攪乱する超越のパートナーである」[32]。

主観性だけがほのめかしに応じることができ、この応じることから、その〔主観性という〕名――その同一性――を受け取るほどであり、主観性だけが〈謎〉に応答することができる。こうした主観性は当然、〈謎〉がその意味を攪乱するところの存在が必要とする主観性ではありえない。それは、〈謎〉がその欠損である現象性と相関的ではないのである。では、この主観性とは何か。どのようにしてこの主観性は〈謎〉へと召喚されるのだろうか。もしこの〈謎〉が存在を攪乱するとすれば、それは、〈存在とは別のもの〉を存在においてほのめかすことである〈謎〉が、存在を超越しているからであり、それが「超越そのもの、〈他者〉としての〈他者〉の近しさ[33]」だからである。このようにして存在の彼方で意義を表す〈謎〉は、それと同時に、現出と消失との彼方で意義を表し、〈彼〉という仕方で意義を表すのである。「謎（énigme）は、〈彼性〉（Illéité）からわれわれに到来する」。これは、奇妙な定式である。一方の語〔謎〕から他方の語〔〈彼性〉〕へ移行するにあたって、〔〈彼性〉（Illéité）の〕大文字は、超越の神性を、慎み深く〔目立たない仕方で〕取り去っているからである。しかし、もし「謎は〈絶対者〉の仕様[34]」であり、彼性の痕跡であるとすれば、謎が意味するものは、不可逆的な過去、絶対的に過ぎ去った過去、「絶対的過去における超越[35]」、すなわち無限の観念なのである。実際、レヴィナスによれば、「記憶不可能な太古へと向かう存在の超出、あるいは超越というこの常軌を‐逸した運動を、われわれは〈無限〉の観念と呼ぶ。無限は、同化不可能な他性であり、現れる〔自己を示す〕もの、記号で表示されるもの、象徴化されるもの、告知されるもの、再想起されるもの、したがって理解する者と「同時化」されるものすべてに対する、差異、絶対的過去である[36]」。

したがって、〈謎〉に応答することは、無限の観念に応答することである。もう一度繰り返すが、それはどのようにして可能なのだろうか。もし「〈無限〉の観念には、常軌を－逸した応答だけが可能である」とすれば、問題は、主観性が絶対的に他なる者に向かって常軌を－逸して赴く仕方を明確に示すことである。無限の観念をもつことは、第一に、その内容量を超えて思考することであり、その時間のなかで現前、あるいは再現前するものの彼方で思考することである。その意味で、それは、自分自身の死を超えていくことであり、自己を犠牲にすることである。第二に、それは、いかなる思考の相関項でもないものを思考し、欲望することであるが、「しかし、〈欲望をかき立てるもの〉を貪れば貪るほど、欲求に反して更新され、燃え盛る欲望によって[37]」欲望することである。しかしながら、欲望をかき立てるものは無限者であるがゆえに、欲望をかき立てるものは、欲望することと絶対的に分離されてそれとは違ったものにとどまるはずである。しかし、それは、欲望そのものをなくしてしまうことではないだろうか。おそらくそうである。ただし、〈欲望をかき立てるもの〉が、私の時間のなかにありながら私の時間から謎めいた仕方で逃れていくもの、私の時間のなかへ別の時間から入場するもの、すなわち隣人、他人、こうしたものへと私を向ける〔私に命じる〕(ordonner) 場合を除いて、そうなのである。したがって道徳性である〈謎〉への応答は、「〔〈私〉と〈汝〉と〈無限者〉の〕三つの人物からなる筋立てである。すなわち、〈私〉は、やはり〈私〉と同時に存在する〈汝〉に惜しみなく向かって行くことで〈無限者〉に近づく。しかし、〈汝〉は、〈彼性〉の痕跡のなかで、過去の深みから、正面から現前し、私に近づく。私は、私を見つめる私の隣人の方を向いて我を忘れる限りで、〈無限者〉に近づく。私が我を忘れるのは、表象という位相差なき同時性を断ち切ることによってのみであり、私の死を超えて実存することによってのみである。私は、私を犠牲にすることによって、〈無限者〉に近づくのである[38]」。

他人への身代わりからその意味を引き出している犠牲については横に置いておこう。それについては、以下で検討することになるだろう。われわれは、レヴィナスが「神の不可視性」が属しているところの「複数の人物が登場するドラマ」(39)と正確にも名づけるものに留意しておくことにしよう。〈彼〉から謎めいた仕方で到来するものとして対面する〈汝〉へと、〈我〉が近づく仕方を記述することによって、それゆえ〈我〉、〈汝〉、絶対的〈彼〉という三位一体を記述することによって、レヴィナスが記述しているのは、超越の筋立て、すなわち、意味の筋立てであると同時に聖性（sainteté）の筋立てである。(40)こうした記述は、即座に次の第一の問いを喚起する。これら三人の人物によって構成された三位一体、すなわち聖性の三位一体と、キリスト教の三位一体、すなわち聖なる〈三位一体〉とのあいだには、何らかの関係があるのだろうか。そして、一方で、レヴィナスが奇妙にも、「人格〔位格、ペルソナ〕（personne）」という語よりも「〔登場〕人物（personnage）」という語を選び、他方で、彼が、「われわれのユダヤ＝キリスト教的精神性を帯びた啓示の神は、人格的「位階」そのもののなかにある自身の不在という全き無限を保存している」(41)ということを、はっきりとではないが、断言しうるのは、まさにそのような〔二つの三位一体のあいだの〕関係の可能性を垣間見たがゆえではないだろうか。はっきりとではない、というのは、キリスト教的なものである限りでのキリスト教的精神性の中心と原理とは、キリストが現前したということのなかにあるからである。強調すべきは、レヴィナスが行った意味概念の拡張は、属格の二つの意味で、神の絶対的不在＝神への絶対的不在なしにはありえないのだが、その代わりに、この拡張は、〈有意味なもの〉の存在論的体制《レジーム》とキリスト教的体制《レジーム》とのあいだの結束を含意するということである。この結束は、別の面で、全く別の仕方ではあるが、存在論的差異に関するハイデガーの系譜学が証示しているものである〔序論参照〕。

第四節　倫理学と第一哲学

超越の筋立ては、聖性のそれであるだけでなく、倫理的であり、より正確には、倫理として語られる、意味のそれでもある。倫理というものをどう理解しなければならないのだろうか。また、〈〈我〉、〈汝〉、〈彼〉、また超越、聖性、意味という〉三つの人物からなるドラマを通じて喚起される第二の問いとして、倫理＝倫理学（l'éthique）とは、このドラマにおいてどのような意義を帯びるのだろうか。倫理学は、自由の諸法則を対象として行為に格率を与えるような理論的一学科ではないし、存在論が領域的な学と称するものでもなく、それは、「言語《ランガージュ》以前の言語《ランガージュ》」[42]、すなわち〈語ること〉そのものである。倫理的関係を定義する際、レヴィナスは常に倫理的関係を知に対置するか、言語《ランガージュ》として規定することによって定義する。例えば、レヴィナスは次のように書く。「われわれは次のような諸項間の関係を倫理と呼ぶ。この関係においては、一方の項と他方の項が、悟性の総合や、主客関係によって結合されるわけではない。しかしながら、そこでは一方が他方に重くのしかかり、他方に重要となり、あるいは他方に意義のあるものとなるのであって、両者は、知が汲みつくすことも解きほぐすこともできないような筋立てによって結ばれているのである」[43]。同じ定義は、言語に当てはまる。「全体化に抵抗し、関係から放免され、あるいは関係を明確化する、諸項間の関係――こうした関係は、言語《ランガージュ》としてしか可能ではない」[44]。さらに別のところで、彼は次のように書く。「現象学が自分自身の中断（interruption）を画すために援用する倫理的言語――、それは記述に対して、うわべだけ倫理を介在させることから生じるのではない。それは、知とは対照的なものとして際立つ近づきの意味そのものなのである。倫理以外のいかなる言語も、次のような逆説には匹敵しえない。それは、隣人の露開とその現出することから出発して、表象において共時化されざる隔時性にしたがって、隣人に顔という身分を与える痕跡のなかに、隣人を読み込むような現象学的記述が足を踏み入れる逆説である。はじめは存在と存在の彼方しか知らない記述は、倫理的言語へと転回するのである(45)」。

以下の点を強調すべきである。なぜなら、レヴィナスのプロジェクト、その力強さ、及びその新しさも含めて、それら全体の理解は、総じてこの点にかかっているからである。すなわち、倫理＝倫理学とは、自然学と論理学と並ぶ哲学の一部分ではなく、例えば存在論的言語や政治学的言語と並ぶ、他の数ある言語のなかの一つの言語でもなく、それは、その意義性の純粋性においてある言語《ランガージュ》、あるいは伝統的な言い方をするなら、言語《ランガージュ》の本質にかかわる言語《ランガージュ》、自ら言語《ランガージュ》となる言語《ランガージュ》の本質である、という点である。「言語《ランガージュ》の本質は、〈他人〉との関係である(46)」。そして、やはり同じ言葉の使用域に常に従うなら、倫理＝倫理学は言語の本質そのものを形容するのだから(47)、レヴィナスがこの〔倫理的という〕形容詞、あるいは〔倫理＝倫理学という〕名詞によって理解しているものとは、おそらく何らかの道徳＝道徳論（une quelconque morale）というよりは、諸意義に関するある純粋文法に一層近いのである。

以上のことから、ひとつの帰結とひとつの問いが生じる。まず、帰結は以下の通りである。すなわち、現象と意義とが互いに分離される仕方を記述するとき、レヴィナスは、それと同時に、この分離がそれに従って語られるところの言語を規定しているということである。したがって、現象の欠損は、ロゴスによって取り消されるわけではなく、反対に、前者が、それなしには現象が存在しないような後者へと拡張されるのである。別の言い方をすれば、現象を謎の一契機とみなすことが、〈語られること〉を〈語ること〉へと還元することであるなら、現象学の中断は、現象学を構成する意味の二つの契機〔現象とロゴス〕にも、両者の統一原理にも、同じく関係している。というのも、〈語ること〉と顔とは、ともに謎だからである。

しかし、これが問いなのだが、倫理＝倫理学とは、存在に先行する言語（verbe）、言語（langage）であって、存在の一領域――たとえ第一領域であったとしても――ではない、と確言することは、第一哲学、すなわち、他のすべての領域的な学がそこに折り重なるようにして基礎づけられるような、領域的な学という身分にまで倫理学を高めたレヴィナスと正反対のことを述べることになりはしないだろうか。時系列を考慮に入れることなしには、この問いに答えることは不可能である。一九六一年に、レヴィナスはまず、存在論を「第一哲学」、「力の哲学」、さらには「不正の」哲学と定義した後、デカルトによって提示された〔哲学の木の〕イメージを手直しして、次のように確言することで、『全体性と無限』を完成させた。すなわち、「道徳＝道徳論は哲学の一分科ではなく、第一哲学である」[48]、と。第一位にあるものは、〔その第一という〕資格をもつものを〔存在論から道徳論に〕変えてしまうが、〔第一哲学という〕資格とヒエラルキーはそのままである。ところで、この〔第一哲学という〕資格とヒエラルキーとは、存在論と知それ自体に本質的に関連しており、存在論と知との展開の様態とその樹木上の構造をあらわしている。しかしながら、レヴィナス自身が述べるように、「『全体性と無限』で用いられた存在論的言語は、最終的な言語では全くない。『全体性と無限』のなかで用いられた言語は、存在論的である。なぜなら、その言語が、特に心理学的になることを避けたからである。しかし、実のところ、すでにそれは、私が「存在の彼方」と呼ぶものの探究であって、たとえ存在を現在から分離しようとする諸々の試みがどのようなものであろうと、常に存在――*Sein*――であるこの自己との同等性を引き裂くことなのである」[49]。そして、次に、一九七四年、『存在するとは別の仕方で、あるいは存在することの彼方へ』において、レヴィナスが「最終的な言語」に到達したとき、それは、第一の出来事としての現れに対して、「第一のものの第一位性そのものは、現在の現前にある」ということ、そして「究極の意味、ないし第一の意味という観念そのものが、〔…〕存在論的である」(50)ということを強調するためなのである。

とはいえ、あらゆる言語《ラング》以前の言語《ランガージュ》という〈存在するとは別の仕方〉へと関連づけるように、〈存在するとは別の仕方〉の言語《ラング》に関連づけていうならば、倫理＝倫理学は、そうすると、フィロソフィア・プロテ〔第一哲学〕（φιλοσοφία πρώτη）という本質的に存在論的な名称のもとには、書き込まれえないように思われるのである。ところで、一九八二年には、レヴィナスは、まさに「第一哲学は倫理学である」(51)と明言することになるし、『第一哲学としての倫理学』(52)と題された講演を行うことになる。そうであるなら、倫理学となった第一哲学は、第一哲学がそこから生じるところの存在論と対立することになるのだろうか。

おそらく、倫理学が第一哲学であるという命題は、存在論の方から顧みるなら、まさにひとつの反転を意味する。というのも、この命題は、存在論的秩序のなかでは常に婢女であった一学科を、支配的な主権をもつ身分へと位置付けるからである。しかし、この反転の射程は限定的である。というのも、存在論的ヒエラルキーの変更は、ヒエラルキー自身に内属する存在論、すなわち存在とアルケー〔始源〕（ἀρχή）との同一性を改めて問い直すことが全くないからである。レヴィナスは、〔ヒエラルキーとしての〕戦争、行政、国家を〈同〉の諸形姿と理解してはいないだろうか(53)。また彼は、そこで存在が自らに現出する主観性において自己と同等化し自己自身を所有する存在のことを「アルケー（ἀρχή）の存在〔アルケーであること〕」(54)と名付けてはいないだろうか。

さらに、第一哲学は、第二哲学なしには、つまり存在者全体を諸領域へ細分化することなしには不可能である。では、諸々の領域のなかの一つの領域がもつ特権とは、何を意味するのだろうか。他の諸々の領域に対する一つの領域の優位〔第一位性〕は、その正当化を存在そのもののなかに見出すはずである。そして、もし存在が自己顕現であるなら、優位をもちうるのは、そこで存在一般の意味が開示される存在者の領域だけである。レヴィナスはそのことを知らなかったわけではない。彼は、一九八二年の講演の初めで、アリストテレスにおいて、第一哲学が、「『形而上学』Γ巻の存在論、あるいはΛ巻の神学、つまり存在－神論にしたがって」[55] 解釈されうるということを想起させているからである。したがって、倫理学を第一哲学と同定することは、単に、倫理学を存在者と知との一領域とするだけではなく、さらにとりわけ、それによって存在が存在者において顕現するところの存在論的差異の支配を追認することなのである。

それゆえに、「倫理＝倫理学——それは預言的なものとして現れるのだが——は存在の一「領域」[56]、その一つの層や飾りなどではなく、［それは］本質的には〈存在からの－超脱〉そのものである……」と確言する思想にとって、また「存在すること（*essence*）と存在者と「差異」との結合を狂わせる例－外（exception）」[57] を主観性のなかに認めようと試みる思想にとって、倫理学を第一哲学と同一視することは、ある種のつまずき〔踏み外し〕にはならないだろうか。しかし、こうしたつまずきは、どのようなバランスの悪さから帰結したものだろうか。倫理学に第一哲学の身分を授けることは、倫理学を、存在と知のなかで最も傑出した領域として考えることである。ところで、一方で「超越は、ヒエラルキーとは無関係［である］」[58] が、他方で、どんな領域も存在論的で範疇的な規定を前提としており、そのためこうした規定が取り集める諸現象は常に〈すでに語られたこと〉によって同一化される。したがって、もし〈語ること〉と〈語られること〉とのあいだに何らかの相関関係——確かに〈語ること〉はこの相関関係には還元されないが——があるのなら、〈語ること〉そのものである倫理＝倫理学について〈語ること〉、この〈語ること〉について〈語ること〉は、どのようにして〈語られること〉のなかへ吸収されるようなどんなリスクからも免れているというのだろうか。換言すれば、それによって〈語ること〉が〈語られること〉において言明されるような言語の誤用、そのパラダイムを、倫理学を第一哲学と形容することのなかに見出すような言語の誤用を予防することは、可能なのだろうか。われわれは、存在論的な〈語られること〉が、倫理的な〈語ること〉からどのようにして生まれるかを規定してはいない以上、もちろんこの問いに答えることは〔まだ〕不可能であろう。

第十一章　自己の再帰性

第一節　無起源的強迫

もし言語のない意識というものがないとすれば、あるいは逆に、もしどんな現象も言説であるとすれば、われわれがそこから多様を同一化するところの宣布《ケリュグマ》的理念性の媒介なしには、何も把握されえないし、主題化されえないだろう。そうであるなら、存在の自己顕示が分節化される主観性は、喪失と再発見の出来事である。喪失の出来事であるのは、生まれ出る状態の (in statu nascendi) 志向性であり理念化である瞬間の位相差によって、存在は自己から遠ざかるからである。再発見の出来事であるのは、存在が発見の主題となり意識にとって向かい合う相手となるからである。「それは、理念的原理＝始源 (principe) から――その主題的曝露におけるアルケー〔始まり、原理〕から――自己を喪失して自己を再発見する。こうして存在はその存在することのペースメーカーを務める〔存在するというその仕事を進める〕。理念性の迂回は、自己合致へ、すなわち存在の精神的な冒険全体の指導役と保証人であり続ける確実性〔確信〕へと至る。それだからこそ、まさしく、この冒険はまさに冒険ではないのである。それは決して危険ではない。それは、自己所有であり、原理性＝始源性であり、アルケーである。冒険に生じうる未知のものは、あらかじめ露開され、開示され、顕現させられ、既知のものの型のなかに嵌め込まれてしまう。この未知のものは、絶対的に不意に現れるものではない」[1]。

自己合致が確実性を定義するのに十分かどうか、確実性の探求が存在の歴運の総体を統べるのかどうか、また存在の停留を展開する西洋の歴史が何事もなく平穏であるのかどうか、すなわち、他者だけが同を危機に陥れることができるのか、それとも、反対に、同、存在が、自分自身の危険であり、それゆえにニヒリズムではないのかという問いは横に置こう。こうした問いを横に置いて、原理として存在を理解する意味を明らかにすることにしよう。アルケー（ἀρχή）とは、始まり、掟、原理、主権性を意味する。ところで、もし開始することが、自由に自己から自己へと到来することであるなら、存在の顕現、その冒険譚は、アルケー（ἀρχή）として実現する。というのも、存在の真理は、自己への自己曝露であり、何ものも妨げたり逸らせたり攪乱することのできない認識だからである。レヴィナスが、「理性は、考古学〔アルケー＝起源についての学〕（archéologie）であり、考古学という複合語は、〔アルケー自体が「学」（-logie）であるという意味で〕冗語である」[2]と述べるとき、彼は同時に、「無－起源学〔非－考古学〕（an-archéologie）」[3]の可能性を問うているのである。

したがって、感性＝感受性を最上級の近しさとして記述し、最上級の近しさを、一つに集めることのできないもの、すなわち意義性と責任である〈他者のための一者〉、責任としての意義性、意義性としての責任として記述することは、意義を、顕現、主題化、その原理＝始源、すなわちアルケー（ἀρχή）から分離することではないだろうか。またそれは、意義と、取り集め（rassemblement）そのものである現在とを分断することではないだろうか。接触である近しさは、現在を越えて、（属格の二つの意味での）存在の顕示〔存在が顕示することと、存在を顕示すること〕の彼方で意義を表す。より正確には、「それは、意義であるこの〈彼方〉の超越することとそのものなのである」[4]。関係から放免され、どんな現在や主題とも通約不可能な外部性との関係――それは無限そのものなのだが――、すなわち近しさは、絶対的に過ぎ去った過去を意味する。レヴィナスによれば、「われわれは、意識のアルケーによって包囲されることなく、現在を不穏にし＝動揺させ（inquiéter）、顕示しうるものの明晰性に縞模様で線をつける〔抹消する〕ことによって過ぎ去るこの仕方を、痕跡と呼んだ」。さらにレヴィナスは次のように続ける。「したがって、無起源的に、近しさは、いかなる原理＝始源の媒介も、いかなる理念性の媒介ももたない個別性（singularité）〔単一性〕との関係である[5]」。

無起源的である近しさの関係は、さらに錯－時的でもある。一方は他方なしにはありえず、両者はともに、意識の欠損を意味する。「近しさの関係は、［…］すでに、極度の緊急性をともなった召喚である――それはどんな能動的関与にも錯時的に先行する、義務である。アプリオリ「よりも古い」先行性である」。このことは、近しさの関係においては、主体が、触発されうることなしに触発されること、つまり、決して自らを触発するものを自発的に自らには表象しえずに触発されること以外に何を意味するだろう。意識にとっての何らかの無意識ではない、こうした意識〔そのもの〕の無意識が、強迫（obsession）である。すなわち、「外部性を開示する作用に「先行する」外部性との関係[6]」である。

そのような強迫の意味とは何だろうか。〔強迫の語源の〕ラテン語のobsessioは、強固な陣地〔要塞〕の包囲線を意味する軍事用語である。強固な陣地は、包囲されると、外部の勢力に支配されて、自らの障壁のなかにまで閉じこもる。したがって、意識が強迫されると言われうるのは、意識がそれ自体で、意識が自分のものにすることも、自分のものとして取り戻すこともできないようなものへと、すなわち他人へと委ねられ、他人によって包囲＝侵入されるときである。「強迫は、意識を逆方向から貫いている。それは意識のなかに異他的なものとして書き込まれている。異他的なものというのは、均衡を欠いたもの、錯乱であり、それは、主題化を解体し、原理＝始源、起源、意志、すなわち、どんな意識の閃光のなかでも生み出されるアルケーから逃れ去るものである。それは、語の本来の意味で、無‐起源的（an-archique）運動である」[7]。意識の存在、とりわけ意識ないしアルケー（ἀρχή）としての存在と対比して理解された強迫〔包囲されること〕は、無起源的強迫、すなわち強迫のもつ精神分析学的意味を逆照射しうるような、刷新された意味での無意識的な強迫である。したがって、こうした強迫は、外傷のように、予告なしに突然意識に襲いかかる。というのも、この強迫は、まず襲いかかりながら意識に現れるわけではなく、したがって、存在に対して、〔自己との隔たりの生じるような〕いかなる余地も与えないからである。このような余地があれば、存在は、位相差を通じて、時間的に自分自身から隔てられつつ、全き意識と真理において、明らかな形で、自己へと立ち戻ることができるのである。他者による強迫は、意識の光を断ち切るために意識を盲目にする〔理性を失わせる〕。それは、意識から見れば、錯乱的ではあるが、しかし、主観性を隠蔽的で理解不可能なものとするわけではない。というのも、他者による強迫は、〈他者のための一者〉の、意義性の一様態だからである。どのようにしてこの盲目化は可能なのだろうか。強迫は、意識から、あらゆる砦を、意識の〈自己に関して〉や〈自己のために〉を奪う。そして、強迫は、意識を奪取＝占拠し、その領域の全範囲を通じて（per）、その原理＝始源に至るまで、意識に付き纏う（sequor）。このような強迫は、迫害（persécution）〔徹底した付き纏い〕である。「強迫は迫害である。迫害はここで、〔被害〕妄想となった意識の内容ではない。迫害は、〈自我〉が自己を触発する形式を意味するが、その形式は意識の欠損である[8]」。

しかし、意識によって同化できない、隣人による強迫は、どのようにして意識の明晰性を誤らせる〔欠損させる〕ことができるのだろうか。また、自由である意識は、どのような仕方で、この自由そのものという開始する能力には属していないもの〔強迫〕に屈することがありうるのだろうか。より正確に言えば次の通りである。もし強迫が決して〔意識によって〕引き受けられることができずに蒙られるままであり、最上級の受動性によって受動的であるのなら、どのようにして、強迫は、意識――その〈自己のために＝対自〉(pour-soi) は、アルケーであり、自由、主権性である――にとり憑いたり宿ったりすることができるのだろうか。「その能動的源泉が――決して――意識にはありえない〈受動＝受難〉(Passion)、あるいは耐え忍ぶことが、どのようにして意識において可能なのだろうか[9]」。あるいは、〔Passion という語の〕大文字のもつ強調、重要性をついでに際立たせておくとすれば、次の通りである。「どのようにしてこの〈受動＝受難〉は、意識において場所と時間をもつ〔生じる〕ことができるのだろうか[10]」。

第二節　自己の絶対的受動性

もちろん意識そのものから出発しなければ、この問いに答えることは不可能である。ところで、自己関係かつ自己関係のような他者関係、また自己による自己知である意識は、あらかじめある自己同一性、すなわち〈私〉(Je) を必要としてはいないだろうか。あるいは、別の形で問いを提起するなら、意識は、〈私〉の本質なのだろうか。「〈自我〉は、意識の〈自己のために〉〔対自〕と合致するのか[11]」、そして意識と主観性とを区別する必要はないのだろうか。さらに、この区別は、暗黙のうちにすでになされたのではないだろうか。近しさについての経験へは還元不可能な近しさとして、感性＝感受性を解釈すること、また包囲強迫的な盲目化を意識の欠損として解釈すること、こうしたことは、実際には、主観性から意識を分離することではないだろうか。そして、もし意識が主観性と外延を同じくするわけではないのなら、依然として意識は、主観性からその同一性を受け取ることになる。というのも、現象学的還元は、自我に打撃を与えることはなく、（常にエゴの経験であり常にその形式である）超越論的経験は、本質的に自我の経験だからである。つまり、意識は、「すでに「主観的条件」に依拠しており、「〈自我〉」や「〈私〉」と呼ばれる同一性に依拠しているのである[12]」。

この主観的同一性は、どのような意味の次元に属しているのだろうか。それは、位相差と志向性として〈自己のために〉〔対自〕の同一性を意識に付与する存在の自己顕現から生じるのだろうか。しかし、このことをどう理解すべきなのだろうか。自己を対自（pour-soi）〔自己に対する＝自己のために〕から考えるヘーゲルは次のように書いている。「対自存在〔自己に対する＝自己のための存在〕は、制限を越え、その他在〔他であること〕を越えたところに、それがこのような否定として自分への（in sich）無限の回帰であるところに成り立つものである。——意識はそれ自身すでに即自的に（an sich）対自存在の規定をもっている。というのも、意識はそれが感覚したり直観したりする対象を自らに表象する（*vorstellt*）からである。言い換えれば、意識はその対象の内容を自分のなかにもつのであって、したがってこの内容は観念的なものとして存在するからである[13]」。したがって、意識を〈自己のために〉＝対自として解釈することは、実体を主体として理解することで、主体を存在の関数とみなすことなのである。これに対してレヴィナスは、次のように反論する。「したがって、〈私〉の同一性は、存在することの自己自身への還帰、この存在することの自己回帰、〈同〉の同一化へと還元されるだろう。〈私〉の同一性は、ある時には、その〔〈同〉の同一化の〕

主体や条件であるように見えていたのである。他の数ある存在者のなかの一存在者、中心的存在者のような存在者として自己を措定する「自己自身」の経験（empirie）は、この回帰が生み出される〈真理〉の具体的プロセスに送り返される抽象化でしかない。したがって、この抽象化は、論弁や時間の伸張における――失われて再び見出される――存在の顕示へ、すなわちロゴスへと送り返される。まさしくこうした考え方にこそ、異議を唱えなければならないのである[14]」。

なぜなのか。一方で、主観性を存在の関数と考えることは、〈語ること〉を λόγος ἀποφαντικός〔ロゴス・アポファンティコス、命題論的ロゴス〕へと連れ戻すことであり、それを〈語られること〉の相関項とみなすことである。ところで、繰り返すが、〈語ること〉の意義性は、語られた諸々の意義を超過しており、こうした意義に伴って、存在論を超過している。他方で、存在の振舞いは、「自己性の「鼓動」と「脈拍[15]」」なしにはありえない一種の円環を経巡っている。説明しよう。存在の自己現出すること、すなわち真理は、秩序のなかに帰っていく隔たりであり、常に埋め合わされて回収される遅れである。同はこの秩序に再び戻ってくる。それでは、自己から遠ざかる存在が、決して自己を失うことなく、また自己自身から逃れることなく、自己へと立ち戻ることができるというのは、どのようにして可能なのだろうか。存在の真理が、到着点が出発点にほかならないようなルートを描くというのは、どのようにして可能なのだろうか。それなしには存在の知が存在そのものではありえないような、この再帰性（récurrence）とは何なのだろうか。「パルカ〔運命の女神〕たちの糸巻きから紡がれる無色の糸のように伸びてくる存在することの伸張において、〈同〉の断絶と回帰へのノスタルジー、〈同〉を追い払う狩猟と〈同〉の再発見、こうした意識がそこで機能するところの明断性というものが生じるためには、つまり、こうした自己からの隔たりと〔自己への〕回復――どんな現在もそれによって再‐現前化となる、過去把持と未来予持――とが生じるためには、これらの運動のあらゆる分節化の背後に、自己自身（*soi-même*）の再帰性があるのでなければならない。存在の自己発見は、この自己自身の再帰性に巻きついている。そうでなければ、自己自身から放擲され、内在的時間において構成された存在することが措定するのは、ただ識別不可能な点だけということになるだろう。確かにそれは点の全体である。しかし、それはいかなる運命の障害でも、また成就でもないだろう。自己をなすようなものは何もないだろう。断絶の後に自己を同等化することで存在が意識となり、さらに自己意識となる時間によって、「永遠の休息〔永眠〕」が断絶されることは、自己自身を前提としているのである(16)」。

では、どこに〈私〉の自己性を探し求めるべきなのだろうか——「そしてわれわれは、メタファーなしに、痙攣する自己自身を語ることに駆られてきたようなものである(17)」。〈私〉の自己性なしには、存在することは、自己現出した瞬間に、自ずと消え去って霧消してしまう。こうした自己性は、意識とその光の手前、意識がその現前化と主題化である存在の手前以外のどこに探し求めるべきだというのだろうか。別の形で問いを提起するとすれば、自我の再帰性は反省ではなく、自我の自己への志向的関係に内属する二元性を排除する場合には、自我の再帰性とは何を意味するのだろうか。つまり、〈絶対的に一なるもの〉は、全く過去把持なしにどのようにして再帰しうるのだろうか。

たとえ意識に固有の自己反省が自己の再帰性ではないとしても、依然として自己の再帰性という運動は、自己反省の運動に先立っている。したがって、自我の再帰性は、反省のように、自己に関する自己運動でなければならない。しかし、自我の再帰性は、反省とは異なり、志向性を生み出す自己へのあの回帰を欠いている。〈自己のために〉＝対自の再帰性ならざる自己自身の再帰性は、環を描くことはなく、それは、ねじれであり、環においてねじれは常にすでに機能しているものなのである。「自己自身の再帰性は、自己を開け放って次に自己を再び閉じ込めるのではない。そのようにして、過去把持と未来予持からなる時間の戯れのなかで、自己を分断する（s'interrompre）と共に再び自己を見出すことによって自己を照らし出す（s'illuminer）意識のように、自己を明るみにもたらすのではない。自己自身は、ひとが現象（あるいは、現象の現れはすでに言説であるがゆえに、現象学）と呼んでいる、この開示と隠蔽との戯れにかかわることはない。動詞や所有形容詞、統語論的形態、こうしたものをわれわれが用いようとしているのは、極限において炸裂（éclatement）や分裂（fission）するまでに亡命〔避難〕し追い立てられた〔隠棲した〕（réfugié et exilé）自己自身がもつ独特のねじれ、あるいは縮約を分解するため――〈語られること〉において同一化された同一性の代わりに自己自身を再構成するため――である。こうした動詞や所有形容詞、統語論的形態には、すでに自己自身の跡が残っており、このねじれや縮約、分裂の跡が残っている。おそらく、このことが、ライプニッツの不可思議な定式「自我は自己自身に生得的である」の意味でもあるのだろう[18]」。

「自己を分断する（s'interrompre）」、「自己を照らし出す（s'illuminer）」、「自己を振り返る〔反省する〕（*se* retourner）[19]」といった、意識固有の運動を描く代名動詞が送り返す、自己自身のなかでの、あるいは自己自身への自我のねじれは、この〔意識の〕運動と意識とに先行しているが、こうしたねじれは、どのようにして実現し、また何を意味するのだろうか。ねじれは、自己から、どんな位相差も、どんな分離も排除するが、こうしたねじれは、自我の自己への追い込み（acculement）、自己の自己への送り返しである。それは、送り返すもの〔自己〕と送り返されるもの〔自己〕との分離をもたない、自己の自己への＝自己のうちでの送り返し――「自分の反響のなかで響く音のような、自己自身における〈自我〉[20]」――、すなわち、〈自己に対する自己という〉二項間の関係、〈自己のために〉＝対自、あるいは〈自己のもとに〉ではない、自己への＝自己のうちでの送り返しである。自己自身の再帰性は、「一度も自己から分離したことのない、解除不可能な統一[21]」であり、縮約、したがって、不－穏〔動揺〕である。それは、「いかなる二元性もなき一者、自己自身という一者であり、自己へとはじめから追い込まれ、決断〔返答〕を迫られた〔壁際に追い込まれた〕一者、あるいはその皮膚において自己に対してねじれた一者、すでに自己の外にある自己のうちでねじれた一者[22]」である。

自己（soi）は、フロイト的ならざる意味で前－意識的であり、ハイデガー的ならざる意味で前－存在論的であり、自らのうちで現れる存在、そこで自らがそれ自身に現れている存在の外側に追放されている。したがってこの自己は、わずかのイニシアチヴも握ることはできず、意識と現在を作り出す開始能力や構成能力を根本的に奪われている。「自己自身は自己を形成することができない。自己自身はすでに絶対的受動性によって形成されている。この意味で、自己自身は、自己のために＝自己に対して自己を措定するために自己において呼び覚まされうるどんな〔意志的〕引き受けも麻痺させる迫害の犠牲となった者である。それは、あらゆる記憶やあらゆる想起の手前で、不可逆的に過ぎ去ったものとしてすでに結ばれた、執着＝繋がり（attachement）の受動性である[23]」。したがって、自己自身のねじれの意義が探し求められなければならないのは、まさしくこのような自己自身の記憶不可能な受動性のなかではないだろうか。

第三節　存在の外なる自己のうちへ追放されて

すでに示された通り、もし〈語られること〉からはその意味を受け取ることのない〈自己を語ること〉（*se dire*）の〈自己を〉（*se*）が、他人への曝露、どんな受動性よりも受動的な受動性であるなら、この受動性において、すなわち「傷と侮辱への曝露において、責任の感受することにおいて、自己自身は、代替不可能なものとして、また責任を放棄する余地もなく諸々の他者へと委ねられたものとして、したがって「自己を供する」（s'offrir）ために――苦しみ（souffrir）与える（donner）ために――受肉したものとして招来される。このように、はじめから受動性において一者で唯一者であるものは、この招来に従わないことを可能にするような何ものも備えていない。この一者は、自己へ還元され、縮約された一者として、存在の外なる自己のうちに追放されている（expulsé）かのようである」[24]。存在は自らにおいて自己現出し、自分自身と距離を置くことができるのだが、こうした存在から追放された自己は、還元された一者＝隠遁所におけるように、また自我に反するように、自己のうちに追い立てられた自己である。この自己のねじれは、「自己意識の鼓動には還元できない[25]」のであって、自己は〔再帰代名詞という時の意味で〕非再帰的＝非反省的で（irréfléchi）、必要な後退や媒介がないために自分自身において反省される＝再帰することがない。この自己は、そこに閉じこもることができる〈自己に関して〉を欠いた、隣人の呼びかけを免れることのできない自己であり、他人へと、また他人によって、召喚された自己、決して自分自身に留まることができずに自分自身へと送り返される自己である。したがって、このような自己は、どんな自発性も欠いており、それと同時に、この自己は、存在論というあの自由のシステムの外、すなわち存在の外（hors l'être）で意義を表すのである。

しかし、その代わりに、どのようにして自己の起源ではない自己が、前－意識的主体となりうるのだろうか。また実詞化（hypostase）を、出来事から存在への変貌として、つまり名詞や代名詞に値する実詞の現出[26]として理解するなら、この自己は、どのようにして自らを実詞化するのだろうか。どのようにして自己は自分を実詞化するのだろうか。「主体は、召喚されたもの、あるいは選ばれたもの――外から、代替不可能なものとして召喚されたもの——として、責任において、自らの皮膚で〔身をもって〕——自らの皮膚において苦しみ〔落ち着かない気分で〕——自らを告発する＝自らをくっきりと表わす（s'accuser）。主体は、どんな関係とも対照的で、τόδε τι〔トデ・ティ、この何ものか〕として指示されうる存在者としての個体とも対照的である。［…］実詞化は、対格態で、自己自身として自己を曝露し、知の〈語られること〉において、名を備えた者として現出する以前に、自己を曝露する。この表なき裏〔能動性なき受動性〕のように自己の受動性を供する仕方こそ、その反響においてしか聴取しえない音というメタファーが近づこうと努めてきたものなのである」[27]。

ここで、「自らを告発する＝自らをくっきりと表わす」とは、逆説的にも、あらゆるイニシアチヴの手前で現れる＝自らをあらわにすること（se montrer）以外に何を意味するだろうか。モンテーニュが「人間のもっているそれぞれの部位や営みは、他の人間と同じように、その人間をくっきりと表わし（accuser）、あらわにする（montrer）[28]」と書いたとき、彼はこの意味について語っている。したがって、自らを告発する＝自らをくっきりと表わすことは、自分が咎を犯したこと、あるいは決して故意に犯したわけではない咎、決して故意に背負い込んだわけではない負い目を負ってしまっていることに気づいて、無起源的に自己を啓示することである。では、「対格態で自己を曝露する」ことをどう理解すべきなのか。それは、常に顕示と意識の手前で、自分の存在から身を引き離し、存在から超脱し、能動性という表の全くない裏のように、自分の受動性を供することによって、自らを語ることである。自己は、自己現出する以前にすでに応答するように召喚されており、この自己は、外側から、自己のために〔対自として〕存在しうることなく、自己へと送り返されている。この自己は、再帰性に組み込まれ、後退も自由もなく、自己の責任は、拒絶不可能であり、それは唯一性（unicité）を意味するのである。「二元性なき再帰性、しかし休息なき〔統〕一性（unité）」[29]。それゆえ、どんな現象もそこから自分の統一〔性〕を引き出す超越論的統覚の総合的統一とは対照的に、諸存在者の宣布《ケリュグマ》的同一化において働いている統一が生じるのは、まさしく、「自己を観照し、または自己を表現するために、したがって現れるために、自己を分割して自己から分離させることを妨げる、自己の前‐総合的、前‐論理的、かつある意味で原子的――すなわち個体的――な」[30]唯一性からなのである。

　とはいえ、それなしには存在の自己展示が起こりえないような前‐存在論的再帰性、自己のうちで〔即自的に〕「存在から分離された一者、ないし唯一者である」[31]自己、自己から隔てられえないがゆえに現れることのできない自己、この再帰性の自己は、言わば、存在に与する〔存在に自らを差し出す〕ことになるのでなければならないのだろうか。それは可能なのだろうか。〔もし可能なら〕どのようにして可能なのだろうか。実詞化される項である自己自身は、どんな名詞（nom）にも先立つ同一性、すなわち代名詞（pronom）である。しかしながら、代‐名詞＝名詞‐以前にはある両義性がある。というのも、代名詞は、名詞以前に来て、名詞化には属さないものを指しながら、名詞も存在ももたないもののマスク＝仮面（persona）でもある〔名前も存在ももたないものを覆い隠す〕からである。そうすると、自己自身は、人称代名詞によって表現されることによって主体となり、そのようなものとして、存在することの振舞いのなかに身を置くことになる。

　自己自身の再帰性は、自我の自己への運動及び退去であり、存在をその真理へと結びつけ、存在することをそれ自身に背負わせる。この自己自身の再帰性は、「〔統〕一性の「エスカレート」」[32]と解釈されることで、あらゆる存在の重荷を支える〈手前〉に向けて存在の真理から除外される[33]。レヴィナスは、〈他者のための一者〉の意義性に対する、存在の意味と意識の〈自己のために〉〔対自〕の尋常ならざる関係を特徴づけるために次のように書くことができた。「したがって、われわれが知や〈精神〉と呼んでいる〈存在の自己への還帰〉がそこで生じるような「支点」は、卓越した個別性〔単一性〕を指し示している。確かに、それは、間接的言語のうちに固有名をもった存在者として現れうるし、このようにあらゆる〈語られること〉を特徴づける一般性の突端に位置づけられ、そこで存在することに関係づけられうるものである。しかし、それ以前に、精神の支点は、全く借り物の存在を帯びた〔だけの〕何性ならざるもの――人格〔誰〕――であり、この借り物の存在はそれに役割を与えることによって、名もなきその個別性を覆い隠す。こうした〈精神〉の支点が人称代名詞なのである。もし認識の自己回帰――存在の根源的真理――すなわち意識が成就しうるなら、それは、自己性の再帰性がすでに生じていたからである。存在することのプロセスにおける転倒。存在が意識において行うゲームの外への退去――すなわち、まさしく、自己のうちへの亡命＝隠棲（exile）である自己のうちへの――自己以外には根拠のない――退去、つまり無‐条件。それは、どんな自発性も排除した退去、したがってつねにすでになされた退去、すでに過ぎ去った退去である」[34]。したがって、意識は〈私〉や自我の本質ではない。別の次元においてではあるが、逆に言えば、自己の再帰性は、意識の手前で、記憶不可能な過去において、意識の自己性の結び目のように成立している。この自己性によって意識は自己へ立ち戻り、自己のために＝対自として存在することができる。したがって、カント以後、ヘーゲルは、統覚の根源的に総合的な統一、すなわち、〈我思う〉の統一に、「概念の本質を構成する統一」[35]を、それゆえ、「知としての精神の最終形態」[36]である「統一」を認めていたのであるが、〔レヴィナスの言う〕自己の再帰性は、そのような統一の手前に位置するのである。

　そこで自らの皮膚で〔身をもって〕主体が自らを告発する＝自らをくっきりと表わすところの再帰性、他人に対する責任としてしか意味をもたない再帰性とは、受肉である。どのようにして、またなぜそうなのか。「拒否しえない他者の要求」から発する自己自身の再帰性は、「私の存在からはみ出す義務、静止した諸事物の慣性と質料性における、ただし全く相対的な静けさの手前にあって、究極の受動性と負い目となった義務である。それは、能動と受動の手前で堪え忍ぶ不穏＝動揺と忍耐である。全財産を上回る負債であるが、それは全財産を与えることを可能にするような負債なのである」。ところで、すでに感性＝感受性と心性の分析の途中で見た通り〔第五章、第六章〕、〈他者のための一者〉〈同のなかの他者〉が賦活する身体は、与えることの可能性であり、他者に自分の口からパンを供することによって自己を供することの可能性、自分が享受しているものを与えることによって自分の心を与えることの可能性である。しかし、もし心性、身体の賦活が、〈他者のための一者〉であるなら、主観性の再帰性、あるいはこの〈他者のための一者〉の同一性そのものは、「受肉であり、［…］それによって与えることが可能となる身体は、受肉において、疎外することなしに他者にする〔変える〕。なぜなら、この他者が同の心臓――善性――であり、魂の〈息を吹き込まれること〉＝吸気（inspiration）、あるいはその心性そのものだからである[37]」。したがって、「自己自身は、自らの皮膚におけるように、「自己のうち（en soi）」〔即自的〕にある[38]」という命題は、いかなるメタファーも含んではいない。というのも、再帰性は、受肉、あるいは受肉した同一性であり、そのために他者が同の心臓であるような身体、その鼓動が、自己性に、その活力や拍動を供給するような、動揺する不穏な心臓なのである。そうであるなら、次のことを改めて強調しておこう。すなわち、「自己性の縮約とその炸裂である〈自己自身のうち〉[39]」である身体とは、主観性の一契機であるということ、そして主観性は、身体からは派生しないということである。

第十二章　絶対的対格

第一節　カテゴリーのドラマ

〈自己のために〉〔対自〕において、意識は、自分とは別のものから自分自身に立ち戻ることによって自己と同等化して、他なるものすべて及び自分自身を構成する。こうした〈自己のために〉から、われわれは自己性を区別した。そして、われわれは、「自己との非同等性（inégalité）、存在における欠損（déficit）[1]」として自己を解釈し、自己性を「最初からすでに、外から同一化された点[2]」とみなした。この後、われわれは、どのように強迫が意識を包囲するのかを理解し、どのようにして意識にはその源泉をもたない受動〔情念〕が、意識において可能であるのかを理解することができるだろうか。あるいは、別の仕方で問いを提起するなら、自己の受動的再帰性と、隣人による強迫の無起源的で最上級の受動性とのあいだには、何らかの結びつきがあるのだろうか。

この最上級の原級とは何であり、強迫とはどのような相対的受動性を絶対化したものなのだろうか。それは、事物や存在者の受動性である。事物や存在者の質料は、能動的に規定する形相を、受動的に受け取り、また、宣布的《ケリュグマ》〈語ること〉は、この事物や存在者を、斯々云々のものとして、それらの特徴をくっきりと表わすことで同定する。実際、「質料が、意義を表し、あれこれのものとして、すなわち事物として現れるのは、まさしく秩序づける（ordonner）あの〈語ること〉へと転落することによってなのである。このような転落――あるいはこの落ちること（cas）――、すなわちロゴスへの全き委付（abandon）は、事物をロゴスの属する物語とするであろう命題も無視した委付であり、それは対格（accusatif）の本質である。第一質料を秩序に呼び戻すことでそれを形成する〔それに形相を与える〕ロゴスは、対格化＝告発（accusation）〔くっきりと表わすこと〕であり、カテゴリーである」[3]。対格化＝告発をカテゴリーとみなすことは、後者の当初の意味を改めて採用することである。では、実際、〔カテゴリーの語源であるギリシャ語の〕名詞 κατηγορία〔カテゴリア〕と動詞 κατηγορεῖν〔カテゴレイン〕とは何を意味するのだろうか。「κατηγορία〔カテゴリア〕と κατηγορεῖν〔カテゴレイン〕は、κατά〔カタ〕と ἀγορεύειν〔アゴレウエイン〕から成る。ἀγορά〔アゴラ〕は、非公開での会議の集まりとは対照的に、公開での人々の集まりを意味し、討議や法廷討論、市場、交易の公開性を意味する。また ἀγορεύειν〔アゴレウエイン〕は、公開で演説すること、何かを周知させること、顕現させることである。κατά〔カタ〕は、高みから何かに向かって降りていくこと、視線を何かに向けることを意味する。以上のことから、κατηγορεῖν〔カテゴレイン〕とは、何かをはっきりと考えながら、それがある通りのものとしてそれを公にすること、顕現させることを意味する」[4]。ハイデガーは、この論証的顕現が、人間が公開の場で、斯々云々の行為に責任があるといって他人を告発する（accuser）〔くっきりと表わす〕際に「強調された形で」生じている点を明確に示した後に、次のように続けている。「顕現させる徴発〔カテゴリー化〕のなかで、最も人目につき、したがって最も多用される様式は、公的な告発〔公訴〕である。それゆえ、κατηγορεῖν〔カテゴレイン〕は、特に「告発する」という意味での顕現させる徴発を意味する。しかし、この語義には、現示的徴発という基本的意味が響いているのである。κατηγορία〔カテゴリア〕という名詞もこの意味で使用されうる。そのとき、κατηγορία〔カテゴリア〕は、ある事物を、それが何であるかについて徴発することであり、それゆえこの徴発によって、存在者そのものが、それ自身何であるかということに関して、いわば発話することへともたらされること、すなわち、公共的なものの公開の場に現出することである」[5]。

カテゴリーがその意味を初めに明かす経験領域――具体的場面（scène concrète）――を、全く現象学的な仕方で改めて採用することによって、レヴィナスは、カテゴリーのもつ人間相互にかかわる司法上の語義を顕示的語義へと従属させているわけではない。なぜか。ハイデガーは、意義と現示とを同一視しながら、告発（accusation）をカテゴリーの範型とみなす。そして、告発をカテゴリーから理解し、カテゴリーを、存在者をその存在において開示するもの、存在者を同一化し、存在者の「固有－名」[6]であるものとして理解する。こうしたハイデガーとは反対に、レヴィナスは、意義性、すなわち〈他者のための一者〉と現象性とを切り離した後、主格〔主語〕を対格〔目的語〕（accusatif）から理解する。そして、一方で、顕示的カテゴリーを、告発＝対格化（accusation）から理解し、それを告発＝対格化の諸様態のうちの一つとして考える。というのも、同一化し主格化＝名詞化する〈語ること〉のもとに受動的に転落することは、目的〔補〕語、すなわち〔他〕動詞の行為が関係するところのものをあらわす対格の本質を構成するからである。他方で、レヴィナスは、告発＝対格化を、社会性と隣人とから理解する。換言すれば、もし現象学を実践することが、「抽象的所与の最初の「志向」の周囲に開かれる地平において、その思惟されざるものの具体性である人間的――あるいは間-人間的――筋立てを探し求め、思い起こすこと」であるなら、またもしこの筋立てが「語と命題という〈語られること〉において、抽象化の産物〔所与〕がそこから引き離されたところの、必然的な「上演」(mise en scène)である」なら、あるいは「究極の理解可能性の織り成すもの」[7]であるなら、その場合、諸々のカテゴリーは、必然的に、〈他者のための一者〉である限りでの〈語ること〉、他者による一者の告発=対格化としての〈語ること〉――論理的な〈語られること〉がそこから生じるとはいえ、それには還元できない〈語ること〉――からこそ、理解されなければならないのである。「彼〔被告〕は告発=対格化される〔くっきりと表わされる〕」。すなわち、すでにカテゴリーのもとにある」[8]。したがって、他者による一者の告発=対格化は、ドラマであり、このドラマから出発してどんな存在論的カテゴリーもそれ自体で意義を表すのである。

しかしながら、存在論的カテゴリーと事物の同一性とを、〈他者のための一者〉から、主体から考えるためには、ある意味では、カテゴリーが事物と取り結ぶ関係と同じ関係を主体〔主語〕と取り結んでいるある絶対的対格(accusatif)から、この主体の同一性を理解しなければならないのではないだろうか。したがって、他者によって一者が告発=対格化される(mise en accusation)ことから、主体の同一性を理解しなければならないのではないだろうか。確かにそうである。しかし、対格と告発=対格化とが絶対的であるためには、両者は絶対的受動性そのものに関わっているはずである。この受動性は、質料の受動性のように、形相に制約されて、能動性と相関的であるわけではなく、つまりはどんな受動性よりも受動的な受動性である。外から同一化される主体にとって、現れること(paraître)は出廷すること(comparaître)であるが、この主体は〔「私を」という形で〕絶対的に対格においてあり、迫害的強迫は、この絶対的告発=対格化が成就する様態である。「強迫は無起源的である。強迫は第一質料の手前で私を告発する」。〔本章〕

冒頭の問いに戻るために言い換えるなら、自己の受動的再帰性は、強迫という無起源的で最上級の受動性と合致するのである。実際、この強迫において、「カテゴリーの告発は、絶対的対格へと変化する。この絶対的対格に、自由な意識である自我は捉えられる。確かにそれは、根拠なき告発＝対格化、どんな意志の運動にも先行する告発＝対格化であり、強迫的で迫害的な告発＝対格化である。告発＝対格化は、〈自我〉からその傲慢さと自我のもつその支配的帝国主義とを取り去るのである[9]」。

以上のことから何を理解すべきだろうか。自我の傲慢さや自由や意志、自我の帝国主義は、自我の属性ではなく、〔むしろ〕これらは自我の存在を定義している。したがって、繰り返すと、強迫は常に隣人と相関的なのであるが、強迫は、自我自身の存在、その存在における場や位置を、自我から剝奪し、存在することの自己顕現がそこでまたそれによって成就するところのあの〈自己に関して〉を、自我から奪い去る。「主体は対格においてある。それも、存在に頼みの綱をもつことなく、存在から追放されて、つまりは自己のうちに追放されている。一者である自己のうちに。もし存在が、自己へ連れ戻された〈自我〉に頼みの綱を提供するなら、この頼みの綱とは、絶対的統一の分裂であろう。それは、〈一者〉の現実存在が〈一者〉の否定であるという〔プラトンの〕『パルメニデス』の第一仮説に見られるような分裂である[10]」。自我は、存在における、また存在による根拠を奪い去られており、唯一者でありながら、何ももたない。こうした自我は、自己へと還元されている。そして、自我は、まるでその皮膚に還元されるかのようにして、自己へと、あるいは自己のうちに還元され——形相の働きは存在の働きと合致しているがゆえに、皮膚は、自己を固定する形相を制限〔画定〕するわけではない——、自我は、その皮膚において不-穏〔動-揺〕であり、また苦悶（mal）である。こうした「自我は、自我を覆う自我から身を引き剝がしている[11]」。

第二節　自我の〈存在からの－超脱〉

以上のことは、どのようにして生じるのだろうか。絶対的対格の絶対性は、どんな根拠も、どんな原理＝始源も、どんな自発的関与も排除するのだが、自律的な主体が、絶対的対格のもとで捉えられると、この主体は、自分の帝位から退かざるをえず、身を喪失するまでになる。というのも、主権性と自由は、主体の存在そのものを構成しているからである。「この喪失の終着点は、まるで主体の主観性が何の意義ももたなくなるような、空虚、ゼロ点、墓場の静寂なのだろうか[12]」。そして、もし自我から身を引き離すことが主体の無化と同じではないとすれば、どのようにして自己から自己を取り払う（déprendre）ということが可能なのだろうか。この運動そのものにおいて直ちに自己を取り戻し（reprendre）、その結果、さらにいっそう自己を所有し（posséder）、「存在することによって自己を蓄え自己を増大させる[13]」ことなしに、それはどのようにして可能なのか。このような自己による自我の剝奪（dépossession）は、この剝奪が絶えず送り返されるところの自我の存在論的威厳を問いに付すことができるのだろうか。自己による自我の剝奪は、間接的にであれ、弁証法的にであれ、自我の傲慢さを確かなものにしてしまうのではないか。それは、自我の高慢さ、エゴイズムを強固にしてしまうのではないか。おそらくそうである。〔しかし〕もちろんそれは、「自己による閉塞（encombrement）とその皮膚における狭窄の苦しみが［…］存在することの〔次のような〕変質の正確な転義に従う」ことがなければ、ではあるが。「この存在することは、再帰性において転倒——あるいは逆転——する。再帰性においては、自己を自己の外へと追放することが、自己の他者への身代わり〔となること〕である。この自己の他者への身代わりが、まさに自分自身を拋棄する〈自己〉を意味するのである」。そして、次のようにレヴィナスは明言する。「再帰性〔は〕、主体の受肉の究極の秘密である」[14]。しかし、自我の脱措定と主観性の受動的再帰性とは、存在することがそこで転倒するところの、存在－内からの－超脱（dés-inter-essement）に、どのような意味で属しているのだろうか。

主観性は、隣人によって、絶対的な仕方で告発＝対格化され、強迫され、迫害される。それは、隣人が自我のうちで自我自身に取って代わられる〔自我が隣人の身代わりとなる〕ほどまでにそうされるのである。なぜなら、身代わりは、私のイニシアチヴには属しておらず、私がそうであるところの存在者の存在ではないからである。このような主観性は、全面的で絶対的な受動性、すなわち受難（passion）である。しかしながら、迫害された者は、迫害者の悪意をも支えるほどまでにこの迫害者に対して責任をもつわけではないと仮定すれば、どのようにしてこれら〔主観性、受動性、受難〕はそうしたものでありうるというのだろうか。「他人から、〔何かを〕蒙ることが絶対的忍耐であるのは、この「他人から」ということが、すでに「他人のために」である場合のみである。この〔「他人から」から「他人のために」への〕転移は——利害関心をもつ〔存在の中にある〕（intéressé）とは別のもの、すなわち「存在することとは別の仕方で」は——、主観性そのものである」[15]。他人から苦しみを被ること（souffrir）は、実際、他人を私の受難の特定可能な源泉とみなすことであり、それと同時に、私の受動性を、他人の能動性の相関項、すなわち受容性とみなすことである。他方で、他人のために苦しみを被る場合、この受動性は、そこから生じるものと同時に存在しているがゆえに主題化可能であり近づくこともできるような、ある起源から発する能動性へのどんな参照関係からも放免されている。したがって、絶対的忍耐は、自我の〈存在からの－超脱〉として、〈他者のための一者〉、意義性として可能となる。再帰性は、エゴイズムを補完するものではない。そして、蒙った迫害から、迫害者に対する責任への移行、他人から苦しみを被ることから、他人のために苦しみを被ることへの移行、誇張を通じて極限にまで達したために同一性と他性とが融合した贖罪（expiation）としての移行、すなわち〈他人からの〉（*par-autrui*）から〈他人のために〉（*pour-autrui*）への転移、こうした移行が、利害関心をもつこと〔存在の中にあること〕とは異なる主観性を定義するのである。この主観性が、身代わりとしての主観性である。より正確には、この主観性とは、主観性としての身代わりなのである。なぜなら、このことが、主体そのものの善性を意味するからである。そして、もし絶対的忍耐が、すでに述べられた通り、他人による迫害であるところの強迫の忍耐であるなら、「迫害は、主体の主観性やその可傷性に付け加えられるわけではない。迫害は再帰性の運動そのものである(16)」。そうであればこそ、意識がいかにして自分がその源泉ではない受難の座となる〔受難が生じる場となる〕ことができるかを理解できるようになるのである。

　したがって、主観性が、自己へと、自己のうちへと還元されればされるほど、主観性はますます責任を負う。それゆえ、「「自由に観照する」主体によって下された決定には起源をもたない責任によって強迫され、したがって、無実のままで告発される、自己のうちでの（en soi）主観性は、自己への投棄（rejet vers soi）である。このことが具体的に意味するのは、この主観性は、諸々の他者がなすこと、諸々の他者が苦しみを被っていることに関して告発されるということ、あるいは、諸々の他者がなすこと、諸々の他者が苦しみを被っていることに対して責任を負うということである」。レヴィナスは以下のように続ける。「自己の唯一性は、他人の過ちを担うという事実そのものである。〈他人〉への責任においては、主観性とは、この対格のもつ無制限の受動性でしかない。この対格は、それが主格から蒙ったような語尾変化から派生するものではない。告発＝対格化が〈自己〉の受動性へと還元されうるのは、ただ、迫害としてのみであり、それも、贖罪へ立ち帰る迫害としてなのである(17)」。

　しかし、批判的に次のように問うことができる。もし自己の同一性が、根拠をもたず、自己がそこから追放されるような存在における位置をもたないがゆえに、一人の自己の自己との同一性であるとすれば、あるいは、換言すれば、もし主体が、すべての者に対するその拒絶不可能な責任ゆえに唯一の者であるとするなら、自己や主体の受動性は、〔能動的な〕引き受けへと変転しないだろうか。また、無-起源的迫害の背後で、能動性や自由、主権をもった主体が、再び現れることはないだろうか。「自己は、何も頼るものがないために、自己へと追い込まれ、自己のうちに追い込まれる。自己のうちへ追い込まれるというのは、まるでその皮膚のなかに追い込まれるかのようである――それも、皮膚のなかに追い込まれると同時に、外部に曝露される――こうしたことは事物には起こらないことではあるが――。また、自己はこの剝き出しの曝露において諸々の他者によって強迫される。こうした自己は、迫害された自己が閉じこもっている自身の同一性からは逃れられないというこの不可能性そのものによって、自己に対して耐えているのではないか。ある始源が、この受動性において立ち昇ってくるのではないだろうか[18]」。あるいは、別の形で問いを再提起するなら、次のようになる。すなわち、原理性=始源性（principauté）と同一性とを分割することは可能なのだろうか。原理=始源（principe）、すなわちἀρχή〔アルケー〕と同一性とを同一視することなしに、同一性を思惟することなどできるのだろうか。

第三節　自己との非同等性と同等性

同一性を原理とすることは、単に、〈私〉の自己に対する同等性を措定することであるだけでなく、さらにとりわけ、〔ヘーゲルのように〕他在へと曝露された〈私〉が、自分を他在において再-措定するために、最後には、常に自己へと立ち戻ることになるということを認めることである。それゆえ、無-起源的な自己自身は、自己と合致する主体による実体の同化（assimilation）とは別の形で思惟されなければならない。それは可能だろうか。問いは二つある。〔第一に〕自己との合致（coïncidence）ではなく自己への脱‐合致（excidence）[19]によって統べられ、それ自身に対して脱臼した同一性なるものは、意味をもちうるのだろうか。もしもちうるとすれば、〔第二に〕その意味は、どのような記述的状況から引き出されているのだろうか。そのような意味が、とりわけ最高度に具体化され成就することになる筋立てとはどのようなものなのだろうか。

ただ創造された存在だけが、自分の起源の外部に起源をもちうるし――それは「被造物の「より少ない存在」[20]」である――、また創造思想は、引き受けることのできない受動性の可能性を証示している。実際、「創造において、存在するよう呼び求められた者は、彼に達することのできなかった呼びかけに応答する。〔呼びかけが彼に達することができなかった〕というのも、無から生じたその者は、命令を聞く前に命令に従っていたからである。したがって、無からの（ex nihilo）創造においては――創造が単なる無意味ではない限り――、引き受けへと立ち帰ることなき受動性が思惟されるのは、また、したがって被造物としての自己が思惟されるのは、質料〔物質〕の受動性「よりも受動的な」受動性において、すなわち、ある項の潜在的自己合致の手前においてなのである[21]」。しかしながら、問題は、無からの創造が意味を欠いているか否かであるよりもむしろ、聖書の経験領域、あるいはより正確には聖書の意味の体制《レジーム》に依拠することによって、無‐起源的受動性を哲学的に信任することは妥当なのかどうかということである。そして、もし「哲学者たちは常に存在論の言語で創造を思考しようとしてきた[22]」というのが本当ならば――哲学者たちは、自分たちがそうであるところのものであることをやめてしまうことなしに、他の仕方でどのようにしてそうすることができたというのだろうか――このことは、反対に、創造から、そして、どんな受動性よりも受動的な受動性から、存在や存在の意味を思惟することを可能にするのだろうか。明らかに不可能である。ただし、もしこの〔創造とどんな受動性よりも受動的な受動性から、存在と存在の意味を思惟するという〕運動が、意味概念の哲学的拡張と一体となっている場合を除けば、である。この意味概念の哲学的拡張によって、有意味なものの存在論的体制《レジーム》と聖書的体制《レジーム》とが、それぞれに分節化されるのである。レヴィナスは次のように明言する。「創造とは、理解可能性が私に先行しているという事実である。創造は、被投性（Geworfenheit）の概念とは正反対である。それは神学的命題ではない。われわれは、顔の経験から出発することによって、創造の観念に達するのである[23]」。

　では、次のような記述的状況、すなわち、そこで再帰性が自己への回帰ではなく、自己の手前への投棄であるような記述的状況、また「同一性の場合のようにAがAへと戻ることなく、むしろその出発点の手前に後退する」ような記述的状況はあるのだろうか。私がそれに対してイニシアチヴを取りうる前に、すなわちどんな選択よりも前に、すでに私が召喚されている他人への（pour autrui）〔他人のための〕責任〔の記述〕は、この同一性の位相差を〔そのような状況のドラマとして〕上演してはいないだろうか。おそらくそうである。「他者への責任は、自己を見失うと共に再び自己を見出す意識の自由において、また自由である限りで自由な責任のなかにそれを再統合するべく存在の秩序を緩める意識の自由において、自己を再認するのではない。そうではなく、他者への責任は、強迫の責任であり、自己の絶対的受動性を暗示している。この自己が、自己から隔たり、次に自己の諸限界内へと立ち帰り、その過去において自己を再認することで自分を同一化する必要など決してなかった。むしろこの自己の再帰性とは、私の縮約であり、同一性の手前へと通じる通路である。それは、悔恨において、この同一性そのものを苛む（ronger）〔蝕む〕のである――自己を苛む同一性[24]」。したがって、他人から迫害されて強迫される主観性の同一性とは、まさに無ー起源的同一性である。この同一性は、常に、自己を苛みながら、自己を絶えず侵食して越えつつ、自己へと後退する。他人への責任において、「再帰性が同一性となるのは、同一性の諸限界、自我における存在の原理＝始源、定義という自己のうちへの耐え難い休息、こうしたものを炸裂させることによってである。休息の手前にある〈自己〉とは、すべてのものから退いて「自己しか気遣わない」ことはできないというこの不可能性、それも自己を苛みながら自己へとどまることである」[25]。この「隔脱した（*en diastase*）同一性」[26]は何を意味するのだろうか。それは、原理＝始源、あるいは ἀρχή〔アルケー〕と同一視されることはなく、悔恨と責任で自己を苛むこと、それも、志向的意識からなされる悔恨や責任ではなく、むしろそれなしでは意識も志向性もありえないような悔恨や責任で自己を苛むことにおいてその具体化を見出す〔のだが、とすれば、「隔脱した同一性」とは何を意味するのか〕。

それは第一に、批判的な射程を備えている。ここに足を止めるべきである。レヴィナスは、二度も繰り返して、ヘーゲルが――レヴィナスによると――「同等なものの無限の自由」、「この〔自己との〕無限の同等性の自由」と名づけるものに対して、自己自身のもつ自己との非同等性を明示的に対置している[27]。ヘーゲルがこのように語るのは、どこで、またどのようにしてなのだろうか。それは、『大論理学』、より正確には、「概念一般について」を取り扱う「概念論」を開始するテキストにおいてである。ヘーゲルは、自分がここで何を理解しているのかを明確にするために、また純粋自己意識が概念の論理的諸契機を含む点を強調するために、次のような注意を加えている。「概念がそれ自身として自由であるような実存にまで達するかぎり、概念は〈我〉〔〈私〉〕または純粋自己意識にほかならない。確かに、我は諸々の概念を、すなわち規定的な諸概念をもつ。しかし、〈我〉は純粋概念そのものであり、それも概念として定在をもつことになったような純粋概念そのものである。したがって、われわれが〈我〉の本性をなしている諸々の根本規定を考える場合には、何か既知のものが、すなわち表象にとって周知のものが思い出されるということが前提とされる。しかし、〈我〉は第一に、こういう純粋な自分に関係する統一であるが、直接的にこのような統一なのではなく、〈我〉があらゆる規定性と内容とを捨象して、自分自身との制限なき（schrankenlosen）同等性の自由に還帰する限りのそれなのである。この意味で〈我〉は普遍性である。すなわち、〈我〉は、捨象として現れるこの否定的態度を通じてはじめて自分との統一となり、またその点であらゆる規定的存在を自分のなかに解消したものとして含むような統一である。第二に、〈我〉はまた同時に、自分自身に関係する否定性として個別性であり、自分を他者に対立させ、他者を排斥する絶対的な規定的存在である。すなわち個性的な人格性である。このように、普遍性であって同時にそのまま絶対的個別化でもあるような絶対的普遍性が、あるいは即且対自存在であって、それがそのまま被措定的存在であり、またただ被措定的存在との統一によってのみこのような即且対自存在であるような即且対自存在が、概念としての〈我〉の本性をなす。だから、この二つの契機がその抽象において見られると同時に、また両者の完全な統一において見られない場合には、概念についても、また〈我〉についても、少しも理解することができないのである(28)」。

レヴィナスは、意識と〈我〉〔一般〕とがもつ自己との同等性の背後、あるいはその手前にある、自己性としての、また「身代わりにおける同一的なものから他なるもの＝他者への移行(29)」としての、自己との非同等性を強調する（accuser）ことによって、概念の統一を断裂させる。というのも、普遍的なものは、自己との無限の同等性において、自己へ自由に還帰することなしには、個別的（singulier）とはなりえないからである。しかし、それだけではない。というのも、この断裂が、言説の次元を開示するからである(30)。レヴィナスによれば、この言説の次元は、「〔ヘーゲル的な〕弁証法的否定性の拒否しえない故郷（patrie）」

なのである。実際、その同一性が非同等性であるところの自己は、自分自身の場から離れ、脱措定〔廃位〕されるとき、自己を第一人称で代替不可能なものとしてあらわす〔記号化する＝告知する〕。つまり、「〈語ること〉の面を描く」[31]ことによって自己をあらわす〔記号化する＝告知する〕のである。というのも、自己は、自身が記号の贈与によって与えられた記号となることによって、自己を曝露するからである。そして、自己との合致の手前にある自己の再帰性を〔弁証法的否定性とは異なる〕「否定性」と名づけることが許されるなら、この「無の開示なき即自＝〈自己のうちに〉の否定性[32]」は、言説に先立ち、止揚（Aufhebung）を伴わないが、思弁的秩序と思弁的言説から自己を除外することによって、またそれらから自己を除外するために、思弁的秩序と言説とを開示するのである。

第四節　開示性の誇張

存在の外への自己の追放、自己のうち及び自己の手前への追放――「その亡命＝隠棲の痕跡におけるような自己のうちへの――すなわち、自己からの純粋な引き剥がしとしての[33]」追放――である隔脱的同一性、あるいは隔脱的再帰性は、第二に、他人への責任である。それは、その最終的な究極性から思惟されるならば、他人に対する私の身代わりによって成就する。私は代替不可能、すなわち、唯一であり、どんな決意〔覚悟〕よりも以前に、他人のために他人へと召喚されている。したがって、身代わりとは、同一性であり、より正確には、主観的唯一性そのものなのである。しかし、このことは、繰り返すが、私がそれに対してイニシアチヴを取れない身代わりにおいて「自己が自己から放免される〔自由になる〕」ということ以外に、何を意味するというのか。意識の自由ならざる、この自由〔放免されること〕とは何だろうか。

「諸々の他者への身代わりによって、〈自己自身〉は関係を免れている。〈自己自身〉は、受動性の極限において、諸項が関係において蒙るような受動性、ないし不可避的制限を免れている。責任という〔こうした通常の関係とは〕比較不可能な関係においては、他者が同をもはや制限することなく、他者は、自分が制限するものによって支えられて堪え忍ばれている。まさにここに存在論的諸カテゴリーの重層的規定（surdétermination）が現れる。この重層的規定は、存在論的諸カテゴリーを倫理的術語に変換するのである。この最も受動的な受動性において、自己は、倫理の次元において、自分以外のあらゆるものと自己とから解放される。他人に対する自己の責任——隣人の近しさは非‐我への従属を意味せず、それは、存在の存在することが〈息を吹き込まれること〉＝吸気（inspiration）において自己を超出する開示性（ouverture）を意味する——は、ある開示性であり、呼吸（respiration）は、その一様態、ないし前兆（avant-goût）である。より正確には、呼吸はこの開示性の後味（arrière-goût）を残している。あらゆる神秘主義とは無関係に、この呼吸——他人へのあらゆる犠牲の可能性——において、能動性と受動性が一致する[34]」。

しかし、ここで、存在論的諸カテゴリーの重層的規定ということから何を理解しなければならないのだろうか。どのようにしてこのことから倫理が結果として生じるのだろうか。自由が、開始能力とは一致しない場合、自由とは何を意味するのか。存在することがそれによって自己に現れる開示性からは区別されたこの開示性とは、一体何であるか。最初の二つの問いについては、さしあたり脇へ置いておき、身代わり固有の開示性の性格を明確にすることから試みよう。この開示性が、存在することの開示性ではないとすれば、それは、自己性の再帰性——存在の自己顕現はそこで自己に巻きついている——が、意識の再帰性ではないからである。同一性は、意識の再帰性の原理であり、意識は常にその受動性を〔意志的に〕引き受けるに至る。それゆえ、身代わりの開示性は、能動性と受動性の対立を免れることなしには、存在の志向的な自己発見と違わないものになってしまうのである。本当にそうだろうか。主観性は、たとえ自己に立ち帰ることがなかったとしても、自己に対して耐えることによって、イニシアチヴと能動性とを復活させるのではないだろうか。強迫の絶頂としての身代わりが意味しているのは、自己性が〈同のなかの他者〉であり、同を疎外することなき他者であるということである。というのも、自己性は、責任だからであり、私は他者への責任を負うべく、また他者のために応答すべく、他者によって召喚されているからであり、私は「息を吹き込まれ（inspiré）[35]」、最後には、他者のために息絶える（expirer）〔息を吐き出す〕に至るからであり、さらにこの〈息を吹き込まれること〉が〈私〉の意味であり心性そのものだからである。しかしながら、呼吸なしの吸気はない。また吸気が可能なのはまさに呼吸においてであるなら、まさにその場合に「能動性と受動性が一致する」。厳密に言えば、〔何かを〕背負う主観性は、それを自発的に行っているわけではなく――自己へと追い込まれた主観性は、自己から隔たることができない以上、そのような時間すらもたない――、「〈他者〉の重みを受動的に蒙りつつ、まさにそのことによって唯一性へと呼び出されている主観性は、能動性と受動性との二者択一がその意味を保存している秩序にはもはや属していない[36]」。言い換えれば、もし受動性において、すなわち「耐え忍ぶことである限りでの耐え忍ぶことにおいて、受動性を賦活し、その受動性に反して奇妙にも受動性を賦活する、堪え難い過酷な承諾（consentement）」があるとすれば、それも「受動性それ自体には、否応なしに力も志向も与えられていないにもかかわらず」そうであるとすれば、この承諾は、〔ラテン語の consentire（形の上では「共に感じる」）に由来する consentement という〕この語が自ずと表すように、接触（contact）〔共に触れること〕であるが、それは何らかの〈能動的〉作用ではない。したがって、ついでに指摘しておけば、最上級の受動性と能動性とは、それらの対立がもはや通用しなくなる次元へと開かれているのかどうかという問いへの答えが、こうして与えられるのである。[37]

主観性は何を支え堪え忍ぶ（supporter）のだろうか。まさにこの点を明らかにすることによって、われわれは、身代わりにおいて、また身代わりに従って成就する開示性を特徴づけることができるのではないだろうか。責任を負う私は、どんな能動的関与よりも以前に責任を負っている。「私は何もしなかった。〔しかし〕私は常に問われていた。つまり、迫害されていた〔責め苛まれていた〕のである。自己性は、同一性のアルケーなきその受動性において、人質（otage）である。〈私〉という語は、万事に、また万人に責任を負う、〈われここに〉（*me voici*）を意味する」[38]。しかし、この普遍的責任、この「人質という無条件」[39]は、次のこと以外に何を意味するだろうか。すなわち、「まさにあらゆる存在を支え堪え忍ぶ〈自己〉へと依拠するものとして、存在は、宇宙（univers）〔世界全体〕の統一に取り集められ、存在することは、出来事へと取り集められる〔ということがそれである〕。〈自己〉は〈基－体〉（Sub-jectum）〔下に－置かれたもの〕である。それは、宇宙の重みの下にあって、万事に責任がある。宇宙の統一は、私の眼差しがその統覚の統一において抱握するものではない。そうではなく、至るところから私にのしかかり、語の二重の意味で私を見つめる＝私に関わる（me regarder）者、私を告発する〔くっきりと表す〕者が、私に課せられた課題である」[40]。〈私〉は、自己に追い込まれてあらゆる側面から告発され、決して宇宙に休息を見つけることができないままに宇宙を担い、万事に、また万人に対して、一人で責任を負う。それも、「自己のうちにある存在としてのあらゆる存在が備える conatus essendi〔コナトゥス・エッセンディ、存在することに固執する力〕を共有することとなしに、自己のうちで、その皮膚において」[41]責任を負うのである。このような〈私〉は、その破綻した同一性が身代わりであるような〈私〉であるが、この身代わりは、この失墜させる（défail-lante）同一性がそこから自分の唯一性を受け取るような身代わりである。というのも、〈私〉は、この身代わりから逃れることはできないからである。このような〈私〉は、重荷となっている存在を超越する。〈私〉は、存在を超越することによって、存在を存在自身へと開示し、その結果、ただこの〈私〉だけが、絶対的にこれだけが、存在に意味を与えることになるのである。というのも、この身代わりが、意義性そのものだからである。「〈存在〉が意義をもって宇宙となるのは、諸存在のなかに、諸々の目的を追求する存在である〈自我〉があるからではない。近づきにおいて、〈無限者〉の痕跡――出発の痕跡だが、法－外であるために、現在に組み込まれることはなく、アルケー〔起源〕を無起源性へと逆転させるものの痕跡――が書き込まれ、また書き表れるからこそ、他人への遺棄（délaissement）、他人からの強迫、責任、及び〈自己〉が存在するのである。卓越して交換不可能なもの、〈私〉、この唯一者は、諸々の他者の身代わりとなる。何も戯れではない。存在はこのようにして超越されるのである[42]」。

　この超越は、善の卓越さに従う卓越せる開示性であり、存在することの開示性よりも一層開かれた開示性である。存在することの開示性においては、現存在（l'être-le-là）、Daseinが、その最も本来的な存在可能のために実存することによって存在をそれ自身へと開示し、本来的にこの現存在の〈現〉（le Là）であるべく、存在によって呼び求められている。〔しかし〕レヴィナスによれば、開示性が「全面的となるのは、他者からの「光景《スペクタクル》」、あるいは他者からの承認に、自己を開示することによってではなく、他者のための＝他者への責任となることによってである」。さらに、レヴィナスは次のように付け加える。「開示性の誇張が、他者のための責任であり、それは身代わりにまで達するということ――〔その時〕他者への露開、他者への現示である〈他者のために〉〔対他〕は、責任における〈他者のために〉へと転ずる――、このことが結局のところ、本書のテーゼなのである[43]」。したがって、身代わり、隔脱した同一性がもつ批判的射程は、〔ヘーゲルの〕概念論を越えて、〔ハイデガーの〕存在の自己開示にまで広がっている。それゆえに、〈存在するとは別の仕方〉から考察されたヘーゲルとハイデガーは、奇妙にも互いに重なりあう。一方でヘーゲルは、「主観性と認識可能なものとのあいだに根本的断絶があることに異議を唱え」、他方でハイデガーは、「主観性を存在の関数として思惟する——主観性は存在の一つの「停留」を翻訳〔表現〕する」[44]。つまり、両者は共に、「主体と存在との区別から、その意義を抛棄しようとする」[45]〔点で重なりあう〕のである。

第十三章　〈一人の他者のための一者〉と〈あらゆる他者のための一者〉

第一節　記号とその地平

以上のことはすべて、次の具体的諸状況の演繹として理解されうるし、また理解されなければならない。すなわち、そこから意義、〈他者のための一者〉の形式的構造が意味をもつような具体的諸状況である。(1)そして全体においてレヴィナスが常に記述しようとしているのは、そこから、それぞれの現象や、いわば理念的〔観念的〕で純粋なそれぞれの意義がその意味を引き出すようなドラマ、ないし筋立てである。したがって、一つの例だけでは十分ではないとはいえ、われわれが今しがた問題にした主観性は、「超越の神殿、あるいは劇場(2)」なのである。筋立ての多様な契機が次々と連関していく演劇のような必然性は、諸意義の純粋に論理的な分節化よりもまさっている。したがって、あるシーンから別のシーンへと、演劇のように移り行くことは、少なくとも、こうしたシーンから抽象された諸理念性〔諸観念性〕の単なる結合と同様の確からしさをもつようになる。反対に、二つの観念間の結びつきは、この両観念がそこから生じるところの〔具体的〕諸状況の分節化から確立されうる。「概念にまで達することを可能にした諸々の足場を決して破壊することなく諸概念を言明する(3)」あらゆる現象学とは不可分の脱形式化を徹底化することで、レヴィナスは、哲学的立論のスタイルそのものの方向性を変貌させるのである。

したがって、自我の再帰性を身代わり及び主観性として規定することは、「〈他者のための一者〉と書き表される意義の意義性固有の転義(4)」を具体化すること、すなわち記号の形式的構造を具体化することである。そして、まさにこの身代わりが理解可能性そのものと一致するからこそ、倫理的言語は、数ある言葉や言語のなかの一つの言葉《ラング》や言語《ランガージュ》ではなく、それは、繰り返せば、〈語られること〉なき〈語ること〉、言語《ラング》の緒言=言語《ラング》以前の言葉なのである。強調すべきは次のことである。すなわち、もし倫理——〈語ること〉の意義性——が常に語られた存在〔常に語られてあること〕の理解可能性とは別の理解可能性の次元、つまり新たな理解可能性の次元を開くことがないと仮定すれば、存在論を隣人への責任に従属させることは、二次的な射程しかもたないことになるだろう。反対に、こうした〔存在論を隣人への責任に〕従属させることが前提とし求めることは、主体の身代わりのなかには、記号と意義に固有の〈他者のための一者〉の構造から記述的に演繹されえないものなど何もないということである。

本当にそうだろうか。争点の重要性ゆえに、記号、主観性及び身代わりとのあいだの連関を可能な限り明確に確証すべきである。レヴィナスは次のように書いている。「〈語ること〉としての記号は、他人への曝露、他人への臣従（sujétion）という——現前の流れに逆らう——尋常‐ならざる出来事、すなわち、主観性の出来事である。記号は〈他者のための一者〉である。それは、直観と現前との単なる不在には汲み尽されることのない意義である。われわれは次のように問う。自分自身を欠く現前がそれによって作り出される記号、あるいは、被造性がそれによって作り出される、取り集めることのできない隔時性とは、一体どこから到来するのか、と。それは、〈語られること〉として始まるわけではない（もしそれが始まるとして、またそれが完全に無‐起源というわけではないとしてではあるが）。身代わりや代理（suppléance）、〈他者のための一者〉とは、〈自己のために〉を決定的に宙づりにする以上は、他人への私の責任が備える〈他者のために〉なのではないだろうか(5)」。つまりは、もしレヴィナスが彼なりの仕方で忠実であろうと望んでいる志向的分析とは、あらゆる概念や対象を、その現出することの地平――「対象の顕示やその概念において、また概念のみに没頭した視線において、誤認され、忘却され、逸らされた地平(6)」――の中に位置づけ直すことにあるとすれば、身代わりとしての主観性の出来事は、記号の形式的構造としての〈他者のための一者〉の地平である。そして、身代わりとしての主観性を記述することは、記号の形式的構造を、もっぱらこの構造固有の地平へと戻して復元することと同じことである。

改めて繰り返すが、本当にそうだろうか。記号を特徴づける〈他者のための一者〉と、主観性がその出来事である〈他者のための一者〉とのあいだに、つまり記号において作用する身代わり〔記号による代用、代替〕と、自己の再帰性としての諸々の他者への身代わりとのあいだに、違いはないのだろうか。記号の伝統的規定とはどのようなものだろうか。例えば、アウグスティヌスは次のように述べている。「記号〔しるし〕は、あるものであり、このあるものによって、それが諸感官に刻印する像を越えて、〔あるもの＝記号とは異なる〕他の何ものか（aliud aliquid）があるもの〔記号〕から思惟へと到来する。したがって、ある痕跡〔足跡〕を見れば、われわれは、その痕跡〔足跡〕を残した動物が通ったと考える(7)」。したがって、諸感官と思惟との関係を措けば、記号とは、何ものかが別の何ものか、それも何か別の一つのものへと、送り返されるような関係、ある一つのものが別のある一つのものとみなされるような関係である。つまり、あるものが〔別の〕あるものの代わりになる（aliquid stat pro aliquo）。しかし、イノシシの足跡が鹿のそれではないのであれば、また、動物の痕跡が人間のそれとは異なるのであれば、記号の〈他者のための一者〉は、〈〔数ある他者のなかの〕一人の他者のための一者〉（un-pour-*un*-autre）であって、記号概念を根本から否定するような、〈他者全体のための一者〉（un-pour-*tout*-autre）、あるいは〈あらゆる他者のための一者〉（un-pour-*tous*-les-autres）ではない。常に、また本質的に、〈一人の他者のための一者〉、〈一者のための一者〉である記号の地平には、いかなる〈あらゆる者と全体のために〉というものも含まれえない。つまり、〈語ること〉の主体としての「〈私〉は、一人の他者である」とはいえ、しかし、〈私〉は、あらゆる他者というわけではないのである[8]。

それゆえ、レヴィナスは、主観性を、全体とあらゆる者に責任を負うものとして理解したうえで、〈あらゆる者と全体のための一者〉では明らかにない記号固有の地平を離れ、また越えていく。その結果、彼は、記号の贈与によって与えられた記号としての〈語ること〉、すなわち〈記号となること〉のドラマと、基-体〔下に置かれたもの〕（sub-jectum）としての自己の責任である普遍的責任とのあいだにある結びつき、それも、彼の企てによって必要とされたこの結びつきを断ち切るのである。そのため、問題は次の通りである。すなわち、この切断は受け入れられるのか、またどのようにして受け入れられるのかということ、したがって、〔一人の〕他者に対する一者の身代わりから、あらゆる他者に対する一者の身代わりとなった、この身代わり〔という概念〕の拡張は、確証されているのか、またどのようにして確証されているのかということである。

倫理的関係は、全般的には、大抵の場合、他人との関係として、すなわち、一人の他者、この特定の他者（alter huic）との関係として記述される。この他者との関係においては、「他者が隣人であり、人間や理性的動物や自由意志や何であれ本質〔存在すること〕といった類として個体化される以前に、他者は、迫害された者であり、私はこの者に対して責任を負っており、その人質となるに至るほどである」[9]。したがって、そこでは「他者」は、「〈他者のために〉という非‐匿名性[10]」を誤認するような、類的＝総称的意味をもたないのである。確かに、いくつかの例外もある。例えば、著作全体の議論を提示する『存在するとは別の仕方で、あるいは存在することの彼方へ』のある章〔第一章〕で、レヴィナスは次のように書いている。「どんな現在よりも手前にある過去との関係［…］は、諸々の他者（autres）の誤りや不幸に対する私の責任という尋常ならざる日常的出来事のなかに含まれている。つまり、他人（autrui）の自由に責任を負う私の責任のなかに含まれている」[11]。このようにレヴィナスは、何の説明もなしに複数形〔の諸々の他者〕から単数形〔の他人〕へと移行しているのである。

　しかしながら、単数形が最も多く使われるからといって、それは、たとえそれが何であれ、証明としては不十分である。しかし、レヴィナスは、一方で、身代わりの分析において、「ich bin du, wenn ich ich bin（私が私であるとき、私は汝である）[12]」というツェランの言葉をエピグラフに掲げている。他方で、とりわけレヴィナスが、〈我〉‐〈汝ら〉関係、あるいは〈我々〉‐〈我々〉関係に対する〈我〉‐〈汝〉関係の優位をはっきり強調するのは、彼が第三者を含めた「トリオ」とは区別された「最初のデュオ」について語った後、続けて「複数のものの同時性は、二つのものの隔‐時性のまわりで結実する[13]」と確言したときなのである。この命題は、すぐさま重大な困難を引き起こす。それは、レヴィナスの企図全体に徐々に関わってくるものである。実際、もし「諸々の他者がはじめから＝一度に（*d'emblée*）私に関係する[14]」なら、そして私にとってこの諸々の他者が、複数のものとして、互いに同時に存在するなら、また、もし私が、「あらゆる他者が私の身代わりとなることを可能にするような、私に対する彼らの責任を当てにすることなく、私は彼らに対して責任を負っているがゆえに、まさに他なるものとして私と同類には属していないあらゆる他者の人質[15]」であるなら、そうした場合に、私がそうであるところの一者と、この〔特定の〕他者とのあいだの隔‐時性は、どうして私とあらゆる他者とのあいだの隔‐時性とはならないのだろうか。ところで、もしそうなるとするなら、〈一人の他者のための一者〉は、〈あらゆる他者のための一者〉へと変転してしまう。そして、責任は、記号の贈与によって与えられた記号としての〈語ること〉、あるいは記号の転義の具体化としての〈語ること〉からは区別される。そうであるなら、身代わりが、〈一人の他者のための一者〉から〈あらゆる他者のための一者〉へと拡張されうるのか、またそれはいかにしてかということが問題なのではなく、むしろ逆に、諸々の第三者（tiers）を考慮に入れることによって、超越と、〈記号となること〉としての〈語ること〉とを分離せざるをえなくなるのではないかということこそが問題なのである。

第二節　〈受動＝受難〉

他の諸々の隣人の介在に関するこの問題については、さしあたり横に置いておこう。この問題は、正義のもつ本来の（originel）性格、ないしその前‐起源的（pré-originel）性格に関する、すでに若干触れられた問題でもある〔本書第五章第三節、第四節〕。さらにそれは、正義に関連して、倫理的な〈語ること〉における存在論的な〈語られること〉の密やかな誕生の問題、すなわち、存在と〈存在するとは別の仕方〉との関係の問題、それも、この関係が〈存在するとは別の仕方〉から考えられうるような、そうした関係の問題であるが、この問題については、身代わりの問題へと立ち返るために、横に置いておくことにしよう。

すでに見た通り、存在は、思惟し意志する自我からその意味を受け取っているわけではなく、存在の超越は、諸々の他者に対する私の身代わりにおいて可能となっている。したがって、迫害と告発とが激化する身代わりは、自我の存在規定ではない。それは、否定が例外的で唯一の仕方で響くような定式に従うなら、動詞的な意味で「非‐存在する（*non-être*）という事実」、「存在することの非‐存在すること」[16]である。身代わりは、実体的自我の属性でもない。「〈自己〉の受動性、あるいは〈受動＝受難〉（Passion）におけるその例外的唯一性こそが、全体に対する臣従、身代わりというあの絶えざる出来事であり、存在するために、その存在を自己から取り払い、その存在を拋棄し、自らを「裏返しに」するという事実、そしてこういってよければ、「存在するとは別の仕方」という事実であり、無でも超越論的構想力の産物でもない臣従である」[17]。「われここに（me voici）」は、あらゆる者以上に、全体とあらゆる者とに責任を負っている。というのも「自己であること――人質の条件――とは、常に、〔他の者〕以上の段階の責任、他者の責任のための責任をもつこと」[18]だからである。したがって、こうした「われここに」は、私という語と、それによって自己が自己自身を拋棄するところの諸々の他者への身代わりとが意味するものなのだが、この「われここに」は、自己の再帰性を実現する。そして、われわれが強調してこなかった命題を想起するなら、再帰性とは、「主体の受肉の究極の秘密」[19]なのである。

なぜそうなのか。もし身体の可能性が、〈他者に口からパンを与えること〉という相のもとでの〈他人のために〉のうちにあるとすれば、身体の可能性、その究極の秘密があるのは、まさしく〈他者のために〉の誇張、誇張法（hyperbole）、ないし激化としての身代わりのなかなのである。というのも、身体は、存在の光には属していないからである。主体のケノーシス〔自己放棄・自己無化〕は、受肉である。そうすると、〔Passionという〕大文字の使い方が示唆している通り、主体の出来事である「〈自己〉の〈受難〉（Passion de Soi)」は、〈子〉(Fils)の〈受難〉〔キリストの受難〕と関係があると考えるべきなのだろうか。より正確には、「神の姿をまといながら、神と等しくなろうとはせずに、自分自身を空しくし、僕《しもべ》の姿をして人間と似た者となる」〈子〉のケノーシスと、自分の存在を抛棄した〔自己を空しくした〕主体のケノーシスとのあいだに、何らかの関係があるのだろうか。つまり、「人間の姿をとって、我が身を落とし、隷従する者となり、終には死に至る、それも十字架上での死に至り[20]」、この十字架の上でわれわれのために(pour nous)死んだ〈子〉と、私を迫害する者に責任を負うに至る、他人への＝他人のための(pour autrui)私の責任とのあいだに、何らかの関係があるのだろうか。受肉し、「人間としてわれわれの場へと＝われわれの代わりに自らの身を置き、われわれが受けていた審判が、われわれの場で＝われわれの代わりに自分自身に降りかかるように受け入れることで、われわれ人間に対して神の義なる審判を下した[21]」〈子〉、このわれわれの義認のためにわれわれの身代わりとなった神の〈子〉と、あらゆる他者の身代わりとなることによって存在に意味を与える〈私〉とのあいだには、何らかの関係があるのだろうか。

　こうした問いに答えることを試みる前に、当該の問いがレヴィナスの思想と決して無関係ではないことを示すことによって、問いの位置づけを正当化する必要がある。第一に、レヴィナスは、「迫害された者は、自分の場から追放され、自己としか関わることなく、世界のうちには枕する所を何ももっていない[22]」と述べる。このときレヴィナスが暗黙のうちに参照しているのは、次のイエスの言葉である。「狐には穴があり、空の鳥には巣がある。だが、人の〈子〉には枕する所もない[23]」。したがって、迫害された者、主体の受難は、少なくとも一度は、〈子〉の受難に関する福音書から借用することによって描かれているのである。第二に、レヴィナスは、彼が「絶対的な仕方で受け入れる」ケノーシスを想起させて次のように付け加えている。「私は、キリスト教徒がおそらくキリストの顔について語っていることを、隣人の顔について語っているのである……！[24]」。それは、私が一度もそのイニシアチヴを握ったことのない責任へと私を召喚し、外から私を同一化する他人の顔である。第三に、他人への責任を、「それがいかなるアプリオリもなしに人を捉えるという点で絶対的な受難〔受動〕[25]」と形容することは、イエス＝キリストの受難にも当てはまるのではないだろうか。

レヴィナスは、謎、痕跡、近しさ及び身代わりに関する諸分析と同時期の講演で、その分析の数々の定式を再度用いている。この講演において、レヴィナスは、神の受肉への信仰を共有していない——細心の注意を払いつつ巧みに述べているように、「〔受肉という〕究極の諸次元はおそらく私から逃れていく＝私はそれらをおそらく見逃している」——ことを明言した後で、「〈神人〉（Homme-Dieu）の概念が示唆している複数の意味[26]」のうちの二つを強調することから始めている。それは何か。〔第一に〕「最高の〈存在〉が自らにもたらす遜《へりくだ》り（humiliation）の観念、〈被造物〉の次元へと〈創造主〉が降りていくことの観念、すなわち最も能動的な能動性が最も受動的な〈受動性〉へと吸収されることの観念」があり、〔第二に〕「〈受難〉のうちにその極限まで高められた受動性によって生み出されたかのような、諸々の他者への贖罪（expiation）の観念、すなわち身代わりの観念〔がある〕。卓越した同一者、交換不可能な者、卓越した唯一者である者は、身代わりそのものである[27]」。そうすると、問題は、〔他者のための身代わりという〕自己の受動は、〔キリスト教的な〕〈子〉の受動〔受難〕と分離されうるのかどうか、あるいは別の言い方をすれば、キリスト教神学やキリスト教の啓示に属するものを、もっぱら哲学のみへと連れ戻す（reconduire）ことができるのかどうかという点にある。レヴィナスは次のように書く。「私が問いたいのは、キリスト教信仰に無条件に当てはまるこれら諸観念に、どの点まで哲学的価値があるのか、こうした諸観念は、どの程度まで現象学に現れうるのかである[28]」。したがって、〔問題は〕こうした諸観念が、どの程度まで脱神学化されうるのか、あるいは究極の逆説だが、もっぱらナザレのイエスのみからどの程度まで引き離されうるのかということである。

超越は、勝利に満ちて勝ち誇った現象の秩序を攪乱することなしには現れえない。このことは、超越がそこでは現出することの輝きなしに現出するということ、つまり謙《へりくだ》って（humblement）現出すること以外に、何を意味するというのだろう。「謙った者として、敗者、貧しき者、追い払われた者と手を結んだ者として顕現すること――このことこそ、まさに〔現象の〕秩序のなかに再び入らないということである。この敗北主義において、あえて為すことをあえてしないこの遠慮深さ（timidité）において、大胆に訴えることをしないというこの訴え（sollicitation）、非‐厚かましさそのものであるこの訴えによって、枕する場をもたない――迎え入れる者の可否に従うまま――国籍なき物乞いのこの訴えによって、遜った者（humilié）は、絶対的に〔秩序を〕攪乱する。彼は、世界に属してはいない」[29]。したがって、遜り、すなわちケノーシスは、内在のなかに、超越が、そこに決して吸収されたり溶解されたりすることなく、ほのめかすように差し挟まれている（s'insinuer）〔区別を維持したまま分離することなく共存している〕ような、両義的な様態なのである[30]。

繰り返すが、この両義性は、無限者の痕跡として実現し、他人の顔は、この無限者から意義を表し、自分の能力を超えて思惟する思惟としての欲望が、それに応答する。しかし、この欲望を培うとき、「〈無限者〉は、〈欲望をそそるもの〉には受肉しえず、終末〔をもつもの＝有限なもの〕のなかに無限なものとして閉じこもることもできない。〈無限者〉は顔を通じて訴える。〈汝〉は、〈我〉と絶対的〈彼〉〔〈無限者〉〕とのあいだに差し込まれる。遜って超越する神のようなもの（un Dieu）の謎めいた中間状態（entre-deux）は、歴史の現在ではなく、他者の顔である。そうしてわれわれが理解することになるのは、〔次に引用する〕『エレミヤ書』二十二章十六節の異様な意味——あるいは、われわれが説教のざわめきを忘れているがゆえに、改めて異様で驚くべきものとなるような意味——である。われわれはその驚くべき意味を理解することになる。「彼は貧しい人、不幸な人の訴えを聞き入れる……。こうすることこそ〈私を知る〉と呼ばれることではないか、と主は言われる」[31]。

したがって、無限者の筋立てにとって絶対的に本質的なのは、無限者は、歴史上の日付をもった現在のなかで、あるいはそれに従って受肉することは決してないということ、そして〈彼〉は、〈汝〉にもとづいて〈我〉の欲望に訴えるということである。さらに、聖性（saintеté）にまつわる、〔〈我〉と〈汝〉と〈彼〉という〕三人の人物、あるいは三位一体〔トリオ〕からなるこの筋立ては、〔〈父〉と〈子〉と〈聖霊〉というキリスト教の〕聖なる三位一体に、起源に先立つように先行している。というのも、神のケノーシスとしての〈子〉の受肉は、人間のあらゆる受肉一般に固有の自己のケノーシスを前提としているからである。それでは、以上のことから、キリスト教神学が「秘儀のなかの秘儀[32]」とみなすものが、もっぱら現象学によってのみ記述されうるということ、より正確には、現象学において、現象学とは対照的なものとして際立ち、現象学を中断させるに至るものとして記述されうるということを結論しなければならないのだろうか。

第三節　メシア的自己性

身代わりを〔キリスト教から〕哲学へと連れ戻すことを試みなければ、この問いに答えることは不可能である。他人のために自分の存在を拋棄した主体のケノーシス、すなわち、徹底的に考え抜かれた受肉は、身代わりの出来事そのものであり、さらには、贖罪が同一性と他性を再結合するとすれば、それは諸々の他者への贖罪の出来事である。(33) レヴィナスは、「〈神人〉の概念」や「被造物への〈創造者〉の実体変化(34)」に関する検討を要約して、次のように述べることができる。「諸々の他者の苦しみや過ちが課す責務〔重荷〕へと自己を曝露するという事実が、〈私《モア》〉(Moi)の自己自身を措定する。私だけが、残忍さなしに、犠牲として指示されうる。〈私《モア》〉は、どんな決意よりも以前に、〈世界〉の全責任を担うために選ばれし者である。メシアニズムとは、私《モア》のうちで始まる、〈存在〉におけるこの絶頂(apogée)――「自分の存在へ固執する」存在の反転――のことである(35)」。

では、私《モア》=自我とは、本質的にメシア的なのだろうか。メシアの名が問題となり、「反キリスト的警句をおそらく含んでいる(36)」タルムードのなかの一篇『サンヘドリン』中の一頁に、レヴィナスは注釈を加えており、それに対して伝えられている初期の答えを検討し、そこから次のように結論している。「〈メシア〉の到来を目標とするユダヤ教は、歴史の終末に際して提示される神話的〈メシア〉の概念をすでに乗り越え、メシアニズムを人間の個人的召命として捉えている(37)」。このように結論した後にレヴィナスが辿り着いたのが、次のラヴ・ナフマンの言葉である。「もし彼が生ける者たちのなかにいるとすれば、それは、〈私〉である。というのも、次のように(『エレミヤ書』三十章二十一節)言われたからである。「その長が彼ら自身のうちから生まれ、その統治者が彼らの中から出る」、と(38)」。

それでは、イスラエルがもはや異国の王には従属しない時代を預言する〔『エレミヤ書』の〕一節と、〈メシアとは私である〉とする命題とのあいだに、どのような結びつきがありうるのだろうか。レヴィナスは、自分の解釈の「大胆さ(39)」を強調しながら次のように続けている。「『エレミヤ書』中のテキストは、統治権がイスラエルに戻ってくる時代に関係している。〈メシア〉とは、イスラエルの統治権をもはや失わないように統治する君主のことである。彼は、統治の絶対的内部性=内面性なのである。〈私〉が自分に命令する内部性＝内面性よりも根本的な内部性などあるだろうか。卓越した非‐異他性——それこそ、自己性である。〈メシア〉は、もはや外からは命令しない〈王〉である——こうした『エレミヤ書』の理念は、ラヴ・ナフマンによって、論理的に突き詰められた。〈メシア〉とは、〈私〉であり、〈私〉であることが〈メシア〉であることなのである」(40)。

どのような私《モア》＝自我が問題なのか。もし、神の僕に関する『イザヤ書』の一節——当該の議論のなかで引用された一節で、レヴィナスはこの一節について、その「預言は、キリスト教徒にとってあまりに明確であるように思われる」(41)と皮肉な要素をこめて指摘している——が言うように、「神の僕が背負っていたのは、しかしながらわれわれの病であり、彼が担っていたのは、われわれの苦しみである」(42)とすれば、諸々の他者の苦しみを自らに引き受けている私《モア》、その同一性が身代わりであるこの〈私《モア》〉が、メシアなのである。「諸々の他者の苦しみが課す責務〔重荷〕から逃れることができないという事実が、自己性そのものを定義する。すべての人は〈メシア〉である」。あるいは、われわれがすでにその第二版を知っているある定式〔本章原註35の引用参照〕の第一版によれば、「〈メシアニズム〉は、〈私《モア》〉の中心化、その集中化、ないしその自己へのねじれという、存在におけるこの絶頂でしかない。そして、このことが具体的に意味するのは、ひとはそれぞれ、あたかも自分が〈メシア〉であるかのように振舞わなければならないということである」(43)。

したがって、メシア的出来事は、ただ一度だけ起こったわけではない。もしイスラエルを「〈人間〉の人間性」、ある「カテゴリー」、さらには「何らかの普遍性概念」(44)と理解するなら、キリストという尋常ならざるものは、ユダヤ的なもの、あるいは主体という尋常なるものである。言い換えれば、キリストの受難を特徴づける「たった一回きり〔あらゆる回のためのたった一回〕(une fois pour toutes)、ἅπαξ, ἐφάπαξ〔ハパックス、エフ・ハパックス〕[45]」は、自己、あるいは主体の受動〔受難〕を特徴づける「あらゆる者のための一者」の一つのバージョンでしかない。この主体の「個別性＝単数性（singularité）は〔…〕ハパックス〔たった一回きりのこと〕の唯一性ではない[46]」。しかし、キリストとは、〈父〉の唯一の子ではないのだろうか。確かにそうである。しかし、レヴィナスは、繁殖性（fécondité）の分析の最終段階で、「自我は父性（paternité）において自己自身から解放されるが、そのために自我は絶えず一人の私《モア》であり続けるのは、自我が自分の子〔息子〕であるからである[47]」ということを示した後、そこから次のように結論づけた。すなわち、「子〔息子〕は父の唯一性を再び担うが、しかしそれは父に対して外的にとどまっている」。そして、即座に次のように明言した。「〔それは〕数によってではない。父の子〔息子〕それぞれが、唯一の子〔息子〕であり、選ばれし子〔息子〕なのである。子〔息子〕への父の愛は、一人の他者の唯一性そのものとの唯一可能な関係を実現する。この意味において、どんな愛も父の愛へと近づくはずである[48]」。

　では、ただ一人の子〔息子〕が、どのようにして兄弟をもつことができるのだろうか。自分固有の可能的なものの彼方にある将来としての父性によって自分の同一性から解放された自我は、「もし自分の唯一の子供において自分の将来に結びつくのなら、この将来と自分との分離を維持することはできない。それゆえ、選ばれし者である限りでの、この唯一の子は、唯一であると同時に唯一ではない。父性は、無数の将来として生み出される。産み落とされた自我は、世界で唯一の者としてと同時に、諸々の兄弟のなかの一人の兄弟として存在するのである。私《モア》は私であり、選ばれし者である。しかし、どこで私は選ばれうるというのだろうか。それは、他の選ばれし者たちのあいだ、自分と同等な者たちのあいだでしかありえない[49]」。それでは、他の選ばれし者たちのあいだで選ばれるということは、この同等性の断絶そのもの以外に何を意味するだろうか。というのも、この者たちに対面する自我が彼らに対して責任を負い、すべての者に対して身代わりとなることですべての者のために贖罪するからである。つまり、そのことは、自己性が兄弟関係＝同胞関係（fraternité）であること以外に何を意味するだろうか。

しかしながら、タルムードに依拠することによってキリスト教神学の中心的秘儀を記述することは、ある神学から別の神学へと移行することではないだろうか。これほど確かでないものはない。レヴィナスは、そのタルムード講話のなかで取られた方法を説明する際、次のように予告している。「われわれは、われわれのテキストの読解から、素朴な信仰者や神秘主義的信仰者の読解を導く宗教的意義や、その読解によって神学者が引き出そうとする宗教的意義を決して排除しようとは思わない。しかしながら、われわれは、この意義が単に哲学的言語に移し変え可能であるだけでなく、哲学的諸問題に準拠するのだという考えから出発する。タルムード学者たちの思想は、非常に根本的な反省から生み出されているので、哲学の諸要求にも適うものである。この合理的な意義こそ、われわれの探求の目標であった(50)」。

このように宗教的意義と合理的意義とを区分することはできるのだろうか。ケノーシス及び身代わりである、自己の受動〔受難〕は、直接的にであれ、間接的にであれ、聖書へのどんな参照＝準拠からも独立に記述されることができたとすれば、問いはすでに答えられている。もちろんこの記述において働いている現象学が、あらかじめ意味の聖書的様態によって導かれていたということは、ありえないことではない。しかし、それは、現象学が、意味の聖書的様態を自分のものにしておくということがなければ不可能であった。というのも、意味の聖書的様態がその記述のなかで哲学的に理解されるのは、〈存在するとは別の仕方〉からだからである。「現象学は、すでにユダヤ＝キリスト教的叡智の恩恵を受けている。確かにそうである。しかし、〔現象学の〕意識は、〔ユダヤ＝キリスト教的〕叡智のなかのすべてを同化吸収するわけではない。〔現象学の〕意識は、単に、現象学を培うことができたものを、現象学へと戻して復元するだけである[51]」。したがって、どんな受動性よりも受動的な受動性の意味、レヴィナスが一度「息子的（filiale）[52]」と形容したこの受動性の意味は、神の啓示から、神学的な仕方で規定されることはない。その反対に、意味の哲学的分析、また意味の筋立ての、したがって主体の哲学的分析こそ、「意味が包蔵する神の概念を明かすはず[53]」なのである。

キリストの受難を自己の受難〔受動〕へと連れ戻す（reconduire）ことは、当然、自己が全体及びあらゆる者に対して責任を負うということを前提としており、諸々の他者に対して身代わりとなることによって宇宙を支えるということを前提としている。したがって、こうした連れ戻しは、〈一人の他者のための一者〉を〈あらゆる他者及び全体のための一者〉へと拡張することなしには不可能であり、諸々の他者と存在者との全体性が、責任の対象となることなしには不可能である。しかし、このことは、〈他者のための一者〉の隔－時性と、〈存在するとは別の仕方〉を成就する無限者の痕跡としての他人の顔の規定とを、改めて問いに付すことなしに、可能なのだろうか。全体性と普遍性とは、共時性そのものではないだろうか。たとえわれわれが他人への責任に対する第三者の影響〔はね返り〕を記述しない限りこの問いに答えることはかなわないままであるとしても、トリオに対するデュオの関係、あるいはデュオに対するトリオの関係が、当該の諸困難にかかわっているということは、ますます明らかになってくるのである。

第十四章　善——、存在と悪

第一節　聖書のなかにある見えないものと存在の彼方にある〈善〉

主体と存在のあいだの区別に戻ろう。自己が前‐起源的責任あるいは身代わりであるなら、自己は宇宙の重みを支えている。そして「世界のあらゆる苦しみや世界の破綻は、存在の存在することがそこで反転し、遠ざけられる点〔自己〕にのしかかる。点は全体を免れない。この逃れ（se dérober）られないという不可能性とは、主体が〔存在することを〕遠ざけることそのものである。身代わりの概念は、あたかも哲学の始源から発するように、現前から——自我から自己へ——発する措定を転倒する」[1]。したがって、分離、あるいは主体化は、存在することの転倒（inversion）、現前の反転、あるいは現前の脱定位として可能となる。そうであるなら、「そこで同一性が逆転される」身代わりとは、「存在の存在することが展開する、直線的で揺るぎなくいかなる免除もない働きを逆転する」[2]ものである。しかし、〔存在論的諸カテゴリーの重層的規定ということで何を理解すべきなのかという、第十二章で〕留保しておいた問いに答えるなら、この転倒の運動が意味するのは、「存在論的諸カテゴリーを倫理的術語に変換するような、存在論的諸カテゴリーの重層的規定」[3]にほかならないのである。

ニーチェは、転倒を次のような運動として理解している。すなわち、それに従って、「「真なるもの」、「善」、「理性的なもの」、「美」といった、われわれが現在まで最も高く評価していたものが、転倒した諸力能の個別事例として現れる」ような運動である。つまり、それは、例えば、真理が、「それなしでは一定の種の生き物が生きられなくなるような一種の誤謬」[4]として理解されるような運動なのである。もしこの運動の起点（terminus a quo）を表面と呼ぶなら、裏面、あるいは終点は、単にその対称点ではない。転倒した力能は、転倒する前の力能よりも強力である。というのも、前者の後者に対する関係は、一般の個別に対する関係だからである。したがって、〔表面と裏面という〕表記を別にすれば、両者は等価とはいえ、裏面は、表面の単なるネガではなく、ある意味では、この裏面は、表面がない状態なのである。自己における主体の「よじれ」は「裏返すこと（mise à l'envers）」であり、「その「他者に対して（envers l'autre）」は、この裏返すことそのもの」、「表面なき裏面」[5]であると確言するとき、レヴィナスはまさにこのことを述べているのである。

たとえ存在すること〔本質〕と主体との転倒を、形式的には価値のニーチェ的転倒から借用したとしても、レヴィナスにとっては、依然この転倒は存在に関係している。「存在の esse〔エッセ、存在すること〕は、裏返される（se mettre à l'envers）[6]」。この命題において、転倒に服属するものと、再帰代名詞〔se〕という文法形式でこの転倒を実現する自己の再帰性とが同時に言われている。しかし、もし裏返されるものが存在であるなら、当該の転倒は、一方で存在の自己曝露である存在論から生じるはずであり、また他方で、ある意味ではこの存在論によって要請されているはずである。ところで、強調すべきは、まさにもっぱら主体がどのようにして存在の真理に開かれるかを記述することによって、〈語られること〉から〈語ること〉へ、〈語ること〉から感受性へ、感受性から近しさへ、近しさから主体の無‐起源的主観性としての身代わりへと遡行することができた、ということである。

「存在の場＝表面は、裏返すことのできない裏面をもっている[7]」。ここで、〈裏返すことができないという〉この不可能性が具体化されたものとは何か。もし存在が常に語られ、「言語《ランガージュ》の〈語られること〉が常に存在について語る[8]」とすれば、存在の裏面は、〈語られること〉なき〈語ること〉であり、他者への一者の曝露、どんな自発的関与にも先立つ責任、すなわち存在からの超脱である。では、いかにして――「イニシアチヴの自由とは別の[9]」――自由というものを理解すべきなのか。この自由を通じて、同一性がそこで逆転するところの身代わりにおいて、「自己は、倫理の次元において、自分以外のあらゆるものと自己とから解放される[10]」のである。「はじめは存在することと存在の彼方しか知らない記述が、倫理的言語へと転回する[11]」のはなぜなのか。より正確には、自己と善とのあいだ、それによって自己が自己から解放される自由と善とのあいだには、どのような関係があるのだろうか。

しかし、意志と意識との自由に先立つ、拒絶不可能な、自己に対する善の関係からはじめるとすれば、他人に対する責任は、隷属（asservissement）の形式的構造を記述してはいないだろうか。全体及びあらゆる者に責任を負い、宇宙の重みを支えて、諸々の他者のために償いをする自己は、存在から超脱しており、つまりは、自我とエゴイズムから解放されている。このエゴイズムは、自我の存在そのものであり、存在が現出するために必要としているものである。「この意味で、〈自己〉は善性であり、あるいは、所有物全体の放棄、自己に属するもの全体、自己のためのもの全体の放棄が求められるなかで、身代わりに達するのである」[12]。したがって、迫害され、絶対的対格に従属した自己は、「原罪状態で」思惟されてはならず、「それは、むしろ創造の原初の善性である」[13]。では、主体が善を選ぶ時間ないし可能性をもつ以前に、善が主体を把握したということ、善を蒙るということ、しかもこの蒙ること〔感応〕を引き受けることができないまま蒙るということ以外に、この原初性は何を意味するというのだろう。「確かに、善によるこうした把握よりも完全な隷属、この選びよりも完全な隷属はない。しかし、選択からはみ出す責任——責任という義務を課す命令の現前化、あるいは再現前化に先行する服従——が備える隷属的性格は、命令する〈善〉の善性によって抹消される。服従する者は、隷属の手前で、その質的完全性を再び見出す。拒絶不可能だが全く自由に引き受けることもできない責任——それが善である」[14]。つまり、他人への責任は、善への隷属、それも主人と奴隷の対に先行する臣従化（assujettissement）であるとすれば、その暴力性は、善の善性によって贖われる。善性の無‐起源性は、自由とその否定に先立っているのである。「もし意志的に善であるものは何もないとすれば、誰も〈善〉の奴隷ではありえない」[15]。

　善による主体の支配である自己の善性は、存在論的諸カテゴリーを倫理的術語に変換することを含意する。実際、善としての拒絶不可能な責任の概念は、もっぱら自己の根本的受動性の分析から生じたものである。そうである以上、「倫理は、厳密には当初存在論的な言説であった哲学的言説のなかに、その言説の諸可能性の究極の転換として登場する」[16]。あるいは、改めて別の言い方をすれば、「責任という倫理的状況は、倫理からは理解されない」[17]。したがって、存在論を倫理へと反転させる重層的規定は、——複数の決定要因を凝縮した無意識の形成のように——別の規定に付け加わるひとつの規定、それもこの規定と同時的な別の規定に付け加わるひとつの規定ではなく、規定項と被規定項とのどんな相関関係も逃れるものによる規定であり、それは、比類なき唯一の規定、唯一者による規定である。それは、自分以外のいかなる規定とも共時的とならず、〔ヘーゲルとは異なり〕否定ではない規定であり、こうした理由から、それは弁証法の進行をとどめるのである。

　善に服従する主体が、善を自由に選択したことは一度もない。主体は、対立した二つの価値、それも同時に措定された二つの価値のどちらかを選び取るようにして、善と悪のどちらかを選び取る決定をする可能性ないし能力を決してもたなかったのである。「ここで選択の不可能性とは、暴力の結果――宿命あるいは決定論――ではなく、選ばれし者にとってはつねにすでに成就された、〈善〉による、拒否しえない選びの結果である。それは、まさに行為ではなく非‐暴力そのものである〈善〉による選びなのである。選びとは、交換不可能なものによる包囲（investiture）である」[18]。では、この善による自己の選びのもつ哲学的意味とは何だろうか。それは、自由に先行する他人への責任、最上級の受動性、臣従、あるいは主体化そのものにほかならない。したがって、「〈善〉が存在するのは、まさにこの受動性のなかであり、善性によらなければ、この〈善〉は、厳密に言えば、存在する必要がなく、存在しない。受動性は、〈存在の彼方〉や〈善〉の存在である。それを、言語が正しく限定する――確かにいつものように歪めて〔裏切って〕ではあるが――のは、非‐存在という語によって[19]」、あるいは、存在するとは別の仕方で、という語によってなのである。

　存在の彼方にある善は、現象性と現象性の光との彼方にあって、絶対的に見えないもの（invisible）、どんな感性的眼差しや形相的眼差しからも逃れるものである。しかし、プラトンが存在の彼方を善として認めていたとしても、彼はそれでも、存在の彼方を「イデアであり光の源泉[20]」とみなしており、存在から除外されるものを、まさにそれがそこから除外されるところのこの存在から解釈しているのである。では、光を発するいかなるものとも無関係なこの善、存在せず存在を基準に考えられる〔存在と比較される〕こともなく、他人への責任という義務を課し、主体を隣人に近づけて身代わりに至らせるよう召喚するこの善とは、一体何なのか。そしてもし、価値を、主体に課される重さと解するなら、[21] この「反対の価値をもたない比類なき唯一の価値、そこから逃れることのできない価値、しかし、主体と「同系の」価値でありながら選択することも選択しないこともできない価値、そこで主体がこの選びの痕跡を保持しながら選ばれるような価値」[22]、こうした価値とは一体何だろうか。こうしたあらゆる選択よりも古い価値が、存在の彼方にある以上は、それは表象しえないものであり、無‐起源的なものである。そして、もしこの価値が重くのしかかって作用する主体が——存在せざる善は、まさにこの主体の受動性とその責任のなかに、その被造性のなかに存するのだが——、価値の痕跡をとどめているなら、そして、もしどんな痕跡も神の痕跡であるなら、あるいは、〈善〉の名がその別の名前を密かに響かせるような形で言うと、もし「善性が、隠された〈善〉へと私が服従することにおいて私を覆っている」[23] なら、その場合、言葉の誤用——というのも、存在から除外されるものは名詞でも動詞でもないのだから——ゆえに、この価値は、「神と名づけられる」。しかし、「聖書のなかにある見えないものは、存在の彼方にある〈善〉のイデアである」[24]——最終的にあらゆる命題は、まさにこの命題から、その両義性そのままに理解されなければならないのだが——と断言することは、哲学的言説と手を切ることに帰着するわけではない。というのも、まさしくある哲学的記述の果てにおいて、すなわち他人の顔において直接的に、「神」という語が「その意味論の秘密」[25] を明らかにするからであり、聖書が倫理を説明するのではなく、倫理が聖書を説明するからである。「倫理は、超越にふさわしいモデルである。聖書が〈啓示〉であるのは、倫理的宣布《ケリュグマ》としてである」[26]。

第二節　無責任と存在の遊び

責任を負うことをかつて一度も自由に決定したことがないままに責任を負っている「主体は、支える＝堪え忍ぶ（*supporter*）という受動性そのもののなかで、〈善〉とかかわり合っている」——この〔支える＝堪え忍ぶという〕動詞において、受動性と責任が結合しあうのだが、この動詞は、重荷を背負うことと同時に、背負っている重荷に苦しむことをも意味している。したがって、支え、ないし忍耐、身代わりである自己の善性は、「支える＝堪え忍ぶこと」のなかにあり、だからこそレヴィナスは、善と自己とが同期的ではない以上、神の超越を傷つけることなく、主観性の規定と存在論から倫理への反転とを結びつけることによって、あえて次の一節を述べることができるのである。「宇宙を支える＝堪え忍ぶこと——押し潰すほどの重荷、しかし神的な不安感」[27]。ここで、重荷のもつ押し潰すほどの本性は、〔自我の〕存在論的膨張（enflure）〔慢心〕を無効にする。この膨張は、どのような形であれ、不安感を伴う神性、すなわち善性と対立するであろう。

〔存在論的膨張が善性と対立するという〕この可能性が悪の可能性ではないだろうか。そして、善は決して選択されないのだとすれば、悪の本質と存在に対する悪の関係とは、どのようなものだろうか。レヴィナスが繰り返すように、自己の受動性が意味するのは、「〈善〉による憑依〔所有〕である。〈善〉は、厳密には善性によらなければ、存在する必要がなく、存在しないにもかかわらず、この憑依において、〈善〉が存在する」[28]。それゆえ、自己と、存在の彼方にある〈善〉との関係、あるいは自己と、他人がその痕跡のなかにいるところの〈他者〉との関係は、魂と真理との関係とは、正反対といえるほど（toto caelo）区別される。それは、魂が真理へ、存在者が存在へと向かう超越を成就する ἔρως〔エロス〕とは区別されるのである。「〈他者〉との関係は、〈自然〉に転換することはなく、この〈他者〉との関係を幸福で包み込んでいる幸福な約束に転換することもない。そこに〈善〉が存在するところの受動性は、エロスにはならない。この受動性においては、その雄々しさのなかにある〈他者〉の痕跡を消して〈他者〉を〈同〉へと導くものは何もないのである」[29]。このことは次のこと以外に何を意味するというのだろうか。すなわち、諸々のイデアの方を向く若者の顔の美しさから生じるἔρωςは、神の痕跡を、それも、輝きを放つ勝利に満ちた現象性の彼方で、隣人のすでに老いつつある顔において意義を表すこの神の痕跡を消し去ることはできない、ということである。あるいは、美から漂う香り――これは欲望をそそるもの（désirable）についての認識へと魂を誘うのだが――を吸った魂の膨満（turgescence）は、隣人への責任の膨満に勝ることはありえない、ということである。隣人は、「欲望をそそらないもの＝望ましからざる者（indésirable）そのもの」、「欲望された、欲望をそそらないもの＝望ましからざる者[30]」、つまり、肉欲（concupiscence）やἔρωςなしに欲望された、欲望をそそらないもの＝望ましからざる者なのである。したがって、絶対的に主体の上に立つ〈善〉は、神的本能や本性的善性とはなりえないし、魂と融合することもない。というのも、〈善〉と主体との紐帯は、「〔主体をその〕外（dehors）へと結びつける」からである。善は、存在の彼方にあって、この彼方そのものを通じて、私の外部にある。「この結びつきの外部性は、まさに、神がかり的熱狂（憑依するものと憑依されるものとの差異が消滅するような憑依〔所有〕）とも、エロスとも無関係である、諸々の他者への責任によって要求される努力において維持されている[31]」。

　そこで存在に対する善の外部性が意義を表すようなこの努力とは何か。そして、どんな努力も「疲労から生み出されて疲労へと再び降りていく[32]」のだから、ここでこうした〔疲労へ〕降りていくことが備える固有の様態とは何なのだろうか。責任によって要求される努力は、〈存在－内からの－超脱〉（dés-intéressement)、あるいはコナトゥスの倒置なのだから、努力が弛緩するのは、善による選びを拒否したとき、〔善との〕結びつきが断たれたときであり、つまり努力の弛緩は、存在の内にあること〔利害・関心の内にあること〕(intéressement)、エゴイズムとして実現することになる。しかし、こうした拒否、あるいはこうした分離は、試み(tentative)や誘惑(tentation)でしかありえない。というのも、善は、ある意味では本質的に、主体の受動性そのものだからである。換言すれば、他人への拒絶不可能な私の責任が課す努力に対して、「断ち切りやすさの誘惑、無責任のエロス的魅惑が必要である。それらは、「自分の兄弟の番人〔保護者〕ならざる」者の自由によって制限された責任を通じて、遊び〔戯れ〕(jeu)の絶対的自由という〈悪〉を予感する。ここから、〈善〉への服属の只中において、無責任の誘い惑わし(séduction)、自己の責任に責任を負う主体の中にあるエゴイズムのありうる可能性(probabilité)、すなわち服従する意志における〈自我〉の誕生そのものが生じるのである」[33]。

自我がどのようにして無責任から生じるのだろうか。疲労は常に努力の下で顔をのぞかせているが、努力には遊びに満ちたものが何もない。「努力は遊びを排除する」[34]。しかしながら、この言明を、まるで努力は遊びとは全く関係がないかのように受け取ってはならない。反対に、努力がその固有のダイナミズムとその固有の意味とを受け取るのは、まさしく遊びの排除によってなのである。では、他人への責任によって要求された努力とは、何を排除することなのだろうか。また逆に、私の代替不可能な責任は、どのような遊びの魅惑に屈することになるのだろうか。遊びとは、無責任そのものである。無責任そのものは、どのようにして成就するのか。また無責任とは、どのような遊び〔演技〕の舞台であるのか。他人への責任は、強迫、迫害であり、自己を見失ってから自己と同等化すべく自己を再び見出すような時間を、意識に対して残してはいないし、自己から隔たりを置くことで自己へと自分を開き、志向的に自己へと立ち戻る時間を残してはいない。そのような時間は、回収可能な推移であり、それは意識にとって存在論的に必要なものである。ところで、まさしくこの緩みないし遊びとともに、意識や自我、エゴイズム、悪が導入される。そして、この「存在論的遊びは、まさに遊びである限りで、存在が自己を見失って再び見出すことで自己を照らし出す意識であり[35]」、「この存在における遊びは意識そのものである[36]」。存在論ないし現象学というこの存在の一人遊びは、責任なき自由を意味する。こうした遊びは、存在の彼方にある善がそこへと私を召喚するところの責任を、今度は反対に拒絶する。そして、それは、決して責任を負うことに意志的に関与することなしにあらゆる者に責任を負っているこの私という人質、つまり、〔あらゆる者という〕自分の兄弟たちを保護する人質を、もはや原理的にはそのような人質ではないエゴへと変えるのである。

第三節　エロスに瀕して存在すること

では、なぜ「無責任のエロス的魅惑」について語るのだろうか。それは、ἔρως〔エロス〕が身体を賦活〔魂化〕するからにほかならない。身体を通じて、主体は、存在に遊びを導入することで存在のなかに位置や場所を占めることになるのである。実際、レヴィナスは次のように述べる。「この善から自分を分離しようとする誘惑が、主体の受肉そのもの、存在における主体の現前であり[37]」、つまりは哲学そのものなのである[38]。しかしながら、『パイドロス』の言葉に立ち返らなければこの主張を理解することはできない。『パイドロス』によれば、「魂がかつて一度も真理を見なかったならば、そのような魂は、われわれ人間のこの姿の中には決してやってこないであろう[39]」。ソクラテスにとって、さらにはハイデガーにとっても[40]、人間の受肉は、ἀλήθεια〔アレーテイア、真理〕への眼差しなしには不可能であり、存在への所属と存在への開示性なしには、また存在における現前と存在への現前なしには不可能である。そして、魂と存在との関係、存在に対する魂の隔たりや遊びが、われわれの身体の条件なのである。つまり、存在への超越としての ἔρως は、人間身体の賦活そのものであり、受肉は、「根底においてエロス的である[41]」。遊びからその原理を引き出しているこの賦活は、それ自体で遊び、ないし無責任である。というのも、存在における遊びは、必ず他人との遊び〔競技〕としても実現しうるからである。以上のことが、正義の根拠のひとつが ἔρως の制御にあることの理由でもある。「世界を存続させる正義が根拠づけられるのは、まさしく最も曖昧な秩序においてである。しかし、それは、この秩序――あるいはこの無秩序――に対して絶えず行使される支配においてである。しかし、卓越して曖昧なこの秩序は、まさにエロス的なものの秩序であり、性的なものの領域である。正義が可能なのは、正義が、優美さ、優艶さに満ち溢れたこの曖昧さ、常に悪徳のすぐ間近にあるこの曖昧さに勝利を収める場合だけである[42]」。

しかし、プラトンにとって、ἔρως は身体を賦活するものであるのに対して、レヴィナスによれば、「魂による身体の賦活は、主観性の〈他者のための一者〉を分節化するだけである[43]」。この〈他者のための一者〉なしには、ἔρως はない。というのも、ἔρως は責任を前提とするからである。したがって、「〈自我〉が受肉した魂であるという理由で、誘惑によって〈善〉への予め定められた服従が乱され、人間に主権的選択が約束されるわけではなく」、さらにはどんな責任にも先行した、遊びの自由である絶対的自由が約束されるわけではない。事態は全く別で、「隷従ならざる、〈善〉への服従が、他であり続ける一人の他者＝〔善とは〕別のものへの服従であるからこそ、主体がエロスに瀕して身体〔肉〕であり、存在となるのである[44]」。

実際、一方で私は、諸々の他者を通じて私自身の身体に縛りつけられており、まさしく〈他者のために〉から、身体はその可能性を受け取っている。他方で、顔が意義を表すのは、神の痕跡や彼性の痕跡、善の痕跡としてであるがゆえに、「その善性において〈善〉は、隣人への責任に向かって欲望を傾ける（incliner）ことによって、自ら惹起する欲望を屈曲させる（décliner）」[45]。したがって、主体の受肉は、善への服従の備える前-起源的で無-起源的な筋立てに属している。しかし、もしエロス的なもの、享受が、同一の受肉に属する、受肉を曖昧なものとするもう一つの次元であるとすれば、身体を備え責任を負う主体、非-存在としての主体は、「エロスに瀕して存在となる」のである。では、この主体にとって「エロスに瀕して存在する」ことは、善から自己を分離しようと試みる（tenter）こと、存在論の次元そのものを開く ἔρως の遊びと無責任によって誘い惑わされる（être séduit）こと、つまりは、存在のなかの存在者、存在了解する存在者となること以外に、何を意味するというのだろう。それが、試みること＝誘惑（tentation）と誘い惑わすこと（séduction）とを意味するのは、次の理由からだけである。すなわち、受肉が自己から逃れることの不可能性を意味する以上、受肉は、この同一の自己がそうであるところの無制限の責任を免れることの不可能性をも意味するというこの理由からだけである。したがって、まさしく「誘い惑わす安楽な悪は、予め-備えられた前-歴史的臣従の受動性を断ち切ることがおそらくできず、〈手前〉を消去することも、主体が一度も取り結んだことのないものを破棄することもおそらくできない[46]」からこそ、〈存在となり存在了解となること〉は、試みること＝誘惑として成就するのである。

　では、「おそらく」とはどういうことだろうか。これは懐疑の表現なのだろうか。それとも、この副詞は、何か都合の悪いことを意味しているのだろうか。知ることが問題とならないところでは、懐疑に意味はない。そうであるなら、「おそらく」は、「悪の本質たる、悪の克服しがたい両義性」をあらわす印である。この両義性とは何か。もし善が存在の彼方にあるなら、存在は、逆に善の手前にある。それゆえ、主体にとっては、存在なしには不可能――というのも存在はエゴイズムであるから――である悪は、「〈善〉のそばにもその目の前にもおらず、〈善〉の下、善よりも低い二次的な場所にある。したがって、存在に固執する存在、エゴイズム、あるいは〈悪〉は、下劣さの次元そのものとヒエラルキーの誕生を描いている[47]」。そしてこのヒエラルキーの誕生とともに、ある共通の場が開かれる〔月並みな話が始まる〕。それは、同期的秩序であり、そこで悪は、善と対立しながら善と再び出会いうるのである。「〔善と悪という〕価値論的二極性が始まるのはここ」であり、それと同時に、善と悪との結合、対称性、二者択一が始まる。したがって、悪は存在なしには不可能である。というのも、悪は、存在を通じて、善と同等なものとして与えられ〔善と同等なものと思わせ〕――これこそ、悪の克服しがたい両義性でありその虚偽に満ちた本質〔存在すること〕なのだが――、悪ならざるものと思わせるからである。「〈悪〉は、自分が、〈善〉と同時的なもの、さらには同等なもの、双子の兄弟であると自称する。これこそ反論の余地のない虚偽であり、ルシフェルのごとき虚偽である[48]」。

この虚偽に反論の余地がないのは、第一に、この虚偽が存在論と論理学と結託しているからである。というのも、自分自身の起源として自己を措定し、ἀρχή〔アルケー〕、つまり存在論的原理〔始源〕という位階にまで高まる自我のエゴイズムは、主体と善とのあいだの隔たりを開くことによって、主体と善との無－起源的結びつきを断ち切ろうとするからである。この隔たりによって、自由へと供された善は、悪と同じ位階におとしめられる。この虚偽に反論の余地がないのは、第二に、ともかく次のことを忘れてはならないのだが、「存在論ないし存在の理解として主体を理解させる＝見させる道とは全く異なる道で[49]」だとしても、主体は存在へと開かれるからである。この道は、第三者の介在を前提としている。しかし、どのようにしてこの虚偽は告発され、それ自体で現れ、語られることができるのだろうか。それが可能なのは、ただ次のような思惟によってのみである。この思惟は、〈語られること〉から〈語ること〉へと遡行し、〈語ること〉から身代わりへと遡行する。この身代わりにおいて、善は、無‐起源的主体に取り憑き、あらゆる意義のなかの意義性である〈他者のための一者〉としての〈自己のうちの自己〉へと連れ戻された自我は、存在のなかに意味を導入するのである――そして「存在に即して考えられない〔存在とは比較できない〕意味以外に、存在のなかに意味はありえない[50]」。ここではすべてが、同一性に基づく理解可能性から、〈他者のために〉に由来するがゆえにもはやそうではない別の理解可能性への移行に依拠している。すべては、〈語ること〉の様態〔語り方〕の変容に依拠しており、より正確には、〈語られること〉に完全に吸収されてしまうわけではない〈語ること〉に依拠しているのである。

第十五章　自由と身代わり

第一節　自己から自由になること、存在から自由になること

しかし、もしエゴが、対立する二項のように、善か悪かを、自由に自発的に選択できるなら、善へと結びつけられたもう一つの自由、無‐起源的な自由、開始する能力からは区別されたこのもう一つの自由とは何だろうか。この自由によって、自己は、身代わりにおいて自己から放免され、また、繰り返すが、この自由によって「自己は、倫理の次元において、自分以外のあらゆるものと自己とから解放される＝自由になる(1)」のである。

イニシアチヴをとる能力である自由が責任を制約ないし制限するのは、エゴが世界の起源、すなわち先行するものが何もない絶対的始源、あらゆる構成の源泉にある場合であり、その場合のみである。この場合、「あたかも、私が世界創造に居合わせたかのように、また私が私の自由意志から生じた世界しか担う

ことができないかのように、ひとは自我の自由の名において＝自我の自由を考慮して推論する。それは、哲学者の推定＝思い上がり、観念論者の思い上がり、あるいは責任を負わぬ者の言い逃れである」[2]。実際、主体は世界に対して常に遅れている。たとえ世界が主体とは独立に創造されたとしても、また主体が世界へと常にすでに被投されているとしてもそうなのである。この遅れが含意するのは、全体とあらゆる者を支え堪え忍ぶ私が、自由である以前に責任を負っているということ、私の諸々の能力の彼方で、また私だけによる働きの彼方で、私が責任を負っているということ以外にあるだろうか。では、意志することの自由に対する責任の先行性、存在に対する善の先行性は、意志することの自由の有限性を意味するのだろうか。また、次の場合には、この有限性の意味とは何でありうるのだろうか。すなわち、自由の有限性が、この自由を行使している状況によって限定されることとなる、自我の有限性ではない場合、また自由の有限性が、「その〔現存在の〕有限な自由が備える自己自身の超－力において」[3]、死、すなわち自己の最も固有〔自己的〕な可能性への自由において、そして良心をもとうと意志することにおいて、存在了解として自己を開示することで存在を開示する現存在の有限性でもない場合がそれである。

私が意志したわけではないもの、すなわち他人――というのも、私は他人以外のすべてを意志できるのだから――への責任は、「主観性を、代替不可能な人質として要求する。責任は、この主観性を、存在することの外部への、すなわち〈自己〉のうちへの追放、迫害、抑圧といった受動性に置かれた〈自我〉のもとで裸出する。この存在することの外部にある〈自己〉における受動性とは、死ぬほどの＝極度の受動性である」[4]！　それは、死ぬほどの＝極度の受動性であり、存在の外部での受動性である。というのも、どんな受動性よりも受動的な身代わりは、犠牲であり、〈存在からの－超脱〉だからである。ところで、思い起こすべきは、自己の責任は拒絶不可能であり〔格変化せず〕、存在することの外部への、すなわち自己のうちへの追放であり無‐条件であるということ、そして自己は、外側から絶対的対格によって同一化されるということである。したがって、「他人への永遠の＝生涯を通じての（à la vie et à la mort）責任においてこそ、諸々の——無条件的、拒絶不可能、絶対的といった——形容詞が、その意味をもつのである。これらの形容詞は、自由を形容するために使われるが、それらは、自由な作用が存在することの中に現れる〔形容される側の「自由」の〕基体〔基層〕（substrat）を摩滅させる＝掘り崩す（user）[5]」。つまり、もし〔無条件的、拒絶不可能、絶対的といった〕自由の諸規定がその意味を責任から受け取っているとするなら、当の自由は、責任のなかに含まれているはずである。では、どのような自由が問題なのか。実詞なき形容語、実体なき質はなく、自由を形容する（無条件的、拒絶不可能、絶対的といった）形容詞は、どのような仕方であれ総じて脱実体化、存在からの主体の超脱〔存在内から主体が脱すること〕を意味するのだから、問題となっている自由とは、存在論的ではありえないし、あるいは同じことだが、エゴイズム的ではありえないであろう。それは、責任から理解されなければならず、「対格（l'accusatif）」から理解されなければならない。そして、この対格において「代替不可能なものが告発される＝くっきりと表れる（s'accuser）[6]」のである。

責任において意味をもつようなこの自由は、有限である。というのも、責任に由来する自由は、自分自身が起源となって始められるような因果性ではないからである。「有限な自由は、第一のものではなく、最初のものではない。そうではなく、有限な自由は、無限の責任のなかにある。この責任においては、他者は、私の自由と衝突しそれを制限するがゆえに、〔私と異なる〕他なる者ではない。そうではなく、この責任において他者は、私を迫害するまでに私を告発する＝くっきりと表すことができる。なぜなら、他者、この絶対的に他なる者とは、他人だからである」。換言すれば、主体は、どんな受動性よりも受動的な受動性において迫害する強迫として生み出される絶対的告発＝対格化によって、代替不可能なまでに責任を負った、つまり無限に責任を負った者として同定されるのだから、主体の自由が機能するのは、引き受け不可能なこの忍耐からなのである。したがって、それは、「自由には背負いきれない責任に支えられた自由」[7]である。では、自由はどのようにして達成されうるのだろうか。あるいは、身代わりによって、主体は、自己自身にとどまる以上に〔対格の〕自己へと＝自己のうちで向かっていくのであるが[8]、このような身代わりが求める自由の様態とは何だろうか。「代替不可能で唯一の主体、責任と身代わりとして選ばれた主体において、存在論的に不可能なものである自由のある様態が、引き裂くことのできない〈存在すること〉を断ち切るのである。身代わりは退屈から主体を解放する。すなわち、この自己自身に繋がれていることから、主体を解放するのである。この緊縛において〈自我〉は、同一性というトートロジー的様態のもとで〈自己〉に閉じこもって窒息し、途絶えることなき連なり（trame）のなかで、遊びと睡眠とによる気晴らし〔離脱〕を絶えず探し求めている[9]」。

自我は、自分自身から自由になり、どんな存在論からも自由になる。自我が自分自身から自由になるのは、同化が自我の形式であると同時にその内容だからである。つまり、自我が「卓越した同一性であり、同一化という原初的働き[10]」だからである。いかなるものもこの働きから逃れることができないし、この働きはあらゆる構成の根源にあるがゆえに、いかなるものもこの働きを捉えることができない。この点に関して、レヴィナスが常に自我の充足性を動揺させ、その幽閉状態と退屈とを断ち切ろうとしていたことを強調すべきである。一九三五年以降、レヴィナスは次のように主張する。「自我の同一性において、存在の同一性は、緊縛という存在の本性を明らかにする。なぜなら、存在の同一性は苦しみという形で現れ、逃走へと誘うからである。それゆえ、逃走とは、自己自身の外に出ようとする欲求、すなわち、最も根本的で最も仮借のない緊縛を打ち壊そうとする欲求、自我が自己自身であるという事実を打ち壊そうとする欲求なのである」(11)。その後、レヴィナスは、ボードレールを引用して『全体性と無限』を閉じる際、次のように確言している。「極めて常軌を逸した数々の変身＝災難のなかでもとどまり続ける同一性において」勝利するのは、「「不滅なものとしてひろがる〔…〕陰鬱な無関心の所産たる退屈」(12)」である、と。

　自我がどんな存在論からも自由となるのは、責任の切迫性が、それを通じて存在が現れるところの遅れと隔たり、媒介と遊び〔戯れ〕とを禁止するからであり、また、身代わりとは、不眠として実現する、主体の実体性の核心を一掃することだからである。「不眠〔平穏ならざること〕――夜通し続く覚醒――は、その形式的ないし範疇論的同等性の核心から、〈他者〉によって不穏になる＝動揺させられる。この〈他者〉は、〈同〉の実体や同一性、休止＝平穏、現前、睡眠として、同等性のなかで核を形成するものすべての核を取り除く(13)」。もしハイデガーの言う通り、「ある奇妙な無関心のなかへとあらゆる事物、人間、そしてそれらとともにわれわれ自身を取り集める」ような「深い退屈」が「〔…〕存在者を全体として開示する(14)」ということが本当なら、〔それに対してレヴィナスの場合〕自我は、退屈の眠気から自由となるとき、自己と存在論とから解放されるのである。

〔自己から自由になる〕自由は、存在においては、また存在に従っては不可能である。こうした身代わりのもつ自由、あるいは身代わりがそうであるところの自由は、身代わりがやはり〔能動的〕行為ではない以上、困難な自由である。こうした自由こそが倫理である。一方で、自由は、責任によって支えられる。というのも、私《モア》が私《モア》のうちで他人の身代わりとなりうるには、この同じ運動によって同時に、他人は私《モア》を私《モア》から自由にしなければならないからである。他方で、他人のために自己から放免された主体は、諸項を互いに関係づける差異によって構成され同一化された諸項間の関係を免れており、この関係がもたらす制限を免れている。「〈自己自身〉は、受動性の極限において、諸項が関係において蒙るような受動性、ないし不可避的制限を免れている。責任という〔こうした通常の関係とは〕比較不可能な関係においては、他者が同をもはや制限することなく、他者は、自分が制限するものによって支えられて堪え忍ばれている」(15)。この「自由と他者との共可能性は、それが他人への責任において現れている通りに受け取るならば」、有限な自由という概念に対して、自由を行使する領分の制限画定には単に起因しない意味を与えている。それも、「有限性においてそのように思惟された自由の備えている威厳を損なうことなく(16)」そうするのである。つまり、善への能力としての自由、さらにはこの自由の存在論的解釈がその頂点に達するところの悪への能力としての自由は、より高次の自由、すなわち善における自由かつ善による自由へと道を譲るのである。というのも、この当の善は、悪の対立物＝反対でも悪と同時的なものでもないからである。

第二節　存在の贖罪としての自由

主体は、どのような様態で自己から解放されるのだろうか。また主体の自由はどのようにして実現するのだろうか。繰り返すが、主体の自由は、作用ないし原理ではなく、自己による自我の規定、それによって主体が無限に自分自身と同等化してしまう存在論的運動ではない。したがって、主体の自由は、主格の主語〔主体〕に関する事実ではない。というのも、主観性は、「対格がもつ無制限の受動性であり、この対格は、主格から変化する格変化の続きにある対格ではない(17)」からである。次のことを強調しなければならない。すなわち、「すべては、ここから対格で始まる。それが、〈自己〉の例外的な条件――あるいは無条件――である(18)」ということである。そうであるなら、自己がそれによって自我から自分を解放する（s'affranchir）ところの自由は、まさにこの無-起源的な無条件とこの対格とから出発してはじめて意味をもつのではないだろうか。そして、まさにこの自分（*se*）という〔再帰〕代名詞の意義、意義性そのものであるこの意義から、自己が、倫理の次元において存在と自己とから自由になる仕方を記述すべきではないのだろうか。

もしすべてはここから対格（l'accusatif）で始まるのなら、さらに自由は、存在論的には自己自身から開始する能力であるなら、存在することを反転させる主体は、自分を告発する＝自らをくっきりと表す（s'accuser）ことによってでしか、自己自身から無‐起源的に解放されえないのである。「無‐起源的な解放。すなわち、主体は、自己への非同等性のなかで――自分を引き受けることも始源へと変転することもなしに――自分を告発する＝自らをくっきりと表す」。しかし、「自分を引き受けることなしに自分を告発する＝自らをくっきりと表す」とは、次のこと以外に何を意味するだろうか。すなわち、「蒙るという自分の能力＝容量を超えた感受性という蒙ることにおいて[19]」自分を告発する＝自らをくっきりと表すこと、能動性へは転換不可能な受動性において自分を告発する＝自らをくっきりと表すこと、受容能力――容量と力量――を越えた感受性という耐え忍ぶことにおいて自分を告発する＝自らをくっきりと表すことである。そして、この耐え忍ぶことは、こうした受容能力を超過し絶対的な仕方で告発する他人を耐え忍びながら、強迫的な迫害という様態で、他者を私のうちに表す。しかし、この他者は、私を疎外する他者ではない。というのも、私はこの他者に対して責任を負っているからである。したがって、自分を告発する＝自らをくっきりと表す主体は、自分の同一性を苛み、悔恨であるこの苛むことのなかで自己に拘る。あるいは、主体は、自己にとどまることも、エゴイズムが再び生じるような平衡状態――すなわち、自己自身との無限の同等性――を自己に見出すこともできないままに、自己へと送り返される。そして、主体は、炸裂や核分裂、非‐存在へ至るほどに、超越論的統覚の根源的に総合的な統一の粉砕不可能な中核を摩滅させるのである。「この中核は、閉じた堅固な中核であり、このなかで同等性と平衡状態とが常に打ち立てられるのは、外傷性と作用とのあいだである」。すなわち、「外傷性の受動性、ただし自分自身を表象することを妨げる外傷性、外傷性を〔意識の〕現在のなかで受けとめるはずであった意識の糸を切る、耳を聾する外傷性の受動性」[20]と、意識が、意識とは無関係なものを反省的に自分自身の形姿とすることで、意識の糸を結び直す作用とのあいだである。したがって、悔恨に苛まれる〔再び嚙むことで自分を嚙む〕（se-ronger du remords）こと――「自己を忘却すること、それも自己を嚙み〔摑み〕ながら（mordure）忘却すること」[21]――は、『精神現象学』がまさにそうであるような、あの意識の経験の学には同化できない。より一般的に言うなら、「自由に先立つ絶対的告発＝対格化が自由を構成し、この自由は、〈善〉と組み合わさって、一切の存在することの彼方、その外部に位置づけ〔られ〕るのである」[22]。

　主体は、自分よりも先立っているがゆえに自分の受容性を越えている蒙ることにおいて自分を告発する＝自らをくっきりと表す。こうした主体は、他人によって強迫された感受性において、つまりは、他人によって絶対的な仕方で、仮借なき仕方で告発された感受性において自分を告発する＝自らをくっきりと表すのである。主体が自分を告発する＝自らをくっきりと表すのは、主体がそれに関して告発されるところのもの〔他者〕に関してであり、〔その場合〕受動性と能動性は合致する。もし〈他人から蒙ること〉が、〈他人のために蒙ること〉から絶対的意味、自分の意味を受け取っているとするなら、身代わり――これを通じて、自我は、自分を告発しつつ＝自らをくっきりと表しつつ自分自身から解放される――は、忍耐と支え、すなわち主体〔下に置かれたもの〕となるのである。したがって、主観性こそが身代わりであるというわけではない。そうではなく、両者の決定的な違いとは、身代わりが主観性の新たな格変化ではないということにある。身代わりによって、自己は、sub-jectum〔基－体＝下に置かれたもの〕となる。しかも自己性と自由との関係を根本的に変えてしまうことによってそうするのである。身代わり、すなわち自己の手前へと自己が再帰することは、「それゆえ、反省を通じた自己による自己所有の自由でも、遊び＝戯れの自由でもない。この遊び＝戯れにおいて、私は、歴史というカーニバルの数々の仮面をかぶった幾多の変身を通じて、自分をあれこれのものと思い込む。際限のない「欠損」（déficit）を開示するために、他者から、すなわち私の諸能力の能動態〔資産〕の向こう側から到来した要請こそ問題である。この欠損〔赤字〕において、〈自己〉は惜しみなく――自由に――浪費される〔力を尽くす〕」。そして、即座にレヴィナスが付け加えるには、「存在することを支え堪え忍び、それを贖うある一点に、存在することの全き苦しみとその残忍が、重くのしかかっているのである(23)」。

　自己を〈存在すること〉から追放するほどまでに自己に重くのしかかる〈存在すること〉のこの残忍とは何だろうか。それは、互いに競争状態にある諸存在者がもつコナトゥス・エッセンディ〔存在することへの努力＝固執〕、それもハイデガーが「固執癖〔Sucht des Beharrens〕(24)」と名づけるものへと委ねられた諸存在者がもつコナトゥス・エッセンディにおいて作動している残忍である。この残忍は、諸々の自由な主体による〈存在の内にあること〉が帯びる残忍さであり、これらの主体は、自身の存在へのエゴイズムに固執しつづける。しかもこれらの主体は、固執しつづけるがゆえに互いに闘争状態となっている。つまりは、戦争を通じて取り集められているのである。「したがって、存在することは、戦争の究極の共時態である(25)」。存在することから自己のうちへと追放された自己、あるいは存在から超脱した自己、存在することとそれに属するものとのどんな関係ないし連関からも放免された自己は、存在することの全き残忍さを支え堪え忍び、贖う。というのも、存在の重みを背負った subjectum〔基体〕たる自己は、あらゆる者と全体とに責任を負っているからであり、全体とあらゆる者のことで苦しみ、全体とあらゆる者のために苦しんでいるからである。「〈自我〉の個体化ないし超個体化（surindividuation）〔個体化を超えた個体化〕は、自己のうちなる存在であるすべての存在のコナトゥス・エッセンディを分有することなしに、自己のうちに存在すること、それも自己の皮膚において、存在することである。個体化と超個体化は、私が、存在するものすべてに敬意を払っている（être *par égard*）からこそはじめて、私にとって、存在するものすべてに対して（*à l'égard*）存在することである。この個体化と超個体化こそが、存在の贖罪〔存在を贖うこと〕なのである」[26]。このことを要約代わりに言い換えるなら、自由に収まりきらない責任によって支えられた自由、それも〈存在すること〉の本質そのものである〈存在すること〉の固執を切断する自由こそが、存在の贖罪なのである。

超個体化は、コナトゥス・エッセンディの転倒、存在からの超脱であり、それは、表象可能な同一性にも存在論的個体化原理にも属していない。この超個体化という相のもとで実現するのが、自己による自我の拒絶不可能な解放と、責任を負った者というこの私の唯一性である。では、このような超個体化とは、私が身代わりになること以外に何を意味するというのか。「隣人への身代わりが生じるのは、まさに私が、身代わりになること＝私のもの（*mienne*〔substitution〕）としてなのである」[27]。もしこのように言うことが許されるなら、また主体の属性たりえないもの——〔というのも〕主体の唯一性は主体が〈存在すること〉の典型であることを排除する〔のだから〕——を〔あえて主体の〕形相的属性へと変換することが許されるなら、それは、私のもの性〔各自性〕（mienneté）である。つまり、この私が身代わりになることが含意するのは、責任を負っているのは、自我〔一般〕、すなわち概念である限りでの自我ではなく、この私だということである。実際、自我一般が身代わりだと言うのなら、それは、〔私ではなく〕他者〔一般〕が他人の身代わりにならなければならないと確言することになるだろう。また、身代わりとはまさに犠牲がそこから意味を受け取るところのものであるとするなら、「それは、人間の犠牲を説教として述べ伝えることになってしまうだろう」[28]。では、私が身代わりになることは、〈語られること〉の理念性によって即座にその否定が語られることとなしに、はたして語られうるのだろうか。答えは二様である。一方で、自我〔一般〕の概念は、この私にも当てはまる。ただし、それが責任――この責任ゆえに私は唯一者である――を意味する限りで、である。したがって、自我の概念は、逆説的にも、概念から逃れるものの概念、すなわち「概念を拒否することの忍耐」[29]を意味している。そして他方で、身代わりは、語られて、その後即座にその否定が語られることはない。責任を負い代替不可能な私が唯一者であり概念把握不可能なのは、概念把握することがまとめて摑むことである場合、そしてどんな概念も比較、反省、抽象を前提とする場合である。「私と諸々の他者に共通の自己性などない。私とは、比較が行われるやいなや、こうした比較可能性から排除されるものである。したがって、自己性とは、私を〈自我〉〔一般〕としてではなく私として選ぶような、正当化不可能な特権ないし選びなのである。私は唯一者であり選ばれし者である。この選びは、臣従による選びである。こうした概念化の最終的な拒否を概念化することは、この拒否と同時ではなく、この概念化を超越しているのである」。そしてこの超越は、「超越を概念化する考察からは分離されて――すなわち主観性の隔時性――」、〈即座に〉の同時性、すなわち〈語ること〉と〈語られること〉との同時性に位相差を生じさせる。この超越は、「隣人の近しさのなかへと私が入場すること」[30]である。というのも、超越が意味するのは、私の拒絶不可能な責任、あるいは「絶対的な仕方で死に至るほどに他人の――その過ちとその悲惨の――身代わりになろうとする拒絶不可能な自由」[31]だからである。

第十六章　〈語ること〉の真摯さ

第一節　体系と主体

現存在がそれによって自己の〈死ぬことができること〉を本来的に実現するところの先駆的覚悟性は、有限な自由であると同時に根源的真理である。ハイデガーは気遣いの自己性と時間性に関する解釈を〔『存在と時間』六十四節以降で〕始めるにあたって次のように強調する。「先駆的覚悟性の分析は、根源的で本来的な真理という現象に導いた。以前には、どのようにして、さしあたり大抵支配している存在了解が、存在を眼前存在という意味で概念把握し、こうして真理の根源的現象を隠蔽しているのかということが示された。しかし、もし真理が「在在する」限りにおいてのみ、存在が「与えられており」、しかも真理のその都度の様態にしたがって存在了解が変化するとすれば、その場合には本来的な根源的真理が、現存在の存在了解と存在一般の了解とを保証するはずである。実存論的分析の存在論的「真理」は、実存的な根源的真理に基づいて形成される」[1]。そして、もしこの実存的な根源的真理は、覚悟性、〈死へとかかわる存在〉、あるいは不安に襲われた自由であるとすれば、基礎的存在論の真理は、この不安に襲われた自由に依拠している。換言すれば、有限な自由が真理なのである。では、有限な自由を、拒否しえない無‐起源的責任とすることによって、有限な自由の意味を変更すること——「哲学者たちにとってかの有名な有限な自由とは、私が犯したわけではないものへの責任である」[2]——は、真理そのものの修正を帰結するのではないだろうか。真理と不可分である有限な自由が、もはや存在論的ではなく前‐存在論的であるなら、この真理そのものはどのような意味を帯びるのだろうか。また繰り返すが、真理のまさしく存在論的な様態から出発することなしに、どのようにして〔前‐存在論的〕真理に到達するのだろうか。

さて、出発点に戻ることにしよう。存在の全体性は、自己自身に現れる。この顕示（ostension）は、時間や意識として実現する。「真理は、存在の自己曝露、自己意識としてしかありえない」[3]。それゆえ、現象性は存在者にとって本質的であり、存在者は意識なしには不可能である。この意識に対して存在者は現れるからである。そのため、真理のなかに顕現する存在者の存在とこの真理そのものとは、顕現した存在者にも、それらを取り集める体系の諸特性にも、決して帰すことができない。したがって、存在者の現れと意識とに対する、現出する存在者の無関心というものがみられるのである。実際、この意識において存在者は現出し、意識は存在者を主題化して同一化している。「客観性という語は［…］この無関心を、それゆえ存在するもの〔存在者〕の存在そのものを表現している」[4]。逆に、顕現を受け取る意識は、射影的で幻覚的ないし単に歪曲的な形で、意識に現れるものの存在を触発することができない。というのも、意識は、まさしく存在の現れること〔自分を示すこと〕だからである。存在の関数である意識は、純然たる透明性である。そして仮にも意識が、存在の遊び＝戯れに属しているこの〔存在の関数という〕役割（office）を外れてその範囲外で、どのような仕方であれ「自分自身の利益のために」振舞うようなことにでもなれば、存在の〈存在すること〉は、当の意識によって混濁することになるだろう。したがって、客観性は、存在、あるいは〈存在すること〉の真理が実現する様態である。そして、知は、自ら主題化するものを侵害することがないのだから、「こうして知としての主観性は、客観性の意味に従属するのである」[5]。

　客観性や現象性は、現出者の何性としての内実や存在者的内実には属していないが、逆に、存在者の何性そのものは白日のもとに現れる。客観性は、特定の存在者に固有のものではなく、存在者に共通の存在を構成している。そして、各存在者の存在は、あらゆる他の存在者の存在でもあるのだから、存在が展開されるのは、必ず、諸々の存在者をそれらの総体において互いに関係づけるものとしてである。「現れる諸存在〔者〕の何性には、それら諸存在〔者〕の可視性と存在とが属性として刻印されていないとすれば、まさしくこれら諸存在〔者〕の集合、それらが共に現前すること――すなわち――新たな事象！――、それらの互いに対する措定――それらが互いに記号となる関係性――、諸存在〔者〕同士の相互の意義作用こそが、性質を備えた何性そのものが光のもとへと到来することに等しいのである。これらすべての意義や構造を体系のなかに改めて集合させること――理解可能性――が露開そのものなのである」[6]。したがって、了‐解すること＝まとめて、摑むこと（com-prendre）とは、「影なき真理の正午」[7]のなかで見えるようにする、ないし見えるがままにすることである。

　この〔新たな事象の〕新しさとは何か。それは何に由来するのか。それは、何よりもまず、世界性についての実存論的分析に由来する。この世界性において、存在者の存在は、もはや構成する主体と存在者との直接的関係のなかに探し求められることはなく、諸存在者を互いに結びつける意義連関のなかに探し求められるのである。「道具は、その道具性に対応して常に他の道具への所属にもとづいてある」[8]。ハンマーは、それ自体で、その何性において、すなわち、釘へと指し向ける〔送り返す〕ものとして、さらに釘自身、組み立てられる板等へ次々に指し向けるような、そのような釘へと指し向けるものとして発見される。こうした発見は、世界を、指示〔renvoi/Verweisung〕連関として、すなわち諸項間の関係性の体系、つまりは意義性としてあらかじめ発見することなしには不可能である。そうであるがゆえに、「全体性の体系的構造[9]」である理解可能性（intelligibilité）は、あらゆる主観的眼差しの侵入から全体性を保護することによって、この全体性を現出させるのである。しかし、もし意義が顕現の様態であるなら、そしてもし現出することと意義性とは一対となっているものであるなら、言い換えれば、もしある項の存在――レヴィナスは道具について語ってはおらず、単に項について語っており、それと同時に実存論的分析論と構造分析とのあいだの方法的共通性を強調しているのだが――は、他の諸項との関係のなかにあるとするなら、諸項の顕現とは、単に「眼差しに顕現した存在に眼差しが干渉することを拒否する仕方そのもの[10]」であるだけではなく、さらに客観性と真理とが実現する様態なのである。

意義性――理解可能性――は、それだけで〔独立に〕捉えられれば意義を失ってしまう諸項間の関係であると同時に、諸項の全体性の現れでもある。では、この諸項の全体性の内部にあって、いまだ諸関係の体系のなかに挿入されていないもの、あるいはもはやそこに挿入されることのないものについては、どうなるだろうか。当の問いを提起することは、次のことを認めることである。すなわち、「主観的眼差しに対する無関心は、諸項や構造、体系に対しても同じように保証されるわけではない」ということである。言い換えれば、措定されて同定され主題化されるということと、理解可能性という溢れる光のなかに客観的に現出することとは別だ、ということである。しかし、現れの炸裂が理解可能性とともに変化するのなら、「バラバラとなり、単に主題化された――現象は宣布的《ケリュグマ》ロゴスなしにも――現象学なしにも――可能である限りは——理解可能なものと、体系の理解可能性のあり方とのあいだのずれを考慮する［…］ことができる。つまり、ある主題の単なる曝露から、その理解可能性への移行について語ることができるのである。一方から他方へと移行する運動において、〔体系のなかに〕整序された諸構造を目指す際の、努力の必要性、躊躇——時間——を、幸運や不運を、見分けることができる。まさに理解可能なものそのものにおいて開かれたこの出来事によって、あるいはこの生成によって、主観性を理解することができるのである。この主観性は、ここでまた、存在の理解可能性から完全に思惟されることになるだろう」(11)。

主観性は、いかにして理解可能性としての現出することに寄与するのか。つまり、主観性は、絶対的に分離し超越した存在者の現出することでは原理的に決してない現出することに、いかにして寄与するのか。現象性は、互いに同時的、同期的、共‐現前的ないしは内在的な諸要素の整理（arrangement）と取り集めなしには不可能である。そして「現在、すなわち真理と存在との——真理における存在の——特権的時間は、同時間性そのものであり、存在の顕現は再‐現前化〔再‐現在化、表‐象〕である」(12)。また、もし再‐現前化が真理を規定するのなら、どんな意義も存在論的である。ところで、現前していないものを現前させる能力として理解された再現前化は、主体の能力である。この主体は、回収可能な時間の主体であるがゆえに、いまだ現前していないもの、あるいはもはや現前していないものを、自らの現在のうちに取り集めることができる。こうして主体は、孤立化して無意義で混濁したものを、共‐現前化したり、意義あるもの、現出するものにしたりすることができるのである。思惟することが常に、どのような仕方であれ、取り集めることであるなら、この思惟する主体は、「したがって——その探求の活動＝能動性やその自発性にもかかわらず——ある迂路として解釈される。この迂路を、存在の〈存在すること〉は、自分を整理するために、それゆえ真に現れるために、真理において現れるために辿るのである。理解可能性すなわち意義性は、存在の営みそのものの一部であり、存在することそれ自体（l'*ipsum esse*）の一部である。したがって、すべてが同じ側、つまり存在の側にある。こうした、存在することが委ねられている〔=頼る〕主体を吸収する可能性こそ、存在することの特性である。すべては、存在することのなかに閉じ込められているのである」[13]。そうであるなら、体系の統一性において互いを指示しあう（se signifier）諸項の複数性をこうして表象=再現前化することを、理性と名づけることができる。表象=再現前化する主体とは、この体系を操作する者〔オペレーター〕、もしくは体系に従事する者〔役人〕なのである。

第二節　「われここに」

理解可能性と顕現との関数であり、非人称的理性の関数たる存在の主体は、その存在を、存在の真理のみから受け取っている。主体とは、この存在の真理の番人である。こうした存在の主体には、「固有の厚み〔身を隠す奥行き〕がない」[14]。それゆえ、「主体の真実性〔誠実性〕（véracité）は、現前を前にして身を退ける=消失すること以外のいかなる意義ももたず、この再現前化=表象以外のいかなる意義ももたない」[15]。しかし、主体は、単に存在によって、その真理の場のようなものとして要請されるだけではなく、主体はさらに、この真理を、他人に伝達することによって語る者なのである。主体は、この真理を伝え、どのような仕方であれ、真理を証す。こうした者としては、主体は、存在が「――その有限性にもかかわらず、あるいはその有限性ゆえに――包括し吸収し幽閉する本質〔存在すること〕を備えている」[16]以上、常に存在のなかに包含されたままなのだろうか。間違いなくそうである。ただし、〈語ること〉が、現れるものに相応する命題を言明することである場合、また〈語ること〉、つまり顕現のなかの顕現=顕現を顕現させることが、〈語られること〉と相関的で、そこに吸収されてしまう場合、つまりは〈語ること〉と〈語られること〉のあいだには隔時性がない場合には、そうなのである。真理の前で身を退ける＝消失する主体が真実〔誠実〕であるのは、主体が透明で透き通っているからである。「主体の真実性〔誠実性〕は〈語ること〉の徳であろう。この〈語ること〉において、記号《シーニュ》――それぞれ独立した記号だけでは無意義なのだから――の発出は、記号内容《シニフィエ》、すなわち〈語られたこと〉に従属しているだろう。〈語られたこと〉は、今度は、現れる存在に対応するだろう。主体は――主体が仕えている〈存在すること〉の真理から離れるなら――いかなる意義の源泉でもないだろう。虚偽は、存在の有限性が、存在に払わせる代償でしかないだろう[17]」。

しかし、なぜ条件法〔「……だろう」〕で語るのか。それは、存在の主体に当てはまることが、必ずしも責任の主体に当てはまるわけではないからにほかならず、また、もし言語、〈語ること〉が存在の彼方で意義を表すとするなら、存在論的真理、すなわち露開と再現前化〔表象〕は、あらゆる真理の尺度ではありえないからにほかならない。無-起源的で非-志向的責任は、一切の文脈の外側で、一切の体系の外側で意義を表す。それが、いかなる主客の相関関係、いかなる主体と存在との相関関係にも属していないのは、それが意義性そのものだからである。「他者のための一者――すなわち、意義のなかの意義性そのもの！[18]」。このようにレヴィナスが書き、叫びをあげているとき、彼は、厳密に配列された彼自身の論の流れを、感嘆〔符〕によって中断している。この中断こそ、結局のところ、彼自身の論の内実そのものなのである。それゆえ、意義性の無起源性やその根源的隔時性は、「そこで存在が燦然と光り輝くところの共《シノ》-視《プシー》〔共時的な見ること〕という大いなる現在[19]」を、すなわち同一なるものの同一化としての、その真理における存在そのものである存在の取り集めを妨げる。こうした意義性の無起源性やその根本的隔時性によって、

「意義の意義性が機能するのは、再現前化＝表象の一様態としてではなく、不在が象徴的に想起されたものとしてでもない。つまり、現前の代わりや現前の欠落のようなものとしてではない[20]」。たとえ再現前化＝表象が――それは力能そのものであり、同の力能なのだから――どれだけ強力なものであったとしても、再現前化＝表象は、他人への責任を同化することができない。というのも、他人は、現在〔現前〕には通約不可能なものとして、記憶しえない過去のものとして意義を表すからである。存在から要請される主体とは異なり、〈他者のための一者〉の一者たる責任の主体は、存在することの進展及びその真理とからは除外される。そして、この除外ゆえに、「〈他者のための一者〉、あるいは意義――ないしは意味や理解可能性――は、存在のうちには身を置いていない＝休らっていない[21]」のである。

意味と、その意味によって意味をもつ存在とのあいだの通約不可能性――これこそ超越そのものである――がどのようなものであれ、存在の真理は、〈他者のための一者〉が結びついているところの真理からその意味を受け取っているはずである。そして、もし存在論的な主体の真理が、ロゴスや〈語られること〉と不可分であるなら、他人の人質たる主体の真理は、〈語ること〉のなかに探し求められなければならない。したがって、問題は、責任を負った主体が属している真理の筋立てを記述することである。責任は、可能な逃げ道――ここで可能性とはそもそも逃げ道そのものである――もなく、私に反して（malgré moi）応答すべき、拒否しえない召喚（assignation）として意義を表す。それは、身体の賦活としての心性や吸気＝息を吹き込まれること（inspiration）である、同一性における他性として意義を表す。そうであるなら、召喚は、「私のなかで、私に対して、他人から発せられた〔私の内なる他人によって私に及ぼされる[22]〕命令――これが身代わりである――として意義を表す。そして、「この休みなしに差し出された命令に対して応答しうるのは、「われここに」（me voici）だけである。「われここに」において、「私」（je）という代名詞は、あらゆる格変化以前に格変化した対格〔me〕、他者によって取り憑かれた対格となる。このような代名詞は、病にかかっており、同一的である(23)」。

しかしながら、他人への曝露であるこの「われここに」は、「隣人への自己の「引渡し」(extradition)」(24)であるが、それは、ある作用、ある「措定」(25)を含意してはいないだろうか。それゆえ、統覚の統一という破壊しえない核の回帰を含意してはいないだろうか。おそらくそうである。しかし、もし「われここに」そのものが、〔他者によって〕息を吹き込まれた（inspiré）〈語ること〉という資格で、受動性であり曝露のなかの曝露＝曝露を曝露することであるとすれば、この回帰は、最終的〔決定的〕なものではないだろう。「したがって、主観性が留保なしに意義を表すためには、他人への主観性の曝露のもつ受動性が、即座に能動性へと反転せず、今度はこの受動性が自らを曝露するのでなければならなかった。受動性のなかの受動性というものが必要なのであり、〈無限者〉の栄光のもとにあって、そこからもはや作用〔能動〕が再生することのありえないような、灰（cendre）のようなものが必要なのである。この受動性のなかの受動性、この他者への奉献、つまりはこの真摯さ（sincérité）こそが、〈語ること〉なのである(26)」。

この〈語ること〉とは何か。それは、常に存在に及んだり存在を支えたりする〈語られること〉を伝達したり共有することではない。そうではなく、それは、記号の贈与によって与えられた記号であり、どんな措定の支柱や実-体〔下に-立つもの〕をも焼尽する最上級の曝露である。それは、他者への一者の展示〔発見〕——裸出——であり、存在の真理たる存在への開示性よりも一層開かれた他者への開示性である。「「われここに」という言明が同定されるのは、自己を言明し委ねる声そのもの、意義を表す声に対してにほかならない(27)」。それは、純粋な意義性であり、「言語《ラング》以前の言語《ランガージュ》の本質そのもの(28)」である。この〈語ること〉において、嘘つきのパラドクスは全く有効性をもたない。この〈語ること〉は、〔嘘を含まない〕

真摯さである。「いかなる〈語られること〉も、〈語ること〉の真摯さと同等ではなく、〈真なるもの〉以前の真実性〔誠実性〕に相応しくなく、現前を越えた近づき、現前を越えた近しさの真実性〔誠実性〕に相応しくない[29]」。真摯さは、存在とその時間とに絶対的に先立っており、存在の共時性、すなわち現前に絶対的に先立っている。それは、「語を語ることのない〈語ること〉、無限に――意志に先立って――承諾する〈語ること〉[30]」である。こうした真摯さは、存在の真理ならざる真理からみて真なのであり、この真理なしには、存在の真理はいかなる意味ももたなくなるのである。というのも、真摯な〈語ること〉が意義性そのものだからである。「〈自我〉という究極の実体性の核を破壊する（fission）真摯さは、いかなる存在者的なものへも還元されず、いかなる存在論的なものへも還元されない。それは、一切の措定的なもの（positif）、一切の措定の彼方ないし手前へと導くように導いていくのである[31]」。

〈語ること〉が実現する真摯さとは、何を意味するのか。また、〈語ること〉と真摯さとは、「無限者の栄光」とどのような関係を取り結ぶのだろうか。あるいは、逆に、無限者の栄光は、どのような理由から〈語ること〉と真摯さとを必要とするのだろうか。〈語ること〉は、私を他人に従うよう命じる（ordonner）命令に応答する。私は、この他人から無限に分離している。それゆえ、「私が応答すればするほど、私はますます責任を負う。私が、その責を負っている隣人に近づけば近づくほど、私はますます〔隣人から〕遠ざかっていく。負債＝受動的なものがますます増大していく。それは、無限の無限性（infinition）としての無限者、栄光としての無限者である[32]」。とはいえ、以上のことをどう理解すべきなのか。まず、栄光とは、重くのしかかるもの、つまりなにがしかの価値を与えるものを指し示している。次にそれは、イスラエルにおける神の顕現を特徴づけるものである――「あなたは私の僕、イスラエル、あなたによって私は栄光〔輝き〕とともに顕現する[33]」、つまり、私〔神〕は、世界にはいないと同時に、世界に、世界のなかに顕現する。しかし、栄光が神の顕現〔テオファニア〕の一部であるとするなら、神の顕現は、すでにその彼性（illéité）をめぐって問題となった〔第九章第四節〕「根本的非‐正シサ〔非合致〕」なしには不可能である。ヤハウェは、彼に向かって、その栄光を自分にも示すよう求めるモーセに対して、次のように応えている。「見よ、一つの場所が私の傍らにある。あなたはその岩の上に立ちなさい。そして、わが栄光が通り過ぎるとき、私はあなたをその岩の裂け目に入れ、私が通り過ぎるまで、私の手であなたを覆う。次に私が手を離すとき、あなたは私のうしろを見るが、私の顔は見えない！」[34]。つまり、もし〔間接的にしか示されない〕栄光の現象学的次元ないし契機というものがあるとすれば、どんな意義も現示となるような原理には背く現象学、本質的に間接的な現象学こそが問題なのである。レヴィナスが現象とその光との関連で何度も述べているように、栄光とは、「意義性の過剰（*surplus*）」[35]である。「現在に対する外越（*excédence*）」[36]、「〈無限者〉の増大する過剰」[37]としての栄光は、逆説的にも、現象の過度の欠損であり、ある意味では、現象において、現象と対照的なものとして際立って現れる意義性であり、謎めいた仕方で現象からはみ出す意義性なのである。

第三節　証　し

ここでわれわれは、無限者の栄光と〈語ること〉の真摯さとのあいだの関係を明らかにすることができるだろうか。〈語ること〉を通じて、一者は、自己から他者へと引き渡される〔解放される〕ことで他者へと委ねられる。他人への私の責任は、自由な決意から帰結するわけではない。それはイニシアチヴの現前には遡行せず〔起源をもたず〕、責任が果たされるに従って無限に増大していく。したがって、無‐起源的なものである他人への責任は、無限なものとの関係である。この無限なものは、その無起源性そのもののゆえに、私が存在論的にはその構成的源泉たる現れを超え出ており、さらには、現象の彼方で意義を表すがゆえに、栄光に満ちた無限なのである。それゆえ、栄光に満ちた無限は、「現出することのなかに入る——つまり現象となる——ことはありえず、自分を内在のなかに含みいれることなしに主題化されることはありえず、また内在のなかで諸限界を受け取ることなしに主題化されることはありえない。したがって、こうした現出することの拒否が、積極的に言えば、他者への責任そのものなのである。この責任は、記憶可能な一切の現在にも先立っており、一度も現在とならなかった過去、一度も主体の自由とはならなかった過去から到来したものである。こうした責任は、他者、最初に到来した得体の知れぬ誰か、すなわち隣人へと従うよう私に命じる。このとき責任は、私に〔現出として〕現れることなしに、純然たる外傷性の結果として、つまりは闖入（effraction）として私のなかに入り込む。他者への私の責任とは、まさしくこうした、主題化‐不可能な〈無限者〉との関係なのである。この責任は、〈無限者〉の経験でもその証明でもない。責任は、〈無限者〉を証すのである」[38]。

では、証しが経験でもその物語でもなく——こうしたものは常に、現在と相関的であり、さらには現前と取り集めとの形式そのものである——、存在の露開や知の露開の一契機でもないとすれば、この証しということで何を理解すべきなのだろうか。私の責任は、無限者やその栄光、また現在に対する無限者の外越を証すのだから、私の責任とは、私が、自分を無限に他人へと開示することによって、他人に対して証すところのものにほかならない。そしてもしこの開示性が、どんな開示性をも超える誇張であり、つまり、最終的には身代わりとなる可傷性として実現する曝露のなかの曝露＝曝露を曝露することであるとするなら、この開示性こそ〈語ること〉そのものである。「〈無限者〉の栄光とは、可能な言い逃れ（dérobade）

なしに追い出された主体の無‐起源的同一性であり、真摯さへと連れ出された私である。この私は、記号の贈与そのものを通じて、すなわちこの責任を通じて、他人――私が責任を負う他人、その面前で責任を負う他人――に記号〔合図〕を送る（faire signe）。すなわち、「われここに」という記号〔合図〕を送る。どんな〈語られること〉にも先立つ〈語ること〉が、栄光を証す。それは真なる証しである。しかし、それは露開の真理には還元しえない真理の証しであり、現れるものについては何も物語ることのない証しなのである[39]」。

もし証しが〈語ること〉であるなら、それはどのような意味で真でありうるのか。あるいは、〈語ること〉の真理とは何なのか。他人への私の責任と他人へと従うよう私に命じる無限者とのあいだの関係が生じる仕方である証しは、私に秘密がない場合には[40]、一層真であり真実〔正直〕である。つまり、私が「「自己に関して」という暗い片隅の外に」いる場合、そして私に「逃走にうってつけの暗がりがない[41]」場合、私が開かれていて露になっている場合、要するに私が真摯である場合である。どんな語られた命題にもその痕跡があるような〈語ること〉を通じて、また私がそれに応答して責任を負う他者へと与えられた記号を通じて、「私は、この責任の召喚へと自分を曝露する。それも一切の秘密めいた残滓、一切の下心、言い逃れができるような一切の糸（trame）の緩みをも取り去る、燦然と輝く太陽のもとに身を置くようにして自分を曝露する。このような私は、すでに真摯であり、〈無限者〉を証している。しかもそれは、〈無限者〉を事実として記録することによってではなく、沈黙を断ち切ることによって〈無限者〉の栄光そのものを展開することによって、つまりは、自分は見るが自身は見られない主体たるギュゲス〔指輪の力で透明になることのできたと言われる逸話の中の古代の王〕の秘密を断ち切ることによって証すのである[42]」。真摯さとは、真理だが、それは認知でも自由でもない。それはむしろ核を一掃する裸出のなかの裸出であり、身代わりにして〈語ること〉である。こうした真摯さは、自発的なイニシアチヴには属しておらず、反対に、私はこの真摯さへと受動的に召喚ないしは強いられている。それも、こうした有様がたとえどれほど逆説的に見えることがありうるとしても、存在と〈語られること〉の真理と理解可能性とを特徴づける影なき正午とは異なる、まさに燦然と輝く眩い太陽の重みや栄光を通じて、私は、この真摯さへと受動的に召喚され強いられるのである。燦然と輝く眩い太陽が、存在と〈語られること〉の真理と理解可能性とを特徴づける影なき正午とは異なるというのも、当の太陽は、善の重み全体分、善の価値全体分の重さをもってのしかかってくるからである。つまり、存在論的主体の真理が、存在の真理に依存しており、それが存在の真理の表象＝再現前化でありその取り集め、つまりは存在の営みそのものであるのに対して、他人の人質たる主体の真摯さやその真実性〔正直さ〕は、無限者を決して表象＝再現前化しえないままに無限者を証すのである。そして、真理はもはや明証性でも露開でもなく、「〈無限者〉について＝〈無限者〉からもたらされた証し[43]」である。それは、無限者についての＝無限者からの（*de* l'infini）証しではあっても、無限者に向けての（*à* l'infini）証しではない。なぜなら、対象が主体に属すように、無限者が証しに属すというわけではないからである。むしろ、証しこそが無限者に属すのであり、ただ証しだけが、この無限者の無限性（infinition）そのものなのである。「証し――表象＝再現前化へは還元できない唯一の構造、存在の規則にとっては例外となる唯一の構造――があるとすれば、それは〈無限者〉についての＝〈無限者〉からの証ししかない。〈無限者〉は、〈無限者〉を証す者に現出するのではない。反対に、証しの方が、〈無限者〉の栄光に属すのである。まさに証す者の声を通じて、〈無限者〉の栄光は自らを讃える〔讃えられる〕のである[44]」。

第十七章　神という語

第一節　無限者の賛美〔栄光化〕

無限者を証すことは、無限者の栄光を証すことである。というのも、無限者は現在を尺度にして測ることはできず、その栄光は、現在から外越しているからである。したがって、無限者を証すことは、無限者を讃える〔栄光化する〕ことであり、この賛美〔栄光化〕は、他人への曝露のなかの曝露＝曝露の曝露としての私の〈語ること〉において、つまり「われここに」において、証す者の声を通じて実現する。レヴィナスは、デカルトの無限の観念――この観念において思惟は、自身が思惟する以上のものを思惟する――を引き合いに出しながら、次のように指摘する。すなわち、無限の観念は「栄光と現在との不均衡を表現し、この不均衡こそが吸気＝息を吹き込まれること（inspiration）そのものである」。さらに続けて彼は次のように述べる。「私の能力＝容量（capacité）を超過した重みのもとで、作用〔能動〕と相関的などんな受動性よりも受動的な受動性、すなわち私の受動性が、〈語ること〉において炸裂する。〈無限者〉の外部性は、ある意味で、証しの真摯さにおける内部性となる」[1]。

しかし、最も絶対的な外部性から、最も代替不可能な内部性へと、どのようにして転じるというのだろうか。それは、どのような筋立ての管轄のなかで行われるのだろうか。栄光は「私の〈語ること〉のなかで讃えられる〔栄光化される〕のであり、私の口づてで私に命令する」。この口が賦活されるのは、口もその一部である身体そのものを可能にする〈他者への贈与〉を通じてであるということを、もう一度言っておかなければならない。証しにおいて、命令は、まず能動的関与の対象となることなしに、また、あらかじめ言明されたり現前化されたりすることなしに、服従において聴取される。存在の規則に基づいて、表象＝再現前化は、あらゆる事物を規則正しくまとめあげるのであり、この存在の規則によって、あらゆる事物が表象＝再現前化に従って同調するのであるが、証しは、このような存在の規則に背く。したがって、存在の支配の規則を狂わせる（dérégler）証しは、「無－起源的〈無限者〉が、その始源を過ぎ去る〔始源以前へと過ぎ越す〕（passer）様態」、「〈無限者〉が、その栄光において有限者を過ぎ去る仕方そのもの、あるいは〈無限者〉が自分を過ぎ去る（*se* passer）仕方である」[2]。自分を過ぎ去る（*se passer*）ことが意味するのは、出来事として生じる（advenir）〔＝se passer〕ということであると同時に、この出来事そのものを通じて、またこの出来事において、どんな表象＝再現前化可能な過去よりも遠い過ぎ去った（passé）過去（passé）として、不可逆的に、すでに過ぎ去ったものとなる〔消え去る〕ということである。換言すれば、私は証すイニシアチヴを一度もとったことはない。そして、「証しという、〈語られること〉なき〈語ること〉は、主題のなかで展開される筋立てとは別の筋立てに従って意義を表す。つまり、ノエシスをノエマに結びつけたり、原因を結果に、記憶可能な過去を現在に結びつけたりするような筋立てとは別の筋立てに従って意義を表すのである」[3]。

　では、証しは、どのような筋立てに従って意義を表すのだろうか。もし証しが無限者を証明するものであるなら、「証しが結びつけるのは、絶対的に離れた者、すなわち〈絶対者〉に[4]」であり、いかなる〈語られること〉も同化し包含することのできないものにである。それは、〈語ること〉、ないし他人への責任が、その痕跡であるもの、つまりは彼性（illéité）なのである。〈彼〉の覆蔵性が、私を〈汝〉へと遣わすのと同様に、あらゆる経験を構成するノエシス＝ノエマ的相関関係がそこで炸裂するところの無限者の証し、すなわち真摯で真実〔誠実〕な〈語ること〉は、隣人への責任であり、最終的には身代わりである。身代わりは、繰り返すが、限界までもたらされた強迫や告発＝対格化なのである。それゆえ、他人への私の責任は、無限者が生じる＝自分を過ぎ去る〔消え去る〕（se passer）仕方、讃えられる〔栄光化される〕仕方にほかならない。「したがって、無限者が栄光をもつのは、主観性によってでしかなく、他者の接近という人間的出来事（aventure）によって、他者への身代わりによって、他者への贖罪によってである。主体は、彼性として現出せず現在にはない〈無限者〉によって息を吹き込まれるが、この〈無限者〉は、常にすでに過ぎ去っており、主題も目的も対話者ももっていないのである。こうした〈無限者〉は、主体を顕現させる栄光のなかで讃えられ、主体によるその栄光の賛美〔栄光化〕のなかで、すでに讃えられているのである――したがって、相関関係のあらゆる構造を破綻させる[5]」。

　このようなことがどのようにして可能なのか。責任を負う主観性は、無限者ないし彼性によって息を吹き込まれる。この息を吹き込まれること＝吸気は、主観性の心性そのものである。というのも、〈彼〉〔無限者〕は、一者を他者へと向かわせ、他者のために、と一者に命令するからである。それゆえ、無限者が讃えられる〔栄光化される〕のは、栄光や、主体からはみ出ることによって主体を顕現させる、意義性の過剰においてである。言い換えれば、無限者は、無限者が超過する観念において讃えられるのである。しかし、主体――この主体を、無限者は、有限者を過ぎ去ることによって、無起源的に顕現させる――が、他人への曝露たる主体の〈語ること〉によって、無限者について証すとしても、それも無限者が有限者とその現在を尺度にして測りえない以上、決して無限者を現れさせえないままに無限者について証すとしても、無限者が、一切の現前や表象、相関関係の彼方ないし手前で無起源的に顕現し讃えられるのは、まさしく証す者の声によってなのである。そうであるなら、無限者の栄光が顕現させる主体というのは、当の主体の〈語ること〉、それも息を吹き込まれた〈語ること〉が、現在からの無限者の外越を表すことで、無限者を讃える、そのような主体である。この無限者は、「私に関係し、私を取り巻く（cerner）」がゆえに、「私の声そのものを通じて私に命じる」のである。しかしながら、その際に、私の声を疎外する〔私の声の固有性を失わせる〕ことはない。というのも、私の声と、〔私の声という〕この仲介（truchement）を通じて私に命じる無限者とのあいだには、相関関係や共通空間というものがないからである。それゆえ、「無限に外的なものが、「内的な」声となる。しかし、この声が証すのは、〈他人〉に記号〔合図〕――記号〔合図〕の贈与そのものの記号〔合図〕――を送る、〔自我という〕内的な深奥の核が破壊されていることである」[6]。したがって、〈語ること〉だけが証すこの無限者の栄光は、倫理と不可分である。ただし、倫理という語を、「有限者と関係づけられた〈無限者〉という逆説が、この関係において〔無限ということと〕矛盾をきたすことなく描写する領野」[7]と解する場合にはそうなのであり、それゆえ、まさに倫理的筋立てのみに従ってこそ、証しは意義を表すのである。

　主観性を経由するように過ぎ去る無限者の栄光は、こうした外部性から内部性へと転じることにおいて、またこのように転じることを通じて、讃えられる。「他律から自律へとこのように転じることは、無限者が自らを過ぎ去る〔消え去る〕仕方そのものである」。しかし、〔他律から自律へと〕転じることによって、主観性はイニシアチヴや自発性を再び見出すように思われるのだが、こうした転換は、何を意味するのか。無限のもつ重みによって、私の受動性は〈語ること〉となる。栄光は、「われここに」と口に出す、この口に対して命令する。まさにこの「われここに」において、それが応答し服従するところの命令法〔命法〕が、無起源的に理解＝聴取されることになる。換言すれば、私は、私がそれについては何も知らない――知るということを、現前や表象＝再現前化という意味で厳密にとるなら――ような命令に服従しているのである。この命令は、良心や心のなかの法のように、「われここに」や証しとしての〈語ること〉のうちに刻まれており、他者のために身代わりとなることや他者のために存在から超脱することへと至る、曝露のなかの曝露＝曝露の曝露のうちに刻まれているのである。「命令（ordre）は、服従という〈他者のために〉のうちに刻まれている。すなわち、この命令は、意識という張り詰めた網の目をかいくぐって「泥棒のように」私の中に忍び込んだ無起源的触発（affection）であり、絶対的な仕方で私に不意に襲いかかった外傷性である。こうした命令は、一度も表象＝再現前化されたことがない。なぜなら、命令は、決して――記憶上の過去においてすら――現前しなかったからである。それは、このかつてない義務を、唯一――遅ればせながら――語るのは、私だけである、ということが示している通りである[8]」。

第二節　預言――始源と仲介

主体が、最初はあるもの〔無限者〕の媒介でしかなかったのが、次はその起源となるという、この状況は何を意味するのだろうか。それこそ、息を吹き込まれること＝吸気（inspiration）の可能性にほかならない。この息を吹き込まれること＝吸気とは、「〔私が〕私の知らぬ間に私に吹き込まれたものの作者である」ということ、「私がその作者であるところの者を、どこからかはわからないが、受け取った(9)」ということである。他者による同の賦活、「霊魂《プシケー》の気息《プネウマ》そのもの(10)」であり心性たる息を吹き込まれること＝吸気は、主観性、すなわち〈語ること〉たる他者への責任に対して、〔主体が無限者の媒介であると共にその起源であるという〕息を吹き込まれること＝吸気の見紛うことなき両義性を刻印する。さらに、この無限者の痕跡たる両義性が主体の主観性である。主体の主観性は、「始源と仲介という両者を代わる代わる繰り返す」のであり、この主体の主観性の「隔時的両価性《アンビヴァレンツ》〔両義性〕」は、その可能性を、無限者と有限者との関係なき関係から、つまりは倫理という関係なき関係から引き出している。――こうした両義性が主体の主観性であり、主体の〈語ること〉が意義を表すものは、同時的に了解されるものではなく、〈語ること〉に対して、無起源的に意義を与えられたもの〔として表されるもの〕である。あるいは、この主体という「かつてない〈語ること〉は、無‐起源的応答のなかに、他者への私の責任のなかに、謎めいた仕方で存在する(11)」のである。――こうした両義性とは、預言的主体の主体性である。

　実際、「われわれは、次のような変転を預言（prophétisme）と呼ぶことができる。すなわち、そこで、命令に気づくことが、この命令が意義を表す〔通達する〕こととそのまま一致するような変転である。それも、この命令が意義を表す〔この命令を通達する〕ことは、命令に従う者自身によってなされるのである。したがって、預言とは、いわば魂の心性そのもの、すなわち、同のなかの他なるものであろう。そして、人間の霊性（spiritualité）全体は、預言的なのである」。では、預言は、証しの実現の様態ではないのだろうか。預言の隔時的両価性、つまりその両義性は、無限者の栄光、その超越と啓示とによって必要とされるのではないのか。もう一度証しから始めよう。〈語ること〉、すなわち「直ちに対格で現前する「われここに」」において、私は無限者を証す。仮に証す者が、どのような仕方であれ、証される者と同時に存在するか、あるいは存在しうるとすれば、証しというものは存在しないだろう。「無限者は、それを証す者の眼前にいるわけではなく、あたかも現前の外側や「裏側に」いるかのように、すでに過ぎ去っており、手のひらをすり抜けている（hors prise）。それは、あまりに高次の秘匿された思考であるため、第一の序列に押し出されることがない[12]」。すでに示した通り、「われここに」は、「われを遣わしてください」を意味する＝「われを遣わしてください」として意義を表す。あるいは同じことだが、言い換えれば、それは「神の名のもとで〔ぜひとも〕われここに」を意味する＝「神の名のもとで〔ぜひとも〕われここに」として意義を表す。したがって、「われここに」だけでは、すなわち曝露のなかの曝露＝曝露の曝露と無限者の証したる〈語ること〉のなかの〈語ること〉＝〈語ること〉を〈語ること〉そのものには、神の現前への直接的な参照はない。「ごく端的な「われここに」！　神が初めて語と混交することとなる文言〔「われここに」〕のなかには、いまだ神という語はない。この文言は、決して「われ神を信ず」と言明されてはいない。神を証すことは、〔神という〕この尋常‐ならざる語を、あたかも栄光が主題のなかに宿りうるかのように、また栄光が定立として措定され存在の存在することとなるかのように、言明することでは全くない。他者へ与えられた、意義そのものの記号である「われここに」は、私と関わる〔私を見つめる〕人々のために、神の名のもとで私に意義を与える。その際、私の声色や私の所作以外、すなわち〈語ること〉そのもの以外、私が誰であるかを同定するものは何もない[13]」。

　預言と証しとの関係を記述するために、さしあたり、神が語のなかの語となった文言については横においておこう。無限者や善は、私の欲望とは無限に分離した欲望されるものである。もしこうした無限者や善が、〈語ること〉たる隣人への責任に向かって欲望を導くことによって、自ら惹起する欲望を好意〔善性〉によって屈曲させる（décliner）――「〈善〉の善性――熟睡することも居眠りすることもない――が、自ら呼び寄せる運動を促して（incliner）、この運動を〈善〉から遠ざけ、他人へと、そしてこのように〔他人を経由して〕もっぱら〈善〉へと差し向ける」[14]――のであれば、またもし預言が、そもそも表象しえない命令（ordre）、それも服従とともに、また服従において了解されることになる命令へと臣従することであるなら、預言的吸気＝息を吹き込まれることと無限者の栄光とは、同一の事後性（après-coup）の筋立てに従って結び合わさった諸関係として、意義を表すことは明らかである。無限者とそれを証す者とのあいだには、隔時性や錯時性がある。それは、あたかも、私に息を吹き込む者〔無限者〕と、私がそれでもその作者であるような〈語ること〉とのあいだに、隔時性や錯時性があるようなものである。つまり、命令は、服従において了解＝聴取され、他者によって息を吹き込まれることは、私自身の〈語ること〉において了解＝聴取されるのである[15]。では、存在や現象性、その知の彼方で、私の知らぬ間に、一切の相関関係の外側で、ほかでもないこの私を他人へと召喚するものを、彼性と名づけるとすれば、その場合、「〈無限者〉が主題化と対話という客観化を免れるのは、まさに預言においてこそであり、またこの預言においてこそ、〈無限者〉が三人称の彼性として」、すなわち倫理的仕方において「意義を表す[16]」。つまりは、「預言とは、純粋な証しである。純粋な、というのは、当の証しがどんな露開にも先立っているからである」。そして「〈無限者〉は、ひとが一般に命令を通達する（*signifier un ordre*）と言う意味で、意義を表す。すなわち、〈無限者〉は命じる（*ordonner*）のである[17]」。

第三節　語られることなしに意義を表すこと

以上のように、預言がどのようにして証しを実現するかについて明示したので、今度は神がどのようにして語と混交するようになるかを検討することにしよう。神が混交する語とは何だろうか。それは、〔聖書の〕章句が埋め込む＝固定するような語ではなく、哲学が活用させる（conjuguer）語である。したがって、「われここに」は、この言葉自体のそのままの出所である『イザヤ書』の一節から直接理解されてはならない。それはむしろ、この言葉が生じた、ないし出現した、哲学的言説から理解されなければならない。仮にそうでなかったとしたら、われわれは、なぜ、無限者が私に通達する命令について、また私が「われここに」によって応答する命令について、レヴィナスが、次のことを注意深く強調したのかが理解できなくなるだろう。すなわち、この命令は、「私の応答の原因ではなかったし、対話のなかで、私の応答に先行した問いですらない[18]」ということである。実際、まさに「誰を遣わすべきか。誰がわれわれに代わって行くだろうか」と問いたずねる主《アドナイ》の声に対して、つまりこの呼びかけに対して、預言者は、あたかも対話しているかのように、結果が原因に応答するごとく、すぐさま応答している。「私は言った。「われここに。われを遣わしてください[19]」」。確かに、ここでは、哲学的言説と、タルムードにかかわるユダヤ教的伝統やそれに続くレヴィナスによって解釈されるような聖書とが密接に関係づけられている。しかしながら、ユダヤ的特異性についての哲学、すなわち、イスラエルがその具体化であるようなある種の普遍性についての哲学は、必ずしも、ユダヤ哲学ではないし、さらにはユダヤ神学――仮にそのようなものがかつてあったと仮定してだが――ではないのである。ニーチェは、キリスト教についての哲学の例を挙げていなかっただろうか。つまり、全くキリスト教哲学ではないような、キリスト教についての哲学の例を。

彼性から意義を表す「われここに」は、哲学的言説のなかに現れている通り、現示や指示という様態で、彼性に直接差し向けられることはありえない。というのも、顔の由来である彼性は、存在と現象性との彼方を意味するからである。[20] だからこそ、無限者は、第一の序列に現れることはできないのである。ついでに述べておけば、そのことは、倫理〔学〕を第一哲学として規定することを無効にしてしまう。したがって、そこで預言的証しが実現するところの「われここに」は、神という語を伴ってはならない文言なのである。この文言にあって、神という語が語られることはないが、それにもかかわらず神は意義を表している。以上のことが、消極的にであるが、含意するのは次のことである。すなわち、初めて神が語と混交するに至った文言は、「われ神を信ず」という〔聖書的〕信仰〔告白〕(credo) ではなく、またそうではありえないということである。つまりそれは、主体が直接、神へと、神に対面するように向けられる言明ではなく、したがってロゴスと受肉を通じて、常に現前や存在論と結託している神学が依拠しうる言明ではなく、またそうではありえないのである。ところで、「証しとは、謙遜〔恭順〕であり罪の告白〔臣従の誓い〕(aveu) であり、それはどんな神学にも先立って行われるだろう[21]」。

しかし、神という語が〈語ること〉を語る文言〔「われここに」〕のなかには現前していないとするなら、それによって一切の〈語られること〉に先行する〈語ること〉が実現するところの「われここに」を、そもそも文言とみなすことなどできるのだろうか。この「われここに」は、〈語ること〉そのものを語る、〈語られること〉なき〈語ること〉であり、「言葉なき〈語ること〉」、とはいえ手ぶらではない〈語ること〉[22]」、つまりは純粋な真摯さなのであるが、それを文言とみなすことなどできるのだろうか。存在と λόγος〔ロゴス〕の彼方における＝彼方への開示性としての、真なるものに先立つ真実性〔誠実性〕、という言い回しなどありうるのだろうか。どんな文言も、差異化された語や記号を前提としているのではないだろうか。そして、こうした語や記号とともに、言語《ラング》の共時性――「普遍的共時性は、この〔言語《ラング》の〕相のもとで実現する」[23]――、存在の現前と現前としての存在、λόγος という語が語る取り集めといったものを、どんな文言も前提としているのではないだろうか。記号とその意義とを分節化する文言は、意義とその意義性とがあらかじめ開示されていることを必要としてはいないだろうか。すなわち、このような文言は、隔－時的なものとして、〔接続詞抜きの〕一切の並位と同じく一切の統辞法を断ち切る、〈語ること〉の真摯さを必要としてはいないだろうか。〈語ること〉は、自分がそこから自らを除外している言語《ラング》を語っている際、言語《ランガージュ》の起源ないし本質である。こうした〈語ること〉は、言語《ラング》を前提とする表現で記述されうるのだろうか。どんな文言も語られうるには頼らなければならない〈語ること〉は、どんな文言にも欠けているものではないだろうか。逆に、「われここに」を文言とみなすということは、〈語ること〉を〈語られること〉に連れ戻すことではないか。それは、〈存在するとは別の仕方〉と存在とを無限に分離している超越を還元＝縮減してしまうことではないだろうか。それは、神学を、それに先行しそこから逃れるもののなかに、もう一度、こっそり持ち込むことではないだろうか。われわれはここで、倫理〔学〕を第一哲学として規定するに際してすでに現れた困難に、再び出会ってはいないだろうか。この困難は、〈語ること〉のなかの〈語ること〉＝〈語ること〉を〈語ること〉と〈語られること〉とのあいだの諸関係に起因した困難であり、[24]〈語ること〉のなかの〈語ること〉＝〈語ること〉が、〈語られること〉の支配を免れうるかどうかという可能性に起因した困難である。

第四節 〈語ること〉のための語

しかし、こうした問いは、〈語ること〉を語る神という語、それも〈語ること〉のための語であるこの神という語が、単に、文言や〈語られること〉のなかに書き込まれうるということを前提としてはいないだろうか。ところで、神という語は、諸々の語が文言ごとに並ぶことで互いに混交しあうようにして、諸々の語と混交するのだろうか。反対に、神という語は、意義の統辞法を巧みに脱臼させることによって、他の意義と分節化しうる、ある意義のベクトル＝媒介者ではないだろうか。さらに言えば、証された意味であり無限者たる神は、〈語られること〉において言明されるとき、その超越を失うのだろうか。それとも、神は、謎めいた仕方で人知れず超越を明滅させているのだろうか。

この最後の問いは、この部分に限った局所的なものではなく、この問いがそこで提起される言説、この問いを提起する言説全体にかかわるものである。この問いは、言説の形式と内容とに関係しているのである。形式にかかわるというのは、意義が文言の言説的秩序を攪乱しうるのか、言説は、すべてを等しく言説の秩序のなかに帰着させることで終わることはないのかという問いこそが問題だからである。内容にかかわるというのは、ここで問題となっている言説が、まさに、無限者がいかに有限者を過ぎ去り、〈語ること〉と真摯さである預言的証しのなかで生じる＝自らを過ぎ去る〔消え去る〕かを主題としているからである。レヴィナスが、「以上のことが、〈倫理〉の筋立てと言語《ランガージュ》とを第一義的なものとしている当のものである――この言語は、諸々の作用のなかのひとつの作用には還元しえない言語である」(25)と述べるとき、彼がそれと同時に言わんとしていることは次のことである。すなわち、〈語ること〉としての言語《ランガージュ》と倫理とが、共に第一義的であること、さらには、控えめではあるが同時に決定的でもある命題として、意義性という〈他者のための一者〉は、倫理のなかに、その「活写」〔生き生きして強い印象を与える描写〕（*hypotypose*）」[26]を見出す、ということである。そしてこの存在の秩序に対する、〔言語と倫理の〕共に結びついた除外は、今度は次のことを含意している。すなわち、倫理は言語《ランガージュ》であり、言語《ランガージュ》は倫理であるということ、それも、その際、不可逆的に繋辞《コプラ》の意味を変質させているということである。

〈語ること〉と真摯さである無限者の証しが、「語や、語と対等となった主題へと、また〈語ること〉という血の滲む傷として曝露された開示性を〈語られること〉において隠蔽する主題へと、言語《ランガージュ》が分散してしまう以前の言語《ランガージュ》の意味」[27]であるとすれば、この証された意味が〈語られること〉において言明されるとき、一体何が起こるのだろうか。また神が語と混交し、「われここに」の背後ないし裏側で、神という語が、まるで以前から理解＝聴取されていたかのように、後で理解＝聴取されるときには、一体何が起こるのだろうか。われわれはそこに立ち止まることはなかったが、すでに見た通り、神は、「尋常－ならざる＝秩序を－外れた（extra-ordinaire）語」、さらには「途方も－ない＝規範を－外れた（é-norme）」[28]語である場合、何が起こるのだろうか。しかし、ここまでの研究の冒頭〔序論〕で提起された問いに立ち戻るなら、神という語は、いかなる点で秩序（ordre）と規範（norme）を外れるのだろうか。「尋常－ならざる語、この語だけが唯一、その〈語ること〉を消すことも吸収することもない語であり、単なる語にはとどまることのできない語である。〈彼性〉の〔〈語られること〉への〕転覆を馴致する神という語は、衝撃的な意味論的出来事なのである。〈無限者〉の栄光は、語のなかに閉じ込められ、この語において存在と化してはいるが、しかし〈無限者〉の栄光は、すでに語の家を解体しつつ前言を撤回している（se dédire）のである。繋辞《コプラ》から〈無限者〉は、諸々の属性を受け取った（しかも、まさにこの意味論的出来事（aventure）がここで主題化される瞬間に受け取る）のであるが、〈無限者〉の栄光が前言を撤回する際、〈無限者〉は繫辞《コプラ》そのものに存在を投じつつ無のなかに消失してしまうことはない」[29]。

証しや「われここに」や〈語ること〉から自分の意味を受け取っている神という語は、主題として捉えられ、神－学〔神の－論理〕を通じて言語《ラング》の同〔共〕時的秩序のなかに挿入されるときも、〈語られること〉とは通約不可能な〈語ること〉を語るのであり、一切の意義のなかの意義性としての〈語ること〉、存在するという動詞も含めたあらゆる語がそこから意味を受け取っている〈語ること〉を語るのである。そのとき、語とその現在の諸限界に立つ神という語は、あらゆる限界を超過する無限者を語る。この神という語は、固有名詞でも普通名詞でもない名〔詞〕であり、肯定と否定の彼方で意義を表すものである。というのも、この語は、存在の彼方で意義を表すからであり、語彙（vocable）と意義との連結を支配する論理－文法的規則には収まらないからである。文言には属しえないと同時に文言のなかに現前する神という語は、いかなる文言も語りえず包含しえないものを文言において語る。そして、それは、文言に現前する前に文言からは不在となる――これこそ謎そのものである。それゆえ、神という語は、それが語るものを、常にすでに撤回することなしには語ることができない。つまり、「われここに」とは、文言ならざる文言なのである。

この両義性は、何を含意しているのだろうか。それは、いかなる否定神学にもかかわっていない。というのも、現在と通約不可能な無限者による現在の否定は、最終的には身代わりとなる〈他人に責任を負うこと〉へと、積極的に私を強制するからである。「現前の拒否は、私の現在の現前へと転換する。すなわち、贈与として他者へ委ねられた人質としての私の現前へと転換する」[30]。逆に、神という語を包囲する例外的両義性、すなわちその〈語ること〉を吸収することのない〈語られること〉がもつ両義性は、哲学的言説の可能性を開くのであり、そこで、この瞬間に、主題化不可能なものが、主題的に語られ、おのれを裏切って表に出る（se trahir）のである。「この裏切り（trahison）〔表に出すこと〕のおかげで、語ることのできないものすらも、すべて現れる。そしてこの裏切りのおかげで、おそらくは哲学の課題そのものである、語ることのできないものを〔慎みなく言葉で〕明かすこと（indiscrétion）が可能となるのである。以上のことをわれわれはいまやよりよく理解する[31]」。

しかし、仮に〈語ること〉が証す無限者が、〈語られること〉においておのれを裏切って表に出る際、あらかじめ〈語られること〉へとかかわってはいないとすれば、哲学は、こうした〔語ることのできないものを明かすという〕課題を果たすことができないだろう。「したがって、意義そのものが現れるためには、主題化が不可避である。しかし、それは、そこから哲学がはじまる詭弁（sophisme）であり、哲学者が還元することを求められる裏切り〔表に出すこと〕である」。これは可能なのか。〔可能なら〕いかにして可能なのか。たとえそれがどれほど逆説的に見えようとも、この詭弁や裏切りは、現象学そのものである。それゆえ、還元は、もはや理論的自由による最高の営みではなく、〈語られること〉から〈語ること〉への遡行である。それは、〈語られること〉――それは、それでもなお、常に〈語ること〉の痕跡をとどめている――によって〈語ること〉を吸収ないし覆いつくすことを撤回することによってのみ実現されうるのである。「真摯さの痕跡ゆえに常に試みるべき還元。諸々の語そのものは、この痕跡をとどめている。そして諸々の語は、証しとしての〈語ること〉から真摯さの痕跡を受け取っているのである。それは、〈語られること〉が、〈語ること〉と〈語られること〉とのあいだで成立する相関関係のなかで〈語ること〉を隠蔽する場合ですらそうである。この隠蔽は、〈語ること〉が絶えず撤回しようとしている隠蔽であり、それこそが、〈語ること〉の真実性〔誠実性〕（véracité）そのものなのである[32]」。

したがって、こうした還元は、一切の〈語られること〉の両価性なしには実行できない。この語られることは、あれやこれといったものを主題的に意味するが、そこでは、記号の贈与、〈語ること〉、無限者の証しとしての「われここに」が、常に同時に、また〔主題的に意味するのとは〕別の仕方で意義を表しているのである。まさにこうした両義性をめぐって、レヴィナスの叙述全体は組織されているのだということを、いまここで思い出さねばならない(33)。ところで、この両義性は、「「神の名のもとで」一切の言語《ランガージュ》が鳴り響くこと」、「一切の言語《ランガージュ》の息を吹き込まれること=吸気ないし預言」以外に何を意味するというのだろうか。しかしながら、この預言や言語《ランガージュ》がもつ両義性は、「不完全な（boiteux）啓示のためのその場しのぎの策ではない。この両義性は〈無限者〉の栄光に属しているのである」。なぜなら、ただ謎だけが、超越を輝かせるからである。この超越の両義性こそ、まさに意義の体制《レジーム》である。そしてそれゆえに、超越は、「超越自身についての証明（démonstration）を中断しなければならない(34)」。しかし、この超越から、今度は還元が、その意味と可能性とを受け取ることができるのである。

第十八章　言語の誤用

第一節　〈語られること〉から〈前言撤回〉へ

どんな言語《ランガージュ》にも関係する預言の両義性に従えば、「私に到来する〈語ること〉は、私自身の言葉〔発話〕である」(1)。この両義性が意味しているのは、〈語ること〉が、それが〔私に〕到来する際の受動性にもかかわらず、行為〔能動〕であり、行為〔能動〕の主体は、固有の同一性を備えた者でもあるということではないだろうか。それは決して定かではない。なぜなら、現在とイニシアチヴにおいて、主体は、自己から＝自ずと自己へと立ち戻りうるが、責任ないし〈語ること〉の〈他者のために〉は、現在とイニシアチヴには属していないからである。しかし、「〈同〉のなかで同一化される同一性の欠損」である、責任を負った自己の唯一性とは、選びが今後その源泉となるであろうような同一性ではないだろうか。「新たなジレンマがある。それは、先行的な能動的関与なき責任――現在なき――起源なき――つまりは無‐起源の責任――したがって、〈他者のための一者〉という無限責任のジレンマである。他者とは、誰も他者のそばで責任ある私に取って代わることができずに、私に委ねられた他者である。この責任は、私に、選ばれし唯一者という新たな同一性を授けるのだろうか？　それとも、この排他的選びは、〈無限者〉の意義である限りで、私を、〈無限者〉の神的摂理《エコノミー》の一分肢へと連れ戻すのだろうか？」[2]。つまり、私は、たとえ選びによってであっても、同一者の同一化たる存在の一契機なのだろうか。それとも、私は〈無限者〉の一部＝パートナーなのだろうか。

　二つのテーゼないし言明を対置しているようなジレンマは、〈語られること〉のなかでしか意味をもたない。「それがジレンマないし二者択一であるのは、諸現象や〈語られること〉にとどまる場合である。諸現象や〈語られること〉においてひとは、立ち止まることができず次々と、〈無限者〉の肯定から、自我におけるその否定へと移行してゆく」。しかしながら、二つの命題間の反対関係だけでは、ジレンマとなるには不十分である。それに加えて、ジレンマはいずれにせよ、一方の措定と他方の否定とによって解消ないし決済されうるのでなければならない。だからこそ、ジレンマは、疑問形になっており、疑問符で終わるのである。では、〈語られること〉ではなく〈語ること〉にのみ属しているこの疑問符は、〈語ること〉における還元不可能な両価性、つまり謎でなければ何を意味するというのか。そして、〈私〉がその受領者たりうるところの筋立てに関わるジレンマに話を戻せば、「この〈語られること〉――神学者たちの一義的ロゴスとは反対に、〔〈語ること〉へと〕交互に入れ替わるこの〈語られること〉――に付される疑問符は、〈啓示〉の基軸そのものであり、〈啓示〉が明滅する光の基軸そのものである」[3]。

　この明滅はどのようにして生じるのだろうか。もし預言的〈語ること〉の謎が、「人間において話す〈神〉と、いかなる神にも頼ることのない人間とに関する」謎であるなら、この人間は、仲介であり、始源である。私が仲介である限り、私の〈語ること〉は、息を吹き込まれている。また、私が始源である限り、私はこの始源の作者であり、この作者性は、息を吹き込まれることの受動性に対する疑義や否定に相当する。〈語ること〉の預言そのもの、つまり「われここに」に属している隔‐時性の両価性は、〈無限者〉が過ぎ去る謎めいた仕方を意味している。それゆえ、「〈無限者〉の〈謎〉を通じて、私における〈語ること〉、すなわちそこでは誰も私に手を差し伸べることができないこの責任が、〈無限者〉への疑義となる。しかし、この疑義によって、すべては私の負担となる。その結果、この疑義によって私は、〈無限者〉の意図に従う〔意図のなかに組み込まれる〕ことになるのである(4)」。

私に他人への義務を無‐起源的に課す無限者は、謎として、現象性から絶対的に分離され、主題化に逆らう。では、この「謎」というものを、名づけること、すなわち、同一化し見えるようにし、さらに現れるようにして主題化することなどできるのだろうか。またこの「謎」を、預言的〈語ること〉がそこから秘密を引き出しているところの隔時的両価性と名づけるには、それと同時に、ただひとつの概念のなかに、この概念には取り集めえないものを取り集めなければならないのではないか。謎のための一つの語という、ものがあるのだろうか。〈語ること〉の両価性を即座に対象や主題とみなし、〈語ること〉の両価性から逃れてそれに無関心な傍観者となって張り出し部(position de surplomb)からこの両価性を無効にすることなしに、われわれがまさにそうしつつある、あるいは改めてそうしつつあるように、〈語ること〉の両価性を哲学的に扱うことなどできるのだろうか。レヴィナスは次のように問う。「したがってわれわれは、テオリア的次元の優位、存在することの優位、及び〈語られること〉の優位を乗り越えたのだろうか(5)」。

しかしながら、存在することと〈語られること〉は、同じ次元に書き込まれているのだろうか。意義を可視化するものは、この当のものが可視化するところの意義に、必然的に属しているのだろうか。〈語られること〉が、存在することにならって、顕示であるからこそ、〈語られること〉は、存在することと外延を同じくするとみなされるのではないだろうか。それは、「思惟されたものを存在することと想起とに限定するごまかしの源泉[6]」ではないだろうか。そして、「哲学は、それなりの仕方で、その理論的〔テオリア的〕本質にもかかわらず、ある種の交替（alternance）や両義性――その召命の謎――のなかに置かれたとき、ときには哲学自ら聴取する反省によって提示された存在論的示唆及びスタイルを究極のものとみなしたり、ときには――そして即座に――こうした存在論的示唆及びスタイルを、思惟された意味の可視性にとって必要な単なる形式とみなしたりするような自由をもってはいないかどうか[7]」と問う必要はないだろうか。

しかし、こうした還元の可能性と一つになるような自由があることを裏付けるのは、次のこと以外にはない。すなわち、「〈語られること〉の共時性において主題的に現れるものは、〔…〕一つに集めることのできないものの差異として前言撤回され〔語り直され〕、そして私から他者へと向かう〈他者のための一者〉として、〈語られること〉（Dit）から〈前言撤回〉（Dédit）へと――隔‐時的に――移行する差異の顕示そのものとして、意義を表す[8]」ということである。したがって、〈語ること〉の〈他者のための一者〉の真摯さ――真摯さは、ここでは真理の名である――を通じて、〈語ること〉は、〈語られること〉によって〈語ること〉が隠蔽されることに抗し〔前言撤回し〕、そうして〈語られること〉を〈前言撤回〉から分離する合間（entre-temps）で、共通の基底なき〔両者の〕差異を――断続的に輝く光として――明滅させるということである。

責任は〈語ること〉の真摯さから実現するがゆえに、還元の自由を背負っているが、もしこうした還元の自由が理論的〔テオリア的〕ないし存在論的ではないとしても、やはり〈前言撤回〉は、依然〈語られること〉であり、有意味なもの（le sensé）の存在論的体制《レジーム》は、こうした体制《レジーム》に従ってその規則を守り続ける言説において、またそれによって、問いに付される。「意義、隔‐時性、存在の彼方への近づきの超越について、われわれが目下展開している当の言説――哲学であろうとしている言説――は、諸項の共時化であり主題化であって、それは、体系的言語への依拠、存在するという動詞を絶えず用いることであり、このことは、存在の彼方で思惟されたと称する一切の意義を、存在の懐のなかへと連れ戻す。しかし、われわれは、こうしたごまかしに騙されてしまうのだろうか。哲学の誕生以来懐疑論に突きつけられてきた反論と同様、こうした〔われわれの主張に対する〕反論は容易である」(9)。

どのような哲学の誕生の規定によって、したがってどのような哲学の本質の規定によって、懐疑論を、哲学の誕生と同時期のものとみなすことができるのかという問いは横に置こう。強調すべきは、次の点である。すなわち、〈存在するとは別の仕方〉をめぐる言説の身分についての問い――この問いは、〈語ること〉の謎が、〈啓示〉の基軸として、あるいは〈無限者〉が過ぎ去る仕方として理解されない限り、その十全な意味を受け取ることができなかった問いである――は、言語《ランガージュ》についての思惟が自分自身の言語《ランガージュ》〔の問題〕に逢着する不可避の瞬間を画すのだが、こうした問いは、最終的には、〈語られること〉へと〈語ること〉が吸収されてしまう前に〈語ること〉へ到達しうるのかどうかという問い、神という語を、存在論的出来事（aventure）とは独立に理解しうるのかどうかという問いである。こうした問いこそ、レヴィナスの企図がもつ意味そのものにかかわっているのである。

哲学は、懐疑論に対して、その一貫性のなさを非難してきた。この反論は、諸々の言明〔内容〕（énoncé）の意味を、その言明行為（énonciation）の諸条件に対置することである。例えば、直接的であれ間接的であれ、絶えず存在の体制《レジーム》に頼ってその主権性を確認し、またそうせざるをえない言説のなかにありながら、当の存在の体制《レジーム》を問いに付すことは、矛盾ではないだろうか。おそらく矛盾である。しかし、この議論は、言明〔存在の体制《レジーム》を問いに付すという言明内容〕と言明行為〔存在の体制《レジーム》に頼って行われる言明行為〕との同時性、相関性を前提とし、〈語られること〉と〈語ること〉との共時性、つまりは、まさにいま問題となっている、意味の存在論的規定を前提としている。ところで、レヴィナスによれば、「われわれの論述全体は、次のことを問う点にある。すなわち、主観性は、〈語られること〉とは異質であるにもかかわらず、言語《ランガージュ》の誤用によって言明されるのではないかという点である。この言語《ランガージュ》の誤用によって、すべては、〈語られること〉という〔慎みなく〕明かすことにおいて現れる。つまり、この言語《ランガージュ》の誤用によって、すべては、確かに自分の意味＝方向を歪曲する〔裏切る〕（trahir）ことによって現れることになるが、それは、哲学が還元するよう求められている歪曲＝露呈（trahison）によって現れるのである。この誤用を正当化するものこそ、〈無限者〉が過ぎ去る近しさそのもの――このことは改めて示すべきだが――である(10)」。

第二節　哲学的言説

〔〈語ること〉や神という語を存在論とは独立に理解しうるのかどうかという〕この問いの定式は、どのような点で懐疑論への反論を退けるのだろうか。一方で、存在論的な〈語られること〉は、存在の彼方のもつ意義を廃棄することはない。というのも、前述の意義を、存在の彼方においてあらかじめ了解しておくことなしには、その意義を廃棄すると主張することなどできないからである。他方で、特に、「存在の彼方――当然それは存在しないのだが――のもつ意義を危険に陥れるにちがいない矛盾は、第二の時間なしには、つまり、この意義を言明する言明〔内容〕の条件についての反省なしには、無効である(11)」。したがって、まさしく、遅ればせに、つまり一度反省の時間が過ぎてから、矛盾は顕れる。「矛盾は、同時に置かれた二つの言明のあいだで生じるのではなく、言明とその諸条件とのあいだで、それらがあたかも同時であるかのようにして生じるのである」[12]。そうであるなら、この位相差が意味するのは、次のこと以外にはないだろう。すなわち、「存在の彼方の——神の名の——言明〔内容〕は、当の言明行為の諸条件のなかに閉じ込められたままになることはない」[13]ということであり、懐疑論への反論は、このことによって自分の根拠を失うということである。逆に、神という語の言明〔内容〕と、その言明行為の諸条件とを分離し、責任や近しさの筋立てが結ばれる仕方にほかならない不可逆的隔時性は、前言撤回されることなしには語られえず、自ら言語の誤用とその是正＝還元とに訴える。それゆえ、哲学が従わなければならない方法は、取り押さえるべき事柄そのものによって、すなわち存在の彼方によって、あらかじめ規定されているのである。レヴィナスがまさにこのことを語っているのは、彼が、哲学は、「その〈語ること〉とその〈語られること〉とが絶えず入り込む結合」を破壊することなしには、〈語られること〉以前の〈語ること〉へ到達することはできないと明示した後、この両者の分離の「らせん状となった」運動を記述しながら次のように続けるときである。「〈語ること〉を断念すること（abdication）は、〈語られること〉そのものにおいて生じるとはいえ、それでもなおこの〈語られること〉は、〈語ること〉を断念することに抗いながら、こうして隔時性を手放すことがない。この隔時性において精神は、息を止めたまま、〈別の仕方〉の反響を聴き取るのである。前‐根源的〈語ること〉が賦活する〈手前〉や始まり以前のもの（préliminaire）は、とりわけ現在と顕現を拒絶する。あるいはそれらに同意するとしても、それは思いがけない出来事としてでしかない。語りえない（indicible）〈語ること〉は、〈語られること〉に同意し、誤用された言語《ランガージュ》によって下女のように〔慎みなく〕明かすことに同意するのである。誤用された言語《ランガージュ》は、語りえないものを曝し、あるいは冒瀆するが、それは、ただ還元されるがままに任せるのであって、超越者の謎やその両義性のなかにある語りえないものを打ち消すことはない。というのも、超越者の謎やその両義性において、息切れした精神は、遠ざかっていく反響を耳元にとどめるからである(14)。つまり、「言語《ランガージュ》の〈語られること〉が常に存在について語る(15)」としても、〈語られること〉は、常に存在しか語らないというわけではない。というのも、言明と言明行為の諸条件とのあいだの位相差のおかげで、言語《ランガージュ》は、〈存在するとは別の仕方〉、すなわち神の名、神という語を語るからである。

しかし、なぜ語りえない〈語ること〉は、存在論的に語られることに同意するのだろうか。そして、なぜ語りえない〈語ること〉は哲学を必要とするのだろうか。第一に、次のことを想起すべきである。すなわち、〈語られること〉における〈語ること〉の顕現は、「〈語ること〉固有の意義を永久に「捻じ曲げる」(fausser) わけではない(16)」ということである。というのも、命題論的命題は、他人に賦与された意義性としての命題の痕跡をとどめているからである。しかし、第二に、仮にこの顕現が、〈語ること〉に内属する必然性に、したがって他人への責任に内属する必然性に対応してはいないとすれば、〈語ること〉は〈語られること〉において顕現することはありえないだろう。「――光以前にある倫理の奇跡――この驚くべき〈語ること〉は、〈語ること〉を不意に襲う数々の問いの重大さそのものを通じて、白日〔光〕のもとに曝されなければならない。〈語ること〉は、存在することとして展開され、そこに取り集められているはずである。それは、意識と知において、措定され、実詞化され、アイオーンとなり、見えるようになって存在の支配を蒙るはずである。この支配は、〈倫理〉そのものが、その責任という〈語ること〉において要求する支配である。しかし、現れた光が、存在することの彼方を、存在することへと硬直させることのないように、またアイオーンの実詞〔化〕＝位格が偶像としてはびこることのないように、〈語ること〉

は、哲学に頼ることもまた必要である。哲学は、この存在の支配を和らげることによって、この――存在することとして示され物語られる――驚くべき出来事（aventure）を理解可能にしてくれるのである。自然の摂理に抗する哲学者の立場とその努力とは、〈手前〉を示しながら、〈語られること〉と現示とにおいて勝利を得るアイオーンを即座に還元することにある。と同時に、哲学者の立場とその努力とは、この還元にもかかわらず、〈語ること〉が次々とそれを肯定したり取り消したりするところの〈語られること〉を、すなわち、還元された〈語られること〉の反響を、両義性という相のもとで――隔‐時的表現という相のもとで――保持することにある[17]」。

では、存在の支配を必要とするほどまでに、〈語ること〉と責任とに重くのしかかるこれらの問いとは何であろうか。そして、仮に存在論的な〈語られること〉が、語りえない〈語ること〉からは派生しないとするなら、この問いの重みのもとにあって、語りえない〈語ること〉は、どのようにして存在論的な〈語られること〉に同意しうるだろうか。あるいは、より正確に言えば、〈無限者〉や神を証す〈語ること〉が、言語《ランガージュ》の誤用によって現れる以上は、「〈無限者〉が過ぎ去るところの近しさそのもの」は、どのようにしてこの誤用を正当化するのだろうか。

一般的には、語に対して歪められた意味や不自然な意味を与えるとき、言語《ランガージュ》の誤用や語の誤用というものが生じる。しかし、ここで、〔言語の誤用という〕この概念は、ある特定の語に関するものではもはやなく、それは、〈語られること〉の無‐起源的起源たる〈語ること〉に関連する〈語られること〉である限りでの言語《ランガージュ》にかかわるものである。レヴィナスが、一度、「言語の誤用という概念は、徹底して（avec force）思惟されなければならない[18]」と述べたとき、この「徹底して」というのは、言語《ランガージュ》の本質そのものと関連づけて、という意味である。そして、実際、語りえない〈語ること〉を語ることは、〈語ること〉

の意味を必ず歪める〈語られること〉においてでしか可能ではない。確かに、こうした歪みは還元＝是正されうるが、〈前言撤回〉〔語り直されたもの〕という形式をまとった還元は、その可能性を、根源的誤用から受け取る。この根源的誤用を通じて、〈語ること〉は、われわれの前で翻訳＝表現され自分を歪曲＝露呈し、さらにそれと引き換えに、還元は、根源的誤用の必然性を確証するのである。

　言語の誤用がこのように理解されるとすれば、言語の誤用は、レヴィナスの企図全体の基軸となるのではないだろうか。明らかにそうである。一方で、〈他者のための一者〉としての〈語ること〉の意義性を、すなわち存在することの彼方の意義性を記述することを課題としている〔レヴィナスの〕哲学的言説の可能性は、まさしくこの誤用にこそ依拠している。他方で、この誤用は、その正当化を近しさに見出しており、倫理〔学〕は自ら存在論に頼っているのだから、まさにこの誤用において、この誤用によってこそ、〈存在するとは別の仕方〉と存在そのものとの関係が取り結ばれるのである。しかし、このことによって何を理解すべきだろうか。存在論的理解可能性から倫理的理解可能性へと遡行する（remonter）ことが無駄となるとすれば、それは、有意味なものの存在論的体制《レジーム》が——非常に形式的に表現すれば——有意味なものの倫理的体制《レジーム》の一特殊例にすぎないことを示すことによって、〔遡行の後に〕倫理的理解可能性から存在論的理解可能性へと改めて下降して（redescendre）倫理的理解可能性を正当化することができない場合である。つまり、「存在を、存在とは別のものから理解しなければならない」[19]のである。そして、〈語ること〉と〈語られること〉との関係が反転する言語の誤用が、無限者の過ぎ去る近しさによっていかに正当化されるかをレヴィナスが示そうとしたとき、倫理〔学〕がなぜ存在の支配を要求するかを説明することが問題であるだけではなく、あくまで形式的に表現するなら、先に破壊されたもの〔存在論的理解可能性や体制《レジーム》〕を、〔倫理的理解可能性や体制《レジーム》の〕特殊例として再構築すること、またそれを、批判が一般的規則として実証的＝肯定的に明らかにしたもの〔倫理的理解可能性や体制《レジーム》〕から再構築することこそが問題なのである。ある批判の強度と妥当性は、まさしくこの批判が許容しうる再構築に即してこそ、測定される。そして、存在の正当化だけが、唯一、〈存在するとは別の仕方〉の証明に相当するだろう。

第十九章　第三者の介在

第一節　デュオか、それともトリオか

では、他人への責任は、存在の彼方で意義を表すにもかかわらず、なぜ、またいかにして存在を頼りにするというのだろうか。なぜ〈語ること〉は、〈語られること〉において〈自らを裏切って〉表に出ることになるのだろうか。そして、言語の誤用のおかげで、われわれは哲学的言説を享受しているのであるが、どのようにしてこの言語の誤用が正当化されるのだろうか。「真理と存在することとの秩序＝次元（ordre）が——目下の論述そのものがこの秩序＝次元のなかにあると考えているが——、西洋哲学の第一位におかれているというのは、偶然でも、下らないことでも、また不当なことでもない。近しさ、〈語ること〉の純粋な意義、存在の彼方という無‐起源的〈他者のための一者〉は、なぜ存在へと帰っていくのだろうか。つまり、なぜそれは、存在へと、存在者同士の結合へと、すなわち〈語られること〉において現れる存在へと

することへと転落してしまうのだろうか。われわれが、存在することを、その天界（Empyrée）の上に求めに行ったのはなぜなのだろうか。なぜ知なのか。なぜ問題なのか。なぜ哲学なのか」[1]。

責任は、これまで常に、一人の他者と関連づけられた〈他者のための一者〉として記述されてきた。確かに、身代わりの分析は、〈一人の他者のための一者〉から、〈あらゆる他者のための一者〉へと移行した。しかし、われわれが強調した通り〔本書第十三章第一節〕、この単数から複数への移行は、それが実現された時点では、いまだ正当化されないままにとどまっている。というのも、もう一人の隣人としての、隣人とは別の者は、この移行においては考慮されていなかったからである。〔隣人とは別の者という〕第三者が明示的な仕方で介在したとき、またこの第三者とともにあらゆる他者が介在したとき、一体何が生じるのだろうか。「仮に近しさが、ただ一人の他人にのみ私を向ける〔ただ一人の他人にのみ従うよう私に命じる〕とすれば、「問題はなかっただろう」――〔問題という〕語のいかなる意味においても、最も一般的な意味においてすらそうである。問いが生まれることも、意識＝良心や自己意識が生まれることもないだろう。他者への責任は、問い一般に先行する直接性、すなわち、まさしく近しさである。他者への責任が狂わされて問題化するのは、第三者が介入してからである[2]」。

どのようにしてそうなるのだろうか。第三者は、隣人とは他のものであり、別の隣人、さらには――とはいえ誰が次のように言えるだろうか、他人か、それとも私だろうか――、「〈他者〉の隣人であり、単に〈他者〉に似た者〔〈他者〉の同類〕ではない[3]」。他人と私とのあいだに介在する「第三者は、〈語ること〉に、ある矛盾を持ち込む。〈語ること〉の意義は、そのときまでは一方向に進んでいたのである。それは、本質的には、責任の限界であり、私は正義をもって何をしなければならないのか、という問いの誕生である。良心＝意識の問いの誕生である。必要なのは、正義〔裁判〕、すなわち、比較、共存、同時性、取り集め、秩序、主題化、諸々の〔複数の〕顔の可視性（*visibilité* des visages）、したがって志向性と知性（intellect）である。さらに、この志向性と知性に基づく体系の理解可能性であり、それゆえ法廷に立っているような、対等な共現前でもある。それは、共時性としての存在すること、すなわち〈ひとつの場所に共にあること〉である」[4]。したがって、まさしく第三者の関数としてこそ、また意義、近しさ、ないしは〈語ること〉からこそ、「認識と存在すること、すなわち〈語られること〉の密やかな（latente）誕生」[5]が辿り直されなければならないのであって、それと同時に、哲学的言説が属しているところの言語の誤用が正当化されなければならないのである。「密やかな誕生であるというのは、それが、まさに起源の手前で、イニシアチヴの手前で、またたとえ記憶によるものであれ指示可能で引き受け可能な現在よりも手前で誕生するからである。すなわち、それが、自分自身の現在よりも以前の錯時的誕生であり、非‐始源、無起源だからである。だからこそ、それは密やかな誕生であって——決して現前ではない」[6]。つまり、問題は、存在することとしての ἀρχή〔アルケー〕に関する無‐起源学〔非‐考古学〕（an-archéologie）のようなものを試みることなのである。

第三者は、〈語ること〉においてどのような矛盾を持ち込むのだろうか。もし〈語ること〉が不可逆的な〈他者のための一者〉であり、非対称的で一方向的であるなら、それも、この方向、こうした方向づけの唯一性が、主観性——私の主観性——を無制限の責任〔無限責任〕として特徴づけるに至るとすれば、第三者の介入は、無制限の責任を制限することを意味し、〔他者と一者の〕方向を反対に向けること、あるいは方向を交互に向け替えること（alternance）を意味する。そうであるなら、こうした方向の向け替えは——しかも私にとって——次のようなひとつの二者択一（alternative）である。私は、〔他者と第三者の〕誰に対して優先権を与えなければならないのか、あるいは、誰に対して優先的に与えなければならないのか。

そしてそれはなぜなのか。正義は、私に何を命令するのか。そして正義〔裁判〕は、通達〔予審〕、出廷、審議〔決議〕なしには行われえないのだから、正義が含意しているのは、取り集めと意識であり、存在することと共時性である。すると「存在することとしての存在は、正義の関数である[7]」と言ってもよいほどであり、存在は、必ず近しさの意味の変化を伴うと言ってよいほどである。ついでに述べておくと、この変化によって、空間の密やかな誕生が成就する。実際、もし「他者と第三者は、互いに同時に存在し、共に私の隣人であるがゆえに、私は、他者と第三者それぞれから離れてしまう[8]」とすれば、近しさは、こうした隔たりを伴っており、「同時性ないし共現前である正義によって仮定された空間は、〈他者〉への私の責任がもつ意味に属している」。それゆえ、近しさは隣接性（contiguïté）となり、まさしく「数々の他者が宿るものとして、空間の前‐幾何学的形相は記述される[9]」のである。

しかし、もし第三者が、〈語ること〉の〈他者のための一者〉のなかに矛盾を持ち込むとすれば、第三者は、どのような様態で〈他者のための一者〉へと持ち込まれるのだろうか。どのようにして第三者は〈他者のための一者〉に介入するのだろうか。レヴィナスが、「第三者の介入」について語りながら明示しているのは、第三者の介入が、「事の成り行き[10]」だけで〔単に仕方なく〕責任を補うような「経験的事実」ではないということである。彼は次のように続ける。「他者の近しさにおいて、他者とは別のあらゆる他者が私を強迫する。そしてすでに、この強迫が正義を強く訴えるのであり、尺度と知を要求する。こうした強迫は、意識である。顔が強迫し現れるのは、超越と可視性／不可視性とのあいだ〔超越と可視性とのあいだと同時に、超越と不可視性とのあいだ〕である。意義は、正義において意義を表すのだが、それと同時に、自分自身よりも古く、〔一般的な意味での〕正義〔公平〕の含意する平等性よりも古い正義は、当の正義を、他者に対する私の責任へと移し入れ、私がその人質であるところの者〔他者〕と私との不平等性へと移し入れる

（passer）のである。〈他人〉とは、はじめから＝一度に（d'emblée）あらゆる他の人間にとっての兄弟である。私を強迫する隣人はすでに、比較可能であると同時に比較不可能な顔であり、唯一の顔であると同時に諸々の顔と関係する顔である。この〔見えない〕顔（visage）は、正義を配慮するときにはまさしく見えるもの（visible）となるのである」[11]。

　したがって、第三者は、あたかも不意を突くようにして、〔一対一の〕対面（face-à-face）を妨げにくるわけではない。なぜなら、隣人は、唯一の顔であると同時に、あらゆる顔がその顔をそこでのぞかせる顔である以上は、あらゆる顔は常にすでに現に〔そこに〕あったからである。さらに、もし隣人が「どんな関係が結ばれるよりも前に、何の特徴もない、唯一無比の、最初に到来した得体の知れぬ誰か」[12]であるとするなら、私にとっては、この隣人を、他の諸々の他者から区別するものは何もなく、この区別のない状態が、隣人の他性の徴表であり、隣人の超越の様態である。「第三者は、他人の目で＝他人の目を通して私を見る＝私に関わる――言語《ランガージュ》は正義である」[13]と『全体性と無限』では言われる。しかし、ここで正義は、『存在するとは別の仕方で、あるいは存在することの彼方へ』のように、第三者から理解されているわけではなく、ただ一人の他人との関連において理解されている。というのも、正義は、「私の主人を他人において認めることにある」からであり、正義とは「対面の廉直（droiture）」[14]だからである。レヴィナスの言説の最終的な形から見れば、問題は次の通りである。すなわち、第三者が恒常的に現前していること――しかも第三者が問題となってから、現前と恒常性について語ることが可能である――は、存在の彼方にある善に対して存在を従属させるという事態を脅かすことになりはしないかということである。なぜか。第一に想起すべきは、可傷性や近しさ、身代わり、〈語ること〉に関する諸分析は、〔一対一の〕対面だけに限定されており、しかもレヴィナスは、決して第三者とあらゆる他者とを〔一対一の対面から〕明示的に抽象〔分離〕（abstraction）したり還元したりするようなことはなかったということである。第三者やあらゆる他者の現前は、命題論的で範疇論的な命題に宿っている。この命題は、その両義性に基づいて、〈語られること〉から〈語ること〉へと遡ることを可能にし、さらにこの同じ諸分析にとって、出発点の役割を果たしているのである。第二に想起すべきは、もし第三者の現前に基づいて、顔は、唯一の顔である「と同時に」、共時的には共通の顔でもあるとするなら、〈一人の他者のための一者〉は、それ自体で常に、〈あらゆる他者のための一者〉であるということである。このことは、身代わりの記述が、他人への責任からあらゆる者への責任へと、説明なしに移行していることの理由である。しかしながら、繰り返すが、この単数から複数への移行、デュオ〔一対一〕からトリオ〔一対二以上〕への移行は、その方向が、先ほど言及された〔第三者とあらゆる他者の〕抽象化〔分離〕（abstraction）の方向とは反対であるところの運動を記述しているのだが、こうした移行は、必ず代償を伴うことになる。というのも、この移行は、記号によって課された〈一人の他者のための一者〉たる〈語ること〉や意義性と、〈あらゆる他者のための一者〉である限り意義の転義からは演繹されない普遍的責任とのあいだの関連を、断ち切るからである。ところで、この関連は、〔レヴィナスの〕企図全体を支えており、その内的構造化を規定している。そして、まさしくこの関連によって、この関連においてこそ、存在を善から〔〈存在するとはまさに別の仕方〉から〕、存在するとは別の仕方で分離する〈彼方〉が意味をもつのである。つまり、「複数のものの同時性は、二つのもの〔対となったもの〕の隔‐時性のまわりで結実する」と確言するレヴィナスに逆らって、あるいは正義は身代わりから派生し、身代わりにおいて意味をもつと確言するレヴィナスに逆らって、次のように考える必要はないだろうか。すなわち、デュオは、デュオがそこから抽象〔分離〕されているもの、それゆえデュオに先行しているものに送り返されるようにして、トリオへと送り返されてしまう、と。トリオ、及びそれとともに成立する社会、正義や存在、政治といったものは、〈語ること〉たる〈他者のための一者〉という「最初のデュオ」[15]よりも古いものなのではないだろうか。あるいは、同じ問いを次のように別の形で言い換えるなら、〈語ること〉は、身代わり及びケノーシスなのか、それとも正義なのだろうか。そして、仮に正義が、第三者の関数である以上、身代わりに対して優位をもたなければならないとするなら、〈一人の他者のための一者〉としての〈語ること〉と、原理的にはあらゆる者の前であらゆる者に対して向けられる〈語られること〉とのあいだの区別——この区別をめぐって、『存在するとは別の仕方で、あるいは存在することの彼方へ』で提示される論考は組織されているのだが——は、いずれにしても、どのようにして〈語られること〉においてその兆候が示されたり維持されたりしうるというのだろうか。仮に可能であるとするなら、われわれは、他者なしに、〈語られること〉へと釘付けにされ＝繋ぎとめられ、存在論的区域へと決定的に居住指定を受けて＝召喚されているということになるのだろうか。

第二節　非対称性の修正

この問いへの解答を試みるために、正義に対する身代わりの関係、及び身代わりに対する正義の関係を、レヴィナスがそれらの関係を考察する仕方を起点として検討することにしよう。もしまさしく隣人の顔においてこそ、あらゆる他者の顔が見えるようになるとすれば、他人と諸々の他者を含めたあらゆる者の顔が要請する（appeler）正義は、また私に課せられたもの、私が背負うべきものであり、こうした正義は、私をその支えのように例外的に扱う。このことが含意するのは、第一に、意義及び身代わりである〈他者のための一者〉が正義を命じるということ、「正義において意義を表し」、正義において了解されるということである。第二に、この正義は、「私がその人質であるところの者〔他者〕と私との非同等性」なしには不可能であるということである。したがって、あらゆる他者のあいだの同等性は、あらゆる他者と私とのあいだの非同等性に依拠しており、だからこそ、「自分自身よりも古く、〔一般的な意味での〕正義〔公平、公正〕の含意する平等性よりも古い正義は、当の正義を、他者に対する私の責任へと移し入れる」のである。では、正義は、善による私の選びを前提としてはいないだろうか。おそらく前提としているだろう。そして〔次のように書くとき〕このことについてレヴィナスが述べていることは間違いない。「一方で、私の権利以前に生じる＝私の権利に勝る他人の権利の源泉である慈悲や慈愛と、他方で、他人の権利が──審問や裁きの後に獲得されるとはいえ──第三者の権利に先立って必要とされる〔認められる〕ような正義とのあいだに[16]」区別──確かにこの区別は重要である──を設けていない『全体性と無限』以来、レヴィナスは、次のように書いている。「現実には、正義は、その普遍性という平衡状態において私を包括するのではない──正義は、私に、正義という直線（ligne droite）の彼方へと歩んでいくよう命じる。それゆえ、この歩みの終点を画すものは何もありえない。というのも、法という直線の背後にある善性という大地は、無限に広がっており、未開拓のままだからである。この大地は、単独者の現前がもっているあらゆる資源を必要とする。したがって、私は、客観的な法によって確定された一切の限界の彼方で責任を負う者として、正義にとって必要なものなのである。自我は、特権、あるいは選びである[17]」。

しかし、私は、あらゆる他者に共通の正義を絶対的に免れているのだろうか。正義（justice）そのものに照らして考えたとき、私は、正義＝裁判によって裁かれうる身（un justiciable）ではないというのは、正しい（juste）のだろうか。別の形で問いを提起するなら、第三者と私との関係は、私の身代わりという〈他者のための一者〉に何の影響も及ぼさないのだろうか。第三者の現前を差し引いて考えれば、近しさとは、「意義、すなわち〈他者のための一者〉という絶対的非対称性に即した[18]」強迫であり迫害、告発である。この絶対的非対称性は、「私がその人質であるところの者〔他者〕と私との非同等性」として意義を表すのだが、こうした絶対的非対称性は、それによって自己が自己から放免されるところの身代わりの意味そのものに属している。そしてそれは、自己との非同等性であり〔第十二章第三節〕、最終的には〈語ること〉、すなわち主体である。ところで、まさにこの他人との非同等性をこそ、そして同時に自己との非同等性をこそ、第三者は還元することになる。「第三者との関係とは、近しさのもつ非対称性の絶えざる修正（correction）である。この修正において、顔は、自分の顔をじっと見る（se dé-visager）〔非－顔化する、顔ではなくなる〕。そこには、計量があり、思惟があり、客観化がある。したがって、ある停止〔判決〕（arrêt）がある。この停止において、彼性と私との無起源的関係が、〔自分を裏切って〕表に出るのだが、そこではこの関係は、われわれ〔の言語〕に照らして、翻訳される〔われわれの前に連れ出される〕。それは、彼性と私との無起源的関係の裏切り〔表に出ること〕でありながら、同時に彼性との新たな関係でもある。つまり、〈他人〉とは比較不可能な主体である私が、諸々の他者と同じ一人の他者として、すなわち「私のために〔私の代わりに〕」として扱われるのは、まさしくただ神の〔恩寵の〕おかげに（*grâce à* Dieu）尽きるのである。「神の〔恩寵の〕おかげで」、私は、諸々の他者のための他人なのである[19]」。

　近しさという直接性のなかに、隔たり、したがって媒介を持ち込む第三者は、私に、第三者を考慮し配慮するよう命じる。そのとき、私は考慮し計量し思惟し主題化する責務を負う。しかし、もし主題化が現在を必要とし、どんな記憶不可能な過去をも排除するなら、この現在は、他人の顔において意義を表す、彼性と私との無起源的関係を、この関係を現れさせることで裏切り、その結果、この関係を表に現れさせるのである。〔現在が無起源的関係を裏切り、表に現れさせる〕というのも、彼性、すなわち無限者は、どんな現在をもそれ自体として超過しているからである。それぞれの顔が彼性の痕跡においてそれぞれ同様に意義を表すところの他人の隣人と他人とを〔自分と〕比較する（comparer）には、それと同時に〔自分が〕両者とともに現れる＝出頭する（comparaître）必要がある以上、その当然の帰結として（*ipso facto*）、私と彼性との関係は、変容をこうむることになる。すなわち、いまや私は、無限者の痕跡において、諸々の他者のためにも同様に意義を表すのであって、それゆえ神のおかげで、私は諸々の他者の隣人であり、諸々の他者のための他人なのである。無限者に面しているわれわれは、すべて平等である。そして、「正義は、当の正義を、〔二人の〕他者に対する私の責任へと移し入れる」と言うことは、もはやできないのである。レヴィナスは次のように明言する。「神は、いわゆる対話者のように「巻き添えに」される〔法廷で扱われる〕（en cause）わけではない。相互的相関関係は、超越の痕跡において、すなわち彼性において、私を他の人間へと再び結びつける。神が「〔私から〕過ぎ去ること＝〔私に〕一時的に立ち寄ること（passage）」――私はこの点について、この〔神の〕加護や恩寵を参照しない形で語ることはできない――は、まさしく、比較不可能な主体を、社会の構成員へと転じることである」[20]。唯一者たる私は、すべてを諸々の他者に負っており、またあらゆる他者と同様、諸々の他者のなかの他者〔神〕にすべてを負っている私は、すべてを神に負っているのである。

　しかしながら、こうした分析は、ある困難を引き起こす。あるいは相変わらず、依然として同じ困難を引き起こすのである。第三者との関係は、近しさのもつ絶対的非対称性の「絶えざる修正」である。しかし、そのおかげで私が諸々の他者のための他人であるところの絶対者、すなわち神だけが唯一、絶対的対称性によって、絶対的非対称性を絶対的に修正することができるのである。こうして、社会と正義の秩序＝次元は、責任の主体のもつ自己との非同等性、身代わり、〈語ること〉にも絶対的に及ぶことになりはしないだろうか。そうであるなら、〈語ること〉は〈一人の他者のための一者〉であり意義の意義性である以上、この〈語ること〉へと接近することは不可能になるのではないだろうか。言い換えれば、もし第三者の目、あらゆる第三者の目が、常に他人の目で＝他人の目を通して私を見ている＝私に関わるとすれば、第三者は、他人の超越そのものに属しており、この超越は、この場合、もはや〔一つの顔と一つの顔との〕単独の対面（face-à-face）という〈他者のための一者〉からではなく、そもそも〔一つの顔と諸々の顔との〕対多面（face-à-faces）から、つまり〈あらゆる〔他〕者のための一者〉から記述されなければならないはずである。しかし、それと同時に、純粋な〈記号となること〉、あるいは〈一人の他者のための一者〉としての〈語ること〉と、本質的に公的であるがゆえに、一者によって発せられながらもあらゆる他者に向けて、あるいはあらゆる他者のために発せられる〈語られること〉とを区別することは不可能となる。そうであるなら、第三者を考慮に入れることによって、〈語ること〉――すなわち、言語《ランガージュ》――を、身代わりや〈一人の他者のための一者〉として理解することはできなくなる。だからといって、この〈語ること〉を正義とみなすこともできない。というのも、記号は、〈あらゆる他者のための一者〉ではないからである。

〈語ること〉と〈語られること〉とを区別することができないということこの不可能性は、まさに倫理的必然性に由来するという点を強調しておかなければならない。というのも、責任の〈語ること〉は、「〈語ること〉に降りかかる問いの重み」ゆえに、存在の支配を蒙るからである。そして、その問いのすべては、正義への配慮から生じる。まさしく諸々の他者と同じように諸々の一者に正義を認めるためにこそ、存在からの超脱たる〈他者のための一者〉は、存在することに屈するのであり、こうして、それによってすべてが現れるところの言語の誤用を正当化し、諸々の問いと哲学とを生じさせるのである。しかしながら、もし第三者が常に現に存在し、それと同時に正義もそうであるとするなら、諸々の問いと哲学は、第三者から生まれると言うことができるだろうか。さらに、常に、同一の倫理的必然性の帰結として、もし〈一人の他者のための一者〉ないし身代わりとしての〈語ること〉が、唯一、言語の誤用の射程を示しうるものであって、それが、あらゆる者に向けられた〈語られること〉からは接近できないとすれば、言語の誤用というものを、先ほど問題となったような形で語ることなどできるのだろうか。実際、比較不可能な主体を同等な者たちの社会の構成員へと転じることは、共時性及び意識なしには、すなわち表象なしには不可能なのだから、まさにこの表象からこそ、「正義という秩序が生み出されるのである。この正義の秩序は、私が他者の身代わりとなることを鎮めて（modérer）、抑制〔計量〕し（mesurer）、さらには自己を計算へと送り返す。正義は、表象の同時性を要求する。それゆえにこそ、隣人は、可視的となってその顔を見つめられ〔非‐顔化し、顔ではなくなり〕（dé-visagé）、現前し、さらには私にとっての＝私のための正義というものも存在するのである。〈語ること〉は、〈語られること〉に固定される――つまり、それは、まさに文字化されて〔書かれて〕書物となり、法〔権利〕となり知〔学〕となる」[21]。

おそらくそうである。しかし、もし第三者が顔と他人の目で＝他人の目を通して私を常に見ている＝私に常に関わっているのなら、身代わりは――第三者の現前は、身代わりを接近不可能なもの、さらには全く不可能なものにするわけではないと仮定するが、まさにこのことこそ問題ではある――、常に、はじめから＝一度に、抑制〔計量〕されている。では、身代わりが、定義上、誇張法であり、誇張であり、〈他者のための一者〉の最上級である場合、この〔抑制された〕身代わりとは、どのような意味をもちうるのだろうか。その本性が過剰であるものを、変質させることなしに、控え目にしたり鎮めたりすることなどできるのだろうか。さらには、もし第三者が常に現にあるとするなら、〈語ること〉は、常に〈語られること〉

に固定され、そこに吸収される。それも、正義の〔やむなき、緊急の〕必然性によってそうされるのである。それゆえ、〈一人の他者のための一者〉としての〈語ること〉、デュオとその抽象化〔分離〕とを伴う〈語ること〉は、正義から考察されるならば、常にすでに現にある第三者に逆らって、正義の拒否（déni de justice）〔裁判拒否〕ということをもつことなしには、トリオを前提とする〈語られること〉において謎めいた仕方で明滅することはできないだろう。つまり、対面という状況、対面の出発点をなす〈一人の他者のための一者〉という状況を踏まえるなら、〈語ること〉についての分析は、第三者を考慮に入れることと、論理的に、また倫理的に矛盾をきたすのではないだろうか。

第三節　出発点への回帰

なぜなら、まさに記述の出発点こそが問題であり、その出発点が暗黙のうちに伴っている抽象化〔分離〕こそが問題だからである。しかし、何を根拠に〔そのような〕抽象化〔分離〕について語りうるのだろうか。レヴィナスはまず次のことを示した。すなわち、「他人として私を強迫するあらゆる他者は、もともとある類似や共通性によって私の隣人と結びついた、同じ類に属する「同種のもの」として私を触発するのではない」[22]ということ、あるいは、他人と第三者との関係は、存在論的秩序＝次元には属していないということである。このことを示した後で、レヴィナスは次のように続けている。「諸々の他者は、はじめから＝一度に（*d'emblée*）私に関係している。ここで、兄弟関係＝同胞関係（fraternité）は、類の共通性に先行する。隣人としての他人と私との関係が、あらゆる他者と私との関係に意味を与える。人間同士のあらゆる関係は、それが人間的なものである限り、存在からの超脱から発出する。近しさの〈他者のための一者〉は、変形する抽象化〔分離〕(abstraction déformante) ではない。近しさにおいて、はじめから＝一度に、正義が現れる。したがって、正義は、意義の意義性から、〈他者のための一者〉から、意義から生まれるのである[23]」。

繰り返すが、自己や〈他者のための一者〉の一者は、「はじめから＝一度に、自己へと追い込まれ (acculé)[24]」、「主観性は、はじめから＝一度に、身代わりであり、他者の場〔他者の代わり〕に供される[25]」。〔しかし〕それゆえ、諸々の他者に、はじめから＝一度に、関係させられている主観性は、もはや一人の他者への身代わりではなく、あらゆる他者への身代わりである。この〔他者の〕数の変容によって、主観性を、記号の贈与によって与えられた記号、すなわち〈語ること〉とみなす規定が破綻してしまう。それこそ、近しさについての自身の分析と矛盾をきたしながらも、レヴィナスが、〔一方では〕正義は近しさにおいて「はじめから＝一度に、現れる」と主張する理由であり、〔他方では〕正義は、〈他者のための一者〉と意義とから生まれると主張する理由なのである。実際、一方で、現れることは、志向性がもつ位相差を前提としており、それと同時に、近しさを特徴づける直接性の断絶を前提としているが、正確に言えば、この近しさにおいては〔正義も含めて〕何も現れることができないのである。他方で、もし諸々の他者が、はじめから＝一度に、他人のうちに私に現前するなら、正義もまた、はじめから＝一度に、他人のうちに私に現前するが、正義は、意義と同時に存在している以上、この正義が意義から生まれることはありえないであろう。

こうした諸困難は、全く二次的なものでも局所的な〔ここだけの〕ものでもない。それは〔先ほど引用した〕次の命題において、凝縮した形で表現されているものである。すなわち、「近しさの〈他者のための一者〉は、変形する抽象化〔分離〕ではない」。たとえ現象学と距離を置くためであったとしても、現象学に属する記述が問題である以上は、抽象的内容と具体的内容とのあいだの差異は、フッサールの言う通り、もはや「諸内容の固有な本性のうちにではなく、諸内容の与えられてある仕方のうちに」求められなければならない。「すなわち、内容は、それが抽象されている［……から引き離されている、分離されている］場合には、抽象的と呼ばれ、それが抽象されていない場合には、具体的と呼ばれる」(26)。したがって、筋立ての全体に対して、その全体から一契機を分離する抽象化は、変容（modification）であり、歪曲（altération）という語を使わずに言うなら、それは変形（déformation）である。それゆえ、近しさの〈他者のための一者〉は、隣人の目で＝隣人の目を通して私を常に視向し見つめる〔私に関わる〕第三者を抽象＝分離することで（par abstraction）〔一人の〕他人との関係を変形したものではない、と言うためには、正義は、はじめから＝一度に、近しさにおいて現れているのでなければならない。このことが、今しがた見た通り、近しさの直接性と矛盾をきたしているのである。というのも、正義は、近しさに媒介をもたらし、それとともに、この媒介にその「特徴的なもの」(27)を見出す「西洋哲学」全体、すなわち存在することと共時性とをもたらすからである。逆に、もし正義が、他人のうちに現前する第三者と結託しているのなら、〈一人の他者のための一者〉は、まさに〔第三者からの一人の他者の〕抽象化＝分離であり、そうであれば、身代わりの分析全体はこの抽象化＝分離に依存しているのである。

　このことは何を含意しているのだろうか。正義は、可視性、志向性、同一化、知性を必要とする。あるいは、「意識は第三者の現前として生まれる」(28)。そして、意識は、存在と現象性なしには不可能である。「意識は、対面の親密性への第三者の介入――永続的介入――である。〈語られること〉――それは〈語られること〉なき〈語ること〉や〈語ること－接触すること〉という深みから生まれる――に関する主題化的で宣布的《ケリュグマ》な言説のもつ、正義についての配慮は、社会におかれた精神である。そして、第三者が経験的に〔たまたま〕近しさを乱すことになるからではなく、まさしく顔が、隣人であると同時に諸々の顔の顔〔諸々の他者が顔をのぞかせている顔〕である——〔見えない〕顔（visage）であると同時に見えるもの〔としての顔〕（visible）である——からこそ、存在の秩序＝次元と近しさの秩序＝次元とのあいだに関連があることは、疑いの余地がないのである。秩序や現れ、現象性、存在が生じるのは、意義において——すなわち、第三者から出発する近しさにおいてである。第三者の現出は、現れの起源そのもの、すなわち起源のなかの起源そのものである(29)」。

　したがって、まさに存在の他者と近しさとから、存在とその現れ、すなわち存在論が派生しているのである。しかし、こうして存在することを、それ〔存在すること〕がそこから密やかに発出するところの〈存在からの－超脱〉へと送り返すことは、依然として同じアポリアへと逢着する。意識は、第三者の現前から生まれるのではなく、第三者の現前として生まれるのである。したがって、意識は、第三者の現前と全く同時であり、もし第三者が常にすでに現にある——永続的介入という矛盾した表現が意味するのはこのことであり、その永続性は、対面の親密性をはじめから＝一度に禁止し、〈他者のための一者〉としての身代わりをはじめとした、対面の親密性から演繹されるものすべてを不確かなものとする——とすれば、同一化する意識の秩序＝次元は、近しさの秩序＝次元を絶対的に包含することになりはしないだろうか。というのも、まさに神のおかげで、私は諸々の他者のための他人であり、私の隣人のための他人だからである。そして、もし顔が、〔見えない〕顔、謎であると同時に（à la fois）、見えるもの、現象であるとするなら、存在の秩序＝次元と、近しさの秩序＝次元、〈他者のための一者〉の秩序＝次元とは、存在が利するという唯一の目標のために混交するのではないだろうか。というのも、「同時に（à la fois）(30)」〔という言い方〕において常に意義を表すのは、存在の共時性〔同時性〕だからである。換言すれば、起源のなかの起源を記述する仕方、存在論を回復し再構築し正当化するに至る仕方は、記述全体から記述の出発点〔起点〕を奪い去る反動的帰結として＝それと引き換えに（effet en retour）、この同じ存在論の絶対的主権性を含意してはいないだろうか。そして、〈存在するとは別の仕方〉から存在を派生させる、ないし理解可能にすることは、この〈存在するとは別の仕方〉を犠牲にしてなされることになりはしないだろうか。もしそうであるなら、倫理〔学〕を第一哲学とみなすことができた、あるいはみなさなければならなかったのは〔第十章第四節〕、まさにこうした理由からだった、ということになりはしないだろうか。

第二十章　正義の時

第一節　近しさと正義の拒否〔裁判拒否〕

思惟が曝される諸アポリアは、それらがまさに思惟のアポリアである以上、いずれにしてもこの思惟そのものによって必然的に出会われるはずである。ここでもこのことは当てはまるだろうか。そしてレヴィナスには、第三者の介在と正義の身分とに結びついた諸困難が見えていたのだろうか。見えていたことは確かである。レヴィナスは、一九七五年に、自分の著作全体について長々と質問を受けて、次の問いに応答するよう促されていた。「私たちは、「正義」という語が、他人との関係に、さらには第三者との関係にも用いられていることに気づいている。しかしながら、これらの関係は、あなた〔レヴィナス〕の考えでは、はっきり区別された関係である。こうした関係は、用語法上の区別を要求するのではないか(1)」。では、「正義」という語のもつ、どのような対照的な語義への暗示があるのだろうか。『全体性と無限』によれば、

「正義は、私の主人を他人において認めることにある」のであって、「対面の廉直」[2]であるのに対して、『存在するとは別の仕方で、あるいは存在することの彼方へ』においては、正義は、第三者と不可分である。したがって、同一の語が、一方と他方とで、異なる関係を指示しているのである。

レヴィナスは、正義に関する第一〔前者〕の規定を意図的に横に置き、第二〔後者〕の規定を直接取り上げて次のように答えている。「第三者の現出〔の方〕が問題である。なぜ第三者がいるのか。私はときに第三者が、例えば次のように正当化されるのではないかと問うことがある。すなわち、存在から超脱した、他人への責任を可能にすることは、相互性を排除するが、とはいえ、他者への忠誠のない他人などいるのだろうか、と。そこには第三者が必要である。第三者がどのようなものであれ、私と他人との関係においては、私は常に第三者と関係している。しかし、第三者は、私の隣人でもある。この瞬間から、近しさが問題化する（À partir de ce moment la proximité devient problématique）。比較し、計量し、思惟しなければならず、理論の源泉たる正義を実行しなければならない。哲学と現象学における諸々の〈決まりごと〉〔体制、制度〕――そして理論そのもの――を回復することが必要である。つまり、現出を明示することこのことは、私の意見では、第三者から出発して行われる。実際、「正義」という語は、他人への私の「従属」ではなく「公正（équité）」が必要となるところで、より一層ふさわしい場所を見出す。もし公正が必要なら、比較が必要であり、また平等性〔同等性〕、つまり比較されないもののあいだの平等性も必要である。その結果、「正義」という語は、他人との関係よりも第三者との関係に対して、一層よく使用される。しかし、現実には、他人との関係は、決して他人との関係だけにとどまるものではない。他人においては、そもそもすでに、第三者が表象されているからである。他人の現出そのものにおいて、第三者がすでに私を見ている＝私に関わっている。そしてやはりこのことが、他人への責任と正義との関係を、極端に密接なもの（extrêmement étroit）にする。〔他人への責任と正義という〕これら二つの術語のあいだの近さ〔近しさ〕は真実であると同時に、いずれにしても、あなたの区別は正しい区別だといえる」(3)。

しかし、この答えは、幾分、混乱したものではないだろうか。レヴィナスは、「正義」という語が、隣人の近しさよりも第三者との関係に対して一層ふさわしいと指摘することで、身代わりがその最上級であるところの他人への私の従属が、正義ではないと認めて譲歩しているのである。このことはつまり、「対面の廉直」は、正義とはいかなる関係もなく、正義の第一の規定は破棄されたということなのだろうか。そうであるし、またそうではない。そうであるというのは、正義は、私の主人を他人において認めることにあるのではもはやないからである。そうではないというのは、私の主人との関係は、そもそもすでに常に、第三者との関係だからである。では、近しさがそこから問題化するところの瞬間（un *moment à partir duquel* la proximité devient problématique）について〔ある瞬間から近しさが問題化するというその瞬間について〕語る意味はあるだろうか。近しさは、そもそも常にすでに問題なのではないだろうか。だからこそ、レヴィナスは、他人への責任と正義との関係を極端に密接なものと形容しているのではないだろうか。ここで、〔両者の関係が「極端に」密接という〕最上級の表現に対して、他の場所〔極端な他人への責任〕以上にとはいわないまでも、他の場所と同程度に、その正当性を認めるべきではないだろうか。そして、極端に密接な関係、つまり最大限密接な（le plus étroit possible）関係は、〔他人への責任と正義という〕関係しあっている項同士を同一視ないし同一化することとほぼ同じではないだろうか。

明確化しておこう。もし「第三者が顔において抗いえない形で啓示されることは、顔を通じてでしか可能ではない(4)」とすれば、隣人との関係は第三者との関係に先立つと考えることが可能である。というのも、第三者が私に接近しうるのは、まさしく隣人を通じてだからである。しかし、この場合、隣人が第三者以前に通り過ぎ、私は、隣人と第三者とによって、同一の緊急性で召喚されているわけではなく、私は、一方〔隣人〕に対するのと同じように他方〔第三者〕に対して応答することはできない。言い換えれば、第三者は、常に待機していなければならず、第三者にとって、緊急性は決して極端な〔究極の〕ものではない。第三者に対して、隣人の近しさは、正義の拒否〔裁判拒否〕(déni de justice)をもたらす。そのようなことは可能だろうか。特に倫理的に可能なのだろうか。当然、可能ではない。〔正義を拒否しうるという〕近しさの恩恵(bénéfice)を他人だけに限定するのは不可能である。その帰結は二つある。一方で、デュオは、デュオから生じるあらゆる記述に必ず重くのしかかる抽象〔の出発点〕である。他方で、繰り返すが、最初に到来した得体の知れぬ誰かである他人、つまり誰でもいいような者でもある他人に対する責任は、正義からは区別されえないし、とりわけ区別されてはならない。その代わり、もし証明することが、ある筋立てを、それを可能にし、したがってそれを理解する＝含む(comprendre)別の筋立てによって正当化することであるなら、まさに存在と存在論との回復こそが、この別の筋立てによって巻き込まれている(compromise)のであって、またこの存在と存在論との回復とともに、〈存在するとは別の仕方〉の証明も巻き込まれている＝危険にさらされているのである(compromise)。さらに、他人への私の責任が正義と合致することになった瞬間から、自己の唯一性は、自我の同一性に戻ってしまい、私は諸々の他者と同じになり、諸々の他者も私と同じになってしまう。実際、もし「意識の根拠は正義である」(5)とするなら、また正義は、他人への私の責任とはもはや区別しえないとすれば、一方で自我及び同一化的意識と、他方で自己に合致しない自己とのあいだの区別は、あたかもこの区別は一度も可能ではなかったかのように、消し去られてしまうことになる。そして、唯一のこの〈私〉が、どんな正義にも内属する「計算的思考(calcul)」によって自我概念に再び戻るのである。それゆえ、正義から考えるなら、〈語ること〉の主体と

〈語られること〉の主体とは、同じ一つのものである。そして、〈語ること〉に対する〈語られること〉の遅れは存在せず、正義の関数たる存在論は、この遅れに基づいて理解された言語の誤用から生じることはありえないだろう。

以上のことすべてが意味するのは、近しさ――デュオ――と正義――トリオ――との区別、すなわち〈他者のための一者〉の意義性と筋立てとから存在論を回復することを可能にするはずのこの区別は、論理的矛盾なしには、しかもとりわけ倫理的矛盾なしには維持されえないということである。直接性が特徴づける近しさから存在論を正当化することは、その代わりに、この直接性そのものの只中に媒介を持ち込むのである。あるいは、〈他者のための一者〉と〈存在するとは別の仕方〉から存在を理解することは、当の〈存在するとは別の仕方〉を単なる〈別の仕方で存在すること〉へと転倒してしまうのである。というのも、この理解は、後々、次の段階で、〈他者のための一者〉と矛盾をきたすことになるからである。このことについての傍証が必要だろうか。レヴィナスは、存在論の密やかな発生について要約し、さらに近しさ及び身代わりたる〈語られること〉なき〈語ること〉が、「主題化可能なものの意義を要求し、理念化された〈語られること〉を言明し、正義として計量し重さをもって判断する＝裁く（juger）」と確言した後で、次のように続けている。「判断＝裁き〔審判〕と命題は、正義において生まれる。正義とは、一緒にすること、取り集め、すなわち存在者の存在である。ここで問題とともに、真理への配慮、存在の露開への配慮が始まる。しかし、まさに正義のためにこそ、すべては現れる。そして、身代わりという常軌を逸した状態に対して、正義という理性的秩序＝次元が、身代わりという責任そのものの諸要求に基づいて、付け加わるのである。この正義の秩序が、下女の秩序であれ、天使の秩序であれ、そうなのである。それゆえ、そこには、見ること（*voir*）という事実そのもの、どこでも明確に見ること、すべてを記録することという事実そのものが付け加わる」[6]。しかしながら、身代わりという常軌を逸した状態と正義という二次的秩序＝次元とのあいだの関係を、付け加え（superposition）とみなすことなどできるのだろうか。身代わりは、基礎的な＝下にある位置（position sous-jacente）、根拠ではない。付け加えについて語ることは、そのヒエラルキーの外部では、あるものを、他のものの上にも下にも位置づける（poser）ことができないような、そうしたヒエラルキーのもつ、共通の平面、軸、ないしは秩序＝次元を認めることによって〔身代わりと正義を同次元に置き〕、〈存在するとは別の仕方〉を、〈別の存在〉ないし〈別の仕方で存在すること〉へと不可避的に送り返すことである。

第二節　記号の重さと神の正義

しかし、このデュオが常にまた、少なくとも、他人と第三者と私との対面であり、トリオであり、最終的には社会である場合には、他人と私との対面をなぜ特権化したのだろうか。方法的観点から見れば、最も複雑なものから出発して、その次に、否定的＝欠如的道〔より複雑なものからより複雑でないものへ向かう道〕を通って（par voie privative）、より複雑でないものを理解することが常に望ましいのではないだろうか。というのも、もちろん同等の厳密さを保ちながら、最も複雑なものから最も単純なものへと進むことは、恣意的なものにいかなる余地も残さないのに対して、後者から前者へと移っていくには、恣意的で正当化されないと判明する可能性のある最も複雑なものを、あらかじめ知っている〔先取する〕必要があるからである[7]。では、レヴィナスは、どのような制約のもとで、デュオを出発点にする選択をしたのだろうか。対面についての記述は、超越についての記述であると同時に、〈語ること〉についての記述である。記号となることによって合図を送る＝記号を与える（faire signe）こととして理解される〈語ること〉――言語《ランガージュ》の本質――は、そしてついでに〈語られること〉は、記号という地平で考えられている。この記号という地平は、形式的に見れば、〈一人の他者のための一者〉であり、一人の一者と一人の他の一者との関係であり、二人の一者同士の関係である。したがって、まさにトリオではなく、ただデュオからのみ、意義の転義は抽象化されうる〔引き出されうる〕のであって、対面とは、意義の転義の唯一可能な上演なのである。つまり、もし「複数のものの同時性は、二つのもの〔対となったもの〕の隔‐時性のまわりで結実する」とすれば、それは、言語《ランガージュ》が、記号という尺度で、あらかじめ考えられているからなのである。

では、それこそ、レヴィナスが、〈他者のための一者〉としての〈存在するとは別の仕方〉から存在を理解するにいたったとき、必ず〈他者のための一者〉と矛盾をきたす理由ではないのだろうか。〔矛盾をきたす〕というのも、〔デュオという〕出発点が、抽象化〔分離〕の結果として、すなわち到達点として現れることで終わっているからである。実際、この理由を、存在とλόγος〔ロゴス〕と記号とのあいだの関係以外のどこに求めることができるだろう。ところで、λόγοςの解釈がいかに伝統的であったとしても、記号という視点から見たその解釈は、〔ギリシャでの〕元初の解釈ではない。おそらく、「ギリシャ人の日常的実存は、たがいに共に語り合うことのうちへと主として置き移されており、また同時に」ギリシャ人は、「見てとる」眼をもっていたのだが、そうしたギリシャ人が、「前哲学的な現存在解釈においても、哲学的な現存在解釈においても、人間の本質を、ζῷον λόγον ἔχον〔ゾーオン・ロゴン・エコン、ロゴスをもつ動物〕として規定した[8]」。しかし、このことは、λόγοςが、元初において、記号と意義の光学のもとで、記号体系として理解されていたことを含意するわけでは全くない[9]。反対に、レヴィナスが「絶えざる注意[10]」を向けていたと言う『存在と時間』において、常にハイデガーは、その断片が「哲学のなかでも最も古い教説」をなしているヘラクレイトスを参照しながら、λόγος のなかに、ἀλήθεια〔アレーテイア〕の一様態を認めている。「ἀπόφανσις〔アポファンシス〕としての λόγος の真理存在は、ἀποφαίνεσθαι〔アポファイネスタイ〕という様態における ἀληθεύειν〔アレーテウエイン〕である。すなわち、存在者を——覆蔵性のうちから取り出しつつ——その非覆蔵性（被発見性）において見えるようにさせるということである」[11]。したがって、λόγος は、まず ἀλήθεια と相関的に思考されていたのであり、まさに後者の本質を探究することによってこそ、前者の本質に到達することになろう。確かに、「存在を、存在の他者＝存在とは別のものから理解しなければならない」[12]。ハイデガーも同様に、「それ自体で思惟された存在は、もはや「存在」とは呼ばれえない」と指摘した後で、次のように付け加えたときに、まさにその〔レヴィナスと同じ〕ことを述べている。「存在は、それ自体では、存在自身とは別のものであり、決定的に別のものであるので、存在は、「存在」すらしない」[13]。しかし、そうするとまず、存在の他者〔存在とは別のもの〕から了解することが問題であるところの存在の真理を、可能な限り根本的に思惟することが問題である。この存在の他者は、必ずこの真理そのものにおいて密かにとどめおかれている。ところで、もし記号と意義とが、そこで存在が元初から取り集められるあの λόγος をすでに特徴づけているわけではないとすれば、まさにこの記号と意義との関連においては、λόγος と存在を十分な仕方で規定しえないだろう。このことは、存在とは他なるものから存在を思惟することができないということを意味しているのではなく、ただこの他性が、あらゆる意義の意義性としての〈一人の他者のための一者〉のもつ他性である場合には、そうすることができないということを意味しているにすぎない。記号——われわれは言語《ランガージュ》ないし言語《ラング》とは言わず、〔記号と言語との〕差異はまさに以下の点にあるのだが——は、存在に対応するわけではなく、したがって、ましてや存在とは別の、存在の本質現成〔存在の真理〕に対応するわけでもない。だからこそ、〈存在するとは別の仕方〉から存在を回復することは、その課題を果たすことができず〔その課題に背反し〕、あるいは、後々、到達点において、自分自身の出発点と矛盾をきたすことによってでしか、この課題を果たすことができないのである。

　しかしながら、もし正義の関数である存在が、意義性としての〈存在するとは別の仕方〉には送り返されないとすれば、それは、単に存在が記号よりも古いからであるだけではなく、おそらくは、正義が、たとえ密やかにであっても、〈他者のための一者〉や近しさから生まれることがありえないからでもある。近しさと正義との関係を考えることを可能にした足場〔理論的枠組〕(échafaudage)――しかも「ひとは決して足場を打ち壊すことはない。ひとは決してはしごを外すことはない[14]」――から見れば、正義は、近しさから「派生している[15]」。この記述的足場、超‐現象学的足場は、どのような設計図に従って組み立てられたのだろうか。レヴィナスは、次のように注釈するとき、その図式を確定している。すなわち、「近しさを〈他者のための一者〉の聖人伝として記述することは、社会を裏打ちすることである。社会は、第三の人間が介入してから始まる。そして社会において、どんな問題にも先立つ私の応答、つまり、私の責任が、暴力に身を委ねてしまうのではない限り、問題を提起するのである。そうすると、社会は、比較、尺度＝計測的思考、知、法則、制度――すなわち、正義――に頼っている。しかし、正義の公正そのものにとって重要なのは、これまで正義を押し付けていた〔記述させていた〕(l'avait dictée) 意義を、〔今度は〕みずから包含することである[16]」。この最後の言葉は何を意味するのだろうか。一方で、〔意義がこれまで正義を押し付けていたという〕ここでの大過去形は、正義に対する意義性の先行性をあらわしている。他方で、正義によって意義を包含すること、つまり原理〔アルケー〕によって無‐起源〔非‐アルケー〕を包含することが、公正としての正義によって要請されている。したがって、形式的に言えば、起源〔意義性〕は、起源から派生したもの〔正義〕のなかに統合されているのである。しかし、もし第三者が常にすでに現にあるとすれば、この統合は、常にすでに行われていたことである。それでは、近しさと正義とを切り離すことはできなくなる――そして不正＝不当（injuste）になる――のではないだろうか。またこの不可能性は、正義が、何ものかからは派生しえないものであることを含意してはいないだろうか。そして、正義は、神の正義ゆえに派生しえないという以外に、どのような理由で派生しえないことがあるだろうか。

しかし、ここで、このような問いは意味をもつのだろうか。問いの提起が正当であると保証しうるものは何だろうか。レヴィナスは、その〔正義に対する〕先行性が前提とされているところの近しさから正義を演繹しているが、それと同時にレヴィナスは、両者の同時性を肯定するに至るし、さらには、優位性の順序を転倒させるに至る。したがって、正義の状況＝位置づけは、ここまでそう見えていた以上に両義的である。そして、この曖昧さが、われわれがその粗筋をたどり直してきた正義の演繹の後ではっきり際立ってくるというのは、無視できないことである。『存在するとは別の仕方で、あるいは存在することの彼方へ』の後に行われた対談では、他人への責任が慈愛（charité）と同一視され、この慈愛から正義が演繹される――この対談では、慈愛からの正義の演繹について触れながら、次のように付け加えている。「〔慈愛と正義の〕両者を〔一方から他方へ〕継起する諸段階とみなす場合、両者は異質なものにみえるかもしれない。ただ、現実には、両者は不可分であり同時的であって、われわれが人のいない、つまりは第三者のいない無人島にでもいない限り、そうである」[17]。しかし、正義と慈愛ないし近しさとが同時に存在しているとすれば、この共時性は、正義の優位を含意している。というのも、正義は、同時性それ自体において、すでに意義を表している〔同時性自体が正義を前提としている〕からである。

レヴィナスは、他人への責任を、隣人への愛――「〈エロス〉なき愛、慈愛、そこで倫理的契機が情念的契機をしのぐような愛、欲情なき愛」[18]――と同一視した後、やはりその同じ対談において、まず愛という「使い古されて意味が変質した」語を退け、次に「他人の運命を引き受けることについて」語っている。レヴィナスは次のように続ける。「それ〔他人の運命を引き受けること〕は、〈顔〉を「見ること（vision）」であり、それは最初に到来した得体の知れぬ誰かに〔誰にでも〕適用される。仮にこの最初に到来した得体の知れぬ誰かが、私の唯一の対話者であるなら、私は義務しかもたなかったであろう！　しかし、私は、たった一人の「最初に到来した得体の知れぬ誰か」しかいないような世界に生きているわけではない。世界には常に第三者がいるからだ。つまり、第三者は私の他者であり私の隣人でもある。それゆえ、私にとって重要なのは、この二人〔最初に到来した得体の知れぬ誰かと第三者〕のうち、どちらが優位にあるのかということ、すなわち一方は他方の迫害者ではないのかということだ。諸々の人間たち、この比較不可能な者たちは、比較されてはならないのだろうか。したがって、ここでは、他者の運命を引き受けることに対して、正義が先立つのである。私は、まず責任を取らねばならなかったところで判断〔裁き〕を下さなければならない。まさにそこにこそテオリア的なものの誕生があり、テオリア的なものの基礎たる正義への配慮が生まれる。しかし、正義が現出するのは、常に〈顔〉から、すなわち他人への責任からである……」[19]。それは本当に確かだろうか。実際、正義が、他人と私との排他的対面から現出すると主張しながら、それと同時に、他人と私とのあいだには常に第三者がいる、すなわち対面が決して排他的ではない、と主張することは、可能なのだろうか。明らかに可能ではない。この不可能性が、必然的に正義の先行性を暗に示しているのである。

もうひとつある。他の隣人であり隣人とは別の者としての第三者が介入するとともに正義、存在及び知が生じるのだが、この第三者の介入が意味しているのは、「他者と第三者は、互いに同時に存在し、共に私の隣人であるがゆえに、私は、他者と第三者それぞれから離れてしまう」ということである。さらにレヴィナスは、直後に次のように付け加えている。「「平和、平和、近くにいる者〔隣人〕(le prochain) にも遠くにいる者 (le lointain) にも」(『イザヤ書』五七章一九節)。いまやわれわれは、一見したところレトリックにみえるこの文のもつ重大さを理解する」[20]。それから十数年後、レヴィナスは、知と客観化とがいかに「近しさの、平和の、及び神の倫理的意義性においてその役割を果たすよう求められている」かについて、同一の分析を再び行ったとき、次のように説明している。「平和、平和、離れている者 (celui qui est éloigné) にも、近しき者 (celui qui est proche) にも、と父なる神は言っている。近しき者の外部で、あるいは彼以前に、遠くにいる者が必要とされている。つまり、他者の外部に、第三者がいる。この第三者は、他者でもあり、また隣人〔近くにいる者〕でもある。しかし、最も近しい近しさとはどこにあるのだろうか。それは常に排他的ではないか。したがって、誰に対して最初に責任を負わなければならないのだろうか。愛すべき最初の者とは誰なのか。そのことについて審理〔認識〕しておく (connaître) 必要がある！　これこそ、正義の、審査の、及び知の時である」[21]。提起された問いという点から見ても、与えられた解答という点から見ても、その哲学的文脈が、〔十数年後の〕前と後で同じであるとしても、『イザヤ書』の一節の翻訳は、〔前と後で〕同じではない。『存在するとは別の仕方で、あるいは存在することの彼方へ』では、近くにいる者〔隣人〕は、遠くにいる者の前に置かれている。つまり、他人は第三者の前に置かれている。それに対して、一九八五年の対談では――ヘブライ語テキストの順序通りではあるのだが――、離れている者は近しき者の前に置かれている。つまり、第三者は他人の前に置かれている。ところで、この〔第三者の〕優位は、レヴィナスの分析を覆すものである。というのも、一方と他方とのあいだで、第一に応答すべき者を決定するためには、また、第一に愛すべき者、自分の隣人として愛すべき者を決定するためには、つまり、最も近しくなければならない者を決定するためには、認識〔知〕の働き＝審理 (connaissance）が必要だからである。したがって、知がその一契機である正義は、近しさに先立ち、他人の運命を引き受けることに先立ち、つまりは、身代わりに先立っている。おそらく〔レヴィナスのなかで〕唯一の例と思われるが、レヴィナスは、当該の『イザヤ書』の一節の字句について忠実ではなかった。われわれがすでにパンと屋根を分け与えることに関してすでに注釈したように〔第五章第三節〕、当該の『イザヤ書』の一節の字句に従う、あるいは元の字句に立ち戻ってみるなら、正義の時は、やはり一番目の時であり、あるいは常にいつでも存在しているのである。

確かに、「近しさは、はじめから正義の審判〔判断〕というわけではない[22]」。しかし、正義の審判は、正義を前提としており、正義に従って、あるいは正義の名のもとで、審判は下される。この正義は、神に属しており、正義とは神である。レヴィナスがそのことを述べていることは間違いない。『全体性と無限』では次のように書いている。「神は、人間にゆだねられた正義〔下された裁き〕と相関するかのようにして、その最高で究極の現前まで昇りつめる[23]」。そして、『マコット』というタルムード篇の一節で、ラビのハナニア・ベン・アカシアが語る正義の偉大さについて、レヴィナスは次のように注解している。「審判者〔裁き手〕（juge）は、単に法に精通した法学者であるだけではない。彼は、自ら適用した律法に服従し、この服従によって培われている（être formé）。律法の研究は、それ自体でこの服従の本質的形式（forme）である。このような状況が必要なのは、この地上での罰によって、天上での罰が減免されるためであり、また詩篇作者とともに「神は神聖な会議（assemblée）の中に立ち」、そして「審判者たち〔新共同訳では「神々」〕の間で裁きを行われる」（『詩篇』八二章一節）と正当にも考えうるためである。つまり、このような状況が必要なのは、ただ、〔他方の〕人間によって〔一方の〕人間に下される審判（jugement）が正当化され、他方によって一方へ科せられる罰、すなわち一方〔一者〕の他方〔他者〕への責任が正当化されるためである。さらに、ただ、この責任が前提とする、他方〔他者〕の運命を引き受ける一方〔一者〕の奇妙な存在論的構造、自分の事実ならざる他者に対して責任を負う一方〔一者〕の奇妙な存在論的構造が正当化されるためである。この責任とは、自由に先立つ責任である。それが意味するのは、まさに神への帰属であり、自由に先立ちながらも自由を破壊しない唯一の帰属である。したがって、それは、こういってよければ、神という例外的語のもつ意味を定義する帰属なのである。神とは、それ自身、神聖と呼ばれる、正義の者（juste）たちの会議によって現出する神であり、こうした会議の可能性としての神である。反対に、正義の者たちの会議は、単にその審判の究極の源泉であるというだけではない。この会議においては、他の意志が意志しており、審判者による審判は、息を吹き込まれ〔霊感を与えられ〕（inspiré）、人間の自発性を超出している、ないしは人間の自発性からはみ出しているのである」[24]。より明確に、近しさはその可能性を正義から引き出していると言えるだろうか。実際、もし神が、その審判が他者への一者の責任として実行されるところの正義の者たちの会議を可能にし、またそれに息吹〔霊感〕を与えているとすれば、神は、この責任そのものの可能性、すなわち近しさの可能性であり、語の全き意味において、責任の、近しさの証明＝義認＝正当化（justification）なのである。正義が近しさから派生するのではなく、まさしく近しさこそが、正義から湧出してくる。これこそ、問題となっていた『イザヤ書』の一節における語〔近くにいる者＝隣人と遠くにいる者＝第三者〕の順序が、この文脈において、またこの文脈に照らして意味していたことである。次のことを想起しなければならない。すなわち、「正義とは、ユダヤ教が感情を一層かき立てる術語よりも好んで使用した術語である」。別の言い方をすれば、「法は、慈愛に勝る」[25]のである。

第三節　三人称からもう一つの三人称＝〔神という〕他者へ

では、こうした正義と近しさとのあいだの関係の反転は、どれほどの射程をもつのだろうか。この反転は、〈存在するとは別の仕方〉からの存在理解だけでなく、身代わりにその重心を置く諸分析全体までも無効にしてしまうのだろうか。あるいは、別の形で問いを提起すれば、超越の分析とそれに伴う存在論への批判とを、切り離すことはできるのだろうか。しかし、対面の記述へ立ち戻ることなしには、この問いへの解答を試みることはできないだろう。

第三者との関係は、〈語ること〉のなかに矛盾を持ち込む以上、他者への一者の身代わり、一人の他者への一者の身代わりと対立することになる。それは、身代わりの運動と逆行し、ある停止〔判決〕を画する。われわれがすでに見た通り、この停止において、「彼性と私との無起源的関係が、〔自分を裏切って〕表に出るのだが、そこではこの関係は、われわれ〔の言語〕に照らして翻訳される〔われわれの前に連れ出される〕。それは、彼性と私との無起源的関係の裏切り〔表に出ること〕でありながら、同時に彼性との新たな関係でもある。つまり、〈他人〉とは比較不可能な主体である私が、数々の他者と同じ一人の他者として、すなわち「私のために〔私の代わりに〕」として扱われるのは、まさしくただ神の〔恩寵の〕おかげに（*grâce à* Dieu）尽きるのである」[26]。言い換えれば、もし、第三者は彼性と私との関係をただ修正するだけなので、この彼性と私との関係は、それ自体で、第三者とは独立しているとすれば、この関係は、第三者の介在にまつわる諸困難によって破棄されることはありえないだろう。

いまや問いは以下の通りである。第三者の現前と結びついた彼性との関係は、無限者の謎を依然として輝き現れさせるのだろうか。正義は意識を基礎付けるのだから、共時化たる意識の作用は、「「神の加護」

によって、正義の根源的場、すなわち私と諸々の他者共通の土壌を創設する。この土壌において、私は諸々の他者のうちの一人に数えられる。すなわち、この土壌において、主観性は、測定可能で（mesurable）かつ測定された（mesuré）あらゆる義務と権利を備えた市民である。そして義務間の競合と権利間の競争によって平衡を保たれた〈自我〉、あるいは自ら平衡を保つ〈自我〉が、こうした義務と権利とを保持している[27]」。したがって、神の正義のおかげで、私は、諸々の他者と同じように、諸々の他者のなかにいる。彼性は、それぞれの顔において意義を表す。というのも彼性は、私の顔においても同様に――公正に――意義を表すからである。それゆえ、まさに正義が命じる諸々の一者と諸々の他者相互の諸関係のなかにこそ、無限者の痕跡を探し求めなければならないのである。『サンヘドリン』論のある一頁には、次のように書かれている。「ラビ・シュムエル・バール・ナフマンが、ラビ・ヨナタンの名のもとで語ったところによると、真理に基づいて裁くような審判者〔裁き手〕は、〈神の現前〉――すなわちシェキナ――をイスラエルへ降臨させる。なぜなら、それは『詩篇』八二章一節で次のように言われるからである。「神は神聖な〈会議〉の中に立ち、審判者たち〔神々〕の間で裁きを行われる」、と。そして、正義に基づいて裁きをしないどんな審判者も、イスラエルのシェキナ――神の現前の退去の原因となる。なぜなら、それは次のように言われるからである――（ここで『詩篇』第一二章六節が参照される）「虐げに苦しむ者と呻いている貧しい者のために――いま〔この時に〕――私は立ち上がる」と主は言われた」。レヴィナスは、この一頁とそのなかの章句を注解して次のように結論づけている。「〔神の〕現前と不在とは、魂の神秘的贈与によって達成されるのではなく、法廷（tribunal）の正しい機能によって達成される。神的生と〈共和国〉創設とのあいだにある連関は、何と奇妙なことだろう！[28]」しかしながら、もし正義が派生しえないものであり第一のものであるなら、この〔神的生と共和国創設との〕連関もまたそうである。この連関は、厳密に言えば、神学‐政治的ではなく、レヴィナスにとってはおそらく受け入れ難い表現ではあろうが、倫理‐政治的である。もはや他者への一者の曝露としての〈語ること〉のなかではなく、すべての者に共通の〈語られること〉のなかにこそ、無限者の明滅を摑まえようとしなければならないのである。では、〈語られること〉、すなわち「辞書に収録された現用語のなかの諸々の語[29]」のなかには、それぞれの者が背負うべきこの正義、それぞれの者がそれによって義務を課せられるところのこの正義を意味する語があるのだろうか。つまり、こうした理由から、示差的仕方では〔他の項との相関関係における差異によっては〕意義を表さずに、普遍的共時性の適用外となる語、絶対的な仕方で対照的なものとして際立つ語、例‐外的ないし途方も‐ない＝規範を‐外れた語はあるのだろうか。それこそ、「語彙のなかのハパックス〔ただ一度だけ言われた語[30]〕」である神という語である。しかし、なぜこの語は正義を意味する〔正義として意義を表す〕のだろうか。より正確に言えば、またその意義性をとりまく諸情況に立ち戻るなら、彼性と正義とのあいだには、何らかの関係があるのだろうか。

　他人の顔は、彼性や神の痕跡において、無限者の痕跡として意義を表す。しかしながら、私は、神のおかげで、他人に対する顔であるなら、顔の謎がそこから生じるところの存在の彼方にある彼性は、隣人と第三者とへの責任を負わせるために、私を隣人と第三者とへ連れ出すだけではなく、この彼性は、他人と第三者とをして、私への責任をも負わしめるのである。このことが意味するのは、彼性との関係が、諸々の他者への諸々の一者の責任として、すなわち正義として実現するということ、また彼性としての超越に関する分析、すなわち神の「演繹」が、近しさに対する正義の優位と両立しないわけではないということ以外に何があるだろうか。そうであれば、不可避的ではあるが避けられてきた問いに答えることが可能である。レヴィナスによれば、無限者は、「彼性として、すなわち三人称で意義を表す。しかしそれは、第三の者の人称とは異なる「第三者性（tertialité）」、すなわち他の人間の迎え入れ（accueil）がもつ対面を断ち切る——隣人の近しさや近づきを断ち切る——第三者の人称とは異なり、正義がそこから始まるところの第三の者の人称とは異なる「第三者性」に基づく三人称である」[31]。しかし、次の問いを提起しないわけにはいかない。すなわち、一方の〔無限者の〕第三者性と他方の〔第三の者の〕第三者性との差異は何か。両者はどのようにして分節化〔結合・区別〕されるのか。また〔三人称という〕語の共通性は、両者にあっては全くの無意味となってしまうのだろうか。何の説明もなしに、神という〈彼〉（*Il*）が、「対話［すなわち、我と汝とのあいだの対話］において無視されてきた彼＝それ（*il*）〔第三者〕とは、もはや何らの共通点ももたない三人称[32]」であると断言することは可能だろうか。さらには、それと同時に、存在するという動詞と存在という名詞との差異、すなわち存在論的差異が、「共通の類にではなく、ただ語の共通性に依拠しているだけである[33]」と主張しているにもかかわらず、そう断言することは可能だろうか。反対に、彼性、すなわち神が正義であるからこそ、*il*〔彼＝それ〕という同一の〔三人称単数の〕代名詞が、絶対的に特別で唯一の三人称——というのも、この三人称は卓越した人称的秩序＝次元であるからだが——と同時に、それとともに、またそれから「正義が始まる」ところの単数の三人称〔第三者〕を意味するのではないだろうか。

第二十一章　存在の意味、あるいは無‐意味

第一節　イリヤ＝ある（*il y a*）

〈語ること〉から〈語られること〉へ、近しさから存在へ、さらには正義へと導く道について明らかにしたレヴィナスは、最大の注意を払って〔これが最大の疑念なのだが〕(ultime scrupule)、次の問いを立てた。「他者への身代わりとして、また〈存在すること〉の断絶ないし、存在からの‐超脱として記述された主観性は、存在論的問題の究極性――ないし優位性――についてのテーゼに異議を唱えるように仕向けたが、この主観性は、自ら呼び出した〈存在すること〉を追い払うのだろうか。非人称的動きであり、絶えざる潮騒であり、また音もないざわめき（bruissement）である〈存在すること〉、すなわちイリヤ〔ある〕としての〈存在すること〉は、自分を生み出した意義を飲み込んでいないだろうか。この非人称的ざわめき（bruit）の執拗さは、今日危惧されている世界の終焉の兆候ではないだろうか。〈他者のための一者〉の

意義において――ひとはこれを、限定的現象ないし特殊現象――例えば「存在の倫理的」相貌――とあえてみなす、あるいはあくまでもそうみなそうとするのだが――、少なくとも存在論が位置づけられた地平と同じくらい広大な地平から沸き起こる声が、聴き取られていないかどうか、絶対的に問わねばならない[1]」。レヴィナスの企図全体にかかわるこの問いに対して、すなわちそこで、ある意味では、神が存在の試練に曝されているところの、全き意味で批判的＝危機的＝決定的な（critique）問いに対して、近しさに対する正義の優位性、さらには両者のあいだですでに成立している同時性が、過剰なまでの深刻さ、重大さを与えているのは明らかである。

　イリヤから何を理解しなければならないのか。存在解釈を含むこの概念は、どのように実存者が実存に足を下ろすのか、どのように存在者が存在に現れるかを分析するにあたって、つまり存在論的差異の演繹のさなかに、導入されたものである。そうした演繹については、一九四七年に出版された『実存から実存者へ』が取り組んでいる。存在への存在者の定位（position）を記述することが問題である以上、存在者がそこで定位することとなる存在の意味を、あらかじめ確定すべきである。レヴィナスは次のように書く。「事物や人といったあらゆる存在が無に帰したと想像してみよう。この無への回帰を一切の出来事の外に置くことはできない。しかし、この無そのものはどうか。たとえそれが無の沈黙や夜であったとしても、何かが生じている。この「何かが生じている」ということの未規定性は、主体の未規定性ではなく、実詞に関係づけられてはいない。それは、行為の定かではない為し手のことではなく、動詞の非人称形〔非人称構文〕における三人称の代名詞としての、この行為そのものがもつ性格のことを指している。すなわち、ある意味では、為し手のいない、匿名の行為がもつ性格である。この存在という非人称的で匿名的ではあるが消去できない「焼尽」、すなわち無そのものの根底でざわめく焼尽を、われわれはイリヤという表現で確定しよう。イリヤとは、人称形を取ることを拒否した点において、「存在一般」である[2]」。反論を提起することからはじめよう。イリヤ＝ある〔それはそこで……を持つ〕（*il y a*）における *il*〔それ〕とは、彼性〔の三〕でもなく第三者〔の三〕でもなく、両者の不在を意味する。このように存在をイリヤとみなす規定が、想像上の経験によって導入されたのなら、この規定自体、想像上のものではないだろうか。決してそうではない。一方で、「仮に経験という語は、光を絶対的に排除した状況に対して適用できないわけではないとすれば、われわれは、夜こそイリヤの経験そのものであると言うことができるだろう[3]」。他方で、顕現という言語《ラング》と経験に関して絶えず留保しておくとして、イリヤを啓示するのは、覚醒から逃れることの不可能性としての不眠（insomnie）である。不眠において、「われわれは、どんな対象からも、どんな内容からも離れている。しかし、現前は、ある。無の背後に生起するこの現前は、一つの存在でも、空回りして働く意識の機能でもない。それは、イリヤという普遍的事実であり、諸事物と意識とを包み込んでいる[4]」。

　イリヤの特徴的性格とは何か。イリヤ（*il y a*）、「それは、実詞では表現されえず、動詞である、存在するという作用そのものである」。イリヤとその il は、「雨だ（il pleut）」とか「暑い（il fait chaud）[5]」といった表現のように、非人称で匿名である。そしてそれは、「われわれを神の不在、あらゆる存在者の不在へと連れ返す[6]」。それは、「ざわめき」であり、「諸々の点のうごめき」、「カオス、すなわち深淵、場の不在」であって「出口がない[7]」のである。それは「存在という匿名の流れ（courant）[8]」であり、ひとはそれを、『クラテュロス』が描いているような、ヘラクレイトスの流れ（fleuve）に近づけることができる。その流れとは、「ただの一度も浸かることさえできない流れ、一切の実存者の形式たる統一性という不動性そのものが構成されえない流れ、すなわち、それとの関係で生成が理解されるところの不動性という最後の元基も消滅する流れ[9]」である。一切の存在者の消滅としてのイリヤは、「無ならざる無」である。「なぜなら、この無は、さざめき〔呟き〕(murmure)に満ちているが、それは名づけようのないさざめきだからである[10]」。したがって、イリヤは、自我の溶解でもあり、自我は、この溶解によって、「消滅しえないもの、すなわち、否応なしに、それに対してイニシアチヴを取ったということもできずに、匿名的に、ひと(*on*)が融即するところの、存在の事実そのものへ[11]」連れ返されるのである。しかし、こうしたイリヤへの融即が、「無化という恐るべき経験[12]」であるのは、一方の項の他方の項への融即が、一方が他方であることを意味する場合——このことは、ここでは私にとって、〈私〉をひとへと非人称化することに等しい——、また「恐怖が、主体の主体性、存在者としての主体の特殊性を覆す[13]」場合である。それゆえ、イリヤに関して言えば、存在への接近とは、自らの死の可能性を前にした不安ではなく、まさに自己の喪失を前にした恐怖なのである。

　したがって、仮にイリヤは、すべての措定＝定位(position)や定立＝テーゼを損ねるわけではないとするなら、イリヤを、存在論的テーゼとみなすことはできるだろう。レヴィナスは、後にこのテーゼを決して取り消すことはなく、このテーゼなしには、レヴィナスの企図は理解不可能なままとなってしまう。『全体性と無限』によれば、「形容可能なものをすべて否定することは、非人称のイリヤを再び出現させる。このイリヤは、あらゆる否定の背後で、否定の程度とは無関係に、無傷のまま回帰する[14]」。イリヤは、「常により深い深淵」であり、「不在という常に新しい深み」であり、「恐怖、おびえ、眩暈」、「匿名のざわめき」、ないし「不条理な」ざわめきである[15]。『存在するとは別の仕方で、あるいは存在することの彼方へ』の冒頭で、レヴィナスは、「イリヤは、存在の否定によって残された空虚を満たす」と述べて最初の節の結論とした後、次のように明確に述べることによって次の節を始めている。「このように、〈存在すること〉は、〈存在すること〉への不屈の固執として遂行される。それは、〈存在すること〉の遂行を中断するようなどんな無の〔取るに足りない〕間隙をも埋めるものである」[16]。

イリヤについては一度説明したので、最初の問いに戻ろう。「イリヤ〔ある〕としての〈存在すること〉は、自分を生み出した意義を飲み込んでいないだろうか」。この意義によって、〈存在すること〉は自分を顕現させたのである。差し当たり、〈他者のための一者〉と正義との関係についての諸困難は横に置くとして、イリヤとしての存在は、意義性を無意義性へと還元するのではないだろうか。そして、意味は、不可避的に無‐意味へと変わってしまうのではないだろうか。存在は正義の関数である以上、正義のために、また正義によってこそ、意識は存在へと開かれ、存在は意識に開かれる。そして、すべて、つまりもちろん身代わりや〈語ること〉をはじめとしたすべては、この正義のために、正義によって顕現するのである。しかし、〈他者のための一者〉としての隔時性たる主観性は、〈存在すること〉の時間と同調することなしには、〈存在すること〉において主題的に現出することはありえない。この〈存在すること〉の時間は、表象によって回収可能な連続的時間であって、それは、一者と他者とを分離する合間（entre-temps）、責任そのものである合間を消し去ってしまう。それゆえ、「とぎれることなき〈存在すること〉は、どんな責任にも無関係で関心がない（égal）が、いまやこの責任を自ら包含する。こうした〈存在すること〉は、まるで不眠状態にいるかのように、この中立性とこの無関心さ（égalité）から、単調さ、匿名性、無意義性、絶えざるざわつき（bourdonnement）へと変転する。このざわつきを止めうるものはもはや何もなく、それは一切の意義を吸収し、こうした騒々しさ（remue-ménage）がその一様態である意義すらも吸収するのである」[17]。〈他者のための一者〉という隔時的意義性から考えれば、〈存在すること〉は、無意義であり、さらには不条理でもある。というのも、「不条理は、〔隔時的意義性なき〕純粋な無関心＝無差異のなかでの複数性に由来する」[18]からである。

したがって、〈他者のための一者〉の隔-時性を、〈存在すること〉の共時性、存在の現前へと吸収することによって、一者と他者との相関的で同時的な主題化が実現する。この主題化を通じて、一者は、他なる者を、自分の〔ものとしての〕他なる者として措定することによって、自分を自我――自ら構成する対象に対峙する主体――として措定する。しかし、それでも一者は、自分が身を置いた〔定位した〕〈存在すること〉に絶えず属しており、〈存在すること〉の受取人（partie prenante）でありつづける。しかしながら、「主体が〈存在すること〉において自己を再び見出す仕方――一つに取り集められたものとしての〈存在すること〉そのものは、それでも主体の現在と自由とを可能にしなければならなかったはずであるが――は、調和的で平和的な融即ではない。それは、まさしく、それぞれの沈黙を満たす絶えざるざわつきであり、この沈黙において主体は、〈存在すること〉から離れ、自分を、〈存在すること〉の客観性〔対象性〕に対峙する主体として措定＝定位するのである。このざわつきは、自分を主体として解放する主体にとっては受け入れ難いざわつきであり、〈存在すること〉を、対象として自己の面前に集める主体にとっては、受け入れ難いざわつきである。しかし、そこで、こうした〔〈存在すること〉からの主体の〕引き剝がしは、一様〔平等、無関心〕な（égal）横糸で織られた絶対的に均質〔公正〕な織物〔〈存在すること〉〕のうちでは正当化不可能なのである。このざわつきは、イリヤというざわつきである――すなわち、無-意味であり、〈存在すること〉はこの無-意味へと変わり、そうして意義から生じた正義もこの無-意味へ変わる。このざわつきは、存在における意味と無-意味との両義性であり、無-意味への意味の変化である。こうした両義性をひとは軽々に受け取るべきではない[19]」。

第二節　無意義性の意義性

『実存から実存者へ』において扱われ、ここで暗黙のうちに繰り返されている主観性の分析へと、もう一度手短に戻っておかなければ、この両義性の重大さを測定することはできない。レヴィナスは、身体が、土台や地面のうえに定位される〔措定される、身を置く〕(se poser) のではなく、身体は、「定位〔措定、身を置くこと〕(position)」、すなわち「局所化の事実そのものが匿名の存在のなかに不意に現れること[20]」であると示し、それゆえ身体は、「出来事から存在への変容そのもの[21]」、すなわち動詞から実詞への変容そのものを成就することをまず示した。その後、彼は、この定位を「現在としての瞬間の出来事そのもの[22]」とみなしている。始源たる現在の瞬間は、その中心的性格から考えれば、他の諸瞬間との関連、つまり時間との関連ではなく、存在との関連で考えられるべきである。「したがって、現在は、存在のなかに位置づけられてあること (situation) である。そこには、存在一般があるだけではない。そこには、一つの名詞化可能＝命名しうる存在、同定可能な存在があり、つまりは一つの主体がある[23]」。現在の瞬間は、存在者の存在への誕生ないし開始であると同時に、停止、とどまること (station) ——「瞬間における本質的なこと、それは、瞬間が立ちとどまること (*stance*) である[24]」——である。この停止が意味するのは、自我は、仮借なき仕方で自己へと釘付けにされ、さらに自分の存在へ、したがって存在〔一般〕、すなわちイリヤそのものへと仮借なき仕方で釘付けにされているということである。その意味で、もし実詞化《イポスターズ》ということで、イリヤないし純粋動詞の絶えざる匿名的流れを中断させる存在者や実詞が存在〔一般〕のなかに現出する出来事を理解するなら、「瞬間の実詞化《イポスターズ》のなかに〔…〕、イリヤの回帰を見出すことができる[25]」。というのも、自我は、自分自身に繋がれている限り、したがって存在に繋がれている限り、決定的にイリヤへと繋がれているからである。ハイデガーの教えに従うなら、存在とは常に私＝各自〔のものとしての〕の存在なのである。

無－意味への回帰としてのこうした回帰が取るに足りないものであるとすれば、それは、仮に自我がそれを通じてイリヤから逃れるところの停止の瞬間が、イリヤから正当化され、またイリヤにおいて意味をもちうるとした場合である。実際にはそうではない。というのも、ヘーゲルの言う通り、「存在は、自分自身と同等〔平等、一様、無関心〕であるにすぎず、他のものと非同等〔不平等、非一様〕ということですらない(26)」からであり、さらに、〔ヘーゲルと〕同じ存在の規定をレヴィナスが繰り返しているように、〈存在すること〉は、「一様〔平等、無関心〕な横糸で織られた絶対的に均質〔公正〕な織物」であり、いかなる差異化も含まないからである。それゆえ、自我は、正当化〔弁明〕なしに、自分の存在へと釘付けにされ、さらに、この自己との絶対的一様性〔同等性、平等性、無関心さ〕(égalité) から見れば、それ自体では無差別〔無関心〕で無意義な存在〔一般〕へと釘付けにされている以上、自我は必ず、「自分が主題化する〈存在すること〉のなかに嵌り込む」。なぜなら、「〈存在すること〉の一様性〔同等性、平等性、無関心さ〕(égalité) は、その完全な公正〔均質さ〕(équité) において、いかなる停止の瞬間も正当化することはない(27)」以上、自我が、〈存在すること〉を自分の対象とすることによって、〈存在すること〉から自分を引き剝がすことを正当化するものは何もないからである。したがって、イリヤは、実詞化において絶えずざわついている。あるいは、別の言い方をすれば、意味を贈与する主体、存在から孤立した (solitaire) 主体は、存在と連帯しており (solidaire)、存在の無－意味へと絶えず回帰するのである。しかし、主体がこのように意味と無－意味とのあいだで逡巡するとすれば、存在や正義にとっても事情は同じである。主体は、この存在と正義と本質的に〔〈存在すること〉を通じて〕結合しているからである。そうであるなら、この〔意味と無－意味とのあいだの〕逡巡によって正義がさらされるリスクとは、無意義性のなかに飲み込まれることである。

この両義性をどのようにして克服すべきなのか。〈存在すること〉は、無-意味へと変転する。なぜなら、構成する自我は、自分自身から自分の意味を引き出しえない存在から除外されることにはならないからである。逆に、まさに存在の外の主体のみからこそ、存在は意味を受け取ることができるのである。ところで、「まさに責任ある者としての主体が除-外されること、及び追-放されることにおいてこそ、存在の外の主体は思惟される」。そして、この主体、すなわち〈他者のための一者〉の一者は、意義であり、身代わりであり、「あらゆるものへの臣従としての主体性、あらゆるものを支え堪え忍ぶこと及び全体を支え堪え忍ぶこととしての主体性[28]」である。しかし、この全体は、存在そのものであり、それを支え堪え忍ぶことは、イリヤを支え堪え忍ぶことである。それゆえ、イリヤの無-意味は、支え堪え忍ばれたものである限り、意義を表すのではないだろうか。そしてこの〔無-意味の〕意義性は、意味と無-意味とのあいだを渦のようにめぐる両義性を解くことになるのではないだろうか。

しかし、存在論的主体を不条理に陥れるイリヤは、どのようにして意義を表しうるのだろうか。「それ〔イリヤ〕を対象として反芻すること（ressassement）は、あらゆる否定の背後で繰り返し現れ、他者全体へと臣従する運命となって私にのしかかってくる。私はこの他者全体に臣従する。こうした〔イリヤの〕対象的反芻の無意義性は、意味に対する無-意味の剰余（surplus）であり、それによって、〈自己〉にとっての贖罪が可能となる——自己自身は、まさにこの贖罪として意義を表すのである[29]」。どのような様態のもとで、意義性に対する無意義性の超過（excès）は、いずれにせよ〔全体に反して〕、存在の全体性にもかかわらず、意義を表すことができるのか。われわれがすでに述べた通り、仮に苦しみが引き受けられうるものであり、理由や意味をもちうるとするなら、〈他者のための一者〉は、最上級の受動性、苦しみとはいえないだろう〔第四章第一節〕。そして、仮に一者が、無のために、すなわち無駄に苦しむまでに至らなければ、受動性は、自発性と相関的な受容性へと変転してしまうであろうし、〈他者のために〉は、超越論的で構成的な主体の〈自己のために〉〔対自〕へと再び戻ってしまうことだろう。だからこそ、あらゆる痛みのなかの苦しさである〈無のために苦しむこと〉は、「意味、すなわち〈他のための同〉が無－意味を迂回＝通過する（passer）がゆえに、無－意味による意味の凌駕（débordement）」[30] なのである。したがって、〈他者のための一者〉としての意味に対する無－意味の剰余は、それなしでは一者も同も、真摯さを通じて、また受動性を通じて、〈他者のために〉、すなわち意味ではないような剰余なのだが、こうした剰余は、意味が無－意味を迂回＝通過し、ただこの迂回＝通過によってはじめて意味が意味となるために必要とされるものなのである。

この〔無－意味の〕剰余は、自己がそれとして意義を表すところの贖罪を、どのような仕方で可能にするのだろうか。贖罪は、〈他者の代わりとなる一人の一者〉であり、それは、一者が他者を支えるという様態、私が私ならざる者を支えるという様態のもとに、同一性と他性とをひとつに結合する。「贖罪においては、〈存在すること〉の残余が、〈存在すること〉の一点に——この一点から〈存在すること〉を追放するに至るほどに——重くのしかかる」[31]。それゆえに、イリヤという無－意味が、最上級の受動性の意味に属することになるのである。この最上級の受動性が、引き受けることのできない（inassum*able*）受動性であるのは、当の受動性がどんな受容性をも超え出るからであり、またそれが支えることのできない（insuppor*table*）受動性であるのは、当の受動性が接尾辞（-able）の表す、現実性と可能性との距たりさえなしに、全体を支えるからである。したがって、引き受けや、引き受けに意味を与える作用による〔自分の〕奪回のあらゆる可能性の外部で、絶対的に受動的な仕方で支え堪え忍ぶことは、必然的に、無－意味を支え堪え忍ぶことである。そして、まさにそのような支えることとして、すなわち他者全体及びあらゆる他者へと臣従することとしてこそ、自己は意義を表すのであって、またそのようなものとして、自己は意義であり、他者への身代わりであり、他者のための贖罪なのである。レヴィナスは、召喚された自己に関して次のように述べている。「代償なしに支え堪え忍ぶために、彼〔選ばれし者〕にとって必要なのは、イリヤという過剰な騒々しさと閉塞（encombrement）、あるいは心を－消沈させる騒々しさと閉塞である」[32]。したがって、〈存在するとは別の仕方〉は、それが存在の贖罪である以上、存在なしには不可能なのであり、また、だからこそ、存在がその関数であるところの正義と第三者とによって提起された諸々の問いは、枝葉末節に関わる付属的なものでは全くないのである。

「……なしには不可能である」や「必要なのは、イリヤである」といったこの表現は、何を意味するのだろうか。それには二つの意味がある。一方で、意味に対する、イリヤという無－意味の剰余がなければ、自己は、無のために苦しむほどに、他者へと忍耐をもって曝露された一者ではないであろうし、真摯さを通じて、また誠実さを通じて〈他者のための一者〉、意義、身代わりであるわけではないだろうということである。他方で、他者への贖罪としてのこの同じ自己は、自分がその支配下にあるのではない〈存在することと〉ないしイリヤなしには、現れることができず、語られることができないということである。〔自己は〈存在すること〉ないしイリヤの支配下にあるのではない〕というのは、この自己は、隔時的に、無起源的に、すなわちそこでは自らを裏切って表に出るところの現出することの現前〔存在すること〕の外で、意義を表すからである。身代わりの自己は、意義を表すと同時に現れるということはない。とはいえ、現象性と意義性との同時性が、存在論を定義するのである。「他者への贖罪は、確かに、主題においてしか、また存在という様態としてしか現れない。しかし、そのときそれは、哲学的還元に自分を供している。それは、顕示の非－同時性であり、主観性の両義性、意味と存在との謎、現れるものの隔時性である」[33]。

第三節　懐疑論とそれへの反駁

なぜ贖罪は、哲学的還元に自分を供することで現れなければならないのだろうか。この問いに対してはすでに答えが与えられていた。第三者の現前と正義への要請は、現出することや主題化や哲学の起源にあるからである。それゆえ、哲学は、「差異を主題化することで、また主題化されたものを差異へと還元することで、正義に仕える。哲学は、他者のために一者が自己犠牲になることのなかで公正をもたらし、責任のなかで正義をもたらすのである」[34]。この主題化及び還元は、どのような仕方で生じるのだろうか。また、哲学の伝統において、絶えず主題化と還元との可能性を指し示していたものとは何なのだろうか。主題化と還元とは、二段階で（en deux temps）、つまり交替で生じる（alternant）運動にもとづいて、成就される。この運動によってのみ、両義性を思考することができるし、謎を、それが現在からはみ出すものとして、維持したり保持したりできるのであり、あるいは謎の痕跡をとどめた現象を維持したり保持したりできるのである。実際、差異を主題化することは、〈他者のための一者〉の隔時性を〈語られること〉へと共時化することである。それに対して、あるいはそれとは逆に、主題化されたものを差異へと還元することは、〈語られること〉によって取り集められたものを、一つに集めることのできないものとして、撤回する（dédire）ことである。一つに集めることのできないものの意義性が明滅するのは、〈語られること〉と〈前言撤回〉とを、まさに間隙（intervalle）〔音程、音高の隔たり〕によって分離する不意の出来事（contre-temps）〔切分法〕や合間（entre-temps）においてである。また、懐疑論の肯定とそれへの反駁とは、哲学と存在論との歴史のなかで、常に、あるいはほぼ常に、一つに集めることのできないものの範例的出来事をなしているのである。

しかし、どのような点で、懐疑論とそれへの反駁とは、〈語ること〉と〈語られること〉、近しさと正義とに関係しているのだろうか。「すべての真正の懐疑論は、その種類や方向性がどのようなものであろうと、次の原理的反意味〔背理〕によって示される。すなわち、懐疑論は、自らのテーゼにおいて否定するところのものを、その議論構成において、その妥当性の可能性の条件として暗に前提としているということである[35]」。したがって、懐疑論を反意味〔背理〕として反駁することが、懐疑論の真の意味を明らかにするのであって、レヴィナスはこうした解釈を繰り返している。しかし、そのときレヴィナスは、テーゼの意味をその前提となっている反－意味から分離する、隔時性に強調点を置くのである。彼は次のように書く。「知の合理性やその論理に浸透している懐疑論とは、〈語ること〉に含まれた暗黙の肯定と、この肯定が〈語られること〉において言明する否定とを共時化することへの拒否である。それは、矛盾を反駁しようとする反省にとっては、明らかな矛盾である。しかし、この矛盾に対して、懐疑論が動じることはない。あたかも肯定と否定が同時には響かないかのように。したがって、懐疑論が異議を唱えるテーゼとは、共時性において、条件を条件付けられたものへと結びつけ直すような関係が、〈語ること〉と〈語られること〉のあいだで反復されているというテーゼである。あたかも、〈語ること〉としての他者への――留保なき――私の曝露と、その平衡及び正義における、〈語られること〉の提示〔曝露〕や言明とのあいだにある差異にこそ、懐疑論は耳をすますかのように[36]」。

懐疑論の浸透した合理性とは何か。また合理性の極限＝果てでの、懐疑論の「周期的回帰」あるいは「永続的[37]」回帰とは、正義における身代わりの明滅でなければ何を意味するというのだろうか。われわれがすでに述べた通り、理性とは、主体と相関的な体系がもつ統一性のなかで、互いに意義付与しあう〔指示しあう〕様々な示差的項の共－現前である〔第十六章第一節〕。体系は主体に現前しており、主体も体系に現前している。したがって、同期的で可逆的な〈他者のための一者〉のようなもの〔示差的な相互関係からなる複数の項〕があり、それが存在論的理解可能性を構成する。というのも、存在論とは、ただひとつだけの現前及び単独の現前の支配であり勝利だからである。しかし、隣人としての他人は、「その〔他人の〕現前においては、その〔他人の〕近しさと決して同等ではない(38)」のであり、また他人の現前を超過する他人の近しさは、私の責任という〈他者のための一者〉として意義を表し、それは身代わりとして意義を表すに至る。この身代わりを通じて、自己は、自我から解放されて、存在の外で主体となる。こうした身代わりは、意義性であり、前－存在論的な理解可能性である。そうである以上は、主題化する理性は、「いかなる主体のイニシアチヴからも発することなき前－起源的理性、すなわち無－起源的理性によって(39)」凌駕されている。というのも、他人への私の責任、及びこの責任がその結晶であるところの理解可能性は、自我という私の自由に先立つからである。

そうすると、問いは次のようになる。すなわち、懐疑論は、〈語られること〉という主題化する理性において、〈語ること〉という前－起源的ないし無－起源的理性の痕跡を意味する〔そのような痕跡として意義を表す〕のではないだろうか。実際、懐疑論への反駁は、それが反駁しようとする根絶不可能な懐疑論から何を明らかにするのだろうか。懐疑論への反駁は、テーゼなるものの可能性の諸条件と矛盾するテーゼを措定することなどできないという点を強調することで、テーゼなるものの言明性格を浮き彫りにする。懐疑論への反駁は、「言語《ランガージュ》の現存からしか、つまりその現前がまさに発話《パロール》によって要請されるような対話者からしかその力を引き出すことがない(40)」。こうした懐疑論への反駁は、〈語られること〉と〈語ること〉

との関係に強調点を置く。しかしそれは、言明内容と言明行為との同時性を前提としているために、テーゼなるものがそこで提示されるところの〈語られること〉と、私がテーゼを他人に提示＝曝露することで他人に対して留保なしに自分を曝露するその〈語ること〉とを、同一の平面に置いているのである。それゆえ、懐疑論への反駁が決して最終的に肩を並べるようになるとは思われない、この懐疑論が、「周期的に再び誕生すること(41)」は、「仮に時間における一切が記憶可能だとすれば、すなわち現在とともに構造を形成しうるとすれば、また仮に〈語ること〉が厳密には〈語られること〉と同時的なものとなるとすれば、全く無－意味になるだろう(42)」。つまり、一方で哲学は、懐疑論的な〈語ること〉を絶えず反駁する。他方で、〈語ること〉は、哲学に対して、共時化可能な時間と全体化する言説とを断絶するよう絶えず促すのである。要約代わりに換言しておこう。「西洋哲学史は、超越への反駁であるのと同様、懐疑論への反駁でしかなかった。語られるロゴスは、一切の意味を支配する最後の語、終焉の語、究極と結果との可能性そのものを手にしている。何もそれを中断することはできないのである(43)」。

〈語られること〉がそこで勝利する哲学的言説を、いずれにせよ〔全体に反して〕、全体性に反して中断することによって、懐疑論は、〈語ること〉と〈語られること〉との差異をそこに輝かせる。懐疑論は、〈語ること〉の痕跡を意味し＝〈語ること〉の痕跡として意義を表し、もし〈語ること〉が言語《ランガージュ》の本質であるとすれば、「言語《ランガージュ》はすでに懐疑論である(44)」。しかし、懐疑論的な〈語ること〉と〈語ること〉としての懐疑論とは、次のこと以外に何を意味するだろうか。すなわち、一度も現前したことのないものの痕跡、共時性の断絶の痕跡、無起源的に私を他人へと、隣人へと召喚するもの、あるいは召喚する者の痕跡である。「それは、〈存在すること〉の取り集めには属していない痕跡である。哲学は、この「属していない」という表現に含まれる否定の振幅を過小評価している。この否定の振幅は、否定と肯定との論理的射程を超過しているのである。それはまた、彼性との関係の痕跡である。いかなる統覚の統一もこの痕跡の全体を包括することはないままに、この痕跡は、私に責任を負うよう命じるのである。それは、信仰の心理学ないし信仰喪失の心理学を超過した関係（relation）――ないし宗教（religion）〔再び結び集めること〕――である。それは、無‐起源的な仕方で〔始源、アルケーに先立って〕私に命じる。まさに、決して現前となることなく、原理〔始源、アルケー〕の露開となることもなく――一度もそうしたということなく――命じるのである」[45]。

「哲学によって退けられた、懐疑論的な〈語ること〉[46]」は、彼性とのどのような関係の痕跡なのだろうか。強調すべきは、〈語ること〉の痕跡は、懐疑論だけ〔の痕跡〕なのではなく、「懐疑論と懐疑論への反駁との対」〔の痕跡〕である。そしてこの対においては、「哲学の時間としての交替と隔‐時性[47]」が、範例的に生じる。したがって、まさに哲学的で存在論的な言説、すなわち「あらゆる言説がそこで言明されるところの究極の言説[48]」こそが、卓越した仕方で、その歴史を通じて常に、〈語ること〉の痕跡をとどめているのである。つまり、それは、〈存在すること〉の取り集めにおいては、あるいは取り集めとしての〈存在すること〉においては理解＝包括されないものの痕跡をとどめているのである。しかし、もしこの〔哲学的＝存在論的〕言説が彼性の痕跡をとどめているのなら、彼性の痕跡は、その痕跡がもつ両義性から見れば、その言説のなかに書き込まれている。ところで、彼性の痕跡は、正義としての彼性の痕跡でなければ、どのようにしてこのようなことが可能だろう。〔正義としての〕というのは、存在論的秩序において正義とは、一度も現前したことのないものの現前なのだが、〔彼性の痕跡が書き込まれている〕この存在論的秩序は、それ自身、正義の関数だからである。無限者とは、常に〔無限の〕観念でもあるのではないだろうか。そして、存在がそもそも δίκη〔ディケー、正義〕として展開された――「正義とは、一緒にすること、取り集め、存在者の存在である」[49]——からこそ、彼性は、その痕跡を哲学的言説のなかに残すことができるのではないだろうか。

確かに、彼性は、他人への責任を負うように、〈他者のための一者〉を負うように私に命じる。しかし、彼性は、また正当にも〔公正にも、正義に沿って〕、私への責任を負うように、他人に命じるのである。「「神の〔恩寵の〕おかげで」、私は諸々の他者のための他人である」[50]。しかしながら、恩寵は、受け取られることで初めて与えられる。私は、神の痕跡がその顔のうえで意義を表すところの諸々の他者に正義を与える〔正当に評価する、正しさを認める〕(rendre justice) ことなしには、私のための正義たるこの恩寵を、神から受け取ることはできないだろう。したがって、正義としての彼性との関係は、責任の譲渡不可能性を侵害することはない。というのも、私が諸々の他者のあいだで、諸々の他者と同じ他者でありうるのは、比較、出廷＝共現出 (comparution) を成就することによって、すなわちこの副詞〔「……と同じ」〕が含意する正義を成就することによってでしかないからである。私がそのおかげで諸々の他者と同等＝平等の者であるところの神の恩寵は、私が諸々の他者に与える正義、またこの同等性＝平等性そのものを実現する正義においても同時に作用することで、はじめて作用する〔作用的恩寵となる〕のである。したがって、責任は、過大な責任でありつづける。というのも、私がその起源ではない正義によって裁く〔正義を行う〕(rendre la justice) という荷を負った私は、自分と同等である者たちに対してもその荷を負い、つまりは、あらゆる者に対してその荷を負うからである。

決して聴き取られることのない命令に、すなわち〈存在すること〉の彼方の彼性に対して服従することによって正義を与えること、それは、取り集めることであり、比較することであり、出廷＝共に現出させることである。「すべては正義のために現れる」[51]。存在とは、この正義の関数であり、あるいは存在はこの正義の補佐役である。存在とはイリヤである。このイリヤの不条理は、責任あるいは〈他者のための一者〉の意義性によって支えられたものとして、また他人の身代わりとなる自己によって贖われたものとして意義を表す。しかし、レヴィナスが主張するのとは反対に、もし近しさが正義から湧出するなら、またもし〈一人の他者のための一者〉つまりデュオが、その可能性を、〈あらゆる他者のための一者〉つまりトリオから引き出しているのなら、砂漠のごときイリヤの不条理が意義を表すことはもはやありえない。というのも、意義は、もっぱら〈一人の他者のための一者〉だからである。それゆえ、遅れもなく〔直ちに〕正義の拒否〔裁判拒否〕もなしに、第三者の正しさを認めること、つまり正義と意義性ないし近しさとのあいだの諸関係を転倒すること、こうしたことは、存在においてと同時に正義そのものにおいても生まれる、意味と無－意味との両義性を、乗り越えがたいものにしてしまうのではないだろうか。おそらくそうである。ただし、意義が正義から生まれるのではない限りで、あるいは正義そのものが意義性ではなく、さらには言語《ランガージュ》でない限りで、おそらくそうである。われわれはこの究極の＝最後の可能性を検討してこなかった以上は、存在の意味について、あるいは存在の無－意味について裁決することは不可能だろう。

第二十二章　〈彼＝それ〉？

第一節　第三者から神へ

〈存在するとは別の仕方〉から存在を理解することは、〈語ること〉と〈語られること〉との区別を要求し、正義に対する近しさの優位を前提とする。では、こうした優位を改めて問いに付すことは、レヴィナスの企図をその全体において改めて問いに付すことなのだろうか。それとも、それは単に、超越や、さらには言語《ランガージュ》についての諸分析と、これらの分析が関連づけられている存在論を突破することとを分離することでしかないのだろうか。また、別の形で問いを提起するなら、言語《ランガージュ》と正義とを、〈存在すること〉の共時性へと連れ戻すことなしに、言語《ランガージュ》を正義として理解することは可能なのだろうか。正義に従うよう私に命じる彼性と言語《ランガージュ》とのあいだに、結びつきはあるのだろうか。より正確に言えば、第三者を含み言語《ランガージュ》と正義として成就されるような状況から出発して、彼性を演繹するということが、神の絶対的外部性あるいは超越性をその一方で侵害することなしに、可能なのだろうか。

こうした形で問いを提起することは、レヴィナス自身によって素描されたある可能性に立ち戻ることである。レヴィナスはどのような文脈でそれを素描したのだろうか。一九五四年に、レヴィナスは、まず、思惟する自我と全体性との関係が、「私がその顔を知っている人間諸存在との関係」であり、この人間諸存在から、諸々の事物が、私に属していないものとして私に到来し、この人間諸存在に対して、私は罪を負ったり無垢〔無罪〕であったりするということを示した。つまり、「思惟の条件は、道徳意識〔良心〕である」[1]ことを確証した。その後、レヴィナスは、この道徳意識の諸様態、すなわち罪責性（culpabilité）と無垢（innocence）について記述することを試みている。罪責性と無垢は、社会としての全体性、すなわち「互いを数に入れていない諸存在の累積」[2]としての全体性とは一致しない、自由な自我を前提とする。さらに、罪責性と無垢は、「自由な存在が、〔他の〕自由な存在に被害を与え、自分が引き起こしたかもしれない過誤（tort）の反動（répercussion）を蒙りうるということ、したがって、全体性の中にいる自由な諸存在同士の分離は、不完全なままであるということを前提としている」[3]。しかし、一方が他方に損害を加えるとすると、後者〔他方〕は、前者〔一方〕を赦すことができないだろうか。つまり、自分の自由を傷つけた前者の取り返しのつかない過ち（faute）〔前者の過ちのなかの取り返しのつかない部分〕からこの前者を放免＝赦免できないだろうか。〔傷つけられた〕後者は、〔自分を傷つけた〕前者を〔そうでない〕前者自身へと〔取り返しのつくように元の状態に〕戻すことができないだろうか。自分の同一性や自分の存在を、自己だけから引き出すという、前者の分離状態という放免されてあることへと〔前者の絶対的な分離へと〕前者を戻すことができないだろうか。確かにできる。しかしながら、「被害を蒙った者（lésé）が過誤の呪い全体を引き受け、その結果、完全に恩赦権を手にする」ということが条件である。したがって、赦し（pardon）が可能なのは、「互いに完全に現前しあう諸存在の社会」、「親密な社会」、「私から汝までの二人の」社会、「第三者たちを排除する」[4]社会、すなわち、〔一対一という〕対（couple）のなかだけなのである。もし「愛とは、汝によって満たされる我、自分の存在の正当化〔義認〕を他人のなかに見出す我である」[5]とするなら、愛がこの対の原理である。

　しかしながら、愛の社会は、拡張されたエゴイズム、あるいは重複＝倍加したエゴイズムでしかなく、抽象でしかない。実際、他人が私から蒙った暴力について、他人が私を赦すことができるのは、この暴力が、他人のもつ放免＝赦免の力を決して侵すことなく、他人のもつ「まるで神と同じ」[6]自由を決して侵さない限りにおいてである。それゆえ、「親密な社会の暴力は、侮蔑を与える、しかし傷をつけることはない」。親密な社会の暴力は、「正義と不正（injustice）との彼方ないし手前」にある。正義と不正とは、「自由に対して行使される暴力、現実の傷を前提とするがゆえに、敬虔であれ不敬虔であれ思惟のなかにではなく行為（œuvre）のなかにある。また、尊敬や尊敬の欠如のなかにではなく自由への支配のなかにある」[7]。では、私は、対が構成するところの閉じた社会から排除された第三者以外の誰に対して現実に傷をつけることができるだろうか。「本来、第三の者は、この〔私と汝との〕親密性を乱す。私が、私の意図から完全に認めることのできる、汝に対する私の過誤は、彼〔第三の者〕（*lui*）と汝との関係によって、客観的に狂わされる。この関係は、私には明かされないままである。というのも、今度は私の方が、あなた方〔汝と第三の者と〕の親密性という独特の特権から排除されてしまうからである。仮に私が、汝に対する自分の過誤を認めるなら、私は、こうした私の悔悟によってすら、第三者に被害を与えることができる」[8]。まさに、もっぱら第三者に対してこそ、私は、私の意図を超えて、罪を負うことになるのである。つまり、私が意図的に侵さなかったということもありうるような過ちに対して責任を負うことになる。というのも、

「どんな意志も疎外されるおそれのある[9]」本当の数多的な〔汝も第三者も含む〕社会では、私の諸々の行為のもつ客観的意義は、必然的に、この行為が意図し意志した意義をはみ出しているからである。したがって、こうした〔私が意図的に侵さなかったということもありうるような〕過ちは、われわれの親密性によって局限された空間において、私に完全に現前している被害者だけが私に与えうるような赦しを求める過ちではなく、報告＝議事録、贖い＝賠償（réparation）、正義＝裁判を要請する過ちなのである。

一人の他者への一者の愛は、正義には十分ではない。しかしながら、この哲学的命題を神の愛まで敷衍することなどできるのだろうか。赦しの神の超越は、無垢と罪責性とを可能にする〔私と神との〕分離と関係とを保証する。こうした赦しの神に対する自我の関係もまた、第三者を排除するのだろうか[10]。「神と共に孤独になること」は、必然的に、「愛の〔一対一の〕対話の外側にとどまる者たちすべてを忘却すること[11]」、正義を要求する者たちすべてを忘却することなのだろうか。神の愛は、救済のエゴイズムへと変転してしまうのではないだろうか。レヴィナスは次のように書いている。「確かに、全体性を包括＝把握するものとして、神と共に孤立することを概念把握することができる。しかし、この主張に対して、秘儀や秘跡のような意味を与えない限り、諸々の第三者を含む社会の不可避的必然性から、神及び神への崇拝の概念を展開しなければならないだろう。（このことがまだ一度も試みられていないかどうかは定かではない。）そうであるなら、神は、排他的な愛の親密性における自我の相関者として現出するのではなく、また宇宙がそのなかに沈みこむ〈現前〉、赦しの無限の源泉がそこから湧出してくる〈現前〉として現出するのでも全くないであろう。神とは、〈社会〉の外側にある固定点、それも、〈律法〉がそこから到来する固定点ということになるだろう[12]」。

レヴィナスは、神への自我の愛が、それ自体で諸々の第三者への愛でありうるかどうかという問いに対して、このように答えることによって、その可能性を退け、別の可能性を開く。愛は、「宗教的実存という本質的状況にまで高められたなら、［…］社会的現実性を含まない[13]」、すなわち、全くの単独な諸存在の全体を含まないと確言することは、キリストの愛が、洗礼と聖餐との秘跡によって、キリストの神秘体＝キリスト教会へと結合したあらゆる人間にまで広がっていることを無視することではないだろうか。おそらくそうである。しかし、常に教会における教会の肢体〔構成員〕の愛、すなわちキリストにおける諸々の他者の愛たる、教会の愛は、〔私と汝との〕双数という愛の本質に含まれる〔第三者を含む〕社会の否定への哲学的回答にはならない。それゆえ、社会的諸関係を、キリスト及びキリストがその頭部たる身体から考えるのではなく、逆に、社会的諸関係から、神を理解することはできないだろうか。社会的諸関係の意味は、神の意味を含んではいないだろうか。そして、たとえ問いがこのような形で一度も提起されたことがなかったとしても、レヴィナスは、まさしくこの形でこそ、倦むことなく何とかこの問いを提起しようと試みていたのではないだろうか。彼性の痕跡がそこで意義を表す顔を、意味の場とすることは、ある意味では、神を、社会的関係という視点から、すなわち、他人との関係という視点から考えることではないだろうか。

それは、ある意味では、ということでしかない。というのは、次の理由による。ここで開かれた可能性は、付随的に開かれた可能性であって、直接的にもたらされたわけではない。というのも、「自我と全体性」という論考が目的とするのは、「経綸の正義の業〔行為〕が、全体性の外部にある諸存在全体を可能にする諸関係を分節化し、無垢という諸存在の素質、諸存在相互の現前を可能にする諸関係を分節化する[14]」ということを示すことだからである。こうした〔付随的に開かれた〕可能性を簡潔に教示することと、この可能性を最終的な形で現実化することとのあいだには、大きな違いがあるというのが、ある意味では、ということでしかない理由である。レヴィナスは、隣人を犠牲にして第三者に強調点を置くことから始めたが、彼は、逆に、第三者を犠牲にして隣人を特権化することで終わったのである。しかし、この反転は、他人の近しさの意味にかかわるよりも、むしろ正義の順位と地位とにかかわっている。実際、「私と他者とのあいだに、多くの共通のものを許容してしまう、隣人という語と同類〔似た者〕という語[15]」を拒否し、これらの語よりも、開離を強調し距離にアクセントを置く第三者という語を用いることによって、自我と他人との関係を、第三者との関係として記述すること、あるいは、自我と他人との関係を、一者と他者との隔時的近しさとして記述すること、こうしたことは、いずれにしても、他人の超越を記述することである。しかし、他人の超越を、隣人との関連で記述するか、それとも第三者と社会との関連で記述するかは、前者の場合では、正義を慈愛や慈悲に従属させることであり、後者の場合では、慈愛を正義に従属させることである。

　では、キリスト教信仰とキリストの現実的現前に逆らって、神の概念を、正義がそれとして意義を表す＝意味するところの他人との関係から展開することはどのようにして可能なのだろうか。そして、この問いに答えることは、〔本章で〕先ほど提起した問いに答えることではないだろうか。それこそ、第三者を含み正義と言語《ランガージュ》が分節化されるような状況から、彼性を演繹することではないだろうか。第三者の顔が、他人である限り、それは彼性の痕跡をとどめている。そして、他人が第三者である限り、他人の顔において意義を表す彼性は、彼性が惹起する欲望を、他人への責任へと、すなわち、第三者の場合では、必然的にあらゆる者への正義へと傾ける（incliner）ことによって、この欲望を屈曲させる（décliner）のである。この視点から見るなら、神はまさに、そこから律法が生じるところの、社会の外側にある固定点であり、この分析は、その活写〔描写〕を、神がそれによって現出するところの正義の者たちの会議のなかに見出すのである。しかし、この神の正義は、言語《ランガージュ》なのだろうか、またどのような意味で言語《ランガージュ》なのだろうか。

第二節　対話者

隣人であれ第三者であれ、他人に対する私の関係は、もし絶対的に両者が分離しているのなら、それは常に言語《ランガージュ》である。というのも、他人は、私が、この関係そのものについて相手に語ることなしにはそれと関係しえないところの唯一の存在者だからである。したがって、言語《ランガージュ》は、分離したものを無条件に＝絶対者〔放免された者〕において（dans l'absolu）関係づけることである〔絶対的な分離における関係である〕。そして、もし他人との関係が、正義として成就するなら、「正義を支える絶対者とは、対話者（interlocuteur）という絶対者である[16]」。しかしながら、絶対的分離がそれとして意義を表す＝意味するところの超越を侵害することなしに、分離した絶対者同士の関係を、正義と言語《ランガージュ》として成就させるためには、言語《ランガージュ》と正義は、この絶対的超越から、すなわちどんな顔もその痕跡をとどめるところの彼性から共に生じるのでなければならない。もし彼性、すなわち神が正義であるなら、どのような仕方で正義は言語《ランガージュ》であるのだろうか。

レヴィナスは、ポレマルコス、ソクラテス及びグラウコンとのあいだで繰り広げられる、『国家』冒頭の短い対話を何度も引き合いに出し、より具体的には、ソクラテスとグラウコンに対して、ポレマルコスが出した次の問いを引き合いに出している。「聞こうともしない人々を説得することができるか」。この問いを換言すればこうである。暴力なしに言説のなかに導き入れる言説などあるのか。何度も言われたように、もし他人の顔が言語《ランガージュ》であり、あるいは「私に現出する前に私から言葉《パロール》を引き剥がす〔取り除く〕[17]」のであれば、「顔によって開かれた原初的言説の最初の語は、いかなる「内部性〔内面性〕」も避けることのできない義務である。この原初的言説は、言説のなかに入ることを強いる言説である。それは、合理主義が切に求めている、言説〔そのもの〕の始まりである。それは、「聞こうともしない人々」でも納得させる「力」、したがって、理性の真の普遍性を基礎付ける「力」である[18]」。あるいは、より明確に言うなら次の通りである。「〈一〉なる神の言葉《パロール》は、〔…〕言説のなかに入ることを強いる言葉である[19]」。つまり、各人の顔において、等しく、したがって正当＝公平に〔正義をもって〕意義を表す彼性、無限者、ないし神は、その各人の顔すべてを、あらゆる顔へと、すなわち正義へと向けるのである。「言語《ランガージュ》は兄弟関係＝同胞関係（fraternité）である[20]」という命題は、これと別のことを意味しているわけではない。したがって、神とは、対話（interlocution）の可能性そのものであり、それゆえ話すこと（locution）の可能性そのものである。「神は、まずこの対話者＝対話に介入する者（interlocuteur）でなかったなら、神ではありえないだろう[21]」。この〔対話者＝対話に介入する者という〕最後の語は、ある対話者、すなわちそれに向かって、あるいはそれと共に私やわれわれが語るところの対話者というよりも、そのおかげでわれわれが他人と共に語ることができるような対話者なのである。というのも、他人は、〔神という〕対話者のおかげで、われわれに対して顔となる〔見えるようになる〕からである。この意味で、正義はまさに、言語《ランガージュ》であり、あらゆる言語《ラング》以前の言語《ランガージュ》なのである。

したがって、正義を〈存在すること〉の共時性から逃れさせながらも、正義を言語《ランガージュ》として理解することは可能である。この正義の言語《ランガージュ》の出来事はどこにあるのだろうか。正義の言語は、〈語ること〉である。というのも、それは対話（interlocution）とコミュニケーションとを開くからである。また正義の言語は〈語られること〉である。というのも、それは正義だからである。では、〈語ること〉しか語らない〈語られること〉などあるのだろうか。彼性、すなわち正義にして、どんな言語《ラング》にも先立つ言語《ランガージュ》は、神という語の意味である。というのも、神という語が意味を受け取るのは、何らかの〔宗教的〕権威〔独断〕によってではなく、その意味は、他人との関係から、すなわち「第三者たちを含む社会の不可避的必然性」から、哲学的に演繹されるからである。それゆえ、神という語は、他の諸々の記号のなかの一つの記号ではありえない。というのも、どんな記号も、意味するもの《シニフィアン》〔記号表現〕と意味されたもの《シニフィエ》〔記号内容〕との相関性や、その記号が示差的に関係づけられる他の諸記号間の同時性、すなわち、全体の自己内在と全体と全体自身との普遍的共時性とを前提とするからである。こうした神という語は、〈語られること〉から除外されることで〈語ること〉を語るような唯一の語であり、それは、〈語ること〉のための＝〈語ること〉を語るための語なのである。「確かに、最初の〈語ること〉は、一つの語でしかない。しかし、それは、神である[22]」。あるいは「言語《ランガージュ》とは、ただ一つの語だけが、つまり神が、常に自分を高らかに宣言するという事実である[23]」。

第三節　ニヒリズムの果て＝境界に

こうした諸命題は、最終的な困難を引き起こす。〈存在するとは別の仕方〉と存在との関係へと戻ることなしには、この困難を明確にすることはできないだろう。第三者の正当性を認めることによってわれわれが際立たせたことは、次のことである。すなわち、正義を意味し、またそこで正義が意義を表す、すべての者のための〈語られること〉を、〈一人の他者のための一者〉及び近しさとしての〈語ること〉へと連れ戻すことはできないということである。しかしながら、〈語られること〉と〈語ること〉とのこうした〔分離を伴う〕極端な分節化（exarticulation）は、他人の超越に関する分析を無効にするものではない。それは、単に当の分析の射程を限定するだけである。それは、顔の記述を無効にするわけでもない。なぜなら、顔がその痕跡において意義を表すところの彼性は、彼性が正義と言語として理解される以上、第三者と両立可能だからである。換言すれば、諸々の第三者が、他人の目で＝他人の目を通して私を見つめる＝私にかかわるとき、他人は、諸々の第三者によって自分の超越を失ってしまうわけではない。〈語られること〉と〈語ること〉との〔分離を伴う〕極端な分節化が、他人の超越に関する分析の射程を限定するというのは、常に〈語られること〉としての、正義の関数たる存在を、一切の意義のなかの意義性、近しさ、及び〈語ること〉たる〈存在するとは別の仕方〉から回復させることが、事実自体によって必然的に（*ipso facto*）、不可能となるからである。というのも、繰り返すが、正義が、近しさに先行しているからである。ところで、この不可能性が意味するのは、次のこと以外の何であろうか。すなわち、存在は、自分の意味を身代わりから受け取ることはできないということ、そして、イリヤを支え堪え忍ぶことによっては、他者への一者の曝露としての、身代わりないし〈語ること〉の主体は、存在に意味を与えることができないということである。しかし、存在は、自分の意味を身代わりから受け取ることができないとすれば、存在は、それを正義と言語としての彼性から、すなわち、神から受け取ることができるのだろうか。

　欲望をそそるもの〔望ましいもの〕としての神は、私に「卓越して欲望をそそらないもの〔望ましからざるもの〕、すなわち他人へ[24]」と従うよう命じることによって、分離したままにとどまり、聖なるものにとどまる。「そしてこの〈無限者〉ないし神が、その欲望をそそること〔望ましさ〕そのもののなかから、諸々の他者の、欲望をそそらない〔望ましからざる〕近しさへと送り返す様〔仕方〕、これをわれわれは、「彼性」という術語で指し示してきた[25]」。神は、このように理解されるなら、「他人とは別のもの〔他人とは別の他者〕、別の

〈別の仕方で〉＝別の仕方での他者、他人の他性や隣人への倫理的束縛（astreinte）に先行する他性の他者＝他なる他性であり、それもどんな隣人とも異なっている。それは、不在に至るほど超越し、イリヤという騒々しさ（remue-ménage）と混同されうるほどまでに超越している。この混同において、隣人への身代わりの方が、存在からの超脱（désintéres*sement*）において、すなわち高貴さにおいて勝利を収める。まさにそのことによって、〈無限者〉の超越がここで栄光へと高められるのである」[26]。

なぜ神は、イリヤと混同されうるのだろうか。神は、「絶対的に〈不在のもの〉」であって、イリヤとは、「不在という常に新しい深み」[27]であり、両者は、単数の三人称〔il〕において意義を表す。そして、もし一方の不在は、他方の不在とは区別できないのなら、そしてもしイリヤは、彼性と区別されないのであれば、どのようにして彼性は、イリヤに対して意味を与えることができるというのだろうか。確かに、彼性とイリヤとの混同自体、両者の混同解消として意義を表すようなある意味を保持している。というのも、彼性とイリヤとに区別がないということは、身代わりの主体のもつ、存在からの超脱を増大させつつ、栄光へと、すなわち意義性の過大へと、無限者の超越を高めるからである。そして、この無限者の超越について無起源的に証すのが、この同じ主体だからである。しかし、他人の顔において意義を表す際に不在にまで至る超越と、一切の超越の無意義な不在――イリヤの騒々しさがわれわれを絶えず導いて行くのはこの不在である――とのあいだの区別を、隣人への身代わりだけが可能にする、ないし実現するのであれば、イリヤは、自分の意味を彼性から獲得することはできないだろう。というのも、一方の〔イリヤの〕不在と他方の〔彼性の〕不在、すなわちイリヤ（*il y a*）〔……がある＝それはそこで……をもつ〕のそれ（*il*）と彼性（*illéité*）の彼（*il*）とのあいだの境界＝区分をまさに可能にしている身代わりから、イリヤは、自分の意味を受け取ることができないからである。この点に関して言えば、〔イリヤ（il y a）と彼性（illéité）に共通する〕*il*〔彼＝それ〕は、意味と無意味とが結び合わさる〔交じり合う〕疑問符〔?〕なしには、決して成立しないのである〔本章のタイトル〈彼＝それ〉?（Il ?）のように〕。

したがって、存在は、自分の意味を、正義と言語としての彼性や神から引き出すことができない。このことは、決して取るに足りないことではない。実際、もし存在が話されるなら、そしてもし存在が〈語られること〉とは不可分であるなら、〈語られること〉それ自体は、存在と同様、意味をもたなくなる。そしてこのことは、とりわけ、語である限りでの神という語、〈語られること〉である限りでの神に関係してくる。まさにこの理由から、神は、テトラグラマトン〔ユダヤ教で唯一神の名を表すYHWH〕と同じく、口に出しては〔言葉にしては〕ならないもの（imprononçable）にとどまるべきなのだろうか。このことについて裁決を下すことはできない。というのも、どんな裁決も、裁決を言い渡すこと（prononcement）を前提とするからである。それゆえ、神がそれによって存在となる神という語は、必ず、この語が彼性から獲得する意味と、この語が、自身もまたそうであるところの単なる語、すなわち自身もまた単におそらくそうであるところのこの単なる語から受け取る意味の不在とのあいだで、揺れ動かざるをえないのである。そして、もしニヒリズムが意味の不在であるなら、さらに、たとえ存在そのものとその真理とに関してはそうではないとしても、神という語が意義を表しているのは、ニヒリズムの果て＝境界（confins）においてであるが、少なくともこの時点で、それも正義と近しさとの諸関係が必然的に逆転した後では、〔ニヒリズムの内と外、意味と意味の不在とを隔てる〕かすかな分水嶺を辿る＝分割線を引くことは、決して叶わないままなのである。

結論

しかし、神という語がその果て＝境界にあって意義を表すところのニヒリズムを還元することは可能だろうか。いずれにせよ、ニヒリズムを理解することなしにはそれを克服することはできないし、ニヒリズムを敵対するもの〔克服すべきもの〕として同定しなければそれを理解することはできない。では、超越の身分の刷新は、ニヒリズムを特徴づける神の死へと明示的に関連づけられているのだろうか。確かにそうである。『存在するとは別の仕方で、あるいは存在することの彼方へ』末尾は、十分にそのことを確証してくれる。レヴィナスは次のように書いている。「この著作は、破綻したいかなる概念も再興させようとはしていない。この著作において、主体の罷免（destitution）とその脱定立（dé-situation）は、意義なしには存続しない。背後世界に宿る何らかの神の死後に、人質という身代わりは、次のような痕跡を発見する。それは、いかなる現在ともならない、常にすでに過ぎ去ったもの――常に「彼」――の痕跡――口に出すことのできないエクリチュール――である。そしてそれは、諸存在を指し示す名詞＝名前も、諸存在の〈存在すること〉が響き渡る諸動詞ももはやそれには適合せず、むしろ、名詞を備えうるすべてのものに、〈代‐名詞〉〔名詞＝名前‐以前〕として、自分を記し付けるものの痕跡なのである」[1]。この数行の文章、〔『存在するとは別の仕方で、あるいは存在することの彼方へ』の〕最後の文章が意味するのは、単に、神という語が、どんな語よりも以前の〈語ること〉のための語であるということだけではない。この文章は、〔レヴィナスによる〕身代わり、彼性及び超越の諸分析が組み込まれている哲学史の一契機をも指し示している。身代わり、彼性及び超越の諸分析は、この契機に対して対峙しようと試みているのである。

無限者の筋立てが記述する意味概念の拡張そのものは、仮に意味の統一があらかじめ失われていなかったとすれば、意味を欠くことになるだろう。ところで、「この統一の喪失は、神の死に関する、今や月並みとなってしまった有名な逆説によって宣告され――そして反対に聖別化されて＝認められてしまった。[2]したがって、意味の危機は、現代の人々にとって、一神教の危機と同じように感じられているのである」。神の死を、一神教、すなわち聖書の神と結びつけるレヴィナスは、パスカルやハイデガーとは反対に、哲学の神と、われわれが祈る神、あるいはわれわれが身を捧げる神とを対置することをまず拒否している。[3]「信仰と臆見とは、理性の外にとどまり理性の外に身を置くことを望みながらも、存在の言語を語る」ということ、そして「信仰の臆見ほど存在論に対立しないものはない」と確言した後、レヴィナスは次のように付け加える。「われわれがここでそれを試みた通り、存在論でも信仰でもないような理性的言説のなかで神を言明することは可能かと問うことは、一方で、哲学なしに信仰における祈りの対象となるアブラハム、イサク、ヤコブたちの神と、他方で、哲学者たちの神とを対立させるという、イェフダ・ハレヴィによって確立され、パスカルによって再び用いられた形式的対立に対して、暗黙のうちに疑いをかけることである。それは、この対立が〔唯一の〕二者択一である点を疑っているのである」[4]。したがって、神の死は、〔レヴィナスにとって〕聖書の神にかかわることなのである。

しかし、次に、レヴィナスはこの死をどのように理解しているのだろうか。彼はこの死に関してどのような説明を与え、それに対してどのように答えているのだろうか。レヴィナスは、他人へと私が召喚されることは、神の死によって揺らぐことはないと確言し、他人への召喚を、神の死への反論（réplique）とみなしている。「〈善〉から私へ。これが召喚である。それは、「神の死」にあっても「生き残る」関係である。おそらく神の死は、衝動を喚起する一切の価値を、価値を喚起する衝動へと還元する可能性しか意味しないだろう。その善性において〈善〉は、隣人への責任に向かって欲望を傾けることによって、自ら惹起する欲望を屈曲させることで、私が〈善〉を迎え入れる以前に私を選ぶ〈善〉の非‐無差異（non-indifférence）の中で、差異が保存＝保護されるのである(5)」。

しかしながら、こうした、善による選びを無効化することのない神の死の解釈を受け入れることはできるだろうか。これほど定かでないことはない。なぜなら、〔ニーチェによると〕価値なき衝動はないからである。「どんな「衝動」も、何らかの立脚点から見られた「ある良きもの」に向かう衝動である。衝動には価値評価が潜んでおり、ただそれゆえにこそ、それは身体化されたのである(6)」。これはどのような意味だろうか。どんな衝動も、〈……へと〉押し進む力〔推力〕である。この運動の終点項〔向かう先〕は、運動の行使の条件であり、それは、どのようなパースペクティヴのもとでも、衝動にとっては良きものである。というのも、この終点項によって、衝動は、自分がそうであるところのものたりうるし、この終点項が衝動を可能にしているからである。したがって、神の死は、ある衝動を喚起する一切の価値を、価値を喚起するある衝動へと還元することではない。なぜなら、どんな衝動も、それがどのような衝動であれ、何らかの価値によって喚起されるからである。神の死とは、価値と衝動とのあいだの関係の転倒（inversion）ではなく、諸衝動を統御する諸価値間の転倒であって、価値をあらかじめ無効化することも、この諸価値間の転倒を必要としているのである。そして〔レヴィナスの言うように〕、善による選びが、神の死にあっても「生き残る」などということはありえない。なぜなら、私に対して他人に従うよう命じる〔善という〕価値は――善は、あらゆる価値のなかの価値ではないにせよ、何らかの価値ではある――、それ自体として、転倒されうるからであり、〔そのときには〕この価値の転倒が、どんな価値からも分離された衝動それ自体、それゆえ何の意義ももたない衝動それ自体への〔価値の〕従属を意味することは決してない。あるいは、別の言い方をすれば、神の死は、意味から無‐意味への移行ではなく、無‐意味となるほどに損なわれた意味の体制《レジーム》から、先行する体制《レジーム》を、自らの力能の増大に基づいて統合する、別の体制《レジーム》への移行なのである。

だからこそ、ニーチェは、「真なるもの」、「善」、「理性的なもの」、「美」を、転倒した諸力能や諸価値の個別事例とみなしたうえで、[7] 自ら転倒させた諸価値を正当化することもできた。また、たとえこれらの転倒した諸価値が、恒常的現前としての存在に属しているとしても、ニーチェは、なぜ〔このように〕転倒が生じなければならなかったかという理由を同時に説明することによって、存在に意味を与えることができたのである。ところで、いかなる価値にも、すなわちいかなる意義にも命令することのない諸衝動へと諸価値を従属させることとして、神の死を解釈するレヴィナスの方は、ニヒリズムに対して、わずかの意味、あるいは派生した意味すら与える道を自ら断ってしまう。つまり、神という語がその果て＝境界にあって意義を表すニヒリズムは、〈存在するとは別の仕方〉によっては克服不可能である。なぜなら、身代わりは、〈他者のための一者〉――善による選び――に基づく意味概念の拡張をその絶頂へともたらすのだが、この意味概念の拡張によっては、この拡張が対峙すべき、意味の危機とその喪失とがもつ意味や理由を理解することができないし、彼性とイリヤとを区別することができないからである。

とはいえ、このようにニーチェとレヴィナスとのあいだの対比を行うことは、恣意的ではないだろうか。

決してそうではない。なぜなら、それは事実であり、レヴィナスは、実際、「隣人の顔において要請された自我の驚異（merveille）」を、「同一的なものの自己自身への永遠で不可逆的な回帰と、この回帰の論理的で存在論的な特権の不可侵性とを——エポケーのように——宙吊りにすること」[8]とみなすことで、身代わりの主体と、「ニヒリズムの最終形態」[9]たる永遠回帰の存在論的バージョンが含意する主体とを対置しているからである。そうであるなら、身体と主観性との関係に対する捉え方の違い——ニーチェは、主観性を身体の一関数ないし一様態とし、レヴィナスは、身体を主観性の一契機として理解する——が、ニヒリズムへの関係の違いと密接に連関していることは明らかである[10]。

　しかし、神の死は、諸衝動の責任なき戯れのなかへ諸価値と善とを溶解させることとして解釈されるだけではない。レヴィナスは、この神の死に関して第二の解釈を与えている。神の死は、どのような仕方で聖書の神とかかわるのだろうか。もし「存在論的冒険こそが、聖書における神と人間とを、世界の実証性から理解するよう、神の「死」へと、また人間のヒューマニズム——あるいは人間性——の終焉へともたらしてきた」[11]とすれば、神は、存在の内にあること〔利害・関心の内にあること〕（intéressement）によって死んだのである。では、いかにして存在は、神を、存在の軌道のなかにもたらしたのだろうか。より正確には、存在の内にあることは、ここでどのような形式をとったのだろうか。それは、超越を反駁し、あるいは破壊するという形式であり、そして哲学史とは、この超越の反駁と破壊とに合致するのである。一神教の危機としての意味の危機へと立ち戻ろう。意味の危機は、〔レヴィナスにおいて〕一神教のどのような形姿と同一視されていただろうか。「ある神が、確かに、至高の力、理性によっては証明できない目に見えない力、超自然的な力、したがって超越的な力として、人間の歴史に介在した。しかし、この神が介在したのは、相互性と交換の体系のなかであった。それは、自己を気遣う人間から浮かび上がった体系である。

世界を超越する神は、ある摂理《エコノミー》の統一によって、世界に結びつけられ続けてきた。神が及ぼす諸々の結果は、奇跡において、他のあらゆる力の結果にまで浸透し、これらの結果と混交していた。ひとが奇跡をもはや当てにはしていない時代でさえ、この神は、奇跡の神であり、世界における力であり、全き道徳性を備えているにもかかわらず魔術的な力であり、魔術へと転化する道徳性であり、魔術的な徳を獲得する道徳性である。ひとはこの神に、しつこく嘆願する者として身をさらすのである[12]」。換言すれば、ヘブライ語聖書の一なる神を、ヨーロッパの歴史のなかに導入したとき[13]、またこの神がそこで受肉したところの世界へとこの神を導入し、背後世界の神としたとき、キリスト教は、超越への存在論的反駁を確証したことになる。というのも、超越固有の絶対的不在は、存在そのものである現前とある現在とを、どのような仕方であれ常に前提とする受肉とは両立不可能だからである。それゆえ、神の死は、超越に対する内在の勝利を告げているのである。

　しかし、超越を反駁することができたとすれば、それは、何よりも、超越の身分が一度も記述されたことがなかったからである。存在論が自分のものとしたこの一なる神に関して、やはりレヴィナスは次のように続けている。「神の超越の身分——その啓示の内在に反した身分——アリストテレスの神の備える乗り越えがたい超越に比べて新たなその超越の身分——この超-自然的なるものの超越の身分——は、一度も明らかにされたことがない[14]」。しかし、この身分が一度も確定されることのなかった様々な理由を説明しうる当の存在論への根本的批判なしに、超越の身分を明らかにすることはできるだろうか。また、受肉を通じて現前に属するキリスト教的啓示の手前まで遡り、ヘブライ語聖書へと回帰することなしに、超越の身分を明らかにすることができるのだろうか。このヘブライ語聖書において、証示され、「浮かび上がるのは、非-存在論的でメタ論理的な、この〈無起源〉の構造[15]」、すなわち超-自然的なるものの超越の構造である。

なぜ存在論が超越の消去を意味するかを説明しつつも、超越の非‐存在論的痕跡を存在のなかに探し求めることを課題とするとき、こうした〔存在論へのレヴィナス的な〕批判が前提とする存在論の特徴づけは、存在を、もっぱら οὐσία〔ウーシア〕、παρουσία〔パルーシア〕、Anwesenheit〔現前性〕として規定することに基づいている。レヴィナスが、〈存在すること〉を、共時性及び一つの場所への取り集めとして定義するとき、彼は、これらの〔ウーシア、パルーシア、現前性という〕語を字義通りに訳している。[16] ところで、ハイデガーが『存在と時間』の序論以降想起させる存在のこうした規定は、[17]「ソクラテス以前」という歴史学的名称のもとで再びまとめられた存在論の諸形姿を理解するには、明らかに不十分なのである。

存在の元初の意味を明示する前に、二つの指摘が必要である。(1)「ソクラテス以前の思想家たちは、すべてはこれであるとか、すべてはあれであるとか〔水、火、土、等と〕言明することによって、自分たちの叡智を定式化した（ont formulé）」[18] と述べることは、彼らが初めて存在者の全体を主題としたがゆえに、彼らが最初の哲学者であった、と認めることである。こうすることなしには、「聖書によって示唆された理解可能性の様態を、〔…〕ソクラテス以前の思想家たちまで遡る理解可能性の様態に[19]」対置することは不可能だろう。あるいは、ハイデガーにとって「ソクラテス以前のテキストは、反‐聖書［である］[20]」と確言することは不可能だろう。(2) こうした対照的に際立つ〔聖書とソクラテス以前との〕対立にもかかわらず、レヴィナスがそれでも主張するのは、「ハイデガーは、ソクラテス以前の哲学者たちの断章を聖書の諸節のように扱っている[21]」ということであり、「〈ソクラテス以前の思想家たち〉の「存在」は、聖書の考え、とりわけキリスト教の考えに近い」ということであり、さらに厳密に言えば、「「ソクラテス以前の」存在には、多くのキリスト教の徳目（高邁、慎み、謙虚等）が含まれている[22]」ということである。

以上の〔聖書とソクラテス以前とを対立させつつ近接させるという〕両義性は、どのような困難の徴表なのだろうか。そして、まず何より、存在の元初の意味とは何か。「現前すること（Anwesen）〔存在〕が意味するのは、覆蔵から開蔵へと進みつつ持続することである（aus der Verbergung her in die Entbergung vor währen）」[23]。したがって、存在は、元初的には、λήθη〔レーテー〕とἀλήθεια〔アレーテイア〕、覆蔵性〔隠れ〕と非覆蔵性〔隠れなさ〕、不在と現前とによって規定されている。そしてまさにこの規定からこそ、恒常的現前をはじめとした、存在に関する後々のあらゆる変化形〔曲用、偏倚〕が理解されなければならないのである。それゆえ、またこれこそ困難なのであるが、すでに〔変化形として〕終着点である存在のひとつの意味を、出発点に据える〔取り違える〕ことによって、〈存在するとは別の仕方〉から存在を理解することなどできるのだろうか。

明らかに不可能である。しかし、もしソクラテス以前の存在が、何らかの意味でキリスト教的であるとすれば、それは必然的なのだろうか。λήθηとἀλήθειαとの関係に基づいて理解された存在は、λήθηからἀλήθειαへと到来すること、不在から現前へと到来することを意味する。そしてもし持続することが、その意味がいずれにせよ動詞的である存在の一特徴だとすれば、不在から現前への到来は、現前から不在への回帰と不可分であり、この回帰の外側では、現前は、不在から持続的に湧出しえない。したがって、不在が恒常性を生じさせるために現前によって同化されうることは決してなく、存在は、元初から、不在から現前への一時的な移り行き、及び、現前から不在への一時的な移り行きとして展開されているのである。絶対的不在及び絶対的超越としての彼性から考えられた「ソクラテス以前の存在」は、現前と不在とを、混同する（confondre）ことなしに接合させる（conjoindre）。というのも、そこでは不在は、現前によって回収されえないからである。そうであるなら、「ソクラテス以前の存在」とは、神‐人、すなわち、人間として現前するとともに神として不在であるキリストのなかにその具体化を見出しうるような存在の一形姿である。

しかし、存在の元初の意味をキリスト教的と形容することは、それでもやはり、〈存在するとは別の仕方〉からの存在の理解を可能にすることなのだろうか。もう一度言うが、これほど定かでないことはない。なぜなら、存在の元初の意味は、いまだ存在の本質現成の真理ではないからである。ところで、この存在の本質現成の真理から出発することによってのみ、すなわち、一言で言えば、λήθη と ἀλήθεια との本質的統一、それも、両者の、ある驚くべき＝かつてない意味での非ギリシャ的な統一としての Ereignis、性起から出発することによってのみ、なぜ存在の形而上学的展開が超越の絶対性を損なうことができたかという諸々の理由を、根本的に理解することができるであろう。この視点から見れば、『存在するとは別の仕方で、あるいは存在することの彼方へ』の冒頭に置かれた前置きの時点で、レヴィナスが次の二つの可能性を対立させる時、すべては言われていた＝決着はついていた（tout est dit）のである。そこで、レヴィナスは、「存在に感染せざる神の声を聴く」という可能性、すなわち、その聖性ないし超越が、どんな不純な接触からも、どんな瀆神からも守られているような神の声を聴くという可能性と、「形而上学と存在神論に転落した存在を、その忘却から救い出す」(24) ことを目指す可能性とを対比させている。このときに、すべては言われていた＝決着はついていたというのは、この存在忘却ないし存在の覆蔵性こそ、存在の本質現成の真理を、「潜覆的－外部的（crypto-extrinsèque）」(25) なものとして蔵している（abriter）からである。したがって、〔レヴィナスによる〕以上の対立は、存在忘却が自らの意味をそこで見出すところの Ereignis、それもそこからハイデガーの思想が本来的に理解されるはずの Ereignis に対して行われた、誤った解釈に基づいているのである。(26)

それゆえ、存在の本質現成に到達しない限り、またこの存在の本質現成の真理は「ソクラテス以前の存在」からしか到達不可能である限り、超越の身分を記述することによって、なぜこうした記述が、これまで試みられることがなかったのかという、その理由を問わざるをえないということを認めるとしても、なぜ、またどのようにして存在論的冒険が、聖書における人間と神とを、両者の共通の死へともたらすことができたのかは、依然として、真の意味では把握できないままである。ところで、こうしたことの理解なしには、この両者の死は、どのようにしても克服されえないし、そこでは何も「生き残る」ことはないだろう。さらに、たとえ「ニヒリズムの本質は、そのうちにおいて存在それ自身が無であるところの歴史である」[27]――すなわち存在の真理が無であるところの歴史である――としても、このもうひとつの〔ニヒリズムの〕意味に基づいても依然として、〈存在するとは別の仕方〉の思惟は、このもうひとつの〔ニヒリズムの〕意味に属し続けている。確かに、顔、痕跡、謎、彼性に関する諸々の記述は、現象学とは対照的なものとして際立ち、現象学の欠損として意義を表すのであって、恒常的現前としての存在、さらには不在と接合した現前としての存在からは、除外される。しかし、存在－神－論から除外されること〔存在－神－論から〈存在するとは別の仕方〉を区別すること〕と、存在の形而上学的歴運としての存在－神－論をこの除外されたもの〔〈存在するとは別の仕方〉〕まで連れ戻して、この当の除外されたものを、それがそこから除外されたところのもの〔存在－神－論〕の本質ないし意味とすることとは、別々の課題なのである。ところで、これら二つの課題は、不可分に結びついており、唯一、後者の課題だけが、前者の課題を明らかにするのである。

しかしながら、言語《ランガージュ》が「性起することの最も固有の様態[28]」である限りで、彼性がこの言語《ランガージュ》において意義を表すということ、さらに存在の本質現成の真理がその上で展開されるところの言語《ランガージュ》において意義を表すということ、こうしたことはありえないことだろうか。「言葉（langue）は、沈黙＝静寂の響きとして語る＝言葉となる（*Die Sprache spricht als das Geläut der Stille*）」[29]。性起の様態としての言葉《ラング》の本質を集約するこの定式は、それを通じて神が〔予言者〕エリヤに自分を通告した〔自分を現した〕（se signifier）、「沈黙せる微かなさざめき〔新共同訳では「静かにささやく声」〕」や「幽き沈黙の声」に、ひそかに共鳴してはいないだろうか。レヴィナスは、この〔列王記の〕一節を引き合いに出しつつ次のように述べる。「存在は、その存在の支配において、言語《ランガージュ》である。そして存在は、沈黙せる言語《ランガージュ》、あるいは沈黙の声、Geläut der Stille〔沈黙＝静寂の響き〕である。（そのことによって、ハイデガーは、それとは知らずに、ギリシャ人たちを「ユダヤ化」したのかもしれない！）[30]」。ここではギリシャ的なものが問題ではなく、ギリシャ的なものの本質であるがゆえにもはやギリシャ的ではないものこそが問題であるという事実に加えて、この〔ハイデガーの言う〕沈黙＝静寂の響きは、〔レヴィナスの言う〕絶対的に不在のものの痕跡をとどめてはいないだろうか。そして――同一の問いを別の形で言うなら――、もしヤハウェ・サバオト〔万軍の主〕が宣言するように、「私は最初の者であり最後の者である。私をおいて神はない[31]」とすれば、存在の本質現成の真理によって要請された神もまた、確かに〔『イザヤ書』とは〕全く別の理由からであるとはいえ、「最後の神[32]」という名称を受け取るというのは、全くの偶然なのだろうか。

〈解 説〉

意味概念の拡張とニヒリズムの克服

服部 敬弘

本書は、『存在するとは別の仕方で、あるいは存在することの彼方へ』（一九七四年）（以下『存在の彼方』）の詳細な注釈という体裁をとりながら、フランク独自の視点からレヴィナス思想がもつ射程と限界を明らかにした書である。デリダによる『全体性と無限』（一九六一年）への批判以降、「誇張法」、「身代わり」、「懐疑論」等の新たな用語法を導入することで、レヴィナスは、「存在の彼方へ」という企てに改めて正当性を与えようとする。その理論的到達点である『存在の彼方』に対して、本書は、もう一度、その正当性を問いただそうとするものである。

『存在の彼方』は、まず存在から〈存在するとは別の仕方〉への上昇を実行し、次に〈存在するとは別の仕方〉から存在への再下降を試みることで、存在を基礎づけようとする。本書は、こうした存在と〈存在するとは別の仕方〉との往還運動を『存在の彼方』の基本構成とみなしたうえで、とりわけ存在の演繹を試みる第二の歩みを詳細に追跡する。そして、〈他者のための一者〉という記号の形式的構造に注目しながら、その歩みの成否を見極めようとする。

フランクは、これまでにもすでにレヴィナスについての論文を二本発表してきたが、そのなかで、レヴィナスの企図を深く把握し、哲学史のなかに位置づけてきた。そのレヴィナスの企図とは何か。それは、いわゆる他者論にとどまらない。レヴィナスの思想が、他人の他性を探りながら目指すものは、むしろ客観性の再構成である。本書に先立って、フランクは、フッサールの現象学が、客観性の意味を了解することを目指しながら挫折した、その地点から、レヴィナスの思想を眺望する。もちろん、知の働きに回収されるような理念性、あるいは「全体性」に基づく客観性は、レヴィナスによって退けられる。しかし、全体性批判は、客観性の放棄ではなく、それを別の観点から、すなわち「存在するとは別の仕方で」改めて追求する試みとして理解されなければならない。

このようにレヴィナスの思想を現象学の文脈において辿り直すことは、決してその思想の豊かさを削ぐものではない。それどころか、フッサール現象学、さらにはハイデガー存在論をも貫く問題構制のなかにレヴィナスを置き直す本書は、「存在に感染せざる神の声を聴く」ことによって、いわば「神の死」以後、存在論とは別の仕方で、さらに神学とは別の仕方で、普遍性を再構築しその意味を回復する、というレヴィナス思想の根本問題に光を当てる。全体性批判の後、〈他者のための一者〉を「理性」とみなすに至る『存在の彼方』を取り上げ、特に「論理的判断の客観性の源泉」とみなされた「正義」の問題に注力する本書の分析は、他者論という哲学の一トピックには限局されえないレヴィナス思想の広大な射程を明らかにする。そして、本書の分析が、「神という語」が意義を表す仕方を探求するレヴィナスへと注がれたとき、フランクは、レヴィナス思想を根底から揺るがす事態を読者に提示することになる。

このようにレヴィナスの企図を辿り直すこと自体が、本書の目的の一つといえるだろう。しかし、フランクは、このようにしてレヴィナスの思想を辿るだけにとどまらない。本書の結論を先取りするなら、フランクは、『存在の彼方』の内的矛盾を取り出すことで、〈存在するとは別の仕方〉というプロジェクトの破綻を論証する。存在の彼方への移行が、矛盾を抱えた試みであるとする批判は、デリダ以来、すでに周知のものだろう。それに対して、本書は、こうしたレヴィナスの企図の挫折の論証にとどまることなく、さらに、この挫折は何を意味し、またその原因は何かという、『存在の彼方』の挫折の意味とその原因とを明らかにする。レヴィナス思想の一つの到達点である『存在の彼方』が、新たな用語法の導入を経ても、「存在の彼方」への道を正当化しえないことの意味と理由とを、特にその「意味概念の拡張」という方法に集中的分析を加えることによって、明示するのである。

本書でフランクは、『存在の彼方』の挫折の原因を解明することで、レヴィナスの哲学的限界を示そうとする。そして、限界を見渡すことによって、同時に、フランクは、この限界を克服する道筋をも示すことになる。それゆえ、『存在の彼方』の記述を虚心坦懐に読解し、その細部にまで耳を傾けながら、レヴィナス哲学の射程と限界を正確に測定した本書は、『存在の彼方』について書かれた最良の研究書たろうとするだけではない。まさに、レヴィナスの哲学的枠組みそのものを内在的に突破しようとする、フランク自身の哲学的探求の書として読まれることも求めているのである。

本書の構成については、次の通りである。本書第一章から第四章は、『存在の彼方』第二章（「志向性から感受することへ」）、本書第五章から第一〇章は、『存在の彼方』第三章（「感受性と近しさ」）、本書第十一章から第十五章は、『存在の彼方』第四章（「身代わり」）、本書第十六章から第二十一章は、『存在の彼方』第五章（「主観性と無限」）を中心に注釈しながら、それと同時に他の諸著作も豊富に援用することで、特に『全体性と無限』以降のレヴィナスの思想を批判的に分析している。最後の第二十二章は、『存在の彼方』以外の諸論文を用いてそれまでの主張を別の角度から補強し、全体を総括する結論部へとつなげている。

一　〈語られること〉から〈語ること〉へ

『存在の彼方』は、まず存在から〈存在とは別の仕方〉へ遡行する。レヴィナスは、この遡行を、意味概念の拡張によって実行する。では、どのような意味からどのような意味へと、意味概念を拡張するのだろうか。その拡張を説明するのが、〈語られること〉から〈語ること〉への移行である。

〈語られること〉

フランクは、まず〈語られること〉の規定にとりかかるレヴィナスを追跡する。レヴィナスは、何ものかをもっぱらその「何性」において問う存在の問いの構造を踏まえたうえで、この何性を開く言語の構造を確認する。レヴィナスが注目するのは、言語を構成する「動詞」と「名詞」との差異である。レヴィナスは、時間意識を例にとる。その源泉においては合致が想定された印象と意識とのあいだでズレが生じ、体験の流れが生じる。このとき、意識は、最初の印象との同一性を失うことなく、流れ去る印象との隔りにおいて流れを形成する。時間は、〈同〉の変質なき、〈同〉による〈同〉の変様である。これが、時間の経過そのもの、印象が意識に与えられる仕方である。レヴィナスはこれを、言語を構成する「動詞」の構造とみなす。もちろんそれは、特定の動詞ではなく、レヴィナスが特に〈存在すること〉と呼ぶ、動詞の動詞性である。

他方、時間の経過において過ぎ去る今の印象は、過去へと沈みながらも、常に同一的現在へと回収され、志向は、この過去把持された印象を、その同一性において視向する。この過程が、同一化、あるいは「命名」の過程であり、「名詞」が生じる過程である。ただ、レヴィナスは、非主題的に印象を現在へ回収する同一化と、印象を客観的に規定する主題化との差異を重視せず、両契機を共に同じ過程に属すものとみなす（なお、この用語法をめぐるフランクの批判については後述する）。

あらゆる印象は、こうした言語の構造に支えられている以上、すでに「語られている」。印象が語られることが、印象が意味をもつこと、意義を表すこと（signifier）であるなら、印象の受容には、常に印象の意味了解が先行する。印象はそれ自体で与えられるのではなく、まずその理念的で同一的な現在との関連において、何か「として」思念され、「意味」において了解される。感覚とは、所与の受容である以前に、「意味の宣告」である。

この言語の構造をレヴィナスは、「存在の自己曝露」として定式化する。それは、〈同〉の変質なき変様を改めて〈同〉へ回収する時間化と同一化の過程であり、「存在」という全体性の裂開と、その裂開を再び取り集める運動、恒常的現前としての存在の自己曝露の運動である。この運動のなかで、裂開によって生じた諸部分の多様が同一化されうるのは、そこに全体の反映を見るからである。部分が、全体の部分なのは、部分が他の部分との差異によって規定され、諸部分間の比較を可能にする全体がすでに展開されているからである。しかし、部分は、全体そのものを反映することなく「約束する」。全体は、部分にとって理念的な意味であり、諸部分間の指示関係の総体、共時性、理念性である。こうした諸部分間の指示関係、現示を支える「理念性の媒介」こそ、「意味の宣告」であり、これをレヴィナスは〈語られること〉

とみなし、「何性」による問いの構造を規定する言語の本質とみなす。

印象は、理念性の媒介により同一化され、通約され、語られることなしには現出しない。「現象の現れは、現象が意義を表すことからは分離できない」。現象は、与えられるのではなく語られるのであり、あらゆるものを〈同〉へと共時化する〈語られること〉が、現象を貫いている。

〈語ること〉

次に、フランクは、〈語られること〉から〈語ること〉への移行をはかるレヴィナスの後を追う。言語は、時間化と同一化、動詞と名詞によって構成される。しかし、同一化と相関的に捉えられた時間化は、同一性に回収される以前には何であったか。〈語られること〉へ回収される以前の自己と自己とのズレは、たえず自己へと回収される運命にあるのか。

レヴィナスは、時間意識に続いて、述定的命題の構造を取り上げる。というのも、述定的命題において、名詞に回収される以前の動詞がそれ自体で明滅するからである。同語反復的命題、「AがAである」という命題において、Aは、それが何ものか「として」、その何性において規定され述定される一方で、当の命題は、Aが何性において述定される前に、まずAが自己との同一性を切断して隔たりを設定する差異化の過程としても理解可能である。「AがAである」は、「AがA化する」という命題として、Aを「何であるか」においてではなく、「いかにあるか」において述定する命題として理解可能である。「AがAである」における「である」は、（繋辞として）名詞的にも（「A化する」として）動詞的にも理解可能である。なお、こうした動詞と名詞の両義性を、レヴィナスは存在論的差異として捉え、「ロゴスの両義性《アンフィボロジー》」と呼ぶ（なお、この規定に関するフランクの批判も後述する）。

述定的命題に用いられる「存在」（である）は、その動詞的意味を響かせ、自己へと回帰する以前の、自己と自己との位相差、〈同〉の裂開という〈存在すること〉を響かせる。それは、述定以前の、純粋な「自己を提示すること」である。レヴィナスは、こうして〈語られること〉から出発しつつ、そこに響き渡る動詞的意味、〈語ること〉が意義を表す仕方を追求する。自己を語ること（se dire）において生じる、自己と自己との最初の位相差、及びここで対格としてある自己（se）は、〈語られること〉（être dit）へ回収される以前に、どのように意味をもつか。それらは、理念性に頼らずに具体的場面において記述可能なのか。提示することは、「誰か」に自分を提示すること、曝露することであるなら、あるいは時間は、現在に回収しえない推移、「老化」、「隔時性」であるなら、それはいかに記述しうるか。こうして〈語ること〉と〈語られること〉との相関性を問いに付すレヴィナスは、同一化の手前で時間化が生じる具体的場面を、まず感覚的なものとの出会いに求める。

時間意識の分析を踏まえるなら、あらゆる感覚には、意味の宣告が響いている。その限りで、感覚は、理論的志向と変わりはない。しかし、触覚には、その他の視覚等の志向にもみられる対象の感覚的質だけでなく、それに回収されえない感覚も含まれる。というのも、自己は、触覚の経験において、距離を置くことができずにそこへとあらかじめ委ねられている「近しさ」にすでに出会っているからである。

触覚は、何性によって開かれる隔たりにおいて意味を得る以前に、誰かに、その近しさにおいて触れること、「接触」、「愛撫」であり、触れられるものは、もはや永遠に現前しない誰かによって所有された「遺物」（遺品）である。感覚されるものとの関係、「感受性」は、何性ではなく誰性から、〈他者のために〉から意味を汲みだしている。感覚の分析は、自己と自己との位相差を、他者との拒絶しえない関係、理念性の媒介の手前にある「近しさ」として特徴づける。この近しさ固有の意義の表し方を探求するレヴィナスは、ヒュレー的与件に関するフッサールの諸分析をさらに前進させる。触覚固有の近しさがもつ受動的性格は、能動性と相関的な受動性ではなく、引き受け可能な被投性ですらない。それは、「感受性」の受動性であり、いかなるイニシアチヴもなき、「どんな受動性よりも受動的な受動性」、すなわち絶対的受動性としての「可傷性」から意味を汲み出しているはずである。

こうしてレヴィナスは、自己への回帰なき自己との位相差固有の意義の表し方を、感受性という具体的状況に準拠しつつ、感覚の受動性の最上級まで遡行することで確定する。このとき、自己と自己との位相差は、変質なき〈同〉の手前に位置する。最上級への遡行において、〈同〉との関係は逆転するからである。なお、こうした一方の観念（感覚）のなかで響く他方の観念（受動性）を、その「最上級」（可傷性）までエスカレートさせ、最上級から改めて元の観念を記述する方法は、「誇張法」と名付けられる。

誇張法が切り開く近しさの構造について、フランクの分析のなかから、絶対的受動性に加えて、次の二点を確認しておく。第一に、この関係は、それぞれ独立した二項間の関係として捉えられてはならない。他者は、その近しさにおいて自己に「憑依」し「強迫」する。両者の関係は、一方の項に他方の項が「貫入した」関係として捉えられる。レヴィナスは、これを〈同のなかの他〉として表現し、その具体的な場面を、身体の構造に見出している。志向性を「心性」として記述するレヴィナスは、その具体相を、身体の賦活に見る。出発点は、感覚を志向しその意味を了解する前に、それを「享受」する同一的でエゴイスティックな身体である。この受肉した享受の主体に、他者へと自己を裸出する方向が孕まれる。〈同〉において差し挟まれた〈他〉への方向づけ、これが「賦活」である。この賦活が、主体の苦しみ、自分の口からのパンの贈与として記述される。このときパンを与える自己は、苦しむ自己としては、自己の同等性を放棄する（なお、享受と苦しみとの両義性に関するフランクの指摘についても後述する）。

第二に、他者の貫入した一者は、身体のなかで他者を孕むが、この他者は、一者から溢れ出してもいる。他者へのパンの贈与は、拒絶しえない「命令」への応答である。他者は、「過剰」として一者と関係する。レヴィナスは、このような他者との不可逆的で非対称的関係の具体的場面を、「他人の顔」に見る。他人の顔との関係は、「同化不可能なもの」との関係、「過大なもの」との関係である。こうした他人との関係が「責任」と名づけられる。

以上のように、〈同〉へ回収される手前の、また回帰すべき〈同〉を放棄した、自己と自己との位相差が、ひとまず取り出される。これこそ、〈語られること〉なき〈語ること〉である。イニシアチヴなき絶対的受動性における一者と他者との拒絶不可能な不可逆的非対称的関係は、もはや理念性の媒介によって語られることはない。〈語られること〉なき〈語ること〉は、〈同〉に貫入しつつも、さしあたり〈同〉を放棄しながら、〈同〉からはみ出した同化不可能な過剰との具体的関係として意義を表す。こうして〈語られること〉なき〈語ること〉固有の意義の様態が、他人との関係として浮かび上がる。そして、受肉した自己がこのような他人へと方向づけられている位相差こそ、レヴィナスが（フランス語の「意味＝方向＝感官（sens）」の三重の意味を響かせて）「意味」と呼ぶものである。

同一化の手前で生じる、自己と自己との隔時的位相差そのものが意味であり、自己が、他人へと方向づけられていること、この近しさそのものが、意味である。この自己が、「記号（signe）」の役割を果たす。記号は、もはや動詞と名詞から成る言語の構造からは理解されない。記号は理念的意味を指示するのではなく、記号であること自体が、すでに意味だからである。この記号と意味との関係が、フランス語では、「自ら記号となる＝自分を表す（se faire signe）」という形で表現される。

このとき、記号を記号たらしめている超越（「……のため＝代わり（pour）」）は、〈他者のために〉として理解される。〈語ること〉の記号は、部分における全体性の反映として機能するのではなく、〈同〉に刻印された他人との関係を表す〈他者のために〉であり、「何性」ではなく「誰性」、「意味と、その意味によって意味をもつ存在とのあいだの通約不可能性」の具体相そのものである。こうした記号の形式的構造が、〈他者のための一者〉である。これこそ、〈語られること〉なき〈語ること〉が、〈存在するとは別の仕方〉で意義を表す仕方である。

〈語られること〉から〈語ること〉への移行によって、何性から誰性へ、通約可能性から通約不可能性へ、理念的匿名性から具体的人称性へと、意味の体制が移行する。これが、「意味概念の拡張」である。レヴィナスは、こうして獲得された〈他者のための一者〉が具体化されるドラマとして諸現象を記述する。フランクは、この意味概念の拡張こそ、〈存在するとは別の仕方〉への遡行を支える操作とみなし、分析の中心にすえる。なお、この拡張が、レヴィナスのプロジェクトにどのような帰結をもたらすかは、後に見ることになる。

意味概念の拡張に対応して、主観性の構造が改めて記述し直される。自己は、〈同〉と相関的な〈対自〉〈自己のため〉ならざる〈自己に反して〉であり、〈同〉への回帰なき、他人のために苦しむ自己へと追い込まれた「自己の再帰性」である。こうした〈語ること〉の自己は、他人を指示する（désigner）のではなく、他人が私を召喚する（assigner）。主体とは、召喚された者（記号を割り当てられた者）（assigné）である。主体の同一性も、改めて記述し直される。それは、代替不可能な「唯一性」、ズレを含む「隔脱した同一性」、統一の平穏なき不‐穏、「ねじれ」、「非‐合致」、アルケーをもたない「無起源的同一性」である。これが、述定的命題に慎ましく響いていた、他人によって告発された「対格」としての「自己」、他人へ自己を曝露する自己である。

以上のように、フランクは、ひとまず誇張法を通じて、述定的命題から、近しさ、感受性、他者への曝露等へと記述を移行させながら、〈存在するとは別の仕方〉の構造を浮き彫りにしていく過程を、「意味概念の拡張」という視点から捉え直したうえで、その方法を評価する。レヴィナスは、〈存在するとは別の仕方〉に対して、存在の外側から接近するのではなく、存在から意味を得ていた諸現象そのものから接近する。誇張法によって、ある現象のなかに、過剰として、「入れ子的埋め込み」のように刻印されながら記述されずに忘れ去られた別の現象を照らし出し、それを「意義」としてすくい上げて語らせるからである。こうして〈他者のための一者〉は、存在の自己曝露から「対照的に際立つ」ものとして導出される。

さらに、現象からすくい出された意義は、現象に先立つとはいえ、決して理念的な抽象物ではなく、これもまた具体的現れ（具体例）である。諸現象は、もはや理念的なものからではなく、具体的諸状況から意味を汲み出す。演劇の意味はその上演と切り離せないのと同じく、諸現象の意味は、現象の背後にある理念性ではなく、現象がまさに現象する具体相にのみ求められなければならない。現象の意味は、現象への接近において以外に、他者の意味は、他者と関係する具体的状況において以外にありえない。以上のような仕方で、具体例から具体例への移行を記述するレヴィナスの方法論を、フランクは、現象学の原理の徹底化とみなす。

二　**〈語ること〉から〈語られること〉へ**

しかし、意味概念の拡張において採用された方法は、同時に、解決すべき問いをも招来することになる。『存在の彼方』が〈語られること〉の只中に〈語ること〉を見ることで、意味概念の拡張を実行したとき、

〈語ること〉は、一方で、さしあたり〈語られること〉なき〈語ること〉として捉えられる。フランクは、まずこの分離が徹底化される点を強調する。他方で、〈語ること〉は、〈語られること〉と無関係でなく、〈語られること〉の只中で明滅する。では、〈語られること〉なき〈語ること〉は、〈語ること〉と本来相容れないはずの〈語られること〉といかに関係するのか。これが、第一の問いである。レヴィナスは、〈語られること〉の只中に〈語ること〉の反響を聴いた以上、この点を説明せざるをえない。フランクは、意味概念の拡張を実行した後、この点に関する説明を提示するレヴィナスを追跡する。

ただ、〈語ること〉が〈語られること〉と関係することを説明するだけでは、〈語ること〉への遡行は正当化されず、意味概念の拡張は正当化されない。というのも、レヴィナスは、これまで忘却されてきた両次元の区別を確立すべきであるとする主張にはとどまらないからである。レヴィナスは、この区別を確立したうえで、さらに現示が意味の一様態であること、つまり存在が〈存在するとは別の仕方〉に従属すること、存在は、存在するとは別の仕方で理解されうることを主張する。では、それはいかにして可能なのか。これが、第二の問いである。フランクは、この問いに自覚的に取り組むレヴィナスを追跡する。以上、二つの問いをめぐって、フランクは、『存在の彼方』が〈存在するとは別の仕方〉から存在へと改めて下降する歩みをたどる。

第一の問い

『存在の彼方』は、〈語ること〉と〈語られること〉との両義的関係を、まず「痕跡」の構造から説きおこす。〈他者のための一者〉は、同化不可能な他人との関係である。この他人が同化不可能でありうるのは、そこに現在に回収不可能な過去、現象を欠いた不在という性格が与えられ、さらには抹消不可能ですらあるからである。このような現在において抹消不可能な不在をあらわす記号こそ「痕跡」であり、痕跡として意義を表すのが他人の顔である。現在に不在という痕跡を残す者は、この抹消不可能な不在の備える最上級の否定をもたらす者、〈無限者〉、〈不在〉である。この自己（一人称）と関係する他人（二人称）に顔という痕跡を残す、絶対的に唯一の「三人称性」を備えた者を、レヴィナスは「彼性」、「神」と呼ぶ。痕跡は、痕跡を残した者の不在を「指示」するのではなく、ほのめかす。では、現在に回収不可能な過去が、いかに現在にその痕跡を残すことができるのか。

それが、「謎」と呼ばれる事態である。それは、彼性が、共時性に回収されることなく共時性とかかわる仕方である。彼性は、現在から放免された者として現在にその痕跡を残すが、こうした隔時的性格に反して共時性という表に出る仕方が「裏切り」と呼ばれる。それは名詞化しえないものを命名する「代名詞的命名」としての「言語の誤用」でもある。彼性は、言語の誤用によって己を裏切って現在とかかわる。しかし、それはあくまで共時的秩序へ回収されることのないかかわりである。この関係の仕方を、レヴィナスは、共時的秩序を「攪乱する」と表現する。彼性は、共時性を攪乱する。さらにそれは、共時性への現前をたえず撤回して「語り直す」がゆえに、あくまで隔時的秩序において意義を表す。これが「前言撤回」である。「謎」は、裏切り、言語の誤用、攪乱、前言撤回によって構成される彼性の「驚くべき意味論的出来事」にこそ見出される。謎は、〈存在するとは別の仕方〉が、存在の共時的秩序の只中で、そこへ回収されることなく、曖昧にほのめかすように明滅する仕方である。これをレヴィナスは、「顕現せずに顕現する仕方」と表現する。

他人と関係する自己は、この〈語ること〉と〈語られること〉との両義性を明滅させる謎に応答する者として記述し直されなければならない。それが、「われここに」である。それは、「息を吹き込まれた」証しであり、「われここに」という「声」を通じて語られ、無限者の栄光を証す預言である。他方、この私は、選ばれし者として、対格として意義を表す。「われここに」の主体は、自分の声を通じて証しする「始源」でありながら、この証しは外部から「息を吹き込まれた」預言である以上、当の主体は「仲介」でもある。この証しによって体現される自律と他律の両義性が「隔時的両価性」と呼ばれる。

さらに、「われここに」が預言でありうるのは、無限者が、預言者に「文言」を通じてその栄光を顕すからである。「われここに」という独特の文言において、そこに表現されていない「神」の栄光が讃えられる。無限者がそれを許容しえない有限な観念に到来するように、無限者は「われここに」という文言に到来する。ただ、この文言は、〈語られること〉に吸収されることなく、「〈語ること〉を語る文言」である。フランクは、これを「文言ならざる文言」と呼び、改めてこの両義性を問う。

「顕現せずに顕現する仕方」としての謎、「文言ならざる文言」としての「われここに」において具体的に表現される〈語ること〉と〈語られること〉との両義的関係について、レヴィナスは、最終的に、それを懐疑論によって正当化する。懐疑論とは、Aが、Bを自身の条件としながら、Bについて否定する言明を行うような、言明内容と言明条件との自己背理を含む言明を指す。これが「矛盾」として退けられうるのは、言明内容と言明条件という二つの次元を通約する視点に立つからである。〈他者のための一者〉の意味体制を堅持すれば、Aの条件でありながらAと相反するBは、Aと通約不可能であるがゆえに、両者の関係は「矛盾」ではない。したがって、「謎」や「われここに」の両義的構造を矛盾とみなすことはできない。自己背理的論理を矛盾とはみなさない立場、フランクが「共通の基底なき差異を明滅させる」と表現するレトリックが、「懐疑論」である。

〈語られること〉の条件である〈語ること〉は、〈語られること〉と関係しつつそれに回収されることなく前言撤回する。〈語られること〉なき〈語ること〉と〈語られること〉との両義性は、こうして懐疑論の擁護によって説明されることになる。〈存在するとは別の仕方〉は、存在の条件でありながら、懐疑論の擁護を通じてそれとの差異を保持したまま関係する。これが、冒頭の第一の問いへの答えである。

第二の問い

しかし、〈語ること〉と〈語られること〉という、両立しえない二つの次元が、謎めいた仕方で関係することを説明するだけでは、依然として、後者が、前者の一様態であることは説明されないままである。この第二の問いの解決について、フランクは、まず『存在の仕方』第四章が、主観性を「身代わり」として記述する箇所に注目する。レヴィナスは、ここで「身代わり」を〈他者のための一者〉の最終的な定式化として提示する。まず、イニシアチヴの自由に代えて「身代わり」を〈他者のための一者〉の最終的な定式存在から自己を解放し、存在を贖い、〈存在からの超脱〉を実現するとみなす。身代わりとしての自己が、「存在を支える」からである。このとき、レヴィナスは、「身代わり」の規定に、〈他者のための一者〉とは別の、もう一つの規定を加える。それが、〈あらゆる他者のための一者〉である。自己は、一人の他者だけでなく、あらゆる他者への責任を担い、それを支えるからこそ、身代わりの自由は、存在の全体を支え存在を贖うことができる。

身代わりは、〈あらゆる他者のための一者〉を含むがゆえに、存在への下降の起点となりうる。しかし、決して複数ではありえない他人の単一性から、あらゆる他者の全称性をいかに導出するのか。『存在の彼方』は、これを解くために「第三者」との関係をもちだす。本来、絶対的に比較不可能な他人（隣人）が、他の他人をもちうる他人となって比較可能となるとき、この比較可能な他人が、「第三者」と呼ばれる。

第三者が介在することで、他人との非対称的関係は、第三者との対称的関係へ、すなわち「近しさ」から「正義」の問題へと移る。レヴィナスは、〈あらゆる他者のための一者〉を他人との具体的関係から導出する課題を前に、第三者との関係から正義を記述する作業に着手する。

しかし、隣人にも、第三者にも、等しく倫理的関係を認めれば、今度は、通約不可能な隣人と通約可能な第三者との関係を、改めて規定する課題に巻き込まれる。自己は、他人との倫理的関係として、隣人とまず関係するのか、それとも第三者とまず関係するのか。フランクは、ここにレヴィナスの動揺を見る。近しさから正義が派生するのか、近しさと正義が共存しているのか、それとも、正義から近しさが派生するのか。

フランクは、正義概念に関する『全体性と無限』との立場の違いに目配りしながら、少なくとも『存在の彼方』が明示的に主張する立場は、隣人との近しさから、第三者との関係に基づく正義を演繹しようとする立場であるという点を確認する。ただ、この点に関して、フランクは、懐疑論の擁護に着地する『存在の彼方』のなかに、いかに隣人との関係（近しさ）から第三者との関係（正義）を導出するかという問いへの十分な答えを見つけることができない。フランクは、レヴィナスの他の論文においても、近しさに正義が「付け加わる」とする説明以上のものを見出してはいない。フランクは、媒介なき近しさから、媒介を導出するためには、近しさに媒介をもちこまざるをえないと論じて、近しさから正義を派生させる道を、矛盾を抱えたものとみなし、早々と検討対象から外す。とはいえ、フランクは、この段階でレヴィナスの企図の挫折を見るわけではない。フランクは、主に次の二点に注目する。

第一に、近しさの先行性には倫理的難点がある。正義に対して近しさを先行させる立場は、複数の第三者よりもただ一人の隣人を優遇し、この隣人を正義による公平性の審判から免除する。しかし、このように隣人への責任のみを特権化する倫理は、倫理的に支持しえないはずである。

第二に、それは〈語られること〉の恒常的な介入にかかわる。例えば、レヴィナスは、他人と第三者との関係を、「はじめから＝一度に（d'emblée）」という副詞によって表現する。第三者は、他人との対面の関係に、はじめから＝一度に、つまり常にすでに現に、介在している。顔とは、見えない顔であると同時に、見える顔であり、〈他者のための一者〉は、それ自体で常に、〈あらゆる他者のための一者〉である。また、無のために苦しむ主体が必要とするイリヤのざわめきは、意味に対する無意味の剰余として、主体にたえずかかわっている。さらに、懐疑論とは、一度擁護すればいいものではなく、周期的に反駁される可能性がある。

以上のような〈語ること〉における〈語られること〉の潜在的で恒常的な回帰は、レヴィナスによってたえず強調される「両義性」と関連する。〈語ること〉と〈語られること〉との両義性は、命題（述定と曝露）、身体（享受と苦しみ）、他人の顔（エロスをかき立てる若々しい造形美と顔に刻まれた皺）、近しさ（空間的隣接性と他人との関係）においてもたえず明滅していたことに、フランクは常に注意を促している。隔時性にはたえず共時性が響いており、〈語られること〉の回帰を欠く〈語ること〉はない。〈語ること〉は、〈存在からの超脱〉によって成就されるにもかかわらず、存在への参照をたえず要求するのである。とはいえ、フランクは、以上のことから、近しさと正義が「共存」しているとする立場を第二の問いへの解決とみなしてはいない。両者の共存は、最終的には両者の通約可能性を先取りせざるをえないからである。

最後の解決

フランクは、次の疑念を提出する。近しさの先行性の倫理的難点と〈語られること〉の潜在的で恒常的な回帰は、何よりも、第三者への責任を命じる彼性が、常にすでに、近しさである前に、正義であることを要求していないだろうか。そしてレヴィナスは、正義から近しさが派生するとみなす立場に移行することで、存在への下降を実行しようとしているのではないか。

フランクは、こうして〈他者のための一者〉から出発するはずの『存在の彼方』の表面的綱領とは反対の立場が、実は『存在の彼方』全体の叙述をはじめからすでに規定していた可能性を示唆する。では、正義から近しさが派生するという立場を取ることによって、存在への下降にかかわる当初の第二の問いに解決が与えられるのだろうか。確かに、それは、『存在の彼方』では表立って主張されてはいない。しかし、フランクは、『存在の彼方』の脚注においてすでに、レヴィナスが、正義が近しさを包含すると示唆している点に注目する。こうしてフランクは、最後に残された近しさと正義との関係逆転という道が、第二の問いへの解決になりうるかを検討する。

フランクは、まず他の論文で、特にタルムード解釈を根拠に、彼性が正義であるとしても、彼性の超越は損なわれないとするレヴィナスの発言を確認する。さらに、フランクは、彼性を、第三者との対話を可能にする「対話者」として捉えていたレヴィナスの諸論文に注目する。そこで、彼性は、その超越を損なうことなく、第三者に痕跡を残しそこで意義を表す者として規定される。第三者との関係を、人称的関係のなかに含めることで、正義は、具体的状況において意義を表し、存在するとは別の仕方で、理性の普遍性を理解可能にする。

第三者に痕跡を残す彼性は、他人の顔においてだけではなく第三者の顔において、「三人称」で意義を表す。正義としての神が、匿名ならざる三人称性において意義を表す仕方を、フランクは、まさに「神という語」が意義を表す仕方として理解する。それは、〈語ること〉しか語らない〈語られること〉であり、〈語ること〉のための特権的な語である。この「神という語」こそ、理性を基礎づける普遍性、「言説に入ることを強いる言説」として機能する語である。語ならざる語、「尋常 - ならざる語」としての「神という語」を通じて、彼性は、第三者への責任を果たすよう一者に命じることができる。神という語こそ、〈あらゆる他者のための一者〉を実現するがゆえに、存在への下降を説明することになる。フランクは、この立場に『存在の彼方』が残した問い、〈存在するとは別の仕方〉に存在を従属させるという問題へのありうべき解決を探り当てている。

しかし、フランクは、『存在の彼方』の枠を超えてたどり着いた、その出発点と明らかに矛盾する解決は、「最後の困難」を引き起こすと見る。正義を起点とした解決は、存在への下降を、三人称で意義を表す彼性、「神という語」によって実現する。ただ、正義（〈あらゆる他者のための一者〉）による存在の正当化は、近しさ（〈他者のための一者〉）からの存在の正当化という当初の課題と矛盾する。さらに、第三者との関係が人称的関係たりえたのは、まさに彼性が匿名的でない「三人称」で意義を表すとみなしたからである。しかし、この「三人称」は、比類のない三人称であると同時に、比較可能な第三者の三人称でなければ、彼性は正義ではなくなる。それゆえ、彼性は、第三者の比較可能性を支える人称的な三人称性である。しかし、人称性と非人称性、誰性と何性との区別を可能にしたものとは、〈他者のための一者〉である。〈他者のための一者〉ならざる比較可能な第三者との関係にも人称性を認めることは、〈他者のための一者〉にのみ基づく人称性と非人称性との区別を破棄することになりはしないか。

この人称性と非人称性との区別の破綻は、彼性とイリヤとの混同（confusion）という形で、レヴィナス自身によってはからずも表明されることになる。フランクは、この点を、一九七五年の論文から確証する。通約不可能性の源泉、誰性の極であるはずの彼性の人称的不在は、通約可能性の源泉、何性の極であるイリヤの匿名の不在と区別できない。正義として定義される彼性はイリヤと区別がつかず、レヴィナスは、彼性とイリヤとの混同、人称性と非人称性の区別の消滅、すなわち意味と無意味との境界線の消滅に導かれる。

ただ、レヴィナスは、むしろこれを肯定的に、無限者の超越がより高次の段階へ高められた結果とみなしている。フランクは、これをひとまず認めるものの、これを問題の解決とはみなさない。というのも、今度は、彼性とイリヤとの高次の統一から、いかに両者の区別が生じるのか、両者の統一への上昇の後、いかに両者の区別へ下降するのかが説明できないからである。こうして〈存在するとは別の仕方〉からの存在への下降を成就させたかにみえた、近しさと正義の関係逆転という解決策は、最終的に、彼性とイリヤの区別を不可逆的に消滅させる結果となった。この解決策では、〈他者のための一者〉からイリヤに意味を与えることができず、それはむしろ〈存在するとは別の仕方〉から存在へと下降する当初のプロジェクトの破綻を決定づけることになったのである。

以上、第二の問いへのありうべき最後の解決を、彼性を正義とみなすレヴィナスの思想から探り当てた後でもなお、フランクは、〈存在するとは別の仕方〉と存在との関係を正当化するには至らないと結論する。というのも、近しさから出発しても正義から出発しても、いずれも最終的に矛盾に逢着するからである。意味概念の拡張によって、存在と〈存在するとは別の仕方〉との区別、及び前者に対する後者の優位性を哲学的に確証するというレヴィナスの企図は、こうしてその不可避の矛盾を露呈し、挫折を余儀なくされるのである。

三　挫折の意味、原因、克服

挫折の意味

以上の分析でフランクが示したことは、意味概念の拡張という方法が内包するパラドクスである。存在とは通約不可能な〈存在するとは別の仕方〉から存在を理解しようとする試みは、この矛盾ゆえに挫折したことになる。存在の彼方を善として確立する歩み、「倫理学」を第一哲学とする秩序の樹立へ向かう矛盾した歩みは、その到達点において、悪としてのイリヤと混同するに至って破綻したのである。フランクが、レヴィナス自らに語らせるがままに、その歩みを辿ることで描き出したのは、この自己否定するレヴィナスの思考のドラマである。

フランクは、こうして『存在の彼方』が立脚する構図そのものが抱える矛盾を取り出し、所期の目的の一つを達成する。ただ、もちろんそれは目的の一つにすぎない。フランクの分析の目的を、レヴィナスの理論的枠組みの内的不整合を浮き彫りにする点だけに求めることはできない。次の目的は、この自己否定が、単なる否定ではなく、より高次の局面を切り開く点を示すことである。

そもそも〈存在するとは別の仕方〉から存在へ改めて下降することによって、何が目指されていたのか。フランクは、本書のなかで、レヴィナスの意味概念の拡張による存在の正当化が、二つの目標をもっている点を想起させる。一つが、ギリシャ存在論の克服である。この点については、もはや議論の余地はないだろう。彼性とイリヤとの混同を帰結した意味概念の拡張という試みが、存在に意味を与えられずに頓挫したことは見た通りである。

では、もう一つは何か。それが、神の死の克服である。なぜレヴィナスの企図をこのような視点から理解しうるか。フランクは、まず、可能な限りの慎重さをもって、レヴィナスの諸分析とキリスト教との密接な連関を浮き彫りにする。レヴィナスの歩みを、ユダヤ教の理解可能性だけでなく、キリスト教の理解可能性（三位一体、ケノーシス、受難、贖罪）をも射程に入れ、この〈あらゆる他者のための一者〉を不可欠とする「意味の聖書的様態」を〈他者のための一者〉から説明する試みとして理解するのである。たとえそれが、「タルムードに依拠することによってキリスト教神学の中心的秘儀を記述する」ことであったとしても、それは神学に依拠するどころか、この「ユダヤ＝キリスト教の叡智」を意味概念から記述することには変わりはない。なお、それに先立って、フランクは、レヴィナスの用語法におけるユダヤ教の諸術語の借用が、決してユダヤ哲学への回帰を意味しない点に注意を促す。レヴィナスの試みは、あくまでも、ユダヤの叡智が立脚する理解可能性を、他人との関係から哲学的‐現象学的に説明し記述する試みとして理解されるべきだからである。「意味の分析こそ、意味が包蔵する神の概念を明かす」からである。

にもかかわらず、あえてキリスト教との関連を強調するのは、レヴィナスによって、一つの意味概念を起点としてタルムードからキリスト教への移行が記述されている点を描き出し、その後の議論の伏線とするためである。その議論が、結論部における「神の死」の議論である。フランクは、結論部で、まずレヴィナス自身が、「神の死」をキリスト教の神の死と関連づけている点を確認する。レヴィナスによる「神の死」の定義は、第一に「衝動への価値の還元」だが、この点は後述する。神の死は、第二に「超越の絶対性の喪失」と捉えられる。レヴィナスは、〈受肉〉が、超越の絶対性を、世界ないし存在へと内在化するがゆえに、〈受肉〉が神の死をもたらした原因とみなす。次に、フランクは、レヴィナスが、神の死の克服を、神の超越の絶対性を回復すること、つまり一度も記述されたことのなかった神の超越の絶対性を（存在するとは別の仕方で）記述することと捉えている点を確認する。レヴィナスにとって、意味概念の拡張による超越の絶対性の確保は、〈受肉〉から帰結した神の死の克服と表裏一体なのである。このようにレヴィナスの企図を位置づけたうえで、フランクは、レヴィナスには、神の死は「克服不可能」とみなす。確かに存在に意味を与えられなかったものの、神の超越の絶対性は回復し記述したはずのレヴィナスが、なぜ「神の死」の克服の成就ではなく、挫折とみなされなければならないのか。

ここで補助線を引くことが許されるなら、フランクは、『ニーチェと神の影』において、七十人訳の翻訳においては、神の優位は失われていないのに対して、パウロによる復活の身体の形而上学的解釈（意志の複数性が、肢体という形式によって通約し共時化される出来事）においては、神が、決定的に形而上学（存在論）に屈することを明らかにした。そして、こうした聖書の神と存在論との交錯がほかならぬ身体の上で生じたこと、この形而上学化される身体へと、あらかじめ自分を送り出したのは神自身であり、神の形而上学化が〈受肉〉に端を発することを確認した。つまり、旧約の神は、存在からの逃走を試みたどころか、また存在に痕跡だけを残したどころか、自らの意志で、存在に従属することに同意したのである。

聖史に照らして、神が自ら存在に感染したのなら、神の超越の記述は、神自らその超越を放棄し、存在の形而上学的展開にその場を譲った出来事の記述と不可分である。しかし、レヴィナスは、彼性が（フランクが「レヴィナスの企図全体の基軸」とみなす）言語の誤用に同意する点を認めながらも、その超越の絶対性を手放そうとはしなかった。他方で、正義から出発した後、根源的誤用を認めて彼性とイリヤとの混同を肯定したが、その区別の意味を説明しえなかった。彼性が、いかに自ら隔時的超越を放棄し共時性として自分を展開したかを哲学的に説明しえない限り、神の死の克服は不可能なままなのである。

たとえレヴィナスは、あくまで他人との関係としての意味から超越を記述する現象学者としての立場を貫徹するとしても、キリスト教的主題への彼の対峙の仕方は、フランクにとっては、まさにレヴィナスの哲学的前提を反映する鏡のようなものである。フランクが伏線を張り巡らせて慎重に浮かび上がらせようとするのは、タルムードに依拠してキリスト教を記述するという身振り、超越の絶対性の確保をもって神の死の克服とみなす身振りの背後で明滅する、或る理論的空白である。フランクは、神の死の克服を影で阻むこの空白に光を当てようとする。そうして『存在の彼方』の分析を当初から規定していた地平、両義性の記述を潜在的に規定していた地平を可視化しようとするのである。彼性とイリヤとの混同とは、まさにこの決して明示的には表明されえない地平が、最も先鋭的な形で表面化した姿である。

フランクは、彼性とイリヤとの混同というレヴィナスの着地点を、「ニヒリズム」の突端に位置づける。ニヒリズムが、存在の形而上学的展開と神の死とによって根本的に特徴づけられるとすれば、この両者の克服を目的とする意味概念の拡張とは、まさにニヒリズムの克服を目指すものである。しかし、存在論（存在を恒常的現前として展開する形而上学）の克服も神の死（聖書の神を恒常的現前によって形而上学化するキリスト教＝パウロ神学）の克服も、共に〈恒常的現前として理解された〉存在への意味づけという共通の課題を条件とする。レヴィナスはこの課題を果たしえないがゆえ、意味概念の拡張の挫折とは、フランクにとって、ニヒリズムの克服の挫折にほかならないのである。では、こうした存在の正当化を原理的に不可能とする、レヴィナス意味論の理論的空白とは何か。

挫折の原因とその克服

すでにここまでの概説で、その原因はおおよそ素描されたが、フランクはより具体的に挫折の原因を示している。問題は、〈存在するとは別の仕方〉と存在、〈語ること〉と〈語られること〉との分離にある。もちろん、フランクは、決して〈語られること〉なき〈語ること〉という部分だけを問題化しているのではない。フランクは、『存在の彼方』の叙述が、むしろ〈語ること〉と〈語られること〉との「両義性」によって自覚的に組織されていることにたえず注意を促している。

　フランクは、一方で、レヴィナスの叙述において両義性が果たす決定的役割を認める。しかし、他方で、まさにこの両義性の規定こそが、レヴィナスの企図を挫折に追い込んだ原因であることを示そうとするのである。レヴィナスは、〈語ること〉と〈語られること〉とが不可分である点には、十分自覚的であった。その意味では、〈存在するとは別の仕方〉は、存在と完全に分離されているわけではない。しかしながら、両者の不可分性は、極端に分節化された二つの事象間の、いわば相互排他的な不可分性のように捉えられている。〈語ること〉の外部から付加的に〈語られること〉が関係づけられるとしても、〈語ること〉の内部には、〈語られること〉のいかなる契機も保存されていない。〈あらゆる他者のための一者〉が導入された後でも、〈他者のための一者〉という意義の構造内部には、それを可能にするいかなる契機も組み込まれていない。フランクが両義性の記述を丹念に辿りながら、ときに「ヘーゲル的反論」を意識的に反復しつつ浮かび上がらせようとする事態とは、〈語ること〉と〈語られること〉との統一的で内的な相互連関の不在である。〈語ること〉が「あらかじめ〈語られること〉へとかかわっている」ことを説明する仕組み、「神と語との混交」を哲学的に説明する仕組みの不在である。両義性の規定におけるこの理論的空白こそ、最終的に「ニヒリズムの克服」を挫折に導いた原因である。

　この構造を、フランクは、次の二つの点から具体的に提示する。第一に、レヴィナスの身体の規定、第二に、レヴィナスの存在論的差異及びロゴスの規定である。

　第一に、身体について。一方で、フランクが、意味概念の拡張を神の死の克服の試みとして位置づけたのは、理念性ではなく受肉した自己から普遍性の再構築をはかるレヴィナスと、パウロでその頂点を迎える祭司的論理を高次の身体の創造によって克服しようとするニーチェとが、同じ放物線を描いているように映るからでもある。他方、フランクは、同一の放物線を描く両者のうち、ニーチェだけが着地を成功させたと見る。明暗を分けたのが、両者の身体の規定の違いである。

レヴィナスにとって身体は、一方で「賦活される」身体であり、賦活は外部から方向づけられる絶対的受動性、すなわち可傷性に基づく。他方で、身体は、理念性の手前にありながら、イニシアチヴやエゴイズムの源泉となる享受を備えている。この直接性の契機によって、自我という存在者の具体的自己関係性を確保するとともに、存在との関係を（身体だけでは意味を与えられない「無意味」として）維持する。そして、可傷性と享受との不可分な関係が、身体の両義性として記述される。しかし、問題は、享受の直接性が媒介から分離されている点、また両義性が意義性や主観性の構造内部に組み込まれていない点にある。身体は、まず自我性をいったん一掃して他者と関係する。誇張法によって一度〈他者のための一者〉まで上昇すれば、その後、自我性と関係こそするが、自己の不穏と自我の平穏との関係はあくまで外在的である。『存在の彼方』では、享受は感受性の「抗いえない」条件といいながら、〈他者のための一者〉そのものにとって本質契機ではなく、それは「一契機」でしかありえない。フランクは、この点の例証の一つを、存在の次元（イタケー）にとどまる犬をめぐるレヴィナスの記述に見出している。

賦活される媒介なき身体に対して、フランクは、まず自己保存を目指す身体を対置する。補足しよう。感覚は、単に身体にとって「感受性」として現れるだけではない。他者へ向かって己を裸出する感受性は、実は純粋な受動性ではない。この感覚には「強度」が含まれている。というのも、身体は、強すぎる印象も弱すぎる印象も感受することはできず、実は、ある特定の強度をもった感覚しか感受していないからである。身体は、自己の保存に適した感覚しか感覚しない。この事実は、受動的身体が、善による選びや他人による召喚以前に、すでに「特定の」感覚を、自分に適したもの「として」選択している事実を示すものである。つまり、感受性は、受動性であると同時に、それ自体ですでに媒介を伴う知的な価値判断、「大いなる理性」である。衝動的身体とは、孤立した存在者ではなく、能動的力と反動的力によって構成される「複数の力の階級体制」である。フランクは、こうしてレヴィナスが、感受性の「強度」を捨象した点を浮き彫りにする。なお、フランクは、「神の死」を「衝動への価値の還元」とみなして身体に価値判断のいかなる契機もみないレヴィナスに、こうした身体からの媒介的契機の分離を見る。

次に、享受の自己関係性は、他人との関係への起点としてではなく、むしろ意志の複数性の「結果」として位置づけられる。ニーチェは、複数の意志の階級体制からの「反動的価値」の産出、すなわち「力への意志」からの「等しさへの意志」への移行によって、衝動的身体というカオス的構造からの「自我」や「同一性」、そして「存在」の導出を説明する。享受の身体だけでは意味を与えられなかった存在という「無意味」は、衝動的身体の決意的瞬間において望まれ、肯定された結果として記述され、意味を与えられることになる。こうしてフランクは、「神の死の克服」という共通の観点から見て、自我の同一性や恒常的現前を永遠回帰に基づく「身体の所産」として哲学的に正当化するニーチェの身体概念を、両義性の外在的規定に終始するレヴィナスの身体概念に対置するのである。これが、身体の上で生じた神の死を身体によって克服する道である。

次に、フランクは、これと密接に結びついた、レヴィナスによる存在論の克服の挫折の原因と克服の道も示している。第一の原因は、存在論的差異の規定である。フランクは、先立つ論文（二〇〇一年）において、受肉した自己と他人との具体的関係から存在論を再構成するレヴィナスの企図を、実存論的分析論の形式主義への重要な批判として評価したが、本書では、レヴィナスの捉える存在論の内実を、ハイデガーのそれと対比しつつ、批判的に論じている。

　フランクは、「恒常的現前」として捉えられたレヴィナスの「存在」が、ハイデガーにとっては、「存在忘却」として捉えられるべき概念であることを注記したうえで、次のようにレヴィナスによる存在論的差異の定義を批判する。まずレヴィナスが、過去把持を「同一化」と呼びながら、何かを何かとして述定することも同じく「同一化」と呼んだ点、つまり「同一化」と「主題化」との差異を重視しなかった点に注意を促す。この区別の意味を明示するにあたってフランクは、ハイデガーの区分を参照する。同一化と主題化は、実存論的〈として〉と命題論的〈として〉の区分に対応し、手許性と眼前性の区分に対応する。つまり、〈語られること〉は、道具として使用に供されることと、道具連関から切り離された客観的対象を主題的に視向することとの差異を覆い隠すことになる。

　フランクは、次に、同様の指摘を、レヴィナスによる動詞と名詞の両義性としての「ロゴスの両義性《アンフィボロジー》」に対しても行う。ここには、上と同じ区分が隠されている。ハイデガーにとって、存在者と存在との差異は、アレーテイア（ἀλήθεια）とレーテー（λήθη）との関係から生成したものである。この関係は、ロゴスの両義性《アンフィボロジー》からはむしろ見逃されてしまう関係である。というのも、この関係は、道具的存在者と客観的対象、手許性と眼前性のあいだでこそ明滅するにもかかわらず、「名詞」は、これら二つの存在性格を無差別に指示してしまうからである。なお、フランクは、すでに論文「差異の身体」（一九九二年）においても、レヴィナスの「実存者」という用語法やイリヤの議論における「ひと」（das Man/on）の用語法に注意を促し、存在論的差異の生成を記述するレヴィナスが密かに実行する「実存論的分析論の主要な分割の一つ」の破壊を際立たせている。

　フランクにとって、まずこうした一面的な理解に基づく「存在論的差異」の克服、「存在論」への批判は、限定的な試みでしかない。さらに、以上のレヴィナスによるハイデガーの一見些細な読み替えが、実は、レヴィナスの企図全体にかかわることになる。「恒常的現前」としての存在の由来を説明することは、「存在」への下降に際してレヴィナス自身が必要とした説明である。そして、この恒常的現前としての存在こそ、実存論的分析論がまさに眼前性のもとで記述したものであり、その必然的由来は、存在忘却の由来への問いとして、後期ハイデガーによって主題化されることになる。とすれば、存在への下降は、眼前性の必然的由来を意味概念そのものから説明する作業を要求する。しかし、存在論的差異の限定的理解から出発するレヴィナスは、両者の外在的な関係づけに終始する。実際、レヴィナスは、〈語ること〉にいかに〈語られること〉への転落契機を組み込むかではなく、いかに両者の排他的な不可分性を正当化するかに苦心する。それと対照的に、後期ハイデガーは、レーテーからアレーテイアへの到来のなかにアレーテイアからレーテーへの回帰を不可分の契機として位置づけ、それを両者のあいだの一時的移り行きとみなすことで、恒常的現前の必然的由来を説明するのである。

では、なぜレヴィナスは存在論的差異の限定的理解から出発することになったのか。それが、第二の原因にかかわる。フランクによれば、それは、レヴィナスが、存在論的差異、すなわち「ロゴス」の構造を、一貫して「記号」から理解しようとしたからである。記号とは、〈他者のための一者〉であり、この構造は、確かに「……のため（代わり）」（……へ）という一者から他者への指示関係、帰趨性、あるいは手許性の条件である。しかし、フランクは、『存在と時間』を改めて引用しつつ、ロゴスが、記号ではなく、伝統的に（レーテーの否定を含む）アレーテイアと相関的に思考されている点に注意を促す。言語は、「……のため」だけではなく、覆蔵性（λήθη）から非‐覆蔵性（ἀλήθεια）へともたらす運動でもある。ロゴスは、指示関係の外にあって独立した項を、指示関係のなかにもたらす運動である。

〈存在すること〉は、本来この不可分に接合する二契機によって構成されるロゴスの構造から理解されなければならないが、レヴィナスは、言語をもっぱら「記号」の構造から記述してきた。恒常的現前、眼前存在をもたらすロゴスの覆蔵性の契機をあらかじめ捨象したうえで、ロゴスのもう一方の契機である指示関係だけに着目し、そのうちの位相差が開かれる契機を最上級にまで高めて〈他者のための一者〉として特権化した。しかし、この〈語ること〉を言語の根本構造として分析の出発点においた結果、レヴィナスは、その本質が記号ではないロゴスを演繹することが不可能となり、さらに記号から、恒常的現前や客観性、普遍性がいかに生じるかという問いを前に、自身の方法的前提である〈他者のための一者〉を自己否定する状況に追い込まれたのである。ここに、フランクは、意味概念の拡張が、存在を導出する際に不可避的に陥るパラドクスの原因を見る。

フランクは、レヴィナスが決して「真理」を「アレーテイア」として規定しなかったことも、その傍証として提出する。そして、フランクは、一連の困難の最も象徴的な表現を、「存在に感染せざる神の声を聴く」という『存在の彼方』冒頭の言葉のなかに見ている。つまり、出発点からすでに、レヴィナスは、〈他者のための一者〉から覆蔵性の契機を、神の超越から存在への感染契機を除外するよう要求していたことになる。記号からの超越の記述を目指した意味概念の拡張は、当初から、ニヒリズムの克服を断念すべく運命づけられていたのである。

こうしてフランクは、レヴィナスが、神の形而上学化と存在の形而上学的展開、神の死と存在忘却という両契機によって根本的に特徴づけられるニヒリズムに対峙しながらも、両者が共通して求める恒常的現前への意味づけを果たしえなかったために、レヴィナスの歩みは、ニヒリズムの果て＝境界にとどまらざるをえないと結論する。神が、存在－神－論としての形而上学の彼方で意義を表す仕方を探る試みは、身体とロゴスの構造として描き出された意味概念に、恒常的現前への転落契機を外在的に関係づける限り、限定的な試みにとどまる。このことをフランクは、レヴィナスに対して、ニーチェ及び後期ハイデガーを対置することによって示したのである。

以上が本書の概要である。ただ、高度な思索を凝縮された文体によって展開する本書は、汲み尽くし難い、非常に豊かな内容を含んでおり、ここではその一部に触れたにすぎない。そこには、本書に至るフランクの哲学的思索も、随所に反映されている。本書の諸分析は、いわばその結晶の一つである。この点を確認するために、最後に、これまでのフランクの仕事と本書との関連に触れておきたい。

フランクは、身体構成の限界を論じた『身体と物体』や時間性による空間性の導出の限界を論じた『ハイデガーと空間の問題』を通じて、フッサールやハイデガーによる客観性や意味の現象学的問いにおいて無批判に前提とされたギリシャ的身体概念を問いに付しながら、存在論的差異との格闘が、キリスト教的身体概念との対決を不可避とすることを明らかにしてきた。さらに、『ニーチェと神の影』において、キリスト教的身体概念との対決を、パウロの身体《ソーマ》概念に隠された二つの身体に照準するニーチェの身体論によって遂行し、それを現象学的表現にまで昇華させることで、身体からの客観性の再構築の仕組みを記述すると同時に、存在論的差異には還元されざる「神」と「被造物」という聖書世界固有の差異との対決の意味を論じた。

フランクは、これらの仕事のなかで、一貫して、ギリシャ存在論の系譜とユダヤ＝キリスト教の系譜という、相互に翻訳不可能な二つの伝統によって構築された、形而上学の歴史と対峙してきた。そこで両系譜の独特の関係は、一方を主題化すれば、他方はその後景に退きながらも、密かにとどめおかれたまま片方を根底から制約する、そのような関係として描かれる。フッサール、ハイデガー、ニーチェ、そしてレヴィナスの読解を通じてフランクが浮き彫りにしてきたのは、この二つの系譜の困難な関係である。ヘブライズムの源泉に遡行するレヴィナスが、存在論としてのヘレニズムへの参照を不可避としたように、フランクは、本書に先立って、ヘレニズムの源泉に遡行するハイデガーもまた、ヘブライズムへの参照を不可避としたことを明らかにする。両系譜は、別々の対峙の仕方を要求する。にもかかわらず、両系譜が共に恒常的現前の支配を展開し、両者の結合に至って形而上学が完成をみたという究極の逆説の必然性こそ、フランクの対峙するニヒリズムである。

フランクは、このような相互に還元不可能でありながら、分かちがたく接合した二つの系譜の根源的差異と統一とを凝視し続ける。それは、神を前にした（coram Deo）人間と世界を前にした（coram mundo）人間との差異が、ニヒリズムを生きる一人のヨーロッパ的人間において常にすでに問われているという解き難い逆説である。実際、本書が示したのは、意味概念の拡張から彼性とイリヤとの混同へと行き着いたレヴィナスもまた、二つの系譜の「対話」の前に引き込まれていたという事実である。「神という語」が、存在論の彼方で、そして神学の彼方で、意義を表す仕方を探る試み、ニヒリズムの彼方で普遍性の再構築をはかる試みは、まさにこの対話の周りを巡っていたことになる。そして、フランクは、この対話を前にしたレヴィナスへの根本的な批判を通じて、この対話に対峙することそのものが、いかに困難を極めたものであるかを、読者の前に提示したのである。

本書に至るフランクの歩みとは、こうした可能な限り広大な射程をもつ問いを、その繊細かつ強靭な思考によって、可能な限り精緻に描き出すことであった。本書がレヴィナスの企ての破綻を論証することで示したのは、問いへの答えというよりも、より一層高次の問いの所在である。ニーチェとハイデガーを通じて、神の死と存在忘却それぞれの克服の道は示された。では、異なる対峙の仕方を求める両契機を共に克服する一つの言葉、両契機の統一的帰結としてのニヒリズムそのものを超克する一つの言葉とは何か。残された課題は、ヘレニズムの源泉としての存在の真理とヘブライズムの源泉としての神の言葉との差異と統一を問うこと以外ないだろう。この問いは、アレーテイアとレーテーとの――「もはやギリシャ的ならざる」――統一としての存在の真理が、「最後の神」という元初まで深化することによって、さらに新しい次元を切り開くのかどうか。それはまだ展開されてはいない。しかし、フランクが照らし出そうとする道は、少なくとも、ユダヤ人とギリシャ人との「奇妙な対話」の意味とその正当性を、「ヘーゲル的な作家」とは別の仕方で提出する道である。そうであるなら、この対話がもたらす沈黙の響きを聴取しようと試みた本書に、「暴力と形而上学」の問いに応答する、デリダを脱したフランクなりの哲学的企図を読み取ることができるはずである。

訳者あとがき

本書はDidier Franck, *L'un-pour-l'autre. Levinas et la signification*, collection Épiméthée, Presses universitaires de France, 2008の翻訳である。著者のディディエ・フランクについては、既に翻訳された『現象学を超えて』の訳者あとがきに記しておいたので、詳細に関してはそちらを参照されたい。ここでは最小限のことにのみ触れておく。一九四七年パリ近郊ヌイイ生まれ、アグレガシオンと第三期博士号を取得し、フランス各地のリセの哲学教師、ＣＮＲＳ（国立科学研究所）研究員、高等師範学校講師、トゥール大学教授を務めた後、一九九六年よりパリ第十大学ナンテール校（現在はパリ西大学ナンテール／ラ・デファンス）教授、二〇一四―二〇一五年度末をもって同大学を定年退官し、この二〇一五年九月より名誉教授となった。また一九八四年に雑誌『哲学』をミニュイ社にて創刊（一九九四年まで編集長）、一九八六年に国家博士号を取得、一九八六年から一九八九年までパリ・フッサール文庫副所長、二〇一〇年よりInstitut universitaire de France（フランス大学協会）会員でもある。二〇一一年に同志社大学客員教授、二〇一三年に日本学術振興会外国人招聘研究者、二〇一五年に関西学院大学客員教授として来日し、延べ一年近くにわたってセミネールを行なった。ジャン＝リュック・マリオン、ジャン＝フランソワ・クルティヌとともに一九八〇年代以降のフランスでの現象学研究を牽引してきた一人であり、現在まで以下の六つの著作が出版されている。

Chair et corps. Sur la phénoménologie de Husserl, Éditions de Minuit, 1981.（『身体と物体――フッサール現象学について』）
Heidegger et le problème de l'espace, Éditions de Minuit, 1986.（『ハイデガーと空間の問題』）
Nietzsche et l'ombre de Dieu, Presses universitaires de France, 1998.（邦訳『ニーチェと神の影』、庭田茂吉、野村直正、川瀬雅也、服部敬弘訳、萌書房、近刊）
Dramatique des phénomènes, Presses universitaires de France, 2001.（邦訳『現象学を超えて』、本郷均、米虫正巳、河合孝昭、久保田淳訳、萌書房、二〇〇三年）
Heidegger et le christianisme. L'explication silencieuse, Presses universitaires de France, 2004.（邦訳『ハイデッガーとキリスト教――黙せる対決』、中敬夫訳、萌書房、二〇〇七年）
L'un-pour-l'autre. Levinas et la signification, Presses universitaires de France, 2008.（本書）

本書はフランクの六番目の著作であり、全体としては書き下ろしであるが、いくつかの章（三章、六章、九章など）は先にコロックで発表され、その記録の出版の際に論文として公刊されている。本書の内容に関しては、訳者の一人である服部敬弘による詳細な解説を参照されたい。自分が人から直接何かを学んだのはデリダからだけであった、というようなことを、かつてある場でフランクは語っていたが、まさにデリダのように、しかしデリダ以上に徹底的にレヴィナスの思索に付き従いながら、その意味や射程、さらにはその限界を、西洋哲学の歴史という広大なコンテクストの中に位置づけつつ浮き彫りにしようとする本書の議論は、それが明らかにしようとする事柄の難解さゆえに、決して容易に理解できるものではない。様々な伏線を周到に張り巡らせながら行なわれるその議論展開を追跡しながら問題となっている事柄を正確に把握するためにも、この解説は、道に迷いかねない読者にとっての案内図として役に立つはずである。

しかしフランクの行なう探究は、本書でその最終的な到達点に行き着いたという訳ではない。序論でも言われるように、「限界を識別すること」とは「限界を乗り越える準備をすでに整えているということである」ならば、「哲学の実践＝訓練そのものと一体にな」った本書でのレヴィナス読解により明らかとなったその限界を通して、問題となっている事柄は既に垣間見られている。けれどもそれは、本書ではあくまでも示唆されるにとどまっている。フッサール、ハイデガー、ニーチェ、レヴィナスらの哲学との粘り強い対話を通して、またキリスト教との対決を通してフランクが目指している、ギリシア的ではなく、キリスト教的でも（そしてユダヤ教的でも）ないものは、現在準備中の二つの著作（神の死をめぐるニーチェ論と、Ereignis と言語の問題をめぐる後期ハイデガー論）において、より具体的に語られることになるだろう。

この翻訳は二〇一一年秋の著者の来日を受けて二〇一二年春から始められた。服部がまず翻訳を作成し、それを米虫がチェックして修正したものを両者でさらに繰り返し検討するという形で作業を進めたが、服部のフランスでの博士論文執筆や米虫の勤務先での業務などによってしばしば作業は中断し、最終的に翻訳原稿が完成したのは二〇一四年一二月となった。緻密な議論構成と、簡素に切り詰められつつも言葉の多義性を最大限に活かした独特の文体によって織り成されている本書のフランス語を日本語に翻訳するのは、非常に骨の折れる作業であった。原著に目を通したことのある方なら理解していただけると思うが、本書はおそらく近年フランス語で書かれた哲学書の中でもトップクラスの難解さを持つものであろう。実際、著者の友人であり、屈指の読み手として知られるパリ・ソルボンヌ大学教授のジャン＝ルイ・クレティアンでさえも、本書の難解さについてこぼしていたと著者本人から聞いたことがある。翻訳にあたっては、正確さを心がけるのは勿論のこと、文体的な特徴もできる限り尊重しつつ、読みやすい日本語にしようと努めたが、これらすべてを同時に完璧に実現することなどとても不可能なので、原文の持っている文体の再現を断念せざるを得なかったところもあるし、正確さのために読みやすさを犠牲にしたところもある。また一語に、場合によっては一文に込められた多義性を可能な限り訳文に取り込もうとしたが、それでも訳者が見落としているケースがあるかもしれない。理解と解釈が困難な点も数多くあり、疑問点はすべて著者に直接に、あるいはメールで確認したが、それでも誤りが気づかれず残っているかもしれない。読者のご寛恕を請いたい。

著者のフランク氏は、我々の様々な質問に対して丁寧かつ迅速に答えて下さった。また翻訳にあたって氏からは様々な教示や励ましをいただいた。（本書での厳密な議論のように）一見したところ厳格そうではあるが、実はユーモアに富んでお茶目なその温かい人柄を思いつつ、ここに感謝を表しておきたい。法政大学出版局編集部の郷間雅俊氏は、フランク氏の著書の翻訳に対して理解を示され、氏のおかげでこうして本書は出版の運びとなった。翻訳作業の過程でも郷間氏には色々とお世話になり、心よりお礼申し上げる。

なお本書の出版にあたっては、フランク氏が会員であるフランス大学協会から助成を得たことを記しておく。

二〇一五年九月

訳者を代表して

米虫正巳

叢書・ウニベルシタスより

（表示価格は税別です）

1020 現代革命の新たな考察
E. ラクラウ／山本圭訳 4200円

1021 知恵と女性性
L. ビバール／堅田研一訳 6200円

1022 イメージとしての女性
S. ボーヴェンシェン／渡邉洋子・田邊玲子訳 4800円

1023 思想のグローバル・ヒストリー
D. アーミテイジ／平田・山田・細川・岡本訳 4600円

1024 人間の尊厳と人格の自律　生命科学と民主主義的価値
M. クヴァンテ／加藤泰史監訳 3600円

1025 見えないこと　相互主体性理論の諸段階について
A. ホネット／宮本真也・日暮雅夫・水上英徳訳 2800円

1026 市民の共同体　国民という近代的概念について
D. シュナペール／中嶋洋平訳 3500円

1027 目に見えるものの署名　ジェイムソン映画論
F. ジェイムソン／椎名美智・武田ちあき・末廣幹訳 5500円

1028 無神論
A. コジェーヴ／今村真介訳 3600円

1029 都市と人間
L. シュトラウス／ 石崎・飯島・小高・近藤・佐々木訳 4400円

1030 世界戦争
M. セール／秋枝茂夫訳 2800円

1031 中欧の詩学　歴史の困難
J. クロウトヴォル／石川達夫訳 3000円

1032 フランスという坩堝　一九世紀から二〇世紀の移民史
G. ノワリエル／大中一彌・川﨑亜紀子・太田悠介訳 4800円

1033 技術の道徳化　事物の道徳性を理解し設計する
P.-P. フェルベーク／鈴木 俊洋訳 3200円

著　者

ディディエ・フランク（Didier Franck）

1947年パリ近郊ヌイイ生まれ。アグレガシオン，第三期博士号，国家博士号を取得。高等師範学校講師，トゥール大学教授等を経て，1996年よりパリ第十大学ナンテール校（現在はパリ西大学ナンテール／ラ・デファンス）教授を務め，2010年よりフランス大学協会会員，2015年9月よりパリ西大学名誉教授。同志社大学客員教授，日本学術振興会外国人招聘研究者，関西学院大学客員教授として2011年，2013年，2015年に来日。ジャン＝リュック・マリオン，ジャン＝フランソワ・クルティヌとともに1980年代以降のフランスでの現象学研究を牽引してきた一人であり，本書以外に，『現象学を超えて』，『ハイデッガーとキリスト教――黙せる対決』（いずれも萌書房），『身体と物体――フッサール現象学について』，『ハイデガーと空間の問題』，『ニーチェと神の影』の著作がある。

訳　者

米虫正巳（こめむし・まさみ）

1967年大阪生まれ。大阪大学大学院文学研究科博士課程中退。博士（大阪大学）。関西学院大学文学部教授。専門はフランス哲学。論文に「出来事と存在――ドゥルーズとハイデガー」（『アルケー』第23号），共著に『ドゥルーズ／ガタリの現在』（平凡社），『エピステモロジー』（慶應義塾大学出版会），共訳書にフランク『現象学を超えて』（萌書房）ほか。

服部敬弘（はっとり・ゆきひろ）

1981年大阪生まれ。パリ西大学大学院博士課程修了。博士（同志社大学・パリ西大学）。日本学術振興会特別研究員（PD）。論文に，« La réception ambivalente de Fichte dans *L'essence de la manifestation* »（*Revue internationale de Michel Henry*, n°6, 2015），「行為の自由と感情の不自由――アンリにおける「倫理」の問題」（『倫理学研究』第42号，2012年）ほか。

《叢書・ウニベルシタス　1034》
他者のための一者
レヴィナスと意義

2015年 10月 28日　初版第1刷発行

ディディエ・フランク
米虫正巳／服部敬弘 訳
発行所　一般財団法人　法政大学出版局
〒102-0071 東京都千代田区富士見 2-17-1
電話 03(5214)5540 振替 00160-6-95814
組版：HUP　印刷：三和印刷　製本：積信堂

Printed in Japan

ISBN978-4-588-01034-7

人名索引

マ 行

ヤ 行

ラ 行

原 註

序 論

(1) Cf. « Der Spruch des Anaximander », in *Holzwege*, GA, Bd. 5, p. 367.〔ハイデッガー『杣径』茅野良男・H. ブロッカルト訳,『ハイデッガー全集』第5巻, 創文社, 1988年, 412–414頁〕

(2) « Aus einem Gespräch von der Sprache », in *Unterwegs zur Sprache*, GA, Bd. 12, p. 127.〔ハイデッガー『言葉への途上』亀山健吉・H. グロス訳,『ハイデッガー全集』第12巻, 創文社, 1996年, 159頁〕

(3) *Autrement qu'être ou au-delà de l'essence*, M. Nijhoff, 1974, p. x.〔レヴィナス『存在の彼方へ』合田正人訳, 講談社学術文庫, 1999年, 9頁〕

(4) *Totalité et infini*, M. Nijhoff, 1961, p. 15.〔レヴィナス『全体性と無限』(上), 熊野純彦訳, 岩波文庫, 2005年, 66頁〕

(5) « De la signifiance du sens », in *Hors sujet*, Fata Morgana, 1987, p. 142.〔レヴィナス『外の主体』合田正人訳, みすず書房, 1997年, 156頁〕

(6) *Autrement qu'être ou au-delà de l'essence*, p. 20.〔レヴィナス『存在の彼方へ』, 54頁〕

(7) « De la signifiance du sens », in *Hors sujet*, p. 137〔レヴィナス『外の主体』, 149頁〕; cf. « Dieu et la philosophie », in *De Dieu qui vient à l'idée*, Vrin, 1982, p. 96.〔レヴィナス『観念に到来する神について』内田樹訳, 国文社, 1997年, 116–117頁〕

第1章

(1) *Sein und Zeit*, §2, p. 7.〔ハイデガー『存在と時間 I』原佑・渡邊二郎訳, 中央公論新社, 2003年, 19頁〕

(2) *Ibid.*〔同上〕

(3) « L'autre, Utopie et Justice », in *Entre nous*, Grasset, 1991, p. 256.〔レヴィナス『われわれのあいだで』合田正人・谷口博史訳, 法政大学出版局, 1993年, 322頁〕

(4) *Sein und Zeit*, §7, p. 38.〔ハイデガー『存在と時間 I』, 95頁〕

(5) *Autrement qu'être ou au-delà de l'essence*, p. 29〔レヴィナス『存在の彼方へ』,

66 頁〕; cf. *Sein und Zeit*, § 44.〔ハイデガー『存在と時間 II』原佑・渡邊二郎訳，中央公論新社，2003 年，198–239 頁〕

(6) *Ibid*., p. 30.〔レヴィナス『存在の彼方へ』，68 頁〕

(7) *Ibid*.〔同書，69 頁〕

(8) *Ibid*.〔同書，69 頁〕

(9) *Ibid*., p. 31〔同上〕; cf. « Herméneutique et au-delà », in *De Dieu qui vient à l'idée*, p. 168.〔レヴィナス『観念に到来する神について』，207 頁〕

(10) Cf. E. Benveniste, *Le vocabulaire des institutions européennes*〔正しくは *Le vocabulaire des institutions indo-européennes*〕, t. 2, p. 153 sq.〔エミール・バンヴェニスト『インド＝ヨーロッパ諸制度語彙集』第二巻，蔵持不三也他訳，言叢社，1987 年，147 頁以下〕

(11) さらに，読者が証言を求められる可能性があるだけに，なおさらである。『存在と時間』第 53 節での例は，ひとつの具体例以上のものである。ハイデガーは次のように問うている。「もし最終的に現存在が決して本来的にはその終末には関係づけられないとすれば，あるいはこの本来的な存在が，その意味ゆえに他の存在に隠されたままであるはずだとすれば，本来的な死に－向かう－存在の存在論的可能性は，どのようにして「客観的に」特徴づけられねばならないだろうか」〔ハイデガー『存在と時間 II』，311 頁〕。後者の問いは，読者がもっているかけがえのないもの〔他者〕に差し向けられていなければ，理解できないだろう。その場合重要なのは，死が，その本来的な共－存在から生じることはない他人とのあらゆる関係から現存在を分断する以上，この差し向けがその可能性をどこから汲みだしているのかという問いである。Cf. *Totalité et infini*, p. 247〔レヴィナス『全体性と無限』(下)，熊野純彦訳，岩波書店，2006 年，197 頁〕et p. 152〔レヴィナス『全体性と無限』(上)，365 頁〕:「〈欲望〉と相関的な〈誰〉，問いがそれに対して提起されるところの〈誰〉，この〈誰〉は，形而上学においては，何性 (quiddité)，存在，存在者，諸カテゴリーと同じくらい基本的であり普遍的な「概念 (notion)」である」。

(12) « La proximité de l'autre », in *Altérité et transcendance*, Fata Morgana, 1995, p. 108.〔レヴィナス『他性と超越』合田正人・松丸和弘訳，法政大学出版局，2001 年，103 頁〕Cf. *Totalité et infini*, p. 69〔レヴィナス『全体性と無限』(上)，186 頁〕:「問いは驚きだけから説明されるのではなく，問いが向けられている人の現前によって説明されるのである」。

(13) *Autrement qu'être ou au-delà de l'essence*, p. 31.〔レヴィナス『存在の彼方へ』，70 頁〕

(14) *Ibid*., p. 33.〔同書，74 頁〕

(15) *Ibid*., p. 34.〔同書，76 頁〕

(16) レヴィナスはほぼ常に，志向性を «intentionnalité» ではなく «intentionalité» と書いているため，われわれはそれに従う。

(17) *Autrement qu'être ou au-delà de l'essence,* p. 36.〔レヴィナス『存在の彼方へ』，80 頁〕Cf. «Dieu et la philosophie», in *De Dieu qui vient à l'idée*, p. 101〔レヴィナス『観念に到来する神について』，122 頁〕:「想起は，普遍的な現前及び存在論でもある極端な意識である」。

(18) *Ibid.*, p. 36–37.〔レヴィナス『存在の彼方へ』，80 頁〕1948 年の時点でレヴィナスはすでに像を「存在のアレゴリー」とみなしていた。Cf. «La réalité et son ombre», in *Les imprévus de l'histoire*, Fata Morgana, 1994, p. 134.〔レヴィナス『歴史の不測』合田正人・谷口博史訳，法政大学出版局，1997 年，118 頁〕

(19) *Ibid.*, p. 37.〔レヴィナス『存在の彼方へ』，81 頁〕

(20) *Ibid.*, p. 38.〔レヴィナス『存在の彼方へ』，83 頁〕「意識の時間は時間の残響であり了解〔聴取〕である」とレヴィナスが述べるとき，レヴィナスはフッサールと共鳴する。フッサールは，「今の統握」を，過去把持がその「尾」を形成するような「彗星の核」と喩えたうえで，さらにこの彗星の尾を「一連の余韻」として記述する。この意味で，フッサールにとっては，体験される時間とは，すでに残響である。そして，同一性一般が構成される残響なしには，いかなる現象も現出することができないのである。Cf. Levinas, *op. cit.*, p. 46〔レヴィナス『存在の彼方へ』，96 頁〕et Husserl, *Zur Phänomenologie des inneren Zeitbewußtseins*, §11, et *Beilage* VI, Husserliana, Bd. X, p. 30 et 111.〔フッサール『内的時間意識の現象学』立松弘孝訳，みすず書房，1967 年，42 頁，150 頁〕

(21) *Ibid.*, p. 39.〔レヴィナス『存在の彼方へ』，84 頁〕

(22) *Sein und Zeit*, §32, p. 151 et §65, p. 324.〔ハイデガー『存在と時間 II』，54 頁，『存在と時間 III』原佑・渡邊二郎訳，中央公論新社，2003 年，55 頁〕Cf. *De l'existence à l'existant*, Vrin, 1990, p. 74.〔レヴィナス『実存から実存者へ』西谷修訳，ちくま学芸文庫，2005 年，95 頁〕

第 2 章

(1) Cf. Aristote, *De l'âme*, III, 3, 437〔正しくは 427〕*b* 12〔アリストテレス『魂について』中畑正志訳，『アリストテレス全集』第 7 巻，岩波書店，2014 年，138 頁〕et *Sein und Zeit*, §7, p. 33.〔ハイデガー『存在と時間 I』，85 頁〕

(2) *Autrement qu'être ou au-delà de l'essence*, p. 40〔レヴィナス『存在の彼方へ』，87 頁〕; cf. Husserl, *Zur Phänomenologie des inneren Zeitbewußtseins*, *Beilage* III, Husserliana, Bd. X, p. 107 et *Beilage* I, p. 100.〔フッサール『内的時間意識の現象学』，144 頁，133 頁〕レヴィナスは，内的時間意識に関するフッサー

ルの分析を取り上げる際，客観性の領域から原印象を除外している。「客観化する意識——表象〔原文は re-présentation〕のヘゲモニー——は，逆説的にも現在の意識において克服されている」。しかし，一方でこの除外は，志向性そのものを犠牲にしてなされており，他方で，フッサールは次のように主張し，それをレヴィナスは看過しているわけではないが，印象の過去把持的変様は，客観化することなしに，あるいはレヴィナスの言葉に従うなら，主題化することなしに，志向的である。志向性と客観性は，常に両立するわけではなく，したがって，どんな志向性も，表象であるか，あるいは表象に基づけられているというテーゼは，印象の段階である現象学的絶対者の段階には当てはまらない。その場合おそらく，「理論的客観化という原型が，志向的措定のあらゆる様態を統べている」と断言することは，もはやできないのである。Cf. *Autrement qu'être ou au-delà de l'essence*, p. 42, 82〔レヴィナス『存在の彼方へ』，89 頁，161–162 頁〕; «Intentionalité et métaphysique», in *En découvrant l'existence avec Husserl et Heidegger*, p. 140〔レヴィナス『実存の発見』佐藤真理人他訳，法政大学出版局，1996 年，222 頁〕; «Langage et proximité», *ibid.*, p. 223〔同書，328 頁〕; *Totalité et infini*, p. 95〔レヴィナス『全体性と無限』（上），238 頁〕et *Zur Phänomenologie des inneren Zeitbewußtseins, Beilage* IX, Husserliana, Bd. X, p. 118.〔フッサール『内的時間意識の現象学』，163 頁〕

(3) *Ibid.*, p. 43〔レヴィナス『存在の彼方へ』，92 頁〕; この「変様」については，cf. p. 37–38.〔同書，81–82 頁〕

(4) Cf. *Zur Phänomenologie des inneren Zeitbewußtseins, Beilage* VII, Husserliana, Bd. X, p. 116.〔フッサール『内的時間意識の現象学』，158 頁〕

(5) *Autrement qu'être ou au-delà de l'essence*, p. 44.〔レヴィナス『存在の彼方へ』，93 頁〕レヴィナスは，すでに『実存から実存者へ』において，動詞の機能は，名づけることではなく，「言語を生み出すこと」にあると述べている。*Op. cit.*, p. 140.〔レヴィナス『実存から実存者へ』，174 頁〕

(6) *Ibid.*〔レヴィナス『存在の彼方へ』，93 頁〕

(7) *Ibid.*, p. 44–45.〔同書，94 頁〕

(8) «Langage et proximité», in *En découvrant l'existence avec Husserl et Heidegger*, p. 218.〔レヴィナス『実存の発見』，319–320 頁〕

(9) *Ibid.*〔同書，320 頁〕 レヴィナスがここで明示的に依拠するハイデガーは，次のように書いている。「「直観」と「思惟」はすでに両者とも，理解から遠く離れて派生したものである」。Cf. *Sein und Zeit*, §31, p. 147〔ハイデガー『存在と時間 II』，43 頁〕et *Autrement qu'être ou au-delà de l'essence*, p. 49, n. 28.〔レヴィナス『存在の彼方へ』，420 頁〕1929 年にレヴィナスは meinen を「思惟すること（penser）」と訳していることを付け加えておく。Cf. «Sur les

Ideen de M. E. Husserl », in *Les imprévus de l'histoire*, p. 83.〔レヴィナス『歴史の不測』, 70 頁〕

(10) *Autrement qu'être ou au-delà de l'essence*, p. 47.〔レヴィナス『存在の彼方へ』, 97–98 頁〕Cf. *Totalité et Infini*, p. 65〔レヴィナス『全体性と無限』(上), 176 頁〕:「所与は, それがただ与えられるだけであるためにも, 記号として機能しなければならない」。また «Sur la philosophie juive », in *À l'heure des nations*, Minuit, 1988, p. 210〔レヴィナス『諸国民の時に』合田正人訳, 法政大学出版局, 1993 年, 297 頁〕でレヴィナスは,「現前する重々しい所与に対する［…］不信」は, 彼が依拠する現象学を特徴づけていると述べている。

(11) « Langage et proximité », in *En découvrant l'existence avec Husserl et Heidegger*, p. 219.〔レヴィナス『実存の発見』, 321 頁〕

(12) *Autrement qu'être ou au-delà de l'essence*, p. 50.〔レヴィナス『存在の彼方へ』, 104 頁〕

(13) *Ibid.*, p. 45〔同書, 94 頁〕; cf. « Langage et proximité », in *En découvrant l'existence avec Husserl et Heidegger*, p. 232〔レヴィナス『実存の発見』, 341–343 頁〕et *Sein und Zeit*, §44 *a*, p. 218.〔ハイデガー『存在と時間 II』, 209–210 頁〕

(14) « Langage et proximité », in *En découvrant l'existence avec Husserl et Heidegger*, p. 223〔レヴィナス『実存の発見』, 329 頁〕; cf. « Langage quotidien et rhétorique sans éloquence », in *Hors sujet*, p. 204–205.〔レヴィナス『外の主体』, 228–229 頁〕「言語は意識, 即自的に普遍的なものに属している」とすでにヘーゲルは述べている。Cf. *Phënomenologie des Geistes*, herausgegeben von H.–F. Wessels und H. Clairmont, Philosophische Bibliothek, p. 77.〔ヘーゲル『精神の現象学』(上) 金子武蔵訳,『ヘーゲル全集』第 4 巻, 岩波書店, 1971 年, 108 頁〕

(15) *Sein und Zeit* §69 *b*, p. 363.〔ハイデガー『存在と時間 III』, 143–144 頁〕ハイデガーは, 主題化のもつ客観化的機能を認めた後で, 次のように正確に述べている。「超越は, 客観化にあるのではなく, 客観化が超越を前提とするのである」〔ハイデガー『存在と時間 III』, 144 頁〕。では, 基礎的存在論を問いに付すためには, 超越を客観化から区別するだけで——『全体性と無限』の冒頭でレヴィナスは「客観性と超越との違いは, この研究の全分析への一般的指示として役立つだろう」と述べているが——十分なのだろうか。Cf, *op. cit.*, p. 20.〔レヴィナス『全体性と無限』(上), 77 頁〕

(16) « Langage et proximité », in *En découvrant l'existence avec Husserl et Heidegger*, p. 221.〔レヴィナス『実存の発見』, 324 頁〕

(17) « Le nom de Dieu d'après quelques textes talmudiques », in *L'au-delà du verset*, Minuit, 1982, p. 155.〔レヴィナス『聖句の彼方』合田正人訳, 1996 年,

210頁〕

(18) *Autrement qu'être ou au-delà de l'essence*, p. 101.〔レヴィナス『存在の彼方へ』, 193–194頁〕しかしながら, 『全体性と無限』においてレヴィナスは, 自身の「理性の主知主義への愛着」を認めていた。*Op. cit.*, p. XVII.〔レヴィナス『全体性と無限』(上), 31頁〕

(19) *Ibid.*, p. 56.〔レヴィナス『存在の彼方へ』, 115頁〕ここでレヴィナスは, われわれが後に立ち戻ることになる〈語られること〉の〈語ること〉への還元が, そのエネルギーをこうした中断から引き出していることを認めているのである。

(20) «Langage et proximité», in *En découvrant l'existence avec Husserl et Heidegger*, p. 221.〔レヴィナス『実存の発見』, 324–325頁〕Cf. «La signification et le sens», in *Humanisme de l'autre homme*, Fata Morgana, 1972, p. 23–24.〔レヴィナス『他者のユマニスム』小林康夫訳, 書肆風の薔薇, 1990年, 32–33頁〕ここでレヴィナスは, 「意義 (signification) が諸々の与件に先行し, それを照らし出す」と確言した後で, さらに次のように書く。「それとしてのこれにおいては, これもそれも, 言説の外では, 一度に与えられることはない」。

(21) *Autrement qu'être ou au-delà de l'essence*, p. 45〔レヴィナス『存在の彼方へ』, 94頁〕; cf. «Langage et proximité», in *En découvrant l'existence avec Husserl et Heidegger*, p. 222.〔レヴィナス『実存の発見』, 326頁〕ここで, これをそれとして同一化することは, 「言明, 述定〔宣布〕, 言語として構造化された自発性, 〔しかも〕名づける発話《パロール》 (parole) によって, この思惟する発話において思惟された, 理念的——それゆえまさしく伝達可能あるいは普遍的である——諸契機を主張する＝思念する自発性」へと帰される。

(22) *Ibid.*, p. 58〔レヴィナス『存在の彼方へ』, 118頁〕; cf. p. 48.〔同書, 99頁〕

(23) *Totalité et infini*, p. 37 et 72〔レヴィナス『全体性と無限』(上), 116頁, 191頁〕; 同じく cf. p. 273〔レヴィナス『全体性と無限』(下), 250–251頁〕:「どんな直観も, 直観には還元不可能な一つの意義に依存している。それは直観よりも遠くからやってくる。それだけが遠くからやってくるものである」。

(24) *Autrement qu'être ou au-delà de l'essence*, p. 47.〔レヴィナス『存在の彼方へ』, 98頁〕

(25) *Ibid.*, p. 48.〔同書, 99頁〕エポス (ἔπος) は, 語られたもの, 物語られたもの, 物語を意味する。レヴィナスはここで, 『精神現象学』(引用された版では475頁)〔ヘーゲル『精神の現象学』(下), 金子武蔵訳, 『ヘーゲル全集』第5巻, 岩波書店, 1979年, 1062頁〕における「最初の言語 (langage)〔Sprache〕」としてのエポスというヘーゲルの規定を暗に参照している。

(26) *La substitution*, in *Revue philosophique de Louvain*, 3/1968, p. 487 et n. 1. このテキストは, 『存在するとは別の仕方で』第4章の元になるバージョンで

ある。このテキストは，『存在するとは別の仕方で』の「中心部分」あるいは「萌芽」を構成する。Cf. *op. cit.*, p. IX, et 125, n. 1.〔レヴィナス『存在の彼方へ』，8頁，432頁〕

(27) *Autrement qu'être ou au-delà de l'essence*, p. 48.〔同書，100頁〕

(28) *Ibid.*, p. 49.〔同書，101頁〕

(29) *Ibid.*, p. 50.〔同書，102頁〕

(30) *Ibid.*, p. 51.〔同書，104頁〕

(31) *Ibid.*〔同書105頁〕

(32) *Ibid.*, p. 53-54.〔同書，109-110頁〕 テキストの元のバージョンに従って，「時間化（temporalisation）」ではなく「名詞化（nominalisation）」と読む。Cf. «Le Dire et le Dit», in *Le Nouveau commerce*, n° 18/19, printemps 1971, p. 36.

(33) *Ibid.*, p. 55.〔レヴィナス『存在の彼方へ』，111頁〕あらゆる意義への名詞化の可能的拡張については，cf. «Interdit de la représentation et "droits de l'homme"», in *Altérité et transcendance*, p. 132.〔レヴィナス『他性と超越』，125頁〕

(34) *Ibid.*〔レヴィナス『存在の彼方へ』，112頁〕;「動詞すらも，名詞化して主題化することで実詞化する不定冠詞」については，p. 136参照〔同書，251頁〕。レヴィナスはp. 149, n. 20〔同書，438頁〕で，存在論的差異に関する自身の解釈を次のように要約している。「出来事がそれによって語られる諸動詞，及び主語がそれによって語られる諸名詞は，存在するという動詞，存在という名詞にまで形式化される。ここで同形異義語は，極端な両義性《アンフィボロジー》であり，そこで〔動詞の〈存在する〉と名詞の〈存在〉との〕差異は，共通の類にではなく，ただ語の共通性に依拠しているだけである。――したがって言語《ランガージュ》は，〔存在の〕思惟の複製とは全く別のものとして現れる〔言語《ランガージュ》は存在の単なる複製ではない〕」。

(35) Cf. «Der Spruch des Anaximander», in *Holzwege*, GA., Bd. 5, p. 354 sq.〔ハイデッガー『杣径』，396頁以下〕ハイデガーのテキストが出版されたのは1950年であり，『存在するとは別の仕方で』が出版されたのは1974年である。

(36) Cf. «Logos (Heraklit, Fragment 50)», in *Vorträge und Aufsätze*, GA. Bd. 7, p. 225-226.〔ハイデッガー『ロゴス・モイラ・アレーテイア』宇都宮芳明訳，『ハイデッガー選集』第33巻，理想社，1983年，28頁〕

(37) *Autrement qu'être ou au-delà de l'essence*, p. 55.〔レヴィナス『存在の彼方へ』，112頁〕

(38) Cf. *Sein und Zeit*, §4, p. 12.〔ハイデガー『存在と時間I』，33-34頁〕

(39) *Autrement qu'être ou au-delà de l'essence*, p. 55.〔レヴィナス『存在の彼方へ』，113頁〕

第3章

(1) *Autrement qu'être ou au-delà de l'essence*, p. 59〔レヴィナス『存在の彼方へ』, 120頁〕; cf. «Langage quotidien et rhétorique sans éloquence», in *Hors sujet*, p. 210.〔レヴィナス『外の主体』, 230頁〕

(2) *Ibid.*, p. 59–60.〔レヴィナス『存在の彼方へ』, 121–122頁〕Cf. *Sein und Zeit*, §33.〔ハイデガー『存在と時間 II』, 62–64頁〕ここで言明は, 現示〔提示〕(Aufzeigung), 述定, 伝達として理解されている。

(3) «Dieu et l'onto-théo-logie», in *Dieu, la mort et le temps*, texte établi par J. Rolland, Grasset, 1993, p. 227.〔レヴィナス『神・死・時間』合田正人訳, 法政大学出版局, 1994年, 280頁〕

(4) *Ibid.*, p. 60.〔レヴィナス『存在の彼方へ』, 122頁〕

(5) *Ibid.*, p. 78.〔同書, 154–155頁〕レヴィナスは幾度となく, fable〔説話〕に定冠詞 *la* ではなく *le* をつけている。おそらくここでは, 語りえないもの (l'ineffable) とは正反対のもの, すなわち表現可能なもの, 語ることの可能なものを了解しなければならない。Cf. «Langage et proximité», in *En découvrant l'existence avec Husserl et Heidegger*, p. 217.〔レヴィナス『実存の発見』, 318頁〕ここでは「主題化されない顕現」が「いまだ語りえないもの (encore ineffable)」として理解されている。さらに «Poésie et résurrection — Notes sur Agnon», in *Noms propres*, Fata Morgana, 1976, p. 19〔レヴィナス『固有名』合田正人訳, みすず書房, 1994年, 12頁〕でレヴィナスは, la fable と le fable とを区別している。

(6) *Don Juan*, II, 1, in *Œuvres complètes*, La Pléiade, t. II, p. 45.〔訳文は以下の翻訳による。モリエール『ドン・ジュアン』鈴木力衛訳, 岩波文庫, 1952年, 改版2008年, 37頁〕リトレは, 自分の辞書〔リトレ辞典〕の「意義性 (signifiance)」の項目で,〔『ドン・ジュアン』の〕この箇所を参照している。Cf. «Dieu et la philosophie», in *De Dieu qui vient à l'idée*, p. 125, n. 24.〔レヴィナス『観念に到来する神について』, 155頁〕

(7) *Autrement qu'être ou au-delà de l'essence*, p. 61.〔レヴィナス『存在の彼方へ』, 125頁〕

(8) *Ibid.*, p. 62〔同上〕; cf. p. 182, n. 6〔同書, 444頁〕et *Totalité et infini*, p. 157〔レヴィナス『全体性と無限』(上), 376頁〕:「それ (言葉=発話) は, 意味されるもの (signifié) の顕現に意味するもの (signifiant) を立ち会わせることによって, 意味されるものへと至る移行をあらゆる記号が開く際に, その記号が閉じ込めているものを解放する〔その閂を外す déverrouiller〕」。

(9) *Ibid.*, p. 63.〔レヴィナス『存在の彼方へ』, 127頁〕

(10) *Ibid.*, p. 64.〔同書，128 頁〕

(11) «Le Dire et le Dit», in *Le Nouveau commerce*, n° 18/19, printemps 1971, p. 43. Cf. *Totalité et infini*, p. 181〔レヴィナス『全体性と無限』（下），59 頁〕:「記号の媒介が意義を作るのではない。まさに意義（その根源的出来事は対面である）こそが記号の機能を可能にするのである」。

(12) *Humanisme de l'autre homme*, p. 16.〔レヴィナス『他者のユマニスム』，20 頁〕Cf. *Liberté et commandement*,〔Fata Morgana, 1994,〕p. 42〔レヴィナス『歴史の不測』，228 頁〕:「表現は，伝達されたものと伝達する者とを現前させ，両者は表現において合一する」。さらに，«La tentation de la tentation», in *Quatre lectures talmudiques*, Minuit, 1968, p. 104.〔レヴィナス『タルムード四講話』内田樹訳，国文社，1987 年，118 頁〕

(13) *Autrement qu'être ou au-delà de l'essence*, p. 6.〔レヴィナス『存在の彼方へ』，27 頁〕Cf. *Totalité et infini*, p. 45〔レヴィナス『全体性と無限』（上），133 頁〕:「言語は主観−客観関係には還元できない関係を設立する。それは，〈他者〉の啓示である。まさにこの啓示においてはじめて，記号の体系としての言語が構成されうるのである」。

(14) «Langage et proximité», in *En découvrant l'existence avec Husserl et Heidegger*, p. 232.〔レヴィナス『実存の発見』，341 頁〕

(15) *Autrement qu'être ou au-delà de l'essence*, p. 18〔レヴィナス『存在の彼方へ』，51 頁〕及び，«Le Dire et le Dit», in *Le Nouveau commerce*, n° 18/19, printemps 1971, p. 45.

(16) Cf. *Sophiste*, 262 *e*〔プラトン『ソピステス』藤沢令夫訳，『プラトン全集』第 3 巻，岩波書店，1976 年，149–150 頁〕及び *Sein und Zeit*, §17 et 33.〔ハイデガー『存在と時間 I』，201 頁，『存在と時間 II』，62 頁〕

(17) *Autrement qu'être ou au-delà de l'essence*, p 65.〔レヴィナス『存在の彼方へ』，130 頁〕

(18) «Le Dire et le Dit», in *Le Nouveau commerce*, n° 18/19, printemps 1971, p. 43–44 ; cf. *Autrement qu'être ou au-delà de l'essence*, p. 95.〔同書，183 頁〕

(19) Heidegger, «Protokoll zu einem Seminar über den Vortrag "Zeit und Sein"», in *Zur Sache des Denkens*, GA, Bd. 14, p. 50.〔ハイデッガー『思索の事柄へ』辻村公一・H. ブフナー訳，筑摩書房，1973 年，79 頁〕

(20) *Autrement qu'être ou au-delà de l'essence*, p. 18〔レヴィナス『存在の彼方へ』，51 頁〕; ここで「表現」が意味しているのは，ラテン語の動詞 exprimere が意味するもの，つまり絞り出して外に出すこと，である。同書 p. 117 も参照〔同書，221 頁〕。ここでレヴィナスは，発話を「曝露の曝露〔レヴィナスの原文では「その曝露そのものを曝露する（exposant son exposition même）」〕」として理解したうえで，逆説的にも次のことを付け加えている。「発話すると

いう作用は，受動性のなかの受動性である」。同様にして『全体性と無限』は表現を，「意義の原初的出来事」と考えているが，しかし，方向性はすべての点で正反対である。というのも〔『全体性と無限』でのレヴィナスは〕表現を「自我への他人の現前化」として考えるからである。*Op. cit.*, p. 64〔レヴィナス『全体性と無限』（上），175 頁〕; cf. p. 157, 177.〔レヴィナス『全体性と無限』（上），376 頁，レヴィナス『全体性と無限』（下），51 頁〕したがって，レヴィナスは，〔『全体性と無限』では〕この記号を意味する記号によって他人は自らを記号化する＝自らを告知すると主張した後，〔『存在するとは別の仕方で』では〕自我は，記号の贈与によって与えられた記号となる，と主張するのである。これら二つの命題は，それらが登場した二つの文脈の各々に依存するが，両者の違いが何であれ，倫理と記号から理解される言語との連関を証示している。

(21) *Ibid.*, p. 61, 63 et 64.〔レヴィナス『存在の彼方へ』，123 頁，127 頁，129 頁〕

(22) «Questions et réponses», in *De Dieu qui vient à l'idée*, p. 141–142〔レヴィナス『観念に到来する神について』，172–173 頁〕; cf. *Autrement qu'être ou au-delà de l'essence*, p. 231–232.〔レヴィナス『存在の彼方へ』，409–410 頁〕

(23) «Dieu et la philosophie», in *De Dieu qui vient à l'idée*, p. 100.〔レヴィナス『観念に到来する神について』，121–122 頁〕

(24) *Ibid.*, p. 142.〔同書，174 頁〕もしどんな受動性よりも受動的な受動性があるとするなら，どんな能動性よりも能動的な能動性というものもある。というのも，レヴィナスは，「表象は，あらゆる能動性の手前にあるとはいえ，純粋自発性である」と認めるとき，まさにそのことを述べているからである。では，受動性と能動性との対立は，この対立がもはや通用しない意味の次元へと開かれてはいないのだろうか。Cf. *Totalité et infini*, p. 97 et 98.〔レヴィナス『全体性と無限』（上），244 頁，245 頁〕ここでは「表象はいかなる受動性も含まない」と言われる。

(25) 実際，ἔμφασις〔エムファシス〕という名詞は，ある像を反射面に映し出すことを意味する。Cf. C. Mugler, *Dictionnaire historique de la terminologie optique des Grecs*, *s. v.* p. 140–141.

(26) *Autrement qu'être ou au-delà de l'essence*, p. 8.〔レヴィナス『存在の彼方へ』，31 頁〕

(27) *Ibid.*, n. 4.〔同書，415 頁〕

(28) «Questions et réponses», in *De Dieu qui vient à l'idée*, p. 142.〔レヴィナス『観念に到来する神について』，175 頁〕

第4章

(1) «Sans identité», in *Humanisme de l'autre homme*, p. 94.〔レヴィナス『他者のユマニスム』，155頁〕
(2) *Autrement qu'être ou au-delà de l'essence*, p. 63.〔レヴィナス『存在の彼方へ』，127頁〕
(3) *Ibid.*〔同上〕
(4) *Ibid.*, p.64.〔同書，128頁〕
(5) *Ibid.*〔同書，129頁〕
(6) *Ibid.*, p. 64–65〔同書，129–130頁〕; cf. p. 150, n. 21〔同書，439頁〕:「苦しみにおける無のための〔無意味な〕「純粋な火傷」という要素とは，感受性の意味そのものたる感受性の「他者のために」が取り消されてしまうような「引き受けられた苦しみ」へと苦しみが転じるのを防ぐ，苦しみの受動性なのである。苦しみにおけるこの「無のために〔無意味に〕」という契機は，意味に対する無意味の剰余であり，この剰余によって苦しみの意味は可能となる」。
(7) Cf. *Le temps et l'autre*, PUF, 1983, p. 56 sq.〔レヴィナス『時間と他者』原田佳彦訳，法政大学出版局，1986年，56–57頁〕
(8) *Autrement qu'être ou au-delà de l'essence*, p. 64.〔レヴィナス『存在の彼方へ』，129頁〕
(9) «Le Dire et le Dit», in *Le Nouveau commerce*, n° 18/19, printemps 1971, p. 44.
(10) *Autrement qu'être ou au-delà de l'essence*, p. 65.〔レヴィナス『存在の彼方へ』，130–131頁〕
(11) «Le Dire et le Dit», in *Le Nouveau commerce*, n° 18/19, printemps 1971, p. 43.
(12) *Autrement qu'être ou au-delà de l'essence*, p. 66.〔レヴィナス『存在の彼方へ』，132頁〕
(13) *Ibid.*〔同書，133頁〕; cf. p. 48.〔同書，100頁〕
(14) *Ibid.*, p. 67.〔同書，134頁〕
(15) Cf. *ibid.*, p. 67–68.〔同書，135頁〕ここでレヴィナスは『パイドン』61 *c*–62 *e*〔プラトン『パイドン』松永雄二訳，『プラトン全集』第1巻，岩波書店，1975年，169–173頁〕を参照している。
(16) *Ibid.*, p. 11.〔レヴィナス『存在の彼方へ』，37頁〕
(17) «Interdit de la représentation et "droits de l'homme"», in *Altérité et transcendance*, p. 134 et 136.〔レヴィナス『他性と超越』，127–128頁，129頁〕
(18) «Le Dire et le Dit», in *Le Nouveau commerce*, n° 18/19, printemps 1971, p. 43.

(19) *Autrement qu'être ou au-delà de l'essence*, p. 67.〔レヴィナス『存在の彼方へ』, 134 頁〕Cf. «La trace de l'autre», in *En découvrant l'existence avec Husserl et Heidegger*, p. 189–190, 197.〔レヴィナス『実存の発見』, 274 頁, 286–287 頁〕ここでは,〔〈一〉の存在が肯定されるならば, それは一でも多でもない等々という〕プラトンの『パルメニデス』の最初の仮説〔プラトン『パルメニデス』田中美知太郎訳,『プラトン全集』第 4 巻, 岩波書店, 1975 年, 36–57 頁〕が引き合いに出されている。

(20) *Sein und Zeit*, §48, p. 245.〔ハイデガー『存在と時間 II』, 276 頁〕Cf. «La mort et le temps», in *Dieu, la Mort et le Temps*, p. 52.〔レヴィナス『神・死・時間』, 56 頁〕

(21) *Autrement qu'être ou au-delà de l'essence*, p. 70.〔レヴィナス『存在の彼方へ』, 139 頁〕Cf. *Éthique comme philosophie première*, Rivages poche, 1998, p. 86. ここでレヴィナスは次にように書く。「老化は, おそらく受動的総合の原型そのものである」。

(22) *Ibid.*, p. 14.〔同書, 42 頁〕

(23) «Le Dire et le Dit», in *Le Nouveau commerce*, n° 18/19, printemps 1971, p. 45.

(24) *Humanisme de l'autre home*, p. 14.〔レヴィナス『他者のユマニスム』, 16 頁〕Cf. *Autrement qu'être ou au-delà de l'essence*, p. 107〔レヴィナス『存在の彼方へ』, 204 頁〕:「〈自我〉の〈他者〉への近さは二つの時間のなかにある。この点にこそ超越がある」。さらに p. 180。〔同書, 321–322 頁〕

(25) *Autrement qu'être ou au-delà de l'essence*, p. 72.〔同書, 143 頁〕さらにレヴィナスは次のように述べている。「「私は話す」は, どんな「私は為す」においても仄めかされており,「私は思惟する」,「私はある」においてすらそうなのである」。Cf. *Humanisme de l'autre homme*, p. 16.〔レヴィナス『他者のユマニスム』, 20 頁〕

(26) *Ibid.*, p. 72–73.〔レヴィナス『存在の彼方へ』, 144 頁〕Cf. «La trace de l'autre», in *En découvrant l'existence avec Husserl et Heidegger*, p. 196〔レヴィナス『実存の発見』, 285 頁〕:「〈自我〉の唯一性は, 誰も私の代わりに応えることができないという事実である」。さらに「われわれは, 死のために〔他の者に〕代替してもらうことができないように, 身代わりのために〔他の者に〕代替してもらうことができない」。Cf. «Questions et réponses», in *De Dieu qui vient à l'idée*, p. 148.〔レヴィナス『観念に到来する神について』, 182 頁〕しかしながら〔ハイデガーとレヴィナスの間には〕違いもある。もしハイデガーにとって死が可能性, できることであるなら, レヴィナスにとって身代わりは,〈応じないことができないこと〉〔不可能性〕である。

(27) *Ibid.*, p. 73.〔レヴィナス『存在の彼方へ』, 145 頁〕

(28) *Ibid.*, p. 13.〔同書，41 頁〕

(29) *Ibid.*, p. 12.〔同書，38 頁〕

(30) *Ibid.*, p. 32.〔同書，72–73 頁〕Cf. « Façons de parler », in *De Dieu qui vient à l'idée*, p. 269.〔レヴィナス『観念に到来する神について』，329–330 頁〕

(31) *Ibid.*, p. 67.〔レヴィナス『存在の彼方へ』，134–135 頁〕

(32) « Réponses aux quatrièmes objections », in *Œuvres*, AT, t. VII, p. 251〔デカルト『省察』「第四答弁」廣田昌義訳，『デカルト著作集』第 2 巻，白水社，1973 年，300 頁〕et IX–1, p. 194.

(33) *Autrement qu'être ou au-delà de l'essence*, p. 71.〔レヴィナス『存在の彼方へ』，142 頁〕

(34) « Réflexion sur la “technique” phénoménologique », in *En découvrant l'existence avec Husserl et Heidegger*, p. 115.〔レヴィナス『実存の発見』，187 頁〕

(35) 「古代カバラにおけるプロティノスの神と聖書の神との闘い」と題された研究のなかで，G. ショーレムは，次のように書いている。「アイオーンに関するグノーシス的思弁は，ユダヤ教とイスラム教の秘教的教説のなかで，非常に強力にまた効果的に，肯定されている［…］。思想史から見れば，こうしたグノーシスと新プラトン主義との結合は，これら神智学の性格を理解するには決定的に重要である」。In *Le nom et les symboles de Dieu dans la mystique juive*, trad. M. R. Hayoun et G. Vadja, Paris, 1988〔1983〕, p. 23〔ゲルショム・ショーレム「初期カバラーにおける聖書の神とプロティノスの神の闘い」進藤英樹訳，エラノス会議編『創造の形態学 I』所収，平凡社，1990 年，222 頁〕; cf. *Les origines de la Kabbale*, trad. J. Loewenson, Paris, 1966, p. 78 sq., p. 194 sq.

(36) *Autrement qu'être ou au-delà de l'essence*, p. 29.〔レヴィナス『存在の彼方へ』，67 頁〕

第 5 章

(1) *Autrement qu'être ou au-delà de l'essence*, p. 77〔レヴィナス『存在の彼方へ』，152 頁〕; cf. « Langage et proximité », in *En découvrant l'existence avec Husserl et Heidegger*, p. 219–220.〔レヴィナス『実存の発見』，322 頁〕

(2) *Phänomenologie des Geistes*, éd. citée, p. 72.〔ヘーゲル『精神の現象学』（上），100 頁〕感覚的直接性は，「真理の知において，常に押さえ込まれる直接性」であるということを強調するとき，レヴィナスは，ヘーゲルの表現を繰り返しているのであり，ヘーゲルは，同じ箇所で次のように書いている。「感覚的確信は，対象から排除される。それでも感覚的確信は，解消されるわけではなく，単に自我のなかで押さえ込まれてしまうだけである」〔ヘーゲル『精

神の現象学』(上), 100–101 頁〕。Cf. *Autrement qu'être ou au-delà de l'essence*, p. 79〔レヴィナス『存在の彼方へ』, 156 頁〕:「認識されたものとしての個別的なものは, すでに非感性化されており, 直観において普遍的なものへと関係づけられている」。

(3) *Autrement qu'être ou au-delà de l'essence*, p. 77.〔同書, 153 頁〕

(4) *Ibid.*, p. 78.〔同書, 155 頁〕

(5) *Ibid.*, p. 79.〔同書, 156 頁〕

(6) *Ibid.*, p. 80.〔同書, 159 頁〕

(7) *Ibid.*, p. 82.〔同書, 161 頁〕

(8) *Ibid.*, p. 84.〔同書, 165 頁〕

(9) «Langage et proximité», in *En découvrant l'existence avec Husserl et Heidegger*, p. 226.〔レヴィナス『実存の発見』, 332 頁〕

(10) *Autrement qu'être ou au-delà de l'essence*, p. 83.〔レヴィナス『存在の彼方へ』, 162 頁〕

(11) *Ibid.*, p. 85.〔同書, 167 頁〕

(12) «La trace de l'autre», in *En découvrant l'existence avec Husserl et Heidegger*, p. 191.〔レヴィナス『実存の発見』, 276 頁〕

(13) *Autrement qu'être ou au-delà de l'essence*, p. 86.〔レヴィナス『存在の彼方へ』, 169 頁〕『リトレ辞典』によれば,「緩み (desserre)」という語は,「次の日常的な用法でのみ常用される。「財布の紐が堅い (être dur à la desserre)」, つまり与えたり払ったりする際に自分のお金を渋々手放すこと」。Cf. *Totalité et infini*, p. 24 sq.〔レヴィナス『全体性と無限』(上), 86 頁以下〕et «Infini», in *Altérité et transcendance*, p. 72〔レヴィナス『他性と超越』, 67 頁〕:「他者は同を制限する, あるいは締め付ける」。

(14) Husserl, *Zur Phänomenologie des inneren Zeitbewußtseins*, §30, Husserliana, Bd. X, p. 62.〔フッサール『内的時間意識の現象学』, 82 頁〕Cf. *Autrement qu'être ou au-delà de l'essence*, p. 41sq.〔レヴィナス『存在の彼方へ』, 87 頁以下〕

(15) *Autrement qu'être ou au-delà de l'essence*, p. 87.〔同書, 169 頁〕

(16) *Ibid.*, p. 81〔同書, 160 頁〕; cf. p. 82.

(17) «La trace de l'autre», in *En découvrant l'existence avec Husserl et Heidegger*, p. 190.〔レヴィナス『実存の発見』, 275 頁〕

(18) *Autrement qu'être ou au-delà de l'essence*, p. 86, n. 3 et p. 180.〔レヴィナス『存在の彼方へ』, 425 頁, 323 頁〕

(19) *Phédon*, 114 *d*〔プラトン『パイドン』, 340 頁〕; cf. *Autrement qu'être ou au-delà de l'essence*, p. 24, 119, 154.〔レヴィナス『存在の彼方へ』, 61 頁, 225 頁, 278 頁〕

(20) 例えば, cf. «Humanisme et anarchie», in *Humanisme de l'autre homme*, n.

10, p. 107.〔レヴィナス『他者のユマニスム』，171 頁〕

(21) Cf. Heidegger, « Der Spruch des Anaximander », in *Holzwege*, GA, Bd. 5, p. 354 sq.〔ハイデッガー『杣径』，396 頁以下〕

(22) *Autrement qu'être ou au-delà de l'essence*, p. 51〔レヴィナス『存在の彼方へ』，104 頁〕; cf. « Transcendance et hauteur », in *Liberté et commandement*, Fata Morgana, 1994, p. 70〔レヴィナス『歴史の不測』，251 頁〕:「存在は優れて「主題化可能」なものであり，提示＝命題化可能なもの，定立的なものである」。

(23) 存在のギリシャ的展開に，すなわち φύσις（ピュシス）に固有の θέσις（テーシス）の性格については，cf. « Die Gefahr », in *Bremer und Freiburger Vorträge*, GA, Bd. 79, p. 62 sq.〔ハイデッガー『ブレーメン講演とフライブルク講演』森一郎・H. ブフナー訳，『ハイデッガー全集』第 79 巻，創文社，2003 年，79 頁以下〕仮に 1994 年に刊行されたこのテキストをレヴィナスが知らなかったとしても，その代わりに『存在についてのカントのテーゼ』及び『ニーチェ』第 2 巻の最後の方にある，同じ主題についての草案を知っていたはずである。Cf. *op. cit.*, GA, Bd. 6. 2, p. 428–429.〔ハイデッガー『ニーチェ II』圓増治之・H. シュミット訳，『ハイデッガー全集』第 6-2 巻，創文社，2004 年，456–457 頁〕

(24) *Autrement qu'être ou au-delà de l'essence*, p. 87.〔レヴィナス『存在の彼方へ』，169–170 頁〕

(25) *Phèdre*, 245 *e* 6–7.〔プラトン『パイドロス』藤沢令夫訳，『プラトン全集』第 5 巻，岩波書店，1974 年，178 頁〕

(26) *Autrement qu'être ou au-delà de l'essence*, p. 85.〔レヴィナス『存在の彼方へ』，167 頁〕

(27) *Ibid.*, p. 89 ; cf. p. 90–91 et 181.〔同書，173 頁，176 頁，324 頁〕p. 181 で，レヴィナスはコナトゥス・エッセンディ〔存在することに固執する力〕が，〈他者のための一者〉によって賦活される身体から「根こぎ」にされていると明言する。

(28) *Ibid.*, p. 91.〔同書，177 頁〕したがって享受は，感受性の一契機でしかない。レヴィナスは，『全体性と無限』の時期には，享受を感受性の本質とみなしていた。「感受性は享受である」。*Op. cit.*, p. 109 ; cf. p. 107, 110.〔レヴィナス『全体性と無限』（上），270 頁，265 頁，272 頁〕

(29) *Ibid.*, p. 83〔レヴィナス『存在の彼方へ』，163–164 頁〕; フッサールの「充実（Fülle）」概念については，cf. *Théorie de l'intuition dans la phénoménologie de Husserl*, Vrin, 1963, p. 106 sq. et 112.〔レヴィナス『フッサール現象学の直観理論』佐藤真理人・桑野耕三訳，法政大学出版局，1991 年，101 頁以下，107 頁〕p. 112 で Erfüllung は「現実化（réalisation）」と訳されている。

(30) « Philosophie et transcendance », in *Altérité et transcendance*, p. 37.〔レヴィ

ナス『他性と超越』，31 頁〕

(31) *Autrement qu'être ou au-delà de l'essence*, p. 91.〔レヴィナス『存在の彼方へ』，178 頁〕

(32) *Ibid.*, p. 92〔同上〕et « Der Ursprung des Kunstwerkes », in *Holzwege*, GA, Bd. 5, p. 30.〔ハイデッガー『杣径』，42 頁〕

(33) *Ibid.*〔レヴィナス『存在の彼方へ』，179 頁〕Cf. *Totalité et infini*, p. 82 sq.〔レヴィナス『全体性と無限』(上)，211 頁以下〕et « Langage et proximité », in *En découvrant l'existence avec Husserl et Heidegger*, p. 226-227.〔レヴィナス『実存の発見』，332-333 頁〕「じっくり味わう (savourer)」や「知る (savoir)」といった動詞の共通の語根は，味がある，匂いを発するといった意味のラテン語 sapere である。

(34) *Ibid.*, p. 93.〔レヴィナス『存在の彼方へ』，180 頁〕

(35) *Ibid.*〔同書，181 頁〕Cf. p. 99〔同書，190 頁〕:「物質＝質料から成る血肉を備えた主観性——感受性の意義性，〈他者のための一者〉そのもの——は，与えるものであるがゆえに，あらゆる意味を与える前－起源的意義性である」。

(36) *Ibid.*, p. 97〔同書，187 頁〕

(37) *Difficile liberté*, Albin Michel, 2006, Avant-Propos, p. 12.〔レヴィナス『困難な自由』合田正人監訳，三浦直希訳，法政大学出版局，2008 年，xiv 頁〕Cf. « Judaïsme et révolution », in *Du sacré au saint*, Minuit, 1977, p. 20.〔レヴィナス『タルムード新五講話』内田樹訳，国文社，1990 年，25 頁〕ここではリトアニアのラビ，イスラエル・サランテルの次の言葉が引用されている。「私の隣人の物質的〔質料的〕欲求は，私にとっての精神的〔霊的〕欲求である」。

(38) *Ibid.*, p. 94.〔レヴィナス『存在の彼方へ』，182 頁〕

(39) *Totalité et infini*, p. 14〔レヴィナス『全体性と無限』(上)，63-64 頁〕; 逆に cf. p. 23〔同書，83 頁〕:「直接的なもの，それは〈対面〉(face-à-face) である」。まさにこの媒介から，レヴィナスが中性的なものと名づけるものを理解しなければならない。Cf. *ibid.*, p. 12〔同書，60 頁〕et « La philosophie et l'idée de l'Infini », in *En découvrant l'existence avec Husserl et Heidegger*, p. 168 sq.〔レヴィナス『超越・外傷・神曲』内田樹・合田正人編訳，国文社，1986 年，357 頁〕

(40) *Autrement qu'être ou au-delà de l'essence*, p. 94.〔レヴィナス『存在の彼方へ』，181-182 頁〕

(41) *Ibid.*, p. 81.〔同書，159 頁〕

(42) Cf. « Exigeant judaïsme », in *L'au-delà du verset*, p. 18 sq.〔レヴィナス『聖句の彼方』，17 頁以下〕

(43) *Autrement qu'être ou au-delà de l'essence*, p. 94〔レヴィナス『存在の彼方へ』，182 頁〕; cf. *Isaïe*, LVIII, 7.〔『イザヤ書』58 章 7。新共同訳では「飢えた人にあ

なたのパンを裂き与え／さまよう貧しい人を家に招き入れ」〕

(44) *Ibid.*, p. 84, n. 2.〔レヴィナス『存在の彼方へ』，424–425 頁〕

(45) *Ibid.*, p. 89–90.〔同書，174–175 頁〕レヴィナスがしばしば用いる「密やかな誕生」という表現は，明らかにランボー『母音』から借用されたものである。Cf. «La signification et le sens», in *Humanisme de l'autre homme*, p. 21〔レヴィナス『他者のユマニスム』，29 頁〕

(46) *Ibid.*, p. 100.〔レヴィナス『存在の彼方へ』，192–193 頁〕

(47) «Transcendance et hauteur», in *Liberté et commandement*, p. 74.〔レヴィナス『歴史の不測』，254 頁〕Cf. «Qui joue le dernier ?», in *L'au-delà du verset*, p. 77–78.〔レヴィナス『聖句の彼方』，105 頁〕「分離した存在」や「内部性〔内面性〕」や自我の「動物的満足」ないし「動物的条件」については，cf. *Totalité et infini*, p. 122–123.〔レヴィナス『全体性と無限』（上），300–301 頁〕

(48) *Autrement qu'être ou au-delà de l'essence*, p. 102.〔レヴィナス『存在の彼方へ』，195 頁〕レヴィナスは，同時期のテキストのなかで，彼が属していた戦争捕虜の集団と出会って「嬉しそうに跳ね回って吠える」野良犬を引き合いに出している。この犬にとって，「われわれは——疑いの余地のないことであるが——人間であった。〔では〕オデュッセイアから戻って変装しているオデュッセウスを識別した犬が，この私たちの犬の祖先だったのだろうか」，とレヴィナスは問うている。「いや，そうではない。断じてない。あちらはイタケーと祖国であった。ここはどこでもなかった。ナチスドイツの最後のカント主義者であるこの〔私たちの〕犬は，自分たちの衝動の格率を普遍化するために必要な頭脳をもっていなかったとしても，〔『出エジプト記』第 11 章 7 番目の聖句に出てくる〕エジプトの犬たちが先祖であった。そしてこの犬の発する友情に満ちた吠声——動物的な信頼——は，ナイル川沿いのその祖先たちの沈黙のなかで生まれたのである」。したがって，意義性を「嗅ぎつける」ことのできる犬と，嗅ぎつけられない犬というものがいる。しかし，犬は家畜であり，もしエジプトの犬たちの子孫が，ナチスドイツにまで及んでいるとすれば，その子孫がイタケーにもいたというのはありえないことではない。Cf. «Nom d'un chien ou le droit naturel», in *Difficile liberté*, p. 202.〔レヴィナス『困難な自由』，204–205 頁〕

(49) Cf. *Odyssée*, XVII, 312 sq.〔ホメロス『オデュッセイア』（下）松平千秋訳，岩波文庫，1994 年，132–134 頁〕

第 6 章

(1) *Autrement qu'être ou au-delà de l'essence*, p. 94.〔レヴィナス『存在の彼方へ』，182–183 頁〕

(2) *Ibid.*, p. 95 ; cf. n. 10, p. 137.〔同書，183 頁，435 頁〕

(3) Cf. *Sein und Zeit*, p. 134, 284 et 345.〔ハイデガー『存在と時間 II』，13 頁，372 頁，『存在と時間 III』，104 頁〕

(4) *Autrement qu'être ou au-delà de l'essence*, p. 95.〔レヴィナス『存在の彼方へ』，183–184 頁〕

(5) « La transcendance des mots », in *Hors sujet*, p. 217.〔レヴィナス『外の主体』，234 頁〕Cf. Leiris, « Biffures », in *La règle du jeu*, La Pléiade, p. 262 sq.〔ミシェル・レリス『ゲームの規則　ビフュール』岡谷公二訳，筑摩書房，1995 年，273 頁以下〕

(6) Cf. *Autrement qu'être ou au-delà de l'essence*, p. 87–88.〔レヴィナス『存在の彼方へ』，171–172 頁〕ここでは，〈語られること〉における意義が，〈他者のための一者〉の意義性，〈語ること〉の意義性から区別されている。

(7) « La transcendance des mots », in *Hors sujet*, p. 219.〔レヴィナス『外の主体』，238 頁〕

(8) *Autrement qu'être ou au-delà de l'essence*, p. 77.〔レヴィナス『存在の彼方へ』，153 頁〕

(9) « La transcendance des mots », in *Hors sujet*, p. 217.〔レヴィナス『外の主体』，235 頁〕

(10) Cf. *Totalité et infini*, p. XVI–XVII.〔レヴィナス『全体性と無限』（上），31 頁〕ここでは，特に「必然的だが分析的ではない演繹」が問題になっている。及び cf. *Autrement qu'être ou au-delà de l'essence*, p. 77.〔レヴィナス『存在の彼方へ』，153 頁〕ここでレヴィナスは「諸観念の入れ子的埋め込み」について語っている。

(11) *Autrement qu'être ou au-delà de l'essence*, p. 96.〔レヴィナス『存在の彼方へ』，186 頁〕

(12) *Ibid.*, p. 97〔同上〕; cf. p. 107.〔同書，204 頁〕

(13) *Ibid.*, p. 98.〔同書，189 頁〕

(14) « La trace de l'autre », in *En découvrant l'existence avec Husserl et Heidegger*, p. 188.〔レヴィナス『実存の発見』，272 頁〕こうした西洋哲学の規定が，レヴィナスの思想を，ハイデガーの思想と不可分のものとしているのであり，レヴィナスの思想について，ハイデガーの思想との関係を無視することは，〔レヴィナスの思想の〕ただの歪曲である，という点を強調しなければならない。

(15) « "Mourir pour..." », in *Entre nous*, p. 220〔レヴィナス『われわれのあいだで』，274 頁〕; cf. « Séjour de jeunesse auprès de Husserl, 1928–1929 », in *Positivité et transcendance*, PUF, 2000, p. 4.

(16) Lettre à G. Brandes, début décembre 1888, in *Sämtliche Briefe*, Kritische

Studienausgabe, Bd. 8, p. 502.〔ニーチェ「1888年12月初頭　ゲオルク・ブランデス宛書簡」,『ニーチェ書簡集II・詩集』塚越敏・中島義生訳, ちくま学芸文庫, 1994年, 243–244頁〕『反キリスト者』〔という標題〕を『あらゆる価値の価値転換』〔という標題〕と同一視する点については, cf. la lettre à P. Deussen du 26 novembre 1888, *op. cit.*, p. 492.〔ニーチェ「1888年11月26日パウル・ドイッセン宛書簡」, 同書, 239頁〕

(17) *Autrement qu'être ou au-delà de l'essence*, p. 88〔レヴィナス『存在の彼方へ』, 172–173頁〕; cf. p. 181〔同書, 323頁〕et «*A priori* et subjectivité», in *En découvrant l'existence avec Husserl et Heidegger*, p. 186.〔レヴィナス『実存の発見』, 268頁〕レヴィナスが, スピノザ, マールブランシュ, あるいはライプニッツに続いて, また部分的には異なる理由から, デカルトの考え方においては, 思惟による身体の賦活は「理解不可能であるように思われる」と述べたとき, おそらく彼は, 実体的合一についての偏った解釈に依拠している。というのも, デカルトは, 1643年6月28日のエリザベート宛書簡のなかで, 「各人が哲学することなしに自分のなかで常に感得している合一の概念」について語っているからである。ここで合一は, 「体系の理解可能性」, すなわち知から逃れているのではないだろうか。Cf. *Autrement qu'être ou au-delà de l'essence*, p. 99 et 100〔レヴィナス『存在の彼方へ』, 190–192頁〕; Descartes, *Œuvres*, AT, t. III, p. 693–694〔デカルト「書簡集」竹田篤司訳, 『デカルト著作集』第3巻, 白水社, 1973年, 296頁〕et J. Laporte, *Le rationalisme de Descartes*, 1950, p. 220–254.

(18) «De primae philosophiae Emendatione, et de Notione Substantiae», in *Die philosophischen Schriften*, herausgegeben von C. I. Gerhardt, Bd. 4, p. 469.〔ライプニッツ「第一哲学の改善と実体概念」, 『単子論』所収, 河野与一訳, 岩波文庫, 1951年, 306頁〕

(19) *Autrement qu'être ou au-delà de l'essence*, p. 99.〔レヴィナス『存在の彼方へ』, 191頁〕

(20) *Ibid.*〔同上〕; cf. *Totalité et infini*, p. XV:「したがって, 意識の受肉が理解されうるのは, 観念が, その観念の対象と一致するのではなく, その観念の対象によってあふれ出ることで——すなわち無限の観念〔の場合であるが〕——, 意識が動かされる場合だけである」〔レヴィナス『全体性と無限』(上), 28頁〕。

(21) Cf. *Ibid.*, p. 89〔レヴィナス『存在の彼方へ』, 174頁〕, Descartes, *Meditationes* VI, AT, t. VII, p. 81 et IX–1, p. 64〔デカルト『デカルト著作集』第2巻, 103頁〕; Platon, *Phèdre*, 247 *c* 8〔プラトン『パイドロス』, 183頁〕et Aristote, *De l'âme*, II, 1, 413 *a* 7–8.〔アリストテレス『魂について』, 68頁〕

(22) *Ibid.*, p. 90.〔レヴィナス『存在の彼方へ』, 175頁〕

(23) «Des contempteurs du corps», in *Ainsi parlait Zarathoustra*, I.〔ニーチェ「身体の軽侮者たち」,『ツァラトゥストラはこう語った』第1部,『ニーチェ全集』第II期第1巻,薗田宗人訳,白水社,1982年,51頁〕

(24) *Par-delà bien et mal*, §19.〔ニーチェ『善悪の彼岸』,第19節,『ニーチェ全集』第II期第2巻,吉村博次訳,白水社,1983年,42頁〕強調されている箇所は,〔ニーチェの〕テキストの中ではフランス語である。

(25) *Autrement qu'être ou au-delà de l'essence*, p. 98.〔レヴィナス『存在の彼方へ』,189–190頁〕

(26) Cf. *Nietzsche et l'ombre de Dieu*, p. 171 sq.〔ディディエ・フランク『ニーチェと神の影』庭田茂吉監訳,野村直正・川瀬雅也・服部敬弘訳,萌書房,近刊〕

(27) *Totalité et infini*, p. IX.〔レヴィナス『全体性と無限』(上),13頁〕

第7章

(1) Cf. *De l'âme*, III, 13, 435 *a* 11 sq.〔アリストテレス『魂について』,177頁〕

(2) *Ibid.*, III, 3, 429 *a* 2–3.〔同上,144頁〕

(3) *Autrement qu'être ou au-delà de l'essence*, p. 79.〔レヴィナス『存在の彼方へ』,156–157頁〕

(4) *Ibid.*, p. 94, n. 9.〔同上,425頁〕これはおそらく記憶からの引用である。しかし,それは思考によって要請された記憶によるものである。アンナ・ド・ノアイユの詩「自然への供物」,『溢れる心情』のなかに収められたこの詩から抜粋された数行のテキストは,正確には次の通りである。「森や,池や豊穣な野は／私の眼には人間の視線《まなざし》よりも感動すべき〔触れる〕ものであつた,／私は地上の美に身を寄せ掛けて(appuyée)／そして私は季節の薫りを両手の中に保存した」〔翻訳は『中原中也全訳詩集』,講談社文芸文庫,1990年,270–271頁により,傍点を付加した〕。韻律や脚韻を考慮に入れずに,レヴィナスは,「人間の」という形容詞を省略し,過去分詞女性形「よりかかった(appuyée)」の性を変えてしまっている。したがって,レヴィナスは〈語ること〉の主体の性を書き換え,人間的なものに対する自然的なものの優位性を中和したのである。

(5) *De l'âme*, II, 11, 423 *b* 4 sq.〔アリストテレス『魂について』,116頁〕 この著作のなかでアリストテレスは,「魂をもたない諸対象〔非生物〕の関係をも特徴づけうる」ような「直接的接触と距離との対立」に対して,生けるもの=生物とその他の存在者とのあいだの関係を記述するのに適した,近いものと遠いものとの現象学的対立を置き換える。J.-L. クレティアンは,このテキストを注釈して次のように述べている。「触覚=触れることにおいて近しさの意味を示すことは,触覚=触れることにおいて距離の意味を示すことであ

る。触れることは，近づくこと，あるいは近づかれることであって，ある表面を別の表面に押し当てることではない。こうした近しさは，接触において，表面に触れている事物と当の表面とを隔てているもの〔距離〕に気づかない。近しさは，この距離そのものを感じることはない。というのも，いずれにせよ，それは，邪魔することなく，われわれがそれを通じて感覚するところのものを成すからである」。さらに数行下で次のように述べられる。「近しさは，近しさであり続けるために，常に遠いものを糧としなければならない。しかし，われわれに近づいてくるものへの，近しさの接近が，絶えず積み重ねられるとき，両者の鮮やかな合致（rectitude）は，媒介を遠ざける」。Cf. «Le corps et le toucher», in *L'appel et la réponse*, p. 107–108.

(6) *Ibid.*, II, 11, 422 *b* 33 et 422 *b* 26–27.〔114 頁，113 頁〕

(7) *Ibid.*, III, 3, 427 *b* 12, これはすでに引用した〔同上，138 頁〕。また，III, 8, 432 *a* 7.〔同上，162 頁〕

(8) «Langage et proximité», in *En découvrant l'existence avec Husserl et Heidegger*, p. 227.〔レヴィナス『実存の発見』，333 頁〕

(9) Cf. *Autrement qu'être ou au-delà de l'essence*, p. 113.〔レヴィナス『存在の彼方へ』，214 頁〕

(10) «Langage et proximité», in *En découvrant l'existence avec Husserl et Heidegger*, p. 227〔レヴィナス『実存の発見』，333–334 頁〕; cf. p. 225〔同上，331 頁〕:「感覚的なものの直接性は，近しさの出来事であって，知の出来事ではない」。

(11) *Ibid.*, p. 235.〔同上，347 頁〕

(12) *Ibid.*, p. 228.〔同上，334 頁〕

(13) *Ibid.*〔同上，334–335 頁〕　われわれが先に見た通り，この最後の文章は，『存在するとは別の仕方で，あるいは存在することの彼方へ』のなかで再び用いられている。論文「言語と近しさ」は，その準備的研究のようなものである。

(14) *Ibid.*, p. 235.〔同上，347 頁〕

(15) *Autrement qu'être ou au-delà de l'essence*, p. 101 et p. 96, n. 10.〔レヴィナス『存在の彼方へ』，193 頁，426 頁〕

(16) «Der Ursprung des Kunstwerkes», in *Holzwege*, GA, Bd. 5, p. 14.〔ハイデッガー『杣径』，22 頁〕

(17)「間違っていなければ，実のところ，正しい語は，弊履（*godasses*）である」，とクローデルは，〔ゴッホの〕同じ一連の絵画を参照した記述の冒頭で述べている。Cf. «Méditation sur une paire de chaussures», in *Œuvres en prose*, La Pléiade, p. 1242.

(18) «Der Ursprung des Kunstwerkes», in *Holzwege*, GA, Bd. 5, p. 19.〔ハイデッガー『杣径』，28–29 頁〕

(19)　«Langage et proximité», in *En découvrant l'existence avec Husserl et Heidegger*, p. 229.〔レヴィナス『実存の発見』，336 頁〕

(20)　*Ibid.*, p. 228.〔同上，335 頁〕

(21)　*Autrement qu'être ou au-delà de l'essence*, p. 96, n. 10.〔レヴィナス『存在の彼方へ』，425-426 頁〕 その 20 年前に，レヴィナスはすでに次のように述べていた。「諸事物は，他人によって取りつかれたものとしてわれわれを触発する」。In «Le Moi et la Totalité», *Entre nous*, p. 29.〔レヴィナス『われわれのあいだで』，25 頁〕

(22)　*Énéide*, I, 462.〔ウェルギリウス『アエネーイス』第 1 歌 462〕前半の数語の翻訳はユーゴーから借用する。Cf. «[Les traducteurs]», in *Œuvres complètes, Critique*, éd. J. Seebacher, p. 631.〔『アエネーイス』岡道男・高橋宏幸訳，京都大学学術出版会，2001 年，31 頁では，「ここにも人の世に注ぐ涙があり，人間の苦しみは人の心を打つ」と訳されている〕

(23)　«La poésie et l'impossible», in *Difficile liberté*, p. 177.〔レヴィナス『困難な自由』，178 頁〕

(24)　«Poésie et résurrection. Notes sur Agnon», in *Noms propres*, p. 17.〔レヴィナス『固有名』，10 頁〕

(25)　*Autrement qu'être ou au-delà de l'essence*, p. 185, n. 10.〔レヴィナス『存在の彼方へ』，445 頁〕ここではおそらく「この記号の意義（*signification*）によって与えられた記号」ではなく，「この記号の贈与（*donation*）によって与えられた記号」と読まなければならない。

(26)　«Poésie et résurrection. Notes sur Agnon», in *Noms propres*, p. 24.〔レヴィナス『固有名』，19 頁〕

(27)　«De l'être à l'autre», in *Noms propres*, p. 66.〔同上，70 頁〕

(28)　*Autrement qu'être ou au-delà de l'essence*, p. 96, n. 10.〔レヴィナス『存在の彼方へ』，426 頁〕

(29)　「それ自身のうちに安らうこと（reposer-en-soi）」は,「恒存性（Standhaftigkeit）」と同一視される。Cf. «Der Ursprung des Kunstwerkes», in *Holzwege*, GA, Bd. 5, p. 11.〔ハイデッガー『杣径』，19 頁〕ハイデガーは，別の場所で同じ絵画を引き合いに出しながら，短靴を農夫のものとみなしている。Cf. *Einführung in die Metaphysik*, GA, Bd. 40, p. 38.〔ハイデッガー『形而上学入門』岩田靖夫・H. ブフナー訳，『ハイデッガー全集』第 40 巻，創文社，2000 年，40 頁〕事情がどうであれ，短靴は，他人のものであり，レヴィナスに従えば，この他人は常に，最初に訪れた得体の知れぬ誰か（premier venu），つまり〈誰でも構わない者〉である。

(30)　*Autrement qu'être ou au-delà de l'essence*, p. 86.〔レヴィナス『存在の彼方へ』，168 頁〕

第8章

(1) *Sein und Zeit*, §7, p. 38.〔ハイデガー『存在と時間 I』, 95 頁〕

(2) *Autrement qu'être ou au-delà de l'essence*, p. 125.〔レヴィナス『存在の彼方へ』, 232 頁〕

(3) «Langage et proximité», in *En découvrant l'existence avec Husserl et Heidegger*, p. 224.〔レヴィナス『実存の発見』, 329 頁〕

(4) *Ibid.*〔同上〕

(5) *Ibid.*〔同上, 330 頁〕

(6) *Ibid.*, p. 228.〔同上, 335 頁〕

(7) Cf. «Dieu et l'onto-théo-logie», in *Dieu, la mort et le temps*, p. 220.〔レヴィナス『神・時間・死』, 271 頁〕

(8) Cf. «Questions et réponses», in *De Dieu qui vient à l'idée*, p. 146.〔レヴィナス『観念に到来する神について』, 179–180 頁〕

(9) *Autrement qu'être ou au-delà de l'essence*, p. 103–104.〔レヴィナス『存在の彼方へ』, 198 頁〕

(10) *Totalité et infini*, p. 156.〔レヴィナス『全体性と無限』(上), 373 頁〕言語《ランガージュ》が定義されるのは, まさにほぼ同一の言い回しによってである。Cf. *ibid.*, p. 168–169.〔レヴィナス『全体性と無限』(下), 30–31 頁〕

(11) *Autrement qu'être ou au-delà de l'essence*, p. 108.〔レヴィナス『存在の彼方へ』, 206 頁〕

(12) *Ibid.*, p. 104.〔同上, 198 頁〕

(13) *Ibid.*, p. 108.〔同上, 206 頁〕

(14) *Ibid.*, p. 105.〔同上, 200–201 頁〕

(15) *Ibid.*〔同上, 201 頁〕

(16) *Phänomenologie des Geistes*, éd. citée, p. 73.〔ヘーゲル『精神の現象学』(上), 102 頁〕 近しさとしての感受性の分析には, 感覚的確信の弁証法への暗黙の参照が散りばめられており, レヴィナスは, 〈語られること〉から〈語ること〉へと遡行することで, 言語と個別性との矛盾を取り除くのである。J. イポリットはすでに, 批判的な仕方ではあるが, 言語に関するヘーゲルの考え方と個別性に関するヘーゲルの考え方とのあいだに関連性があることを強調している。Cf. *Genèse et structure de la* Phénoménologie de l'esprit *de Hegel*, t. I, p. 87, n. 1.〔ジャン・イポリット『ヘーゲル精神現象学の生成と構造』(上) 市倉宏祐訳, 岩波書店, 1972 年, 445 頁〕

(17) *Autrement qu'être ou au-delà de l'essence*, p. 104.〔レヴィナス『存在の彼方へ』, 198 頁〕

(18)　Cf. *Totalité et infini*, p. 5.〔レヴィナス『全体性と無限』（上），42 頁〕ここで「〈絶対的に他なる者〉への欲望」は「気高さ」として理解されている。

(19)　*Autrement qu'être ou au-delà de l'essence*, p. 107.〔レヴィナス『存在の彼方へ』，205 頁〕

(20)　*Ibid.*, p. 109.〔同上，207 頁〕

(21)　*Ibid.*, p. 109.〔同上〕Cf. *Liberté et commandement*, p. 40–41〔レヴィナス『歴史の不測』，226–227 頁〕et Aristote, *Seconds Analytiques*, I, 31, 87 *b* 29–31.〔アリストテレス『分析論後書』高橋久一郎訳，『アリストテレス全集』第 2 巻，岩波書店，2014 年，439 頁〕

(22)　*Ibid.*〔レヴィナス『存在の彼方へ』，208 頁〕

(23)　*Ibid.*〔同上，209 頁〕

(24)　« Langage et proximité », in *En découvrant l'existence avec Husserl et Heidegger*, p. 231〔レヴィナス『実存の発見』，341 頁〕; cf. *Autrement qu'être ou au-delà de l'essence*, p. 104.〔レヴィナス『存在の彼方へ』，199 頁〕ここで意義性は，「この近しさという兄弟関係＝同胞関係（fraternité）に捉えられること」と定義されている。

(25)　*Ibid.*, p. 228.〔レヴィナス『存在の彼方へ』，335 頁〕

(26)　*Ideen zu einer reinen Phänomenologie und phänomenologischen Philosophie*, II, § 37, Husserliana, Bd. IV, p. 147.〔フッサール『イデーン II-1』立松弘孝・別所良美訳，みすず書房，2001 年，174–175 頁〕

(27)　*Ibid.*, § 45, p. 164.〔同上，194–195 頁〕

(28)　*Cartesianische Meditationen*, § 55, Husserliana, Bd. I, p. 153.〔フッサール『デカルト的省察』浜渦辰二訳，岩波文庫，2001 年，223 頁〕

(29)　*Autrement qu'être ou au-delà de l'essence*, p. 111.〔レヴィナス『存在の彼方へ』，210–211 頁〕

(30)　« Langage et proximité », in *En découvrant l'existence avec Husserl et Heidegger*, p. 229.〔レヴィナス『実存の発見』，337 頁〕

(31)　*Autrement qu'être ou au-delà de l'essence*, p. 111.〔レヴィナス『存在の彼方へ』，211 頁〕

(32)　*Zur Phänomenologie des inneren Zeitbewußtseins*, *Beilage* IX, Husserliana, Bd. X, p. 119.〔フッサール『内的時間意識の現象学』，164 頁〕Cf. « Énigme et phénomène », in *En découvrant l'existence avec Husserl et Heidegger*, p. 211.〔レヴィナス『実存の発見』，308 頁〕ここでレヴィナスは，この意識の錯時性の複数の例を挙げ，次のように主張している。「われわれの生の大いなる「経験」は，正確に言えば，一度も体験されたことはない」。

(33)　« Humanisme et anarchie », in *Humanisme de l'autre homme*, p. 72.〔レヴィナス『他者のユマニスム』，117 頁〕

(34) *Autrement qu'être ou au-delà de l'essence*, p. 109.〔レヴィナス『存在の彼方へ』, 208 頁〕

(35) *Ibid.*, p. 112.〔同上, 212 頁〕

(36) *Totalité et infini*, p. 240.〔レヴィナス『全体性と無限』(下), 182 頁〕

(37) « La philosophie et l'idée de l'Infini », in *En découvrant l'existence avec Husserl et Heidegger*, p. 177.〔レヴィナス『超越・外傷・神曲』, 374 頁〕

(38) *Totalité et infini*, p. 191 ; cf. p. 182 et 270.〔レヴィナス『全体性と無限』(下), 82 頁, 60 頁, 242 頁〕

(39) *Liberté et commandement*, p. 46〔レヴィナス『歴史の不測』, 231 頁〕; cf. *Totalité et infini*, p. 182, 239 et 269.〔レヴィナス『全体性と無限』(下), 60–61 頁, 180 頁, 241 頁〕

(40) « Langage et proximité », in *En découvrant l'existence avec Husserl et Heidegger*, p. 229.〔レヴィナス『実存の発見』, 337 頁〕*Totalité et infini*, p. XII.〔レヴィナス『全体性と無限』(上), 19 頁〕ここでは, そのような意義の可能性とは, 預言的終末論の可能性である。また *Autrement qu'être ou au-delà de l'essence*, p. 116.〔レヴィナス『存在の彼方へ』, 218 頁〕

(41) *Autrement qu'être ou au-delà de l'essence*, p. 112.〔レヴィナス『存在の彼方へ』, 212–213 頁〕

(42) *Ibid.*〔同上, 213 頁〕

(43) *Ibid.*, p. 113.〔同上, 215 頁〕

第9章

(1) *Autrement qu'être ou au-delà de l'essence*, p. 114.〔レヴィナス『存在の彼方へ』, 215–216 頁〕

(2) « Langage et proximité », in *En découvrant l'existence avec Husserl et Heidegger*, p. 230.〔レヴィナス『実存の発見』, 338 頁〕

(3) *Autrement qu'être ou au-delà de l'essence*, p. 114.〔レヴィナス『存在の彼方へ』, 216 頁〕Cf. *Totalité et infini*, p. 235 sq.〔レヴィナス『全体性と無限』(下), 171 頁以下〕

(4) « Langage et proximité », in *En découvrant l'existence avec Husserl et Heidegger*, p. 230.〔レヴィナス『実存の発見』, 338 頁〕

(5) *Autrement qu'être ou au-delà de l'essence*, p. 114.〔レヴィナス『存在の彼方へ』, 216 頁〕

(6) « Langage et proximité », in *En découvrant l'existence avec Husserl et Heidegger*, p. 230〔レヴィナス『実存の発見』, 339 頁〕; cf. « La révélation dans la tradition juive », in *L'au-delà du verset*, p. 173.〔レヴィナス『聖句の彼方』,

236–237 頁〕

(7) «Énigme et phénomène», in *En découvrant l'existence avec Husserl et Heidegger*, p. 205.〔レヴィナス『実存の発見』, 299 頁〕

(8) «La signification et le sens», in *Humanisme de l'autre homme*, p. 47〔レヴィナス『他者のユマニスム』, 75–76 頁〕; cf. «La trace de l'autre», in *En découvrant l'existence avec Husserl et Heidegger*, p. 194.〔レヴィナス『実存の発見』, 281–282 頁〕これらのテキストのうち後者のテキストは, いくつかの異同を除けば, 前者の一部を再収録したものである。Cf. la note 1 de «La signification et le sens», *op. cit.*, p. 105.〔レヴィナス『他者のユマニスム』, 168 頁〕ここでレヴィナスは両者の関係について説明している。

(9) *Autrement qu'être ou au-delà de l'essence*, p. 109.〔レヴィナス『存在の彼方へ』, 208 頁〕

(10) «Interdit de la représentation et "droits de l'homme"», in *Altérité et transcendance*, p. 133.〔レヴィナス『他性と超越』, 127 頁〕Cf. *Totalité et infini*, p. 21 et 190.〔レヴィナス『全体性と無限』(上), 80 頁,『全体性と無限』(下), 78 頁〕

(11) *De l'existence à l'existant*, p. 60.〔レヴィナス『実存から実存者へ』, 81 頁〕

(12) «La trace de l'autre», in *En découvrant l'existence avec Husserl et Heidegger*, p. 194.〔レヴィナス『実存の発見』, 282 頁〕

(13) «Idéologie et idéalisme», in *De Dieu qui vient à l'idée*, p. 27 ; cf. p. 30, 32 et 33.〔レヴィナス『観念に到来する神について』, 30 頁, 34 頁, 36–37 頁〕

(14) レヴィナスは, 無制限の責任と主観性の備える存在への異他性に関する記述の最後で, マルクス独特の声と激しさとを響かせている次のような文章を書いている。「それ〔内面性〕は, 哲学者の構築物ではなく, 日常的な世界史において迫害された人間たちの非現実的な現実性である。形而上学はこの現実性の尊厳〔重要さ〕と意味とについて一度も考慮したことはなく, 哲学者たちは, それから顔を背けてきたのである」。«Sans identité», in *Humanisme de l'autre homme*, p. 98〔レヴィナス『他者のユマニスム』, 168 頁〕; cf. *Autrement qu'être ou au-delà de l'essence*, p. 70–71, 76〔レヴィナス『存在の彼方へ』, 140–141 頁, 150 頁〕, *Totalité et infini*, p. 119〔レヴィナス『全体性と無限』(上), 293 頁〕, *De l'existence à l'existant*, p. 69〔レヴィナス『実存から実存者へ』, 91–92 頁〕, そしてとりわけ «Dieu et la philosophie», in *De Dieu qui vient à l'idée*, p. 126.〔レヴィナス『観念に到来する神について』, 149 頁〕ここでレヴィナスは,〔マルクスの〕『フォイエルバッハ・テーゼ』の最後のテーゼ〔「哲学者たちは世界を様々に解釈してきただけである。重要なのはそれを変革することである」〕をそれと指示することなく引き合いに出しながら, マルクスを, ヘーゲルによる「〈現実的なもの〉」と「〈理性的なもの〉」との同

一視の後で，哲学史において「倫理的反逆の叫び」を響かせた最初の人物とみなしている。

(15) «La trace de l'autre», in *En découvrant l'existence avec Husserl et Heidegger*, p. 195〔レヴィナス『実存の発見』，283 頁〕; cf. «Transcendance et hauteur», in *Liberté et commandement*, p. 71-72.〔レヴィナス『歴史の不測』，252 頁〕

(16) *Autrement qu'être ou au-delà de l'essence*, p. 110, n. 22〔レヴィナス『存在の彼方へ』，428 頁〕; cf. «Philosophie et religion», in *Noms propres*, p. 127.〔レヴィナス『固有名』，141 頁〕

(17) *Phèdre*, 250 *d* 8.〔プラトン『パイドロス』，190 頁〕レヴィナスが，美を「輝きを放つ存在に知られずに広まる輝き」と定義するとき，明らかにこのプラトンの美の規定に呼応している。Cf. *Totalité et infini*, p. 174.〔レヴィナス『全体性と無限』(下)，44 頁〕

(18) *Ibid.*, 251 *a* 2 - *c* 1.〔プラトン『パイドロス』，191-192 頁〕L. ロバン訳に適宜変更を加えた。

(19) «De la déficience sans souci au sens nouveau», in *De Dieu qui vient à l'idée*, p. 87.〔レヴィナス『観念に到来する神について』，107 頁〕『存在するとは別の仕方で，あるいは存在することの彼方へ』において，ess*a*nce〔存在すること〕と書くことを依然拒んでいたレヴィナスは〔後に〕，「われわれは être〔存在〕という語の動詞的側面を名づけるために，insist*a*nce〔固執〕のように，*a* をつけて ess*a*nce〔存在すること〕と書く」，と述べている。Cf. «La pensée de l'être et la question de l'autre», in *De Dieu qui vient à l'idée*, p. 175〔同上，214 頁〕; *Autrement qu'être ou au-delà de l'essence*, p. IX〔レヴィナス『存在の彼方へ』，7 頁〕et «La révélation dans la tradition juive», in *L'au-delà du verset*, p. 178, n. 1.〔レヴィナス『聖句の彼方』，248 頁〕さらにここで問題となっている若さは，「若さ以前の若さ」，「どんな老化よりも以前の若さ」とは異なっている。問題となっている後者の若さは，ナジル人に関するものである。Cf. «Jeunesse d'Israël», in *Du sacré au saint*, p. 80-81.〔レヴィナス『タルムード新五講話』，108 頁〕

(20) *Autrement qu'être ou au-delà de l'essence*, p. 115.〔レヴィナス『存在の彼方へ』，216-217 頁〕

(21) *Ibid.*, p. 118.〔同上，223 頁〕

(22) «Existence et éthique», in *Noms propres*, p. 107〔レヴィナス『固有名』，113 頁〕; cf. «Transcendance et hauteur», in *Liberté et commandement*, p. 66〔レヴィナス『歴史の不測』，248 頁〕et «La trace de l'autre», in *En découvrant l'existence avec Husserl et Heidegger*, p. 196.〔レヴィナス『実存の発見』，285 頁〕

(23) *Autrement qu'être ou au-delà de l'essence*, p. 113, n. 27.〔レヴィナス『存在の彼方へ』，429 頁〕猥褻とは，顔の方向転換のひとつである。

(24) «La signification et le sens», in *Humanisme de l'autre homme*, p. 48.〔レヴィナス『他者のユマニスム』，76–77 頁〕

(25) *Autrement qu'être ou au-delà de l'essence*, p. 120.〔レヴィナス『存在の彼方へ』，225 頁〕

(26) *Totalité et infini*, p. 49.〔レヴィナス『全体性と無限』（上），141 頁〕

(27) *Autrement qu'être ou au-delà de l'essence*, p. 109.〔レヴィナス『存在の彼方へ』，208 頁〕

(28) *Phänomenologie des Geistes*, éd. citée, p. 130.〔ヘーゲル『精神現象学』（上），188 頁〕

(29) «Humanisme et an-archie», in *Humanisme de l'autre homme*, p. 72.〔レヴィナス『他者のユマニスム』，116 頁〕

(30) *Totalité et infini*, p. 56.〔レヴィナス『全体性と無限』（上），156 頁〕

(31) «La philosophie et l'idée de l'Infini», in *En découvrant l'existence avec Husserl et Heidegger*, p. 173〔レヴィナス『超越・外傷・神曲』，365–367 頁〕; cf. «L'ontologie est-elle fondamentale ?», in *Entre nous*, p. 22〔レヴィナス『われわれのあいだで』，17 頁〕et *Totalité et infini*, p. 172 sq.〔レヴィナス『全体性と無限』（下），40 頁以下〕

(32) «Dieu et la philosophie», in *De Dieu qui vient à l'idée*, p. 108.〔レヴィナス『観念に到来する神について』，130 頁〕

(33) «La trace de l'autre», in *En découvrant l'existence avec Husserl et Heidegger*, p. 195.〔レヴィナス『実存の発見』，284 頁〕

(34) «La signification et le sens», in *Humanisme de l'autre homme*, p. 50.〔レヴィナス『他者のユマニスム』，80 頁〕

(35) *Ibid*., p. 51.〔同上，81 頁〕Cf. *Totalité et infini*, p. 222.〔レヴィナス『全体性と無限』（下），149 頁〕

(36) «Langage et proximité», in *En découvrant l'existence avec Husserl et Heidegger*, p. 221.〔レヴィナス『実存の発見』，324–325 頁〕すでに引用した。

(37) *Autrement qu'être ou au-delà de l'essence*, p. 116.〔レヴィナス『存在の彼方へ』，218 頁〕

(38) «La signification et le sens», in *Humanisme de l'autre homme*, p. 48.〔レヴィナス『他者のユマニスム』，77 頁〕

(39) *Ibid*., p. 57.〔同上，92 頁〕

(40) Cf. «Énigme et phénomène», in *En découvrant l'existence avec Husserl et Heidegger*, p. 212〔レヴィナス『実存の発見』，310 頁〕:「……勝ち誇った真理，すなわち第一真理……」。

(41) «La signification et le sens», in *Humanisme de l'autre homme*, p. 58.〔レヴィナス『他者のユマニスム』，93–94 頁〕

(42) *Ibid.*, p. 59.〔同上，94–95 頁〕

(43) «Herméneutique et au-delà», in *De Dieu qui vient à l'idée*, p. 163.〔レヴィナス『観念に到来する神について』，201 頁〕

(44) «Énigme et phénomène», in *En découvrant l'existence avec Husserl et Heidegger*, p. 207.〔レヴィナス『実存の発見』，303 頁〕

(45) «La signification et le sens», in *Humanisme de l'autre homme*, p. 63.〔レヴィナス『他者のユマニスム』，102 頁〕

(46) *Ibid.*, p. 59.〔同上，95–96 頁〕

(47) *Autrement qu'être ou au-delà de l'essence*, p. 15.〔レヴィナス『存在の彼方へ』，45 頁〕

(48) «La signification et le sens», in *Humanisme de l'autre homme*, p. 59–60.〔レヴィナス『他者のユマニスム』，96 頁〕

(49) «Philosophie et religion», in *Noms propres*, p. 120.〔レヴィナス『固有名』，126–127 頁〕

(50) «Énigme et phénomène», in *En découvrant l'existence avec Husserl et Heidegger*, p. 209.〔レヴィナス『実存の発見』，305 頁〕

第 10 章

(1) *Sein und Zeit*, §17, p. 82 ; cf. p. 78.〔ハイデガー『存在と時間 I』，212 頁，202–204 頁〕後者〔同書，202 頁〕で痕跡は，記号のうちで重要ではないもののひとつとして数えられている。

(2) «La signification et le sens», in *Humanisme de l'autre homme*, p. 60〔レヴィナス『他者のユマニスム』，97–98 頁〕; cf. «L'ontologie est-elle fondamentale ?», in *Entre nous*, p. 15.〔レヴィナス『われわれのあいだで』，8 頁〕

(3) *Ibid.*, p. 60–61.〔レヴィナス『他者のユマニスム』，98 頁〕

(4) *Ibid.*, p. 59.〔同上，95 頁〕

(5) *Ibid.*, p. 61.〔同上，99 頁〕

(6)「聖なる者祝福されかし〈彼〉は（Le Saint béni-soit-Il）」という表現に関しては cf. «Le nom de Dieu d'après quelques textes talmudiques», in *L'au-delà du verset*, p. 151.〔レヴィナス『聖句の彼方』，205 頁〕また「神という語もまたおそらく語る」彼性については p. 157.〔同上，212–213 頁〕

(7) « "À l'image de Dieu" d'après Rabbi Haim Voloziner», in *L'au-delà du verset*, p. 198.〔同上，268 頁〕

(8) «Martin Buber, Gabriel Marcel et la philosophie», in *Hors sujet*, p. 36.〔レヴィナス『外の主体』，38 頁〕

(9) Cf. «Énigme et phénomène», in *En découvrant l'existence avec Husserl et Hei-*

degger, p. 204.〔レヴィナス『実存の発見』, 298 頁〕ここで問題は, 「大いなる〔神の〕道へと人々を導いているこれら逆説のうちのひとつ」としての「神の絶えざる不在」である。レヴィナスは, 「ユダヤ人であること」と題された 1947 年の論考において, 現在の支配によって, 同化が向かっていく世界を特徴づけている。彼は, 日常的な生と近代科学が現在から理解されなければならないということを, 『存在と時間』第 69 節を明確に指示することなく示した後で, 次のように続けている。「しかし, キリスト教もまた, 現在から出発する実存である。確かに, かなりの部分で, キリスト教は, ユダヤ教のようなものである。しかし, キリスト教の成功は, ユダヤ教に負っているわけではない。キリスト教の独創性は, ユダヤ人がある過去に対するように引き付けられたあの〈父〉を二次的な次元へと格下げしている点, そして, 受肉した〈子〉, すなわち, ある現前, われわれのなかに〈子〉が現前したということを通じてのみ, 〈父〉に近づくことができるという点にあったのである。それは, 教義の問題ではなく, 情動の問題である。ユダヤ的実存は, 過去という特権的瞬間に関係付けられ〔依拠し〕, 存在におけるその絶対的位置づけが彼らに担保されるのは, ユダヤ人の血縁性〔子であること〕によってであるのに対して, キリスト教的実存は, この特権的係留点を, その現在そのもののなかにもっている。神は, キリスト教的実存にとって兄弟であり, 同時代人なのである」。Cf. *Confluences*, n°s 15–17, 1947, p. 258–259.〔レヴィナス『超越・外傷・神曲』, 185–186 頁〕もし世界とキリスト教とのあいだの親縁性が現在〔現前〕の特権にあるとすれば, 逆に, 神を〈絶対的に不在のもの〉として理解することは, 全くキリスト教的ではなく, 現在〔現前〕の存在論, ないしは, 語のハイデガー的意味での形而上学とキリストとの結びつきをまた新たに認める〔裏付ける〕ことになる。

(10) «La signification et le sens», in *Humanisme de l'autre homme*, p. 39.〔レヴィナス『他者のユマニスム』, 61 頁〕

(11) *Ibid.*, p. 62.〔同上, 100 頁〕

(12) «Dieu et la philosophie», in *De Dieu qui vient à l'idée*, p. 114.〔レヴィナス『観念に到来する神について』, 136 頁〕

(13) «La signification et le sens», in *Humanisme de l'autre homme*, p. 63.〔レヴィナス『他者のユマニスム』, 102 頁〕

(14) *Autrement qu'être ou au-delà de l'essence*, p. 15.〔レヴィナス『存在の彼方へ』, 44 頁〕

(15) *Ibid.*, p. 113.〔同上, 214 頁〕

(16) «Énigme et phénomène», in *En découvrant l'existence avec Husserl et Heidegger*, p. 208〔レヴィナス『実存の発見』, 303 頁〕; cf. «Un Dieu Homme ?», in *Entre nous*, p. 73.〔レヴィナス『われわれのあいだで』, 82–83 頁〕

(17)　*Ibid.*〔レヴィナス『実存の発見』，304 頁〕

(18)　*Ibid.*〔同上，304–305 頁〕われわれは「消費不可能（inconsommable）」のところを，「焼尽不可能（inconsummable）」と読む。

(19)　*Ibid.*, p. 209.〔同上，305 頁〕部分的にはすでに引用した。

(20)　*Ibid.*〔同上，305–306 頁〕Cf. « Existence et éthique » et « À propos de "Kierkegaard vivant" », in *Noms propres*, それぞれ p. 102 sq. et 114–115.〔レヴィナス『固有名』，106 頁以下，121–123 頁〕

(21)　Cf. *Die Idee der Phänomenologie*, Husserliana, Bd. II, p. 34.〔フッサール『現象学の理念』立松弘孝訳，みすず書房，1965 年，55–56 頁〕

(22)　« Énigme et phénomène », in *En découvrant l'existence avec Husserl et Heidegger*, p. 209.〔レヴィナス『実存の発見』，306 頁〕大文字部分の強調は筆者。

(23)　« Le nom de Dieu d'après quelques textes talmudiques », in *L'au-delà du verset*, p. 149.〔レヴィナス『聖句の彼方』，202 頁〕

(24)　« Transcendance et mal », in *De Dieu qui vient à l'idée*, p. 195, n. 2.〔レヴィナス『観念に到来する神について』，253 頁〕

(25)　« Énigme et phénomène », in *En découvrant l'existence avec Husserl et Heidegger*, p. 211.〔レヴィナス『実存の発見』，309 頁〕

(26)　*Autrement qu'être ou au-delà de l'essence*, p. 98 ; cf. p. 106.〔レヴィナス『存在の彼方へ』，188 頁，202 頁〕後者の箇所で，「では，自分の思考を曝露し，あるいはその〈語ること〉のなかで自己を曝露するために，主体を傷つけにきた者とは誰なのか」という問いに対して，レヴィナスは次のように答えている。「主体は，他人による触発〔愛情〕に従属する〔主体を傷つけにきた者とは主体を触発する他人である〕」。

(27)　« Énigme et phénomène », in *En découvrant l'existence avec Husserl et Heidegger*, p. 212.〔レヴィナス『実存の発見』，310–311 頁〕『実存から実存者へ』において，シェークスピアへの同様の参照は，どのようにして「存在が無そのもののなかでほのめかされる〔存在が無の中に潜り込む〕」のかを例証するものだろう。*Op. cit.*, p. 101〔レヴィナス『実存から実存者へ』，130–131 頁〕et *Macbeth*, I, 3, 77–78〔シェイクスピア『マクベス』第 1 幕第 3 場，木下順二訳，岩波文庫，1997 年，22 頁〕; cf. aussi « Désacralisation et désensorcellement », in *Du Sacré au saint*, p. 88.〔レヴィナス『タルムード新五講話』，125 頁〕

(28)　*Ibid.*〔レヴィナス『実存の発見』，310 頁〕

(29)　*Autrement qu'être ou au-delà de l'essence*, p. 6.〔レヴィナス『存在の彼方へ』，27 頁〕すでに引用した。

(30)　« La philosophie et l'idée de l'Infini », in *En découvrant l'existence avec Husserl et Heidegger*, p. 173.〔レヴィナス『超越・外傷・神曲』，367 頁〕

(31)　*Autrement qu'être ou au-delà de l'essence*, p. 31.〔レヴィナス『存在の彼方へ』，

71 頁〕

(32) « Énigme et phénomène », in *En découvrant l'existence avec Husserl et Heidegger*, p. 212–213.〔レヴィナス『実存の発見』, 311 頁〕

(33) *Ibid.*, p. 213.〔同上, 312 頁〕

(34) *Ibid.*, p. 214.〔同上, 315 頁〕

(35) « La signification et le sens », in *Humanisme de l'autre homme*, p. 59.〔レヴィナス『他者のユマニスム』, 96 頁〕すでに引用した。

(36) « Énigme et phénomène », in *En découvrant l'existence avec Husserl et Heidegger*, p. 214.〔レヴィナス『実存の発見』, 314 頁〕

(37) *Ibid.*, p. 215.〔レヴィナス『実存の発見』, 315 頁〕Cf. *Totalité et infini*, p. 33.〔レヴィナス『全体性と無限』(上), 106–107 頁〕

(38) *Ibid.*〔レヴィナス『実存の発見』, 316 頁〕Cf. « Dieu et la philosophie », in *De Dieu qui vient à l'idée*, p. 112 sq.〔レヴィナス『観念に到来する神について』, 134 頁以下〕

(39) *Ibid.*, p. 204.〔レヴィナス『実存の発見』, 298 頁〕

(40) Cf. *Ibid.*〔同上〕

(41) « La signification et le sens », in *Humanisme de l'autre homme*, p. 63.〔レヴィナス『他者のユマニスム』, 103 頁〕

(42) « Antihumanisme et éducation », in *Difficile liberté*, p. 364.〔レヴィナス『困難な自由』, 378 頁〕

(43) « Langage et proximité », in *En découvrant l'existence avec Husserl et Heidegger*, n. 1, p. 225.〔レヴィナス『実存の発見』, (54)–(55) 頁〕Cf. *Totalité et infini*, p. 9〔レヴィナス『全体性と無限』(上), 52–53 頁〕ここで言語は,「〈同〉と〈他者〉との関係」として理解されている。

(44) *Totalité et infini*, p. 70 ; cf. p. 169.〔レヴィナス『全体性と無限』(上), 187 頁,『全体性と無限』(下), 31 頁〕

(45) *Autrement qu'être ou au-delà de l'essence*, p. 120, n. 35 ; cf. p. 155〔レヴィナス『存在の彼方へ』, 431 頁, 279 頁〕et « Langage et proximité », in *En découvrant l'existence avec Husserl et Heidegger*, p. 234.〔レヴィナス『実存の発見』, 345 頁〕

(46) *Totalité et infini*, p. 182.〔レヴィナス『全体性と無限』(下), 60 頁〕

(47) Cf. *Totalité et infini*, p. 175〔同上, 45 頁〕et *Autrement qu'être ou au-delà de l'essence*, p. 154〔レヴィナス『存在の彼方へ』, 279 頁〕:「われわれが援用してきた倫理的言語は, ここまで辿ってきた記述とは独立した, 特別な道徳的経験から生じるものではない。責任という倫理的状況は,〔特別な〕倫理〔的体験〕からは理解されないのである」。『全体性と無限』に関しては, デリダが次のように注意を促していた。「レヴィナスは, われわれに道徳法則や道

徳規則を提示しようとしているのではない。彼が規定しようとしているのは，〔数ある道徳のなかの〕一つの道徳ではなく，倫理的関係一般の本質である」。Cf. « Violence et métaphysique », in *L'écriture et la différence*, p. 164.〔デリダ『エクリチュールと差異』合田正人・谷口博史訳，法政大学出版局，2014 年，217 頁〕

(48) *Totalité et infini*, p. 16, 17 et 281〔レヴィナス『全体性と無限』（上），68 頁，70 頁，『全体性と無限』（下），267 頁〕; cf. « Transcendance et hauteur », in *Liberté et commandement*, p. 72.〔レヴィナス『歴史の不測』，253 頁〕

(49) « Questions et réponses » (1975), in *De Dieu qui vient à l'idée*, p. 133.〔レヴィナス『観念に到来する神について』，162 頁〕しかしながら，存在論的言語との断絶が，『全体性と無限』の最終部分以来，〔すでに〕告知されており，そこでレヴィナスは次のように書いている。「超越者という概念は，もし全体性という概念と存在という概念が互いに重なり合う場合には，存在の諸カテゴリーの彼方へとわれわれを位置付ける。われわれは，こうして，われわれなりの仕方で，〈存在〉の彼方の〈善〉というプラトンの観念と出会うのである」。*Op. cit.*, p. 269.〔レヴィナス『全体性と無限』（下），241 頁〕

(50) *Autrement qu'être ou au-delà de l'essence*, p. 31 et 86.〔レヴィナス『存在の彼方へ』，70 頁，168 頁〕

(51) *Éthique et infini*, Fayard, 1982, p. 81.〔レヴィナス『倫理と無限』西山雄二訳，ちくま学芸文庫，2010 年，61 頁〕

(52) このテキストに序言を付した J. ロランは，彼が言うように「好都合でも必然的でもない」タイトルに驚きを示した。彼は，『存在するとは別の仕方で，あるいは存在することの彼方へ』にはないこの〔第一哲学としての倫理学という〕表現が，1982 年以降は再び現れることはもうないはずである，と付言している。Cf. *Éthique comme philosophie première*, p. 16 et 44, n. 1.〔レヴィナス『第一哲学としての倫理学』へのジャック・ロランによる序言〕にもかかわらず，レヴィナスは，1986 年に，この〔第一哲学という〕肩書きについての問いに答えて次のように明言している。「私が第一哲学について語る際には，倫理学であらざるをえないある対話の哲学を参照しているのである」。Cf. « La proximité de l'autre », in *Altérité et transcendance*, p. 108〔レヴィナス『他性と超越』，103 頁〕; « Sur la philosophie juive », in *À l'heure des nations*, p. 209〔レヴィナス『諸国民の時に』，296 頁〕et « Vladimir Jankélévitch », in *Hors sujet*, p. 122.〔レヴィナス『外の主体』，146 頁〕

(53) Cf. « Transcendance et hauteur », in *Liberté et commandement*, p. 62.〔レヴィナス『歴史の不測』，244 頁〕

(54) *Autrement qu'être ou au-delà de l'essence*, p. 129.〔レヴィナス『存在の彼方へ』，238 頁〕

(55) *Éthique comme philosophie première*, p. 67–68.

(56) «De la lecture juive des écritures» (1979), in *L'au-delà du verset*, p. 138, n. 10〔レヴィナス『聖句の彼方』, 193頁〕; cf. «Le dialogue», in *De Dieu qui vient à l'idée*, p. 228.〔レヴィナス『観念に到来する神について』, 277頁〕

(57) *Autrement qu'être ou au-delà de l'essence*, p. X.〔レヴィナス『存在の彼方へ』, 9頁〕すでに引用した。

(58) «Jean Wahl sans avoir ni être», in *Hors sujet*, p. 119.〔レヴィナス『外の主体』, 135頁〕

第11章

(1) *Autrement qu'être ou au-delà de l'essence*, p. 126.〔レヴィナス『存在の彼方へ』, 233頁〕反対推論によって, 犠牲や身代わりにおいてでしか可能ではない他人とのコミュニケーションは,「危険な生」,「賭けるべき大いなるリスク」である。*Op. cit.*, p. 154.〔同上, 278頁〕ハイデガーは, 主観性とは別に, φύσις〔ピュシス〕から出発して, すでに存在とἀρχή〔アルケー〕との結びつきを強調していた。Cf. *Nietzsche*, I, GA, Bd. 6. 1, p. 405 sq.〔ハイデッガー『ニーチェI』圓増治之・S. ミュラー訳,『ハイデッガー全集』第6-1巻, 創文社, 2000年, 390頁以下〕et «Vom Wesen und Begriff der Φύσις», in *Wegmarken*, GA, Bd. 9, p. 247 sq.〔ハイデッガー『道標』辻村公一・H. ブフナー訳,『ハイデッガー全集』第9巻, 創文社, 1985年, 304頁以下〕

(2) «Humanisme et an-archie», in *Humanisme de l'autre homme*, p. 72〔レヴィナス『他者のユマニスム』, 117頁〕; cf. «Le nom de Dieu d'après quelques textes talmudiques», in *L'au-delà du verset*, p. 155.〔レヴィナス『聖句の彼方』, 211頁〕

(3) *Autrement qu'être ou au-delà de l'essence*, p. 8.〔レヴィナス『存在の彼方へ』, 31頁〕

(4) *Ibid.*, p. 126.〔同上, 234頁〕

(5) *Ibid.*, p. 127.〔同上, 235頁〕

(6) *Ibid.*〔同上, 236頁〕したがって, 意識に「先行する」もの, それゆえ, 意識の主権性を危機に陥れるものは, フロイト的な意味での無意識ではない。レヴィナスは, この点に注意を払って次のように明確に示している。「その隠密性における無意識は, 意識において機能する働き〔演じられる芝居〕を反復している。それは, 自己の探求としての真理と意味との探求である。確かにそれは, 妨げられ抑圧された, 自己への開示ではある。しかし, 精神分析学は, 自己意識を解明しそれを復活させるに至る」。In *La substitution*, *Revue philosophique de Louvain*, 3/1968, p. 491 ; cf. *Autrement qu'être ou au-*

delà de l'essence, p. 130, n. 6.〔レヴィナス『存在の彼方へ』，433 頁〕

(7) *Ibid.*, p. 128.〔レヴィナス『存在の彼方へ』，236–237 頁〕

(8) *Ibid.*〔同上，237 頁〕

(9) *Ibid.*, p. 129.〔同上，239 頁〕

(10) *Ibid.*, p. 130.〔同上，240 頁〕

(11) *La substitution*, in *Revue philosophique de Louvain*, 3/1968, p. 491.

(12) *Autrement qu'être ou au-delà de l'essence*, p. 130.〔レヴィナス『存在の彼方へ』，240 頁〕

(13) *Wissenschaft der Logik*, Die Lehre vom Sein (1832), herausgegeben von H.-J. Gavoll, Philosophische Bibliothek, p. 160.〔ヘーゲル『大論理学』上巻の 1，武市健人訳，『ヘーゲル全集』第 6 巻 a，岩波書店，1956 年，190 頁〕

(14) *La substitution*, in *Revue philosophique de Louvain*, 3/1968, p. 492 ; *Autrement qu'être ou au-delà de l'essence*, p. 131.〔レヴィナス『存在の彼方へ』，242 頁〕

(15) *Ibid.*

(16) *Autrement qu'être ou au-delà de l'essence*, p. 133.〔レヴィナス『存在の彼方へ』，245–246 頁〕

(17) *La substitution*, in *Revue philosophique de Louvain*, 3/1968, p. 493.

(18) *Autrement qu'être ou au-delà de l'essence*, p. 132.〔レヴィナス『存在の彼方へ』，243–244 頁〕ライプニッツは，単に自我は自己自身に生得的であると言っているだけではなく，次のようにも言っている。「われわれは，いわば，われわれ自身に生得的である。われわれは存在なのだから，存在はわれわれに生得的である。そして，存在についての認識は，われわれがもっているわれわれ自身についての認識のなかに包含されている」。したがって，レヴィナスの記述に反して，ライプニッツの定式が意味しているのは，主観性は存在と不可分だということである。Cf. *Nouveaux essais sur l'entendement*, I, 3, §3 ; voir également I, 1, §23 et la Préface, in *Die Philosophischen Schriften*, éd. citée, Bd. 5, p. 93, 71 et 45.〔ライプニッツ『人間知性新論』谷川多佳子・福島清紀・岡部英男訳，『ライプニッツ著作集』第 4 巻，工作舎，1993 年，100 頁，77 頁，18 頁〕レヴィナスは，唯一者の同一性が「実に見事にモナドと命名」されたと述べた際に，ライプニッツへのこの参照の意味を明確に示している。Cf. « Hors sujet », in *Hors sujet*, p. 232.〔レヴィナス『外の主体』，249 頁〕

(19) レヴィナスによれば，「再帰代名詞の「自己を＝自己に (se)」，自己は，まさに記述すべき大いなる秘密である」。*La substitution*, in *Revue philosophique de Louvain*, 3/1968, p. 498 ; cf. aussi « Langage et proximité », in *En découvrant l'existence avec Husserl et Heidegger*, p. 233.〔レヴィナス『実存の発見』，343 頁〕

(20)　*Ibid.*, p. 130.〔レヴィナス『存在の彼方へ』，240 頁〕

(21)　*La substitution*, in *Revue philosophique de Louvain*, 3/1968, p. 493.

(22)　*Autrement qu'être ou au-delà de l'essence*, p. 132.〔レヴィナス『存在の彼方へ』，243 頁〕

(23)　*Ibid.*, p. 132–133.〔同上，244 頁〕

(24)　*Ibid.*, p. 134.〔同上，246–247 頁〕

(25)　*Ibid.*, p. 136.〔同上，250 頁〕

(26)　実詞化の意味については，以下を参照。Cf. *De l'existence à l'existant*, p. 140–141.〔レヴィナス『実存から実存者へ』，173–175 頁〕

(27)　*Autrement qu'être ou au-delà de l'essence*, p. 134.〔レヴィナス『存在の彼方へ』，247–248 頁〕

(28)　*Essais*, livre I, chap. L, La Pléiade, 2007, p. 323.〔モンテーニュ『エセー 2』宮下志朗訳，白水社，2007 年，300 頁〕

(29)　*La substitution*, in *Revue philosophique de Louvain*, 3/1968, p. 493.

(30)　*Autrement qu'être ou au-delà de l'essence*, p. 136.〔レヴィナス『存在の彼方へ』，251 頁〕レヴィナスが明確に示しているように，「ある意味で原子的であるのは，自己のうちの休息がないからであり，炸裂，分裂，開示に至るほどに「ますます一者となるもの」だからである」。したがって，他者に自己を曝露し，存在の外なる自己のうちへ追放された一者の不穏〔平穏のないこと〕= 動揺，あるいは緊張は，分裂，核心が一掃されること（dénucléation），身代わりとして成就する。

(31)　*Ibid.*, p. 135.〔同上，248 頁〕

(32)　*Ibid.*, p. 137.〔同上，252 頁〕

(33)　Cf. *ibid.*, n. 11, p. 138.〔同上，435 頁〕ここでレヴィナスは，「〈手前〉という概念そのもの」を信頼して用いるとき，「〈たちまち〉ということ」の「奇妙な本性」に関するプラトンの諸定式を参照している。*Parménide*, 156 *d*.〔プラトン『パルメニデス』，114 頁〕

(34)　*Ibid.*, p. 135.〔レヴィナス『存在の彼方へ』，249–250 頁〕

(35)　*Wissenschaft der Logik*, Die Lehre vom Begriff, éd. citée, p. 13.〔ヘーゲル『大論理学』下巻，武市健人訳，『ヘーゲル全集』第 8 巻，岩波書店，1961 年，15 頁〕

(36)　« Le dialogue », in *De Dieu qui vient à l'idée*, p. 214.〔レヴィナス『観念に到来する神について』，261 頁〕

(37)　*Autrement qu'être ou au-delà de l'essence*, p. 139.〔レヴィナス『存在の彼方へ』，254–255 頁〕

(38)　*La substitution*, in *Revue philosophique de Louvain*, 3/1968, p. 494.

(39)　*Autrement qu'être ou au-delà de l'essence*, p. 138–139.〔レヴィナス『存在の彼

方へ』，254 頁〕

第 12 章

(1) *Autrement qu'être ou au-delà de l'essence*, p. 136.〔レヴィナス『存在の彼方へ』，250 頁〕

(2) *Ibid.*, p. 135.〔同上〕Cf. *Totalité et infini*, p. 158.〔レヴィナス『全体性と無限』（上），378 頁〕ここでは，私の責任は「存在の重力の中心を，この存在の外に置く」と言われている。

(3) *Ibid.*, p. 140.〔レヴィナス『存在の彼方へ』，256 頁〕Cf. *Liberté et commandement*, p. 41.〔レヴィナス『歴史の不測』，227 頁〕

(4) *Nietzsche II*, GA, Bd. 6. 2, p. 60.〔ハイデッガー『ニーチェ II』，65–66 頁〕Cf. *Sein und Zeit*, §9, p. 44–45.〔ハイデガー『存在と時間 I』，112 頁〕ここで，すでにハイデガーはより手短にカテゴリーのもつ前−哲学的で公訴的な意味を想起させていた。Cf. «Vom Wesen und Begriff der Φύσις», in *Wegmarken*, GA, Bd. 9, p. 252–253.〔ハイデッガー『道標』，311 頁〕

(5) *Ibid.*, p. 61.〔ハイデッガー『ニーチェ II』，66 頁〕

(6) *Ibid.*〔同上〕

(7) *Transcendance et intelligibilité*, Labor et Fides, 1996〔初版は 1984〕, p. 28.〔レヴィナス『超越と知解可能性』中山元訳，彩流社，1996 年，36 頁〕Cf. «Violence du visage», in *Altérité et transcendance*, p. 176–177.〔レヴィナス『他性と超越』，172 頁〕

(8) «Le Moi et la Totalité», in *Entre nous*, p. 47.〔レヴィナス『われわれのあいだで』，50 頁〕

(9) *Autrement qu'être ou au-delà de l'essence*, p. 140〔レヴィナス『存在の彼方へ』，257 頁〕; cf. p. 186.〔同上，332 頁〕ここでは攻撃性が帝国主義に加えられている。

(10) *La substitution*, in *Revue philosophique de Louvain*, 3/1968, p. 498 ; cf. *Autrement qu'être ou au-delà de l'essence*, p. 140.〔レヴィナス『存在の彼方へ』，257 頁〕しかしながら，〔プラトンの〕『パルメニデス』の第一仮説によれば，〔レヴィナスとは異なり〕一者は自己のうちにあることはできない。Cf. 138 *a–b*.〔プラトン『パルメニデス』，39–40 頁〕

(11) *Ibid.*

(12) *Autrement qu'être ou au-delà de l'essence*, p. 141.〔レヴィナス『存在の彼方へ』，258 頁〕

(13) «Sans identité», in *Humanisme de l'autre homme*, p. 98.〔レヴィナス『他者のユマニスム』，161 頁，引用文中の強調は著者によるもの〕

(14) *Autrement qu'être ou au-delà de l'essence*, p. 141.〔レヴィナス『存在の彼方へ』, 258頁〕

(15) *Ibid.*〔同上, 259頁〕

(16) *Ibid.*〔同上〕

(17) *Ibid.*, p. 142–143.〔同上, 260–261頁〕ついでに強調しておかねばならないが,「自我においてのみ, 無実は, 不条理なしに告発されうる。他者の無実を告発すること, 他者に対して, 彼が義務として負っている以上のことを要求することは, 罪深いことである」。*Ibid.*, p. 144, n. 18.〔同上, 437頁〕

(18) *Ibid.*, p. 143.〔同上, 261–262頁〕

(19) 脱合致（*excidence*）という語は, ……の外に落ちること, 外に出ること, 心ならずも逃げることを意味するラテン語の動詞 excidere から作られた造語である。Cf. *Autrement qu'être ou au-delà de l'essence*, p. 151.〔同上, 275頁〕

(20) « Tout autrement », in *Noms propres*, p. 87.〔レヴィナス『固有名』, 93頁〕

(21) *Autrement qu'être ou au-delà de l'essence*, p. 145〔レヴィナス『存在の彼方へ』, 264頁〕;「被造性」に関しては cf. p. 117.〔同上, 221頁〕しかしながら, こうした創造に関する無–存在論的規定は, 必ず困難を伴う。というのも, 創造がそこから生じる無は, 存在の対立物ではありえず,「存在と無との, 依然存在論的な二者択一」(*op. cit.*, p. 156, n. 26.)〔同上, 441頁〕に属すことはできないからである。創造がそこから生じる無は, ヘーゲルが存在と同一視する無からは区別されなかったであろう限り, おそらく, 創造を存在から離して考えることは, 依然不可能なままだろう。

(22) *Ibid.*, p. 140.〔同上, 257頁〕このことが, 他に一層正確に当てはまるのは,「創造を存在論の言語で取り扱う伝統的神学」である。Cf. *Totalité et infini*, p. 269.〔レヴィナス『全体性と無限』(下), 241頁〕

(23) *Liberté et commandement*, p. 45.〔レヴィナス『歴史の不測』, 230頁〕Cf., 同書 p. 68, « Transcendance et hauteur »〔同上, 249頁〕しかしながら, ここでは, 被投性は, 主体の自由が, 一度も結ばれたことのない約束によって, 宿命として, すでに危険に曝されていることを意味すると言われる。したがって,〔創造と被投性との〕対立は, 絶対的なものというわけではない。

(24) *Autrement qu'être ou au-delà de l'essence*, p. 145.〔レヴィナス『存在の彼方へ』, 264–265頁〕

(25) *Ibid.*, p. 145–146.〔同上, 265–266頁〕

(26) *Ibid.*, p. 147.〔同上, 268頁〕

(27) *Ibid.*, p. 69 et 129.〔同上, 138頁, 238頁〕

(28) *Wissenschaft der Logik*, Die Lehre vom Begriff, éd. citée, p. 12–13.〔ヘーゲル『大論理学』下巻, 14-15頁〕レヴィナスは, 当該の数ページを何度も参照している。このページについては, ハイデガーが,『存在と時間』第82節 *b* で

すでに一瞥していた〔ハイデガー『存在と時間 III』，300 頁〕。Cf. *Humanisme de l'autre homme*, p. 12〔レヴィナス『他者のユマニスム』，13 頁〕; «Le dialogue», in *De Dieu qui vient à l'idée*, p. 214〔レヴィナス『観念に到来する神について』，260–261 頁〕; *Autrement qu'être au au-delà de l'essence*, p. 60, n. 33.〔レヴィナス『存在の彼方へ』，421–422 頁〕なお，Schrankenlosen Gleichheit〔制限なき同等性〕を〔レヴィナスのように〕「無限の同等性」と訳すことは可能だということを付け加えておこう。というのも，ヘーゲルは，『エンチクロペディ』の「予備概念」第 60 節において，有限と制限，無限と無制限とを同一視しているからである〔ヘーゲル『小論理学』真下信一・宮本十蔵訳，『ヘーゲル全集』第 1 巻，岩波書店，1996 年，187–188 頁〕。制限の概念については，cf. *Wissenschaft der Logik*, Die Lehre vom Sein (1832), éd. citeé, p. 128, sq.〔ヘーゲル『大論理学』上巻の 1，152 頁以下〕

(29) *La substitution*, in *Revue philosophique de Louvain*, 3/1968, p. 500.

(30) *Autrement qu'être ou au-delà de l'essence*, p. 138.〔レヴィナス『存在の彼方へ』，253 頁〕

(31) *Ibid*., p. 147.〔同上，268 頁〕

(32) *Ibid*., p. 138.〔同上，253 頁〕

(33) *Ibid*., p. 176.〔同上，315 頁〕

(34) *Ibid*., p. 146〔同上，266–267 頁〕; cf. p. 227 sq.〔同上，401 頁以下〕

(35) *Ibid*.〔同上，266 頁〕

(36) *Ibid*., p. 151.〔同上，274 頁〕

(37) Cf. *supra*, p. 41, n. 1.〔本書第三章，原註 24〕

(38) *Autrement qu'être ou au-delà de l'essence*, p. 145.〔レヴィナス『存在の彼方へ』，265 頁〕

(39) *Ibid*., p. 6.〔同上，28 頁〕

(40) *Ibid*., p. 147.〔同上，269 頁〕Cf. «Transcendance et hauteur», in *Liberté et commandement*, p. 67.〔レヴィナス『歴史の不測』，248 頁〕

(41) *Ibid*., p. 151.〔レヴィナス『存在の彼方へ』，274 頁〕

(42) *Ibid*., p. 149.〔同上，271 頁〕

(43) *Ibid*., p. 152〔同上，276 頁〕; cf. p. 225.〔同上，397–398 頁〕開示性に関する様々な可能的意味については，以下を参照。Cf. «Sans identité», in *Humanisme de l'autre homme*, p. 92–93.〔レヴィナス『他者のユマニスム』，151–153 頁〕

(44) *Ibid*., p. 21.〔レヴィナス『存在の彼方へ』，55–56 頁〕

(45) *Ibid*., p. 20.〔同上，55 頁〕

第13章

(1) Cf. *Totalité et infini*, p. XVII〔レヴィナス『全体性と無限』(上), 30–31頁〕:「思惟の形式的構造――ノエシスのノエマ――を, この構造が覆い隠している諸々の出来事へと, それもこの構造を担うと共にその具体的意義へと戻して復元する諸々の出来事へと炸裂させること, このことが演繹を構成する」。レヴィナスは, 自身の「方法 (manière)」, その記述スタイルを, 次のようなものとして特徴づけている。すなわち,「それによって地平が再構成されるような抽象的意義から「具体的諸状況」を演繹することとして, あるいは「上演 (mise en scène)」として」である。さらに, レヴィナスは次のように付け加えている。「〔それが〕『全体性と無限』以来しばしば実践してきた, 現象学的影響を受けた方法である。例えば, 住居〔とどまること〕の具体性のなかで探求された,〈自我〉の屈折としての「我が家〔自己のうちで〕(chez-soi)」や, 女性の顔へと連れ戻す, 住居〔とどまること〕の内面性がそうである」。Cf. « À propos de Buber : quelques notes », in *Hors sujet*, p. 67.〔レヴィナス『外の主体』, 80頁〕

(2) « Dieu et la philosophie », in *De Dieu qui vient à l'idée*, p. 124.〔レヴィナス『観念に到来する神について』, 147頁〕

(3) *Autrement qu'être ou au-delà de l'essence*, p. 165.〔レヴィナス『存在の彼方へ』, 296頁〕Cf. « Réflexion sur la "technique" phénoménologique », in *En découvrant l'existence avec Husserl et Heidegger*, p. 116 et « La ruine de la représentation », *ibid.*, p.134.〔レヴィナス『実存の発見』, 189頁, 215頁〕。後者でレヴィナスは, 現象学的方法に関して次のように述べている。「おそらくは, 自らの構成的地平を忘却した〔そのような〕明晰な思惟に対してこのように警戒することによってこそ, すべての理論家にとって, 特に神学的, 道徳的, あるいは政治的思惟を精神化していると思い込みながら,〔その〕具体的諸条件を, また言わば, 肉体的な諸条件――見かけ上, 最も純粋な諸概念は, 自分の真の意味をそこから汲み出すのだが――を誤認しているすべての人々にとって, フッサールの仕事が最も直接的に有益となるのである」。

(4) « Dieu et la philosophie », in *De Dieu qui vient à l'idée*, p. 125.〔レヴィナス『観念に到来する神について』, 148頁〕

(5) « Tout autrement », in *Noms propres*, p. 88〔レヴィナス『固有名』, 94–95頁〕; cf. *Autrement qu'être ou au-delà de l'essence*, p. 126.〔レヴィナス『存在の彼方へ』, 234–235頁〕「意義, すなわち〈他者のための一者〉という矛盾を含んだ転義。〈他者のための一者〉は, 直観の不足ではなく, 責任の過剰である。他者のための〔他者への〕私の責任こそが, 関係を支える〈……のための＝……の代わりに〉(*pour*) であり,〈語られること〉において現れる以前に

〈語ること〉において意義を表す意義の意義性そのものなのである」。

(6) *Autrement qu'être ou au-delà de l'essence*, p. 230–231.〔レヴィナス『存在の彼方へ』，408 頁〕

(7) *De doctrina christiana*, livre II, chap. I, §1.〔アウグスティヌス『キリスト教の教え』加藤武訳，『アウグスティヌス著作集』第 6 巻，教文館，1988 年，79–80 頁〕

(8) レヴィナスは，〔「私は一人の他者である」というランボーの〕このフレーズを自分のフレーズとして――「とはいえランボー的な疎外なしに」――取り入れている。Cf. *Autrement qu'être ou au-delà de l'essence*, p. 151〔レヴィナス『存在の彼方へ』，273 頁〕et « Sans identité », in *Humanisme de l'autre homme*, p. 88.〔レヴィナス『他者のユマニスム』，143 頁〕しかしながら，ランボーのフレーズの意味が，同一の自我が別の自我となることとしての疎外から引き出されているかどうかは，定かではない。このフレーズに「ランボーの思想のなかでも頂点，したがってまた最も大胆な点」を見て取った G. プーレによれば，ランボーが主張しているのは次のことである。すなわち，「創造し思惟する自我は，もう一つ別の自我を自分自身に与えることができる。それも，当初自分のものであった自我とは根本的に異なる自我を与えることができる。それゆえ，私は一人の他者〔別の自我〕なのである」。さらにこの別の自我が私の自我として再認されうるかどうかという問いに対しては，G. プーレは否定している。「私は「自分の開花〔出現・誕生〕に立ち会う」ことができる。私は，自分が日の目を見ることが，私自身に直接依存している，と気づくことができる。しかし，二つの自我のあいだの非相似性は，創造主の力としての自我と，自我から発した創造された自我である別の自我とのあいだに，いかなる橋も架けることができないほどである。断絶は，絶対的なのである」。したがって，ランボーの描くものは，自我の疎外というよりも，むしろ自我が別の自我の身代わりになること，時間の諸瞬間と，現在の「その内容の豊かさによる，いわばその内容の爆発（fulminance）にさえよる」永遠化とのあいだの根本的非連続性なしには不可能な身代わりなのである。Cf. *La poésie éclatée*, p. 120 et p. 130.〔ジョルジュ・プーレ『炸裂する詩』池田正年・川那部保明訳，朝日出版社，1981 年，213 頁，228 頁〕

(9) *Autrement qu'être ou au-delà de l'essence*, p. 75.〔レヴィナス『存在の彼方へ』，149 頁〕リトレ辞典は「他人（autrui）」の項で次のように書いている。「他人とは，語源学が示す通り，特にこの特定の他者のことである。そういうわけで，他人は，諸々の他者よりも一層正確に，語り手，あるいは〔語り手によって〕話題になっているひとと対立している」。

(10) *Ibid.*, p. 71.〔同上，142 頁〕Cf. « Idéologie et idéalisme », in *De Dieu qui vient à l'idée*, p. 27.〔レヴィナス『観念に到来する神について』，30 頁〕ここでは「ど

んな存在することからも剝き出しとなった他人との関係」は，「こうして類のなかの個体へは還元できない，一人の他者」との関係として記述されている。

(11)　*Ibid.*, p. 12.〔同上，39 頁〕

(12)　«*Lob der Ferne*»（「遠方の賛辞」）, in *Mohn und Gedächtnis*（『罌粟と記憶』）〔パウル・ツェラン『パウル・ツェラン全詩集』〔改訂新版〕第 III 巻，中村朝子訳，青土社，2012 年，99 頁。この翻訳では，「ぼくはお前だ，ぼくがぼくであるならば」と訳されている〕et *Autrement qu'être ou au-delà de l'essence*, p. 125.〔レヴィナス『存在の彼方へ』，232 頁〕

(13)　*Autrement qu'être ou au-delà de l'essence*, p. 203.〔同上，162 頁〕Cf. *Totalité et infini*, p. 93.〔レヴィナス『全体性と無限』（上），235 頁〕ここでは「自我から〈他人〉へと赴く関係」が，「一人の他の人格〔他者〕に対する一人の人格〔自我〕の態度」として理解されている。

(14)　*Ibid.*, p. 202.〔レヴィナス『存在の彼方へ』，361 頁〕

(15)　«Sans identité», in *Humanisme de l'autre homme*, p. 99.〔レヴィナス『他者のユマニスム』，163 頁〕

(16)　*La substitution*, in *Revue philosophique de Louvain*, 3/1968, p. 502 et «Langage et proximité», in *En découvrant l'existence avec Husserl et Heidegger*, p. 234.〔レヴィナス『実存の発見』，345 頁〕

(17)　*Autrement qu'être ou au-delà de l'essence*, p. 149.〔レヴィナス『存在の彼方へ』，271 頁〕同一のテキストを，一方のバージョンから他方のバージョンに変更する際，レヴィナスは「非－存在するという事実」を，「「存在するとは別の仕方」という事実」に置き換えている。

(18)　*Ibid.*, p. 150.〔同上，272 頁〕Cf. «Le pacte», in *L'au-delà du verset*, p. 106.〔レヴィナス『聖句の彼方』，143 頁〕

(19)　*Ibid.*, p. 141〔レヴィナス『存在の彼方へ』，258 頁〕; cf. *supra*, p. 145.〔本書第 12 章，164 頁〕

(20)　*Philippiens*, II, 6–8.〔『フィリピの信徒への手紙』2 章 6–8 節。新共同訳では，「神の身分でありながら，神と等しい者であることに固執しようとは思わず，かえって自分を無にして，僕の身分になり，人間と同じ者になられました。人間の姿で現れ，へりくだって，死に至るまで，それも十字架の死に至るまで従順でした」〕

(21)　K. Barth, *Die Kirchliche Dogmatik*, IV/1, §59, 2, Evz-Verlag, 1960, p. 244; trad. franç. F. Ryser, Labor et Fides, t. 17, p. 235.〔カール・バルト『和解論 I/2』井上良雄訳，『教会教義学』第 4 巻第 1 分冊第 2 部，新教出版社，1960 年，120 頁〕既訳は修正した。59 節の 2 は，「われわれの代わりに審判された審判者」と題されている。

(22) *Autrement qu'être ou au-delà de l'essence*, p. 155 ; cf. p. 139, n. 12.〔レヴィナス『存在の彼方へ』, 280 頁, 436 頁〕

(23) *Matthieu*, VIII, 20 ; *Luc*, IX, 57–58.〔『マタイによる福音書』8 章 20 節, 『ルカによる福音書』9 章 57–58 節。新共同訳では, 「狐には穴があり, 空の鳥には巣がある。だが, 人の子には枕する所もない」〕

(24) *Transcendance et intelligibilité*, p. 56 et 57.〔レヴィナス『超越と知解可能性』, 76 頁, 78 頁〕

(25) *Autrement qu'être ou au-delà de l'essence*, p. 130.〔レヴィナス『存在の彼方へ』, 239 頁〕

(26) « Un Dieu Homme ? », in *Entre nous*, p. 69.〔レヴィナス『われわれのあいだで』, 77 頁〕このテキストが発表された 1968 年は, 「身代わり」を論じた論考〔レヴィナス「身代わり」〕も刊行されている。

(27) *Ibid.*〔同上, 78 頁〕;「「受肉」という究極の受動性」については, cf. *Autrement qu'être ou au-delà de l'essence*, p. 139, n. 12.〔レヴィナス『存在の彼方へ』, 435 頁〕

(28) *Ibid.*, p. 70.〔レヴィナス『われわれのあいだで』, 78 頁〕

(29) *Ibid.*, p. 71.〔同上, 80 頁〕

(30) 「人間という隷属的条件にまで身を落とす〔遜る〕ことに同意する神の〈ケノーシス〉, あるいはその遜り」については, cf. « Judaïsme et kénose », in *À l'heure des nations*, p. 133 sq.〔レヴィナス『諸国民の時に』, 191 頁以下〕ここでレヴィナスは, 『フィリピの信徒への手紙』を参照した後, 即座に次のように述べている。この遜りは, 「その完全な意義を, ユダヤ的で宗教的な感性のなかに」見出す。『フィリピの信徒への手紙』2 章 6–8 節については Cf. K. Barth, *Die Kirchliche Dogmatik*, IV/1, §59, 1, p. 196 sq. et 205 sq. ; trad. franç., t. 17, p. 188 sq. et 198 sq.〔カール・バルト, 『和解論 I/2』, 42 頁以下, 58 頁以下〕

(31) « Un Dieu Homme ? », in *Entre nous*, p. 74〔レヴィナス『われわれのあいだで』, 84 頁〕; cf. « Énigme et phénomène », in *En découvrant l'existence avec Husserl et Heidegger*, p. 216.〔レヴィナス『実存の発見』, 316–317 頁。新共同訳では, 『エレミヤ書』22 章 16 節の一節は, 「彼は貧しい人, 乏しい人の訴えを裁き／〔……〕。こうすることこそ／わたしを知ることではないか, 主は言われる」〕

(32) *Ibid.*, p. 69.〔レヴィナス『われわれのあいだで』, 77 頁〕

(33) Cf. *Autrement qu'être ou au-delà de l'essence*, p. 151.〔レヴィナス『存在の彼方へ』, 274 頁〕ここで贖罪は「同一性と他性を再結合するものとして」理解されている。

(34) « Un Dieu Homme ? », in *Entre nous*, p. 74〔レヴィナス『われわれのあいだ

で』，84 頁〕

(35)　*Ibid.*, p. 76.〔同上，87 頁〕

(36)　« Textes messianiques », in *Difficile liberté*, p. 115.〔レヴィナス『困難な自由』，114 頁〕

(37)　*Ibid.*, p. 118.〔同上，118 頁〕

(38)　*Ibid.*〔同上。新共同訳では，『エレミヤ書』30 章 21 節の一節は，「ひとりの指導者が彼らの間から／治める者が彼らの中から出る」〕

(39)　*Ibid.*, p 119.〔同上，120 頁〕

(40)　*Ibid.*, p. 120.〔同上，120 頁〕Cf. « La trace de l'autre », in *En découvrant l'existence avec Husserl et Heidegger*, p. 196.〔レヴィナス『実存の発見』，284 頁〕ここでレヴィナスが主張するには，自我は，「『イザヤ書』53 章におけるような，隅々まで責任ないし召使の職にあるというこの自我の立場そのもののなかにある」。

(41)　*Ibid.*, p. 118.〔レヴィナス『困難な自由』，118 頁〕

(42)　*Isaïe*, LIII, 4.〔『イザヤ書』53 章 4 節。新共同訳では，「彼が担ったのはわたしたちの病／彼が負ったのはわたしたちの痛みであったのに」〕

(43)　« Textes messianiques », in *Difficile liberté*, p. 120.〔レヴィナス『困難な自由』，121 頁〕このテキストは，1960 年から 1961 年にかけてのものである。

(44)　« Au-delà du souvenir », in *À l'heure des nations*, p. 97〔レヴィナス『諸国民の時に』，138 頁〕; « Judaïsme et kénose », *ibid.*, p. 137 et 143〔同上，196 頁，206 頁〕; « Textes messianiques », in *Difficile liberté*, p. 113 et p. 112〔レヴィナス『困難な自由』，112 頁〕et « Le nom de Dieu d'après quelques textes talmudiques », in *L'au-delà du verset*, p. 152.〔レヴィナス『聖句の彼方』，206 頁〕ここでレヴィナスは次のように明言する。「タルムードにおけるイスラエルの概念は，私の師が私に教えてくれたように，神の選びを除く，どんな特定説〔地方主義〕からも切り離されるべきである。しかし，選びは義務の過剰を意味する」。Cf. *Quatre lectures talmudiques*, p. 22〔23 ?〕.〔レヴィナス『タルムード四講話』，22–23 頁〕

(45)　Cf. *Romains*, VI, 10〔『ローマの信徒への手紙』6 章 10 節〕; *Hébreux*, VII, 27, IX, 28, X, 10.〔『ヘブライ人への手紙』7 章 27 節，9 章 28 節，10 章 10 節〕M. フェスレルは，キリストの受難と自己の受動〔受難〕との関係を違った仕方で解釈している。実際，彼は，「メシア的自己性の謎」に関する分析の終わりで次のように書いている。「キリストのメシア性は，統治権〔主権性〕をもった領主権ではなく，ケノーシスをもった領主権である（『フィリピの信徒への手紙』2 章 7 節)。キリストの降下という「たった一回きり」――エフ・ハパックス――は，〈誰かの代わりに〉尊大な仕方で〔統治権をもって〕死ぬことではなく，身代わりの自己贈与という秩序〔次元・命令〕における啓

示である。この身代わりにおいて，人間の真理は，〈あらゆる他者のための《一者》〉の秘密を守っている」。そうすると，哲学だけで事足りるところに啓示を導入する必要があるのかどうか，また，キリストという〈あらゆる他者のための《一者》〉（*Un*-pour-tous-les-autres）と，主体という〈あらゆる他者のための一者〉（un-pour-tous-les-autres）を区別することができるかどうかということが問題となる。〔しかし〕レヴィナスは，キリスト教徒がキリストの顔についておそらくは語っていることを隣人の顔について語っているのだと述べたとき，この問いを排除してはいないだろうか。Cf. M. Faessler, « Dieu, Autrement », in *En découvrant la transcendance avec Emmanuel Levinas, Cahiers de la Revue de théologie et de philosophie*, n° 22, Lausanne, 2005, p. 66.

(46) *Autrement qu'être ou au-delà de l'essence*, p. 133, n. 9.〔レヴィナス『存在の彼方へ』，434 頁〕レヴィナスは，『全体性と無限』において，同じ意味で以下のように述べていた。「〈他人〉は神の受肉ではない。そうではなく，まさに他人の顔――そこでそれは肉体から分離される〔脱受肉化する〕――によって，神の高さの顕現が啓示される」。*Op. cit.*, p. 51.〔レヴィナス『全体性と無限』（上），146 頁〕反対に，「ことば（verbe）〔大文字だとキリストという意味になる〕がわれわれのうちでの現前を保証するのは，ことばが肉となること〔受肉〕を拒む限りにおいてである」in « La transcendance des mots », *Hors sujet*, p. 220.〔レヴィナス『外の主体』，239 頁〕

(47) *Totalité et infini*, p. 255.〔レヴィナス『全体性と無限』（下），214 頁〕

(48) *Ibid.*, p. 256.〔同上，216–217 頁〕レヴィナスは，善性を可能にする繁殖性の超越を「実体－変化（trans-substantiation）」と名づけている。*Op. cit.*, p. 244, 246, 247.〔同上，192 頁，197 頁，198 頁〕

(49) *Ibid.*〔同上，217–218 頁〕

(50) « Textes messianiques », in *Difficile liberté*, p. 94.〔レヴィナス『困難な自由』，89-90 頁〕後に，レヴィナスは，さらに次のように述べることになる。「神学的な言語は，われわれの意味では，全体性の哲学から発した表現に逆らうような諸関係を指し示すために使用される。とはいえ，この諸関係は――例えば，カントの神聖なる意志概念とは違って――経験の外で構築されるわけではない」。Cf. « Franz Rosenzweig : une pensée juive moderne », in *Hors sujet*, p. 86〔レヴィナス『外の主体』，100 頁〕et « Le nom de Dieu d'après quelques textes talmudiques », in *L'au-delà du verset*, p. 145–146.〔レヴィナス『聖句の彼方』，198 頁〕タルムード講話については，Cf. C. Chalier, « Levinas et le Talmud », in *La trace de l'infini*, p. 235 sq.

(51) « Un Dieu Homme ? », in *Entre nous*, p. 70.〔レヴィナス『われわれのあいだで』，78 頁〕

(52) «Humanisme et an-archie», in *Humanisme de l'autre homme*, p. 77.〔レヴィナス『他者のユマニスム』, 127 頁〕息子性（filialité）と創造との結びつきについては, cf. *Totalité et infini*, p. 35.〔レヴィナス『全体性と無限』（上）, 110–111 頁〕

(53) «La signification et le sens», in *Humanisme de l'autre homme*, p. 39.〔レヴィナス『他者のユマニスム』, 61 頁〕すでに引用した。

第 14 章

(1) *La substitution*, in *Revue philosophique de Louvain*, 3/1968, p. 506 ; cf. *Autrement qu'être ou au-delà de l'essence*, p. 163〔164 ?〕.〔レヴィナス『存在の彼方へ』, 295 頁〕

(2) *Autrement qu'être ou au-delà de l'essence*, p. 146 et 148.〔レヴィナス『存在の彼方へ』, 266 頁, 269 頁〕

(3) Cf. *supra*, p. 151–152.〔本書第 12 章, 172 頁〕

(4) 1885, 43（1）et 1885, 34（253).〔ニーチェ「遺された断想」,『ニーチェ全集』第 II 期第 8 巻, 麻生建訳, 白水社, 1983 年, 536 頁, 306 頁〕

(5) *Autrement qu'être ou au-delà de l'essence*, p. 63.〔レヴィナス『存在の彼方へ』, 126–127 頁〕

(6) *Ibid.*, p. 6.〔同上, 27–28 頁〕Cf. *Totalité et infini*, p. 34.〔レヴィナス『全体性と無限』（上）, 109 頁〕ここで「〈欲望〉」は自我にとって「存在するという自我の行いそのものの転倒」を表している。

(7) «Humanisme et an-archie», in *Humanisme de l'autre homme*, p. 75.〔レヴィナス『他者のユマニスム』, 122 頁〕

(8) *Autrement qu'être ou au-delà de l'essence*, p. 149, n. 20.〔レヴィナス『存在の彼方へ』, 438 頁〕

(9) *Ibid.*, p. 146.〔同上, 266 頁〕

(10) *Ibid.*〔同上, 267 頁〕すでに引用した。

(11) *Ibid.*, p. 120, n. 35.〔同上, 431 頁〕すでに引用した。

(12) *Ibid.*, p. 151.〔同上, 274 頁〕

(13) *Ibid.*, p. 156.〔同上, 181 頁〕

(14) «Humanisme et an-archie», in *Humanise de l'autre homme*, p. 77.〔レヴィナス『他者のユマニスム』, 126 頁〕

(15) *Autrement qu'être ou au-delà de l'essence*, p. 176.〔レヴィナス『存在の彼方へ』, 314 頁〕

(16) «Humanisme et an-archie», in *Humanisme de l'autre homme*, p. 77.〔レヴィナス『他者のユマニスム』, 126 頁〕

(17) *Autrement qu'être ou au-delà de l'essence*, p. 154.〔レヴィナス『存在の彼方へ』，279 頁〕すでに引用した。

(18) « Humanisme et an-archie », in *Humanisme de l'autre homme*, p. 77.〔レヴィナス『他者のユマニスム』，127 頁〕

(19) *Ibid.*, p. 77–78.〔同上，127–128 頁〕

(20) *Autrement qu'être ou au-delà de l'essence*, p. 23.〔レヴィナス『存在の彼方へ』，59 頁〕

(21) まさしく無－起源性からレヴィナスは，価値づけ〔価値や意義をもたらすこと・価値や意義があること〕(valoir) を説明しようとする。レヴィナスは，おそらくはハイデガーに反論して，次のように述べる。この価値づけの「次元は，存在者の存在から区別するのが非常に難しい。確かに価値づけることは，主体に「重くのしかかって作用すること」である。しかし，それは，原因が結果に作用したり，ある存在が，その存在が現前している思惟に作用したり，もしくは，ある目的が，それによって促される傾向性や意志に作用するのとは，別の仕方で作用するのである。〔……〕価値づけに応じて引き起こされるのは，主題化しえない感応性，つまり自分が受容するものを引き受けることのできない感応性——しかし自己に反してそれに責任を負うことになる感応性である，とわれわれは考える」。Cf. *Autrement qu'être ou au-delà de l'essence*, n. 28, p. 158–159.〔同上，443 頁〕

(22) « Humanisme et an-archie », in *Humanisme de l'autre homme*, p. 78〔レヴィナス『他者のユマニスム』，129 頁〕; cf. « La volonté du ciel et le pouvoir des hommes », in *Nouvelles lectures talmudiques*, Minuit, 1996, p. 26.

(23) *Autrement qu'être ou au-delà de l'essence*, p. 151.〔レヴィナス『存在の彼方へ』，274 頁〕

(24) « Humanisme et an-archie », in *Humanisme de l'autre homme*, p. 78.〔レヴィナス『他者のユマニスム』，128–129 頁〕ここでこそ，ヨーロッパを特徴づけるために「聖書とギリシャ人と」を結びつけているこの「と」という語が哲学的な意味をもつことになる。Cf. « La Bible et les Grecs », in *À l'heure des nations*, p. 155.〔レヴィナス『諸国民の時に』，221 頁〕

(25) « Le mot Je, le mot Tu, le mot Dieu », in *Altérité et transcendance*, p. 107.〔レヴィナス『他性と超越』，102 頁〕

(26) « La révélation dans la tradition juive », in *L'au-delà du verset*, p. 178.〔レヴィナス『聖句の彼方』，224 頁〕

(27) *Autrement qu'être ou au-delà de l'essence*, p. 157.〔レヴィナス『存在の彼方へ』，282–283 頁〕Cf. « La trace de l'autre », in *En découvrant l'existence avec Husserl et Heidegger*, p. 196.〔レヴィナス『実存の発見』，285 頁〕

(28) « Humanisme et an-archie », in *Humanisme de l'autre homme*, p. 80.〔レヴィ

ナス『他者のユマニスム』, 131 頁〕

(29) *Ibid.*〔同上〕Cf. *Autrement qu'être ou au-delà de l'essence*, p. 142 et 157, n. 27.〔レヴィナス『存在の彼方へ』, 259-260 頁, 442 頁〕

(30) *Autrement qu'être ou au-delà de l'essence*, p. 111 et 157-158.〔同上, 211 頁, 283-284 頁〕

(31) «Humanisme et an-archie», in *Humanisme de l'autre homme*, p. 80.〔レヴィナス『他者のユマニスム』, 132 頁〕Cf. *Phèdre*, 249 *b* 8-250 *b* 1〔プラトン『パイドロス』, 187-189 頁〕。ここで ἔρως〔エロス〕の錯乱的熱狂である哲学は, 神がかり的熱狂の最高形態として理解されている。この点, 特に最終的には存在論に固有の陶酔と勝利に満ちた性格という点に対して,〈存在するとは別の仕方〉は, 酔いがさめた状態 (dégrisement), 断酒状態の節制 (sobriété) を意味するが, また不穏=動揺 (inquiétude) も意味する。〔ヘーゲルにとって〕真なるものは,「酩酊していない者などないバッカスの錯乱的熱狂」であり, ヘーゲルが明確に示すところによれば,「それぞれの者が, 錯乱的熱狂から離れても, 同時に即座に我を失うがゆえに, 純粋で透明な安らぎ=静止でもある」。こうした真なるものの思弁的規定とは対照的に, レヴィナスが自身の課題と考えているのは, ある「自己のうちの=即自的な断酒状態の小空間」, すなわち存在から追放され, その存在の外部が断酒状態の節制を構成するところの自己のうちの=即自的な小空間についての探究である。In *Phänomenologie des Geistes*, éd. citée, p. 35〔ヘーゲル『精神の現象学』(上), 44 頁〕et «Humanisme et an-archie», in *Humanisme de l'autre homme*, p. 71.〔レヴィナス『他者のユマニスム』, 114 頁〕Cf. «Philosophie et transcendance», in *Altérité et transcendance*, p. 28-29.〔レヴィナス『他性と超越』, 21-22 頁〕ここで酔いがさめた状態と〈存在からの-超脱〉とは,「現前における即且対自という」陶酔と対置されている。

(32) *De l'existence à l'existant*, p. 44.〔レヴィナス『実存から実存者へ』, 58 頁〕

(33) «Humanisme et an-archie», in *Humanisme de l'autre homme*, p. 80.〔レヴィナス『他者のユマニスム』, 132 頁〕

(34) *De l'existence à l'existant*, p. 47.〔レヴィナス『実存から実存者へ』, 62 頁〕

(35) *Autrement qu'être ou au-delà de l'essence*, p. 128.〔レヴィナス『存在の彼方へ』, 237 頁〕

(36) *Ibid.*, p. 129 ; cf. p. 132, 134, 135 et 148.〔同上, 238 頁, 243-244 頁, 248 頁, 249 頁, 270 頁〕

(37) «Humanisme et an-archie», in *Humanisme de l'autre homme*, p. 80.〔レヴィナス『他者のユマニスム』, 132 頁〕

(38) Cf. «La tentation de la tentation», in *Quatre lectures talmudiques*, p. 76-77.〔レヴィナス『タルムード四講話』, 87-88 頁〕

(39) *Phédre*, 249 *b* 6–7.〔『パイドロス』, 187 頁〕レヴィナスは, この対話篇を全哲学史上最も見事な四, 五冊の著作のうちの一冊——もちろんわれわれはそのことに同意するが——とみなしていた。Cf. *Éthique et infini*, p. 33–34.〔レヴィナス『倫理と無限』, 37–38 頁〕

(40) 例えば cf. *Zollikoner Seminare*, p. 248.〔ハイデッガー『ツォリコーン・ゼミナール』木村敏・村本詔司訳, みすず書房, 1991 年, 272 頁〕「身体化〔身体的に生きること〕(das Leiben) は, 原初的には存在了解である世界内存在に属している」。

(41) «Humanisme et an-archie», in *Humanisme de l'autre homme*, n. 18, p. 109.〔レヴィナス『他者のユマニスム』, 172 頁〕この脚注は先に引用された一文〔本章原註 37〕に関する注である。

(42) «Vieux comme le monde ?», in *Quatre lectures talmudiques*, p. 163.〔レヴィナス『タルムード四講話』, 191 頁〕『全体性と無限』によると, ἔρως は「超越と内在との限界に位置づけられる出来事の両義性」である。「この欲望——絶えず再開される運動, 決して十分に未来とはならない未来へと向かう終わりなき運動——は, 数ある欲求のなかでも最もエゴイスティックで残忍なものとして打ち砕かれ, 満足を得る」。そして「この欲求と欲望との同時性, 肉欲と超越との同時性, つまり明かしうるものと明かしえないものとの接触状態が, エロス的なものの独自性を構成する。このエロス的なものは, この意味で, 際立って曖昧なものである」(p. 232 et 233)〔レヴィナス『全体性と無限』(下), 166 頁, 167 頁〕。

(43) *Autrement qu'être ou au-delà de l'essence*, p. 99.〔レヴィナス『存在の彼方へ』, 191 頁〕すでに引用した。

(44) «Humanisme et an-archie», in *Humanisme de l'autre homme*, p. 80–81.〔レヴィナス『他者のユマニスム』, 132–133 頁〕Cf. *Autrement qu'être ou au-delà de l'essence*, p. 139.〔レヴィナス『存在の彼方へ』, 254–255 頁〕

(45) *Autrement qu'être ou au-delà de l'essence*, p. 158.〔同上, 284 頁〕

(46) «Humanisme et an-archie», in *Humanisme de l'autre homme*, p. 81.〔レヴィナス『他者のユマニスム』, 133 頁〕ここで「エロスに瀕して〔エロスの縁で〕(au bord de)」という表現がもつ意味は,『タルムード四講話』最終講のなかの「バラによって縁取られた (bordée de)」(『雅歌』7 章 3 節。新共同訳では「ゆりに囲まれた」) という表現 (p. 170 sq.) がもつ意味と近いはずである〔レヴィナス『タルムード四講話』, 197 頁以下〕。

(47) *Ibid.*〔レヴィナス『他者のユマニスム』, 133 頁〕レヴィナスは別のところで次のように述べている。「〈善〉のなかの具体的なものは, 他の人間によって行われる価値づけ〔価値や意義をもたらすこと・価値や意義があること〕である」。さらに続けて次のように述べる。「ただ形式化にのみ,〈善〉と〈悪〉

の中間にある決定不可能なもの，価値づけの両価性が現れる。〔しかし〕他の人間によって行われる価値づけにおいて，〈善〉は〈悪〉よりも古いものである」。In « Le dialogue », *De Dieu qui vient à l'idée*, p. 225.〔レヴィナス『観念に到来する神について』，273–274 頁〕形式化は，存在なしには不可能であり，他の人間によって行われる価値づけはエゴイズムの欠損なしには不可能である。

(48) *Ibid.*〔レヴィナス『他者のユマニスム』，133 頁〕Cf. *Autrement qu'être ou au-delà de l'essence*, p. 157–158.〔レヴィナス『存在の彼方へ』，284 頁〕

(49) *Autrement qu'être ou au-delà de l'essence*, p. 32.〔レヴィナス『存在の彼方へ』，73 頁〕すでに引用した。

(50) « Humanisme et an-archie », in *Humanisme de l'autre homme*, p. 81〔レヴィナス『他者のユマニスム』，134 頁〕; cf. *Autrement qu'être ou au-delà de l'essence*, p. 165.〔レヴィナス『存在の彼方へ』，297 頁〕身代わりに関する第 4 章（1974 年）最終部では，「ヒューマニズムと無–起源性」（1968 年）の最終部が再録されている。

第 15 章

(1) Cf. *supra*, p. 152.〔本書第 12 章，172 頁，レヴィナス『存在の彼方へ』，267 頁〕

(2) *Autrement qu'être ou au-delà de l'essence*, p. 156〔レヴィナス『存在の彼方へ』，282 頁〕; cf. « La tentation de la tentation », in *Quatre lectures talmudiques*, p. 107.〔レヴィナス『タルムード四講話』，120 頁〕

(3) *Sein und Zeit*, § 74, p. 384 ; cf. § 53, p. 266.〔ハイデガー『存在と時間 III』，191 頁，『存在と時間 II』，325–326 頁〕Cf. *Totalité et infini*, p. 280.〔レヴィナス『全体性と無限』（下），264 頁〕

(4) *Autrement qu'être ou au-delà de l'essence*, p. 159.〔レヴィナス『存在の彼方へ』，286 頁〕

(5) *Ibid.*〔同上〕

(6) *Ibid.*〔同上〕

(7) *Ibid.*, p. 160〔同書，286–287 頁〕; cf. p. 140, n. 13.〔同書，436 頁〕ここでは，同じ文言によって次のことが定義されている。すなわち，「被造物の特徴（façon），〈自己〉の無制限の受動性の特徴，〈自己〉の無–条件の特徴」である。

(8) Cf. « La tentation de la tentation », in *Quatre lectures talmudiques*, p. 75.〔レヴィナス『タルムード四講話』，85 頁〕

(9) *Autrement qu'être ou au-delà de l'essence*, p. 160.〔レヴィナス『存在の彼方へ』，287 頁〕

(10) *Totalité et infini*, p. 6.〔レヴィナス『全体性と無限』(上), 46頁〕

(11) *De l'évasion*, Fata Morgana, 1982, p. 73.〔レヴィナス『超越・外傷・神曲』, 61頁〕Cf. *De l'existence à l'existant*, p. 149 sq.〔レヴィナス『実存から実存者へ』, 182頁以下〕

(12) *Totalité et infini*, p. 284〔レヴィナス『全体性と無限』(下), 273頁〕及び, Baudelaire, *Les Fleurs du mal* (1861), LXXVI.〔ボオドレール『悪の華』鈴木信太郎訳, 岩波文庫, 1961年, 改版2008年, 227頁では「陰鬱な　探求心の喪失から　生れる果實《このみ》の　倦怠が　不滅の相を帯びながら　擴がる〔……〕」〕同じく, cf. «Philosophie et positivité», in *Positivité et transcendance*, p. 30. ここでも『悪の華』冒頭の詩編〔「読者に」〕が引用されている。

(13) «Dieu et la philosophie», in *De Dieu qui vient à l'idée*, p. 98–99.〔レヴィナス『観念に到来する神について』, 119–120頁〕

(14) «Was ist Metaphysik ?», in *Wegmarken*, GA, Bd. 9, p. 110.〔ハイデッガー『道標』, 131頁〕

(15) *Autrement qu'être ou au-delà de l'essence*, p 146.〔レヴィナス『存在の彼方へ』, 266–267頁〕すでに引用した。

(16) *Ibid.*, p. 159.〔同書, 285頁〕

(17) *Ibid.*, p. 143.〔同書, 261頁〕

(18) *La substitution*, in *Revue philosophique de Louvain*, 3/1968, p. 498–499 ; cf. *Autrement qu'être ou au-delà de l'essence*, p. 143.〔レヴィナス『存在の彼方へ』, 261頁〕

(19) *Autrement qu'être ou au-delà de l'essence*, p. 160.〔レヴィナス『存在の彼方へ』, 287–288頁〕

(20) *Ibid.*, p. 141.〔同書, 258頁〕外傷性がもつ記憶不可能で前－根源的な意味については, cf. p. 111.〔同書, 211–212頁〕

(21) *Ibid.*, p. 147.〔同書, 268頁〕

(22) *Ibid.*, p. 150.〔同書, 273頁〕

(23) *Ibid.*, p. 161.〔同書, 289頁〕

(24) «Der Sprach des Anaximander», in *Holzwege*, GA, Bd. 5, p. 359.〔ハイデッガー『杣径』, 403頁〕

(25) *Autrement qu'être ou au-delà de l'essence*, p. 5.〔レヴィナス『存在の彼方へ』, 24頁〕

(26) *Ibid.*, p. 151.〔同書, 274頁〕

(27) *Ibid.*, p. 161.〔同書, 290頁〕

(28) *Ibid.*, p. 162.〔同書, 292頁〕Cf. «Questions et réponses», in *De Dieu qui vient à l'idée*, p. 135〔レヴィナス『観念に到来する神について』, 165頁〕:「私の身代わりになることのできるひとは誰かいると言い出したときに, 不道徳

が始まる」。

(29) *Ibid.*〔レヴィナス『存在の彼方へ』，292 頁〕Cf. p. 177.〔同書，317 頁〕ここで，普遍的自我と「その類において唯一である私」とのあいだの差異に関して，レヴィナスは次のように明言している。「確かにこの私は，本論での叙述そのものにおいて，すでに普遍的となっている。しかし，この普遍的なものから私が思考しうるのは，常に反省に先行している唯一者たる私の断絶とその現出とである。この反省は，（懐疑論への反駁と懐疑論の再興とにおいて再び見出されるような両者の交代運動にしたがって）再び私を概念のなかに閉じ込めることになるだろう。そして私は改めて概念から逃げ出し，そこから身を引き剝がす。[…] 責任という私以外に，唯一者，つまり概念に逆らう者は何もないのである」。

(30) *Ibid.*, p. 163.〔同書，292–293 頁〕1947 年にレヴィナスはすでに次のように書いていた。選びとは「人格性の神秘〔玄義，秘跡〕そのもの」である，と。«Être juif», *Confluences*, nos 15–17, p. 262.〔レヴィナス『超越・外傷・神曲』，190 頁〕

(31) «Vieux comme le monde ?», in *Quatre lectures talmudiques*, p. 183.〔レヴィナス『タルムード四講話』，212 頁〕

第 16 章

(1) *Sein und Zeit*, §63, p. 316.〔ハイデガー『存在と時間 III』，34–35 頁〕

(2) «Vieux comme le monde ?», in *Quatre lectures talmudiques*, p. 182〔レヴィナス『タルムード四講話』，210 頁〕; cf. «La tentation de la tentation», *ibid.*, p. 100〔同書，113 頁〕et «La révélation dans la tradition juive», in *L'au-delà du verset*, p. 172 :「自由であることは，私の代わりには誰もできないようなことしかしないということである」〔レヴィナス『聖句の彼方』，235 頁〕。

(3) *Autrement qu'être ou au-delà de l'essence*, p. 35.〔レヴィナス『存在の彼方へ』，78 頁〕

(4) «Vérité du dévoilement et vérité du témoignage», in *Le témoignage*, éd. par E. Castelli, Aubier, 1972, p. 101.〔『存在するとは別の仕方で，あるいは存在することの彼方へ』第五章の原型となった論文〕

(5) *Autrement qu'être ou au-delà de l'essence*, p. 168.〔レヴィナス『存在の彼方へ』，300 頁〕

(6) *Ibid.*, p. 168–169〔同書，301–302 頁〕; cf. p. 210.〔同書，374–375 頁〕

(7) *Ibid.*, p. 175.〔同書，313 頁〕

(8) *Sein und Zeit*, §15, p. 68.〔ハイデガー『存在と時間 I』，177 頁〕

(9) *Autrement qu'être ou au-delà de l'essence*, p. 169.〔レヴィナス『存在の彼方へ』，

302 頁〕レヴィナスはここで，「全体性」や，「構造」，「関係の体系」について語るハイデガーの言語を反復している。Cf. *Sein und Zeit*, §18, p. 87–88.〔ハイデガー『存在と時間 I』，223–226 頁〕及び «Martin Heidegger et l'ontologie», in *En découvrant l'existence avec Husserl et Heidegger*, p. 62 sq.〔レヴィナス『実存の発見』，130 頁以下〕

(10) «Vérité du dévoilement et vérité du témoignage», in *Le témoignage*, p. 101.

(11) *Autrement qu'être ou au-delà de l'essence*, p. 169.〔レヴィナス『存在の彼方へ』，302–303 頁〕使用不可能な道具を修理することが，この「ずれ（décalage）」，この整序の探求の一例を示している。Cf. *Sein und Zeit*, §16, p. 73.〔ハイデガー『存在と時間 I』，190–191 頁〕

(12) *Ibid.*, p. 170.〔レヴィナス『存在の彼方へ』，304 頁〕

(13) *Ibid.*, p. 170–171.〔同書，305 頁〕実存論的分析論だけでなく，分析は，ハイデガーの分析との「意義深い一致」を示す構造〔主義〕的思考にも妥当する。例えば cf. «Sans identité», in *Humanisme de l'autre homme*, p. 89.〔レヴィナス『他者のユマニスム』，145 頁〕その上，存在論的主体の主観性は「存在を前にして身を退ける＝消失する（s'effacer）ことに」常に存している，とレヴィナスが主張するとき，彼が〔レヴィ＝ストロースの〕『神話論理』の「終曲」に直接に反応しているということは，ありえないことではない。レヴィ＝ストロースはそこで，「主体の身を退けること＝消失（effacement）」について語っており，知の営みに内属する意識は「知的次元にとどまっている」と主張した後，その存在論的射程が強調される命題において，即座に次のように明言している。「すなわち，意識は，それが適用される実在と実質的に異なるわけではなく，それに固有の真理に至る，こうした実在そのものである」。Cf. *L'homme nu*, p. 561 et 563〔クロード・レヴィ＝ストロース『神話論理 IV–2　裸の人 2』吉田禎吾・渡辺公三・福田素子・鈴木裕之・真島一郎訳，みすず書房，2010 年，787 頁，789 頁〕; *Autrement qu'être ou au-delà de l'essence*, p. 171 et p. 122.〔レヴィナス『存在の彼方へ』，306–307 頁，228–229 頁〕

(14) «Vérité du dévoilement et vérité du témoignage», in *Le témoignage*, p. 102.

(15) *Autrement qu'être ou au-delà de l'essence*, p. 171.〔レヴィナス『存在の彼方へ』，306 頁〕

(16) *Ibid.*〔同上〕存在が有限であるのは，存在が主体なしには顕現しないからである。

(17) *Ibid.*〔同書，306–307 頁〕

(18) *Ibid.*, p. 126〔同書，235 頁〕; cf. p. 202 et 224.〔同書，361 頁，397 頁〕

(19) *Ibid.*, p. 171.〔同書，305 頁〕

(20) *Ibid.*, p. 173.〔同書，310 頁〕Cf. «De la conscience à la veille à partir de Husserl», in *De Dieu qui vient à l'idée*, p. 43.〔レヴィナス『観念に到来する神につ

いて』，49 頁〕ここで存在は次のように理解されている。すなわち，「同一的なものの同一化の出来事として，つまり，ある主題のうちへの取り集めや，再現前化＝表象と現前としてしかありえない同一化という出来事」である。

(21) *Ibid.*〔レヴィナス『存在の彼方へ』，309 頁〕

(22) *Ibid.*, p. 180.〔同書，322 頁〕

(23) *Ibid.*, p. 180–181.〔同書，323 頁〕レヴィナスがここの脚注〔同書，444 頁〕で引用しているのは，『雅歌』の次の一節（5 章 8 節）である。「私は愛の病にかかっている」〔新共同訳では「私は恋の病にかかっている」〕。

(24) « Vérité du dévoilement et vérité du témoignage », in *Le témoignage*, p. 109.

(25) *Autrement qu'être ou au-delà de l'essence*, p. 181.〔レヴィナス『存在の彼方へ』，324 頁〕

(26) *Ibid.*, p. 181–182.〔同書，325 頁〕レヴィナスは他のところで次のように述べている。「この責任のなかに主観性を措定すること，それは，他人のための〔自我の〕焼尽という，決して十全に受動的とはならない〔極度の〕受動性を，この責任のなかに垣間見ることである。光そのものは，この焼尽の熱によって光り輝き，熱く照らし出す。このとき，この焼尽の灰は，即自的かつ対自的な一者の核にはなりえない。自我は，他人に対して，自我を守るいかなる形式も，自我に何らかの方策（mesure）を供与するようないかなる形式も対置することがない。それは，全燔祭《ホロコースト》の焼尽である。『私は灰であり塵です』，とソドムのために〔主に〕執りなすアブラハムは言う（『創世記』18 章 27 節）。モーセは，より控え目に次のように言う。『我々はどれほどの者なのか』（『出エジプト記』16 章 7 節〔実際は 8 節〕）」（« Dieu et la philosophie », in *De Dieu qui vient à l'idée*, p. 119.〔レヴィナス『観念に到来する神について』，141 頁，『創世記』と『出エジプト記』の引用は，新共同訳ではそれぞれ「塵あくたにすぎないわたしですが〔……〕」，「一体，我々は何者なのか」〕）。

(27) *Ibid.*, p. 182.〔レヴィナス『存在の彼方へ』，325 頁〕

(28) « Langage et proximité », in *En découvrant l'existence avec Husserl et Heidegger*, p. 232.〔レヴィナス『実存の発見』，341 頁〕すでに引用した。

(29) *Autrement qu'être ou au-delà de l'essence*, p. 183.〔レヴィナス『存在の彼方へ』，326–327 頁〕

(30) « Sans identité », in *Humanisme de l'autre homme*, p. 94.〔レヴィナス『他者のユマニスム』，155 頁〕

(31) *Autrement qu'être ou au-delà de l'essence*, p. 183.〔レヴィナス『存在の彼方へ』，327 頁〕

(32) *Ibid.*, p. 119.〔同書，223–224 頁〕

(33) *Isaïe*, XLIX, 3, trad. J. Koenig.〔『イザヤ書』49 章 3 節の〕聖書からの引用は

次の仏訳版による。E. ドルム監訳，プレイアッド版〔新共同訳では「あなたは私の僕，イスラエル，あなたによって私の栄光は現れる」〕。

(34) *Exode*, XXXIII, 21–23, trad. E. Dhorme.〔『出エジプト記』33 章 21 節～ 23 節は，新共同訳では「見よ，一つの場所がわたしの傍らにある。あなたはその岩のそばに立ちなさい。わが栄光が通り過ぎるとき，わたしはあなたをその岩の裂け目に入れ，わたしが通り過ぎるまで，わたしの手であなたを覆う。わたしが手を離すとき，あなたはわたしの後ろを見るが，わたしの顔は見えない」〕Cf. « Énigme et phénomène », in *En découvrant l'existence avec Husserl et Heidegger*, p. 211.〔レヴィナス『実存の発見』，309 頁〕このテキストについてのタルムードに基づく解釈に関しては，cf. « La révélation dans la tradition juive », in *L'au-delà du verset*, p. 174 sq.〔レヴィナス『聖句の彼方』，238 頁以下〕

(35) « La mauvaise conscience et l'inexorable », in *De Dieu qui vient à l'idée*, p. 264〔レヴィナス『観念に到来する神について』，323 頁〕; « La conscience non intentionnelle » et « De l'un à l'autre. Transcendance et temps », in *Entre nous*, p. 150 et 168〔レヴィナス『われわれのあいだで』，187 頁，210 頁〕; « Philosophie et transcendance », in *Altérité et transcendance*, p. 47.〔レヴィナス『他性と超越』，42 頁〕

(36) « Dieu et l'onto-théo-logie », in *Dieu, la mort et le temps*, p. 223.〔レヴィナス『神・時間・死』，276 頁〕

(37) « Dieu et la philosophie », in *De Dieu qui vient à l'idée*, p. 120.〔レヴィナス『観念に到来する神について』，143 頁〕

(38) « Vérité du dévoilement et vérité du témoignage », in *Le témoignage*, p. 106 ; cf. *Autrement qu'être ou au-delà de l'essence*, p. 183–184.〔レヴィナス『存在の彼方へ』，327–329 頁〕

(39) *Autrement qu'être ou au-delà de l'essence*, p. 184.〔レヴィナス『存在の彼方へ』，329 頁〕

(40) *Ibid.*〔同上〕

(41) *Ibid.*, p. 186.〔同書，332 頁〕

(42) « Vérité du dévoilement et vérité du témoignage », in *Le témoignage*, p. 107.

(43) *Autrement qu'être ou au-delà de l'essence*, p. 153.〔レヴィナス『存在の彼方へ』，277 頁〕

(44) *Ibid.*, p. 186.〔同書，332–333 頁〕

第 17 章

(1) *Autrement qu'être ou au-delà de l'essence*, p. 187.〔レヴィナス『存在の彼方へ』，333 頁〕

(2)　*Ibid.*〔同書，334 頁〕

(3)　*Ibid.*, p. 187–188.〔同書，335 頁〕〈無限者〉の栄光への服従としての〈語ること〉そのものである「われここに（me voici）」に関して，レヴィナスは，『イザヤ書』（6 章 8 節）の一節，「われここに。われを遣わしてください」を引用し，次のように注釈している。「「われここに」は，「われを遣わしてください」を意味する〔「われを遣わしてください」として意義を表す〕」。*Ibid.*, p. 186, n. 11.〔同書，445 頁〕

(4)　*Ibid.*, p. 188.〔同書，335 頁〕

(5)　*Ibid.*〔同書，336 頁〕

(6)　*Ibid.*, p. 187.〔同書，334 頁〕

(7)　*Ibid.*, p. 189.〔同書，337 頁〕

(8)　*Ibid.*,〔同書，338 頁〕cf. p. 191.〔同書，341 頁〕レヴィナスはここで，「泥棒のように私の中に忍び込む」という表現〔新共同訳では「忍び寄る」〕を，『ヨブ記』（4 章 12 節）から借用していることを〔引用符で〕明示している。

(9)　*Ibid.*〔同上〕

(10)　*Ibid.*, p. 180.〔同書，322 頁〕

(11)　*Ibid.*, p. 189.〔同書，338 頁〕

(12)　*Ibid.*, p. 190.〔同書，338–339 頁〕

(13)　*Ibid.*〔同書，339 頁〕レヴィナスは脚注で『イザヤ書』（6 章 8 節）及び『サムエル記』上（17 章 45 節）の「私は永遠の主〔万軍の主〕の名においてやってきた」を参照している〔同書，446 頁，新共同訳では「私は〔……〕万軍の主の名によってお前に立ち向かう」〕。

(14)　« Dieu et la philosophie », in *De Dieu qui vient à l'idée*, p. 114.〔レヴィナス『観念に到来する神について』，136 頁〕なお，この引用部分の最後に付された注の 14〔同書，153–154 頁〕も参照。

(15)　Cf. « Philosophie et transcendance », in *Altérité et transcendance*, p. 53 sq.〔レヴィナス『他性と超越』，48 頁以下〕

(16)　*Autrement qu'être ou au-delà de l'essence*, p. 191.〔レヴィナス『存在の彼方へ』，340 頁〕

(17)　« Dieu et la philosophie », in *De Dieu qui vient à l'idée*, p. 124.〔レヴィナス『観念に到来する神について』，147 頁〕

(18)　*Autrement qu'être ou au-delà de l'essence*, p. 191.〔レヴィナス『存在の彼方へ』，341 頁〕

(19)　*Isaïe*, VI, 8, trad. J. Koenig.〔『イザヤ書』6 章 8 節は，新共同訳では「わたしは言った。「わたしがここにおります。わたしを遣わしてください」」〕

(20)　Cf. « La signification et le sens », in *Humanisme de l'autre homme*, p. 59.〔レヴィナス『他者のユマニスム』，95 頁〕すでに引用した。レヴィナスは他のと

ころで次のように述べている。「彼性が，その方向付けを担うのは，「どこからきたのか私が知らない」ようなものであり，現れることなしに到来するもの，非－現象であり，したがって，非－現在，決して現在となったことのない過去，私がそれを了解＝聴取する前に，臣従してしまっている命令，あるいは私自身の〈語ること〉において了解＝聴取している命令である」（« Vérité du dévoilement et vérité du témoignage », *Le témoignage*, p. 110）。

(21)　*Autrement qu'être ou au-delà de l'essence*, p. 190.〔レヴィナス『存在の彼方へ』，340 頁〕

(22)　« Dieu et la philosophie », in *De Dieu qui vient à l'idée*, p. 121–122.〔レヴィナス『観念に到来する神について』，144 頁〕

(23)　*Autrement qu'être ou au-delà de l'essence*, p. 87.〔レヴィナス『存在の彼方へ』，171 頁〕

(24)　Cf. *supra*, chap. X, *in fine*.〔本書第 10 章末尾参照，139–142 頁〕

(25)　*Autrement qu'être ou au-delà de l'essence*, p. 192.〔レヴィナス『存在の彼方へ』，342 頁〕

(26)　« La pensée de l'être et la question de l'autre », in *De Dieu qui vient à l'idée*, p. 187.〔レヴィナス『観念に到来する神について』，229 頁〕

(27)　*Autrement qu'être ou au-delà de l'essence*, p. 192.〔レヴィナス『存在の彼方へ』，343 頁〕

(28)　« Herméneutique et au-delà », in *De Dieu qui vient à l'idée*, p. 165.〔レヴィナス『観念に到来する神について』，203 頁〕

(29)　*Autrement qu'être ou au-delà de l'essence*, p. 192–193.〔レヴィナス『存在の彼方へ』，343–344 頁〕

(30)　*Ibid.*, p. 193.〔同書，344 頁〕

(31)　*Ibid.*, p. 8.〔同書，31 頁〕一部はすでに引用した。

(32)　*Ibid.*, p. 193.〔同書，345 頁〕

(33)　Cf. *ibid.*, p. 78.〔同書，154 頁〕すでに引用した。

(34)　*Ibid.*, p. 194.〔同書，345–346 頁〕

第 18 章

(1)　*Autrement qu'être ou au-delà de l'essence*, p. 191.〔レヴィナス『存在の彼方へ』，341 頁〕

(2)　*Ibid.*, p. 195.〔同書，349 頁〕

(3)　*Ibid.*, p. 196.〔同書，349–350 頁〕

(4)　*Ibid.*〔同書，350 頁〕

(5)　*Ibid.*, p. 197.〔同書，352 頁〕

(6) *Ibid.*〔同上〕

(7) « Façons de parler », in *De Dieu qui vient à l'idée*, p. 267–268.〔レヴィナス『観念に到来する神について』，328–329 頁〕

(8) *Autrement qu'être ou au-delà de l'essence*, p. 197–198.〔レヴィナス『存在の彼方へ』，353 頁〕

(9) *Ibid.*, p. 198.〔同上〕

(10) *Ibid.*〔同書，354 頁〕Cf. *supra*, chap. IV, 3.〔本書第 4 章第 3 節参照〕

(11) *Ibid.*, p. 198–199.〔同書，355 頁〕ここでは，「……意義が危険に陥れるにちがいない矛盾」ではなく，「……意義を危険に陥れるにちがいない矛盾」と読む。

(12) *Ibid.*, p. 199.〔同上〕

(13) *Ibid.*〔同上〕

(14) *Ibid.*, p. 57.〔同書，116 頁〕

(15) *Ibid.*, p. 149, n. 20.〔同書，438 頁〕すでに引用した。

(16) *Ibid.*, p. 59.〔同書，121 頁〕

(17) *Ibid.*, p. 56.〔同書，114–115 頁〕アイオーンということで，存在の彼方にある一者がその源泉となる永遠の流出，媒介的叡智者を理解しなければならない点を想起しておこう。「アイオーンの実詞〔化〕= 位格」や「アイオーンという実詞〔化〕= 位格」(p. 197)〔同書，352 頁〕という表現に関しては，間接的には，プロティノスの第 33 論文（*Ennéades*, II, 9）『グノーシス派に対して』が参照されている〔プロティノス『エネアデス』，「エネアスII 9」水地宗明・田之頭安彦訳，『プロティノス全集』第 2 巻所収，中央公論社，1987 年，102 頁以下〕。この表現は，字句通りには，当該箇所に見出されないが，プロティノスは，その数が霊知《グノーシス》にしたがって多様化する数々のアイオーンを，魂，叡智《ヌース》（intellect）及び〈一者〉，すなわち〈善〉という三つの実詞《イポスターズ》〔位格《ヒュポスタシス》〕と同列に置くことを拒否している。それゆえ，レヴィナスにとって，当該の表現が指しているのは，流出から源泉への方向転換であり，二次的で依存的な叡智者から，第一で自足した叡智者への立ち戻りである。

(18) *La substitution*, in *Revue philosophique de Louvain*, 3/1968, p. 488, n. 3.

(19) *Autrement qu'être ou au-delà de l'essence*, p. 20.〔レヴィナス『存在の彼方へ』，53 頁〕

第 19 章

(1) *Autrement qu'être ou au-delà de l'essence*, p. 199.〔レヴィナス『存在の彼方へ』，356 頁〕

(2) *Ibid.*, p. 200.〔同書，357 頁〕

(3) *Ibid.*〔同書，357-358 頁〕

(4) *Ibid.*〔同書，358 頁〕

(5) *Ibid.*〔同書，356 頁〕

(6) *Ibid.*, p. 178.〔同書，318 頁〕

(7) *Ibid.*, p. 207.〔同書，369 頁〕

(8) *Ibid.*, p. 200.〔同書，357 頁〕

(9) *Ibid.*, p. 152, n. 22〔同書，440 頁〕; cf. p. 226, sq.〔同書，399 頁以下〕

(10) *Ibid.*, p. 201〔同書，359 頁〕: ここで「第三者の介入」という表現がもう一度用いられている。

(11) *Ibid.*〔同上〕

(12) *Ibid.*, p. 109.〔同書，208 頁〕

(13) *Totalité et infini*, p. 188〔レヴィナス『全体性と無限（下)』，73 頁〕; cf. p. 38〔レヴィナス『全体性と無限（上)』，117 頁〕:「目は輝く＝見えるのではなく話すのである」。

(14) *Ibid.*, p. 44 et 51.〔レヴィナス『全体性と無限（上)』，130 頁，145 頁〕

(15) *Autrement qu'être ou au-delà de l'essence*, p. 203.〔レヴィナス『存在の彼方へ』，362 頁〕すでに引用した。

(16) « *Totalité et infini*. Préface à l'édition allemande », in *Entre nous*, p. 249-250.〔レヴィナス『われわれのあいだで』，313 頁〕

(17) *Totalité et infini*, p. 223.〔レヴィナス『全体性と無限（下)』，150-151 頁〕

(18) *Autrement qu'être ou au-delà de l'essence*, p. 201.〔レヴィナス『存在の彼方へ』，359 頁〕

(19) *Ibid.*〔同書，359-360 頁〕

(20) *Ibid.*, p. 201-202.〔同書，360 頁〕

(21) *Ibid.*, p. 202.〔同上〕

(22) *Ibid.*〔同書，361 頁〕われわれは「……として私を触発するのでもない」(ne m'affectent *ni* comme) ではなく，「……として私を触発するのではない」(ne m'affectent *pas* comme) と読む。なぜなら，続く文で接続詞〔も (ni)〕が繰り返されているわけではないからである。とはいえ，〔文の〕意味は明白である。

(23) *Ibid.*〔同上〕一部はすでに引用した。

(24) *Ibid.*, p. 132.〔同書，243 頁〕すでに引用した。

(25) *Ibid.*, p. 185〔同書，331 頁〕; cf. p. 163.〔同書，292-293 頁〕

(26) *Logische Untersuchungen*, II, chap. VI, §41, in *Husserliana*, Bd. XIX, 1, p. 223.〔フッサール『論理学研究 2』立松弘孝・松井良和・赤松宏訳，みすず書房，1970 年，241 頁〕

(27) *Totalité et infini*, p. 14.〔レヴィナス『全体性と無限（上)』，63-64 頁〕すで

に引用した。

(28) *Autrement qu'être ou au-delà de l'essence*, p. 203.〔レヴィナス『存在の彼方へ』，363 頁〕

(29) *Ibid.*, p. 204.〔同書，363-364 頁〕

(30) 〔存在の〕秩序とその攪乱との同時性について，レヴィナスは次のように注釈している。「「同時に」というのは，〔存在の〕秩序の断絶には不十分だろう。秩序から身を引き剝がすことが秩序へと参与することでは必ずしも（*ipso facto*）ないと言うためには，この身を引き剝がすこと，この抽象化＝分離が――最高の錯時性（anachronisme）によって――秩序へとそれ〔身を引き剝がすこと，抽象化＝分離〕が介入することに先行しなければならず，〈他者〉の過去が一度も現前したことがないということでなければならない」in «Énigme et phénomène», *En découvrant l'existence avec Husserl et Heidegger*, p. 211.〔レヴィナス『実存の発見』，308 頁〕

第 20 章

(1) «Questions et réponses», in *De Dieu qui vient à l'idée*, p. 132.〔レヴィナス『観念に到来する神について』，161 頁〕質問は，H. J. ヘーリング（H. J. Heering）が提起したものである。

(2) *Totalité et infini*, p. 44 et 51.〔レヴィナス『全体性と無限』（上），130 頁，145 頁〕すでに引用した。同様に以下も参照。cf. p. 43, 62, 270 et 274.〔同書，128 頁，169 頁，レヴィナス『全体性と無限』（下），243 頁，252-253 頁〕

(3) «Questions et réponses», in *De Dieu qui vient à l'idée*, p. 132-133.〔レヴィナス『観念に到来する神について』，161-162 頁〕

(4) *Totalité et infini*, p. 282.〔レヴィナス『全体性と無限』（下），268 頁〕

(5) *Autrement qu'être ou au-delà de l'essence*, p. 204.〔レヴィナス『存在の彼方へ』，364 頁〕

(6) *Ibid.*, p. 205.〔同書，365-366 頁〕

(7) 相互性が「対面よりも複雑な構造」であるだけに一層問題が生じることになる。In «Philosophie, justice et amour», *Entre nous*, p. 125.〔レヴィナス『われわれのあいだで』，151 頁〕

(8) *Sein und Zeit*, § 34, p. 165.〔ハイデガー『存在と時間 II』，86-87 頁〕

(9) 確かにレヴィナスは，注意を払って次のように述べている。われわれが「記号体系としての言語《ラング》に足を踏み入れるのは，ただ，すでに話された言語《ラング》から出発するときのみであり，このすでに話された言語《ラング》に関していえば，それは記号体系のなかには存しえないのである」。しかし，それはまさに即座に次のことを付け加えるために言われている。すなわち，「諸々の意義が主

題化される体系は，すでに，〈他者のための一者〉としての意義，接近，真摯さに由来しているのである」。Cf. *Autrement qu'être ou au-delà de l'essence*, p. 183, n. 9.〔レヴィナス『存在の彼方へ』，445頁〕

(10) « *Totalité et infini*. Préface à l'édition allemande », in *Entre nous*, p. 249.〔レヴィナス『われわれのあいだで』，312頁〕

(11) *Sein und Zeit*, § 44, *b*, p. 219.〔ハイデガー『存在と時間 II』，213–214頁〕

(12) *Autrement qu'être ou au-delà de l'essence*, p. 20.〔レヴィナス『存在の彼方へ』，53頁〕すでに引用した。

(13) *Nietzsche*, II, GA, Bd. 6. 2, p. 320.〔ハイデッガー『ニーチェ II』，331頁〕

(14) « La signification et le sens », in *Humanisme de l'autre homme*, p. 33.〔レヴィナス『他者のユマニスム』，50頁〕

(15) *Autrement qu'être ou au-delà de l'essence*, p. 103.〔レヴィナス『存在の彼方へ』，196頁〕

(16) *Ibid.*, p. 116, n. 33.〔同書，430頁〕

(17) « Philosophie, justice et amour », in *Entre nous*, p. 125.〔レヴィナス『われわれのあいだで』，151頁〕

(18) *Ibid.*, p. 121.〔同書，146頁〕

(19) *Ibid.*, p. 121–122.〔同上〕

(20) *Autrement qu'être ou au-delà de l'essence*, p 200.〔レヴィナス『存在の彼方へ』，357頁〕一部はすでに引用した。

(21) « Sur la philosophie juive », in *À l'heure des nations*, p. 204.〔レヴィナス『諸国民の時に』，289頁〕

(22) *Autrement qu'être ou au-delà de l'essence*, p. 64.〔引用箇所は〕63頁注35の最終部。〔レヴィナス『存在の彼方へ』，423頁〕

(23) *Totalité et infini*, p. 50.〔レヴィナス『全体性と無限』（上），144頁〕「世俗性とイスラエルの思想」と題された同時期の研究（ « La Laïcité et la pensée d'Israël », in *Les imprévus de l'histoire*, p. 182〔レヴィナス『歴史の不測』，165頁〕）において，レヴィナスはさらに次のように書いている。「正義なしには不可能な倫理的関係は，単に宗教的生への覚悟をさせるだけではなく，またこの生から帰結するだけでなく，倫理的関係がすでにこの〔宗教的〕生そのものなのである。『エレミヤ書』22章16節によれば，神を知ることは，「貧しい人，乏しい人の正しさを認める〔新共同訳では「訴えを裁く」〕(faire droit)」ことである。何よりもまず，メシアは，平和と正義の創設――すなわち，社会の確立〔聖変化〕(consécration)――によって定義される。個人の救済についてのいかなる希望も――たとえそのもとで救済を夢見るところの姿がどのようなものであれ――社会の成就なしにはありえず，また考えられることもない。社会の成就の進展が，ユダヤ人の耳には，メシアの足音そ

のもののように響いているのである。それが貧しい人の神であれ，正義の神であれ，神について語ることは，その諸属性について言表することではなく，その本質について言表することである」。同時に，以下も参照。Cf. «Philosophie, Justice et Amour» (1982), in *Entre nous*, p. 126.〔レヴィナス『われわれのあいだで』，152 頁〕「ユダヤ神学――私はこの神学によって明示的に導かれているわけではないが――においては，神とは，正義の神である。しかしその主要な属性とは，慈悲である」。

(24) «De la lecture juive des écritures», in *L'au-delà du verset*, p. 132–133.〔レヴィナス『聖句の彼方』，179–180 頁〕; cf. *Nouvelles lectures talmudiques*, p. 25 sq.

(25) «Une religion d'adultes», in *Difficile liberté*, p. 34〔レヴィナス『困難な自由』，24 頁〕et «Le Moi et la Totalité», in *Entre nous*, p. 35.〔レヴィナス『われわれのあいだで』，34 頁〕

(26) *Autrement qu'être ou au-delà de l'essence*, p. 201.〔レヴィナス『存在の彼方へ』，359–360 頁〕すでに引用した。

(27) *Ibid.*, p. 204.〔同書，364 頁〕レヴィナスはさらに次のように述べる。「したがって，意識は政治的同時性である。しかしそれはまた，神を参照している――すなわち，つねに改宗する可能性のある神，あらゆるエゴイズムの擁護者へと変節する危険を絶えずもった神を参照しているのである」(p. 205.〔同書，365 頁〕)。

(28) «Les cordes et le bois», in *Hors sujet*, p. 198–199.〔レヴィナス『外の主体』，217 頁〕

(29) *Autrement qu'être ou au-delà de l'essence*, p. 78.〔レヴィナス『存在の彼方へ』，155 頁〕

(30) *Ibid.*, p. 199.〔同書，356 頁〕

(31) *Ibid.*, p. 191.〔同書，340 頁〕

(32) «Façon de parler», in *De Dieu qui vient à l'idée*, p. 268–269, n. 1.〔レヴィナス『観念に到来する神について』，331 頁〕

(33) *Autrement qu'être ou au-delà de l'essence*, p. 149, n. 20.〔レヴィナス『存在の彼方へ』，438 頁〕すでに引用した。

第 21 章

(1) *Autrement qu'être ou au-delà de l'essence*, p. 178.〔レヴィナス『存在の彼方へ』，319 頁〕

(2) *De l'existence à l'existant*, p. 93–94.〔『実存から実存者へ』，122 頁〕イリヤは，この著作の「中心概念」をなす (p. 80)〔同書 103 頁〕。Cf. *Le temps et l'autre*,

p. 25-26〔レヴィナス『時間と他者』, 12-15 頁〕; *Éthique et infini*, p. 45 sq.〔レヴィナス『倫理と無限』, 51 頁以下〕

(3) *Ibid.*, p 94.〔レヴィナス『実存から実存者へ』, 123 頁〕

(4) *Ibid.*, p. 109.〔同書, 141 頁〕

(5) *Le temps et l'autre*, p. 26〔レヴィナス『時間と他者』, 14 頁〕; cf. *De l'existence à l'existant*, p. 95.〔レヴィナス『実存から実存者へ』, 123 頁〕

(6) *De l'existence à l'existant*, p. 99.〔レヴィナス『実存から実存者へ』, 129 頁〕

(7) *Ibid.*, p. 48 et 149 ; 96 et 111 ; 121 ; 100.〔同書, 64 頁, 183 頁, 125 頁, 143 頁, 152 頁, 129 頁〕

(8) *Ibid.*, p. 94.〔同書, 122 頁〕

(9) *Le temps et l'autre*, p. 28〔レヴィナス『時間と他者』, 17 頁〕; cf. Héraclite *DK* 91〔ヘルマン・ディールス, ヴァルター・クランツ編『ソクラテス以前哲学者断片集』第 I 分冊, 内山勝利・国方栄二・藤沢令夫・丸橋裕・三浦要・山口義久訳, 岩波書店, 1996 年, 第二章「ヘラクレイトス」, 335 頁〕et Aristote, *Métaphysique*, Γ 5, 1010 *a*, 10-15〔アリストテレス『形而上学』出隆訳, (旧)『アリストテレス全集』第 12 巻, 岩波書店, 1968 年, 191 頁〕

(10) « La proximité de l'autre », in *Altérité et transcendance*, p. 109.〔レヴィナス『他性と超越』, 104-105 頁〕

(11) *De l'existence à l'existant*, p. 95.〔レヴィナス『実存から実存者へ』, 124 頁〕

(12) « La proximité de l'autre », in *Altérité et transcendance*, p. 109.〔レヴィナス『他性と超越』, 105 頁〕

(13) *De l'existence à l'existant*, p. 100.〔レヴィナス『実存から実存者へ』, 129 頁〕

(14) *Totalité et infini*, p. 165.〔レヴィナス『全体性と無限』(下), 22 頁〕; cf. p. 257.〔同書, 220 頁〕

(15) *Ibid.*, p. 66 ; 116 ; 117 ; 133 et 236 ; 239.〔レヴィナス『全体性と無限』(上), 177 頁, 284 頁, 287 頁, 324 頁, レヴィナス『全体性と無限』(下), 174 頁, 180 頁〕

(16) *Autrement qu'être ou au-delà de l'essence*, p. 4.〔レヴィナス『存在の彼方へ』, 23 頁〕

(17) *Ibid.*, p. 207.〔同書, 370 頁〕

(18) « La signification et le sens », in *Humanisme de l'autre homme*, p. 37.〔レヴィナス『他者のユマニスム』, 59 頁〕

(19) *Autrement qu'être ou au-delà de l'essence*, p. 208.〔レヴィナス『存在の彼方へ』, 370-371 頁〕

(20) *De l'existence à l'existant*, p. 122.〔レヴィナス『実存から実存者へ』, 153-154 頁〕より詳細な分析については以下を参照。Cf. « Le corps de la différence », in *Dramatique des phénomènes*, p. 75 sq.〔ディディエ・フランク『現象学を超

えて』本郷均・米虫正巳・河合孝昭・久保田淳訳，萌書房，2003年，79頁以下〕

(21) *Ibid.*, p. 123.〔レヴィナス『実存から実存者へ』，154頁〕

(22) *Ibid.*, p. 124.〔同書，156頁〕

(23) *Ibid.*, p. 125.〔同上。なおレヴィナスの原文には「名詞化可能＝命名しうる」，「同定可能な」という形容詞はない〕

(24) *Ibid.*, p. 133.〔同書，165頁〕

(25) *Ibid.*, p. 142.〔同書，176頁〕

(26) *Wissenschaft der Logik*, Die Lehre vom Sein (1832), éd. citée, p. 71.〔ヘーゲル『大論理学』上巻の1，78頁〕

(27) *Autrement qu'être ou au-delà de l'essence*, p. 208.〔レヴィナス『存在の彼方へ』，370頁〕

(28) *Ibid.*〔同書，371-372頁〕

(29) *Ibid.*, p. 209.〔同書，372頁〕

(30) *Ibid.*, p. 81.〔同書，160頁〕〔部分的には〕すでに引用した。Cf. p. 93.〔同書，180頁〕

(31) *Ibid.*, p. 161.〔同書，290頁〕

(32) *Ibid.*, p. 209〔同書，373頁〕; cf. p. 230.〔同書，407頁〕

(33) *Ibid.*, p. 209-210.〔同書，374頁〕

(34) *Ibid.*, p. 210.〔同上〕

(35) Husserl, *Ideen zu einer reinen Phänomenologie und phänomenologischen Philosophie*, §79, Husserliana, Bd. III, 1, p. 174.〔フッサール『イデーンI-II』渡辺二郎訳，みすず書房，1984年，65頁〕レヴィナスは，1929年にこの著作について扱った研究において，懐疑論と現象学との対立を強調している。Cf. «Sur les *Ideen* de M. E. Husserl», in *Les imprévus de l'histoire*, p. 56, 58 sq.〔レヴィナス『歴史の不測』，44，46頁〕ここでわれわれは，懐疑論とそれへの反駁についてのこの解釈をそれ自体で検討する必要はないが，ただ次のことは強調しておかなければならない。すなわち，レヴィナスが，懐疑論とそれへの反駁に対して担わせた役割は，両者に対してフッサールが与えた規定に依存しているということである。仮にレヴィナスが，厳密には懐疑論に対していかなる反駁も提起していないヘーゲルに従って，懐疑論というものを，自己意識の一契機となった，弁証法の否定的運動とみなしていれば，彼は，懐疑論とそれへの反駁に対して，〔フッサールが与えたのと〕同様の役割を与えることはできなかっただろう。Cf. *Phënomenologie des Geistes*, éd. citée, p. 141.〔ヘーゲル『精神の現象学』（上），205頁〕

(36) *Autrement qu'être ou au-delà de l'essence*, p. 213.〔レヴィナス『存在の彼方へ』，380-381頁〕

(37) *Ibid.*, p. 213 et p. 217.〔同書，380頁，387頁〕

(38)　*Ibid.*, p. 211.〔同書，377 頁〕
(39)　*Ibid.*, p. 212.〔同書，378 頁〕
(40)　« Le Moi et la Totalité », in *Entre nous*, p. 45.〔レヴィナス『われわれのあいだで』，47 頁〕
(41)　*Autrement qu'être ou au-delà de l'essence*, p. 218.〔レヴィナス『存在の彼方へ』，388 頁〕
(42)　*Ibid.*, p. 217.〔同上〕
(43)　*Ibid.*, p. 214–215.〔同書，383 頁〕
(44)　*Ibid.*, p. 216.〔同書，385 頁〕
(45)　*Ibid.*, p. 214.〔同書，382 頁〕Cf. *Totalité et infini*, p. 10〔レヴィナス『全体性と無限』（上），55 頁〕:「われわれは，〈同〉と〈他〉とのあいだで全体性を構成することなく立てられる紐帯のことを，宗教と呼ぶことを提案する」。
(46)　*Ibid.*〔レヴィナス『存在の彼方へ』，382 頁〕
(47)　*Ibid.*, p. 213.〔同書，380 頁〕
(48)　*Ibid.*, p. 216.〔同書，386 頁〕
(49)　*Ibid.*, p. 205.〔同書，365 頁〕すでに引用した。
(50)　*Ibid.*, p. 201.〔同書，360 頁〕すでに引用した。
(51)　*Ibid.*, p. 207.〔同書，369 頁〕

第 22 章

(1)　« Le Moi et la Totalité », in *Entre nous*, p. 29.〔レヴィナス『われわれのあいだで』，26 頁〕
(2)　*Ibid.*〔同書，25 頁〕
(3)　*Ibid.*, p. 30.〔同書，27 頁〕
(4)　*Ibid.*, p. 31.〔同書，28–29 頁〕
(5)　*Ibid.*, p. 33.〔同書，31 頁〕
(6)　*Ibid.*, p. 32.〔同書，29 頁〕
(7)　*Ibid.*〔同書，29–30 頁〕
(8)　*Ibid.*, p. 31.〔同書，29 頁〕
(9)　*Ibid.*, p. 32.〔同書，30 頁〕
(10)　Cf. *ibid.*, p. 30.〔同書，27 頁〕
(11)　*Ibid.*, p. 34.〔同書，32 頁〕
(12)　*Ibid.*〔同書，32–33 頁〕
(13)　*Ibid.*, p. 33.〔同書，32 頁〕
(14)　*Ibid.*, p. 29–30.〔同書，26 頁〕
(15)　« Transcendance et hauteur » (1962), in *Liberté et commandement*, p. 90.〔レ

ヴィナス『歴史の不測』，267 頁〕

(16) «Le Moi et la Totalité», in *Entre nous*, p. 34.〔レヴィナス『われわれのあいだで』，33 頁〕

(17) *Autrement qu'être ou au-delà de l'essence*, p. 98.〔レヴィナス『存在の彼方へ』，188 頁〕すでに引用した。

(18) *Totalité et infini*, p. 175〔レヴィナス『全体性と無限』（下），46 頁〕et *République*, I, 327 *c*.〔プラトン『国家』藤沢令夫訳，『プラトン全集』第 11 巻，岩波書店，1976 年，23 頁〕

(19) «Monothéisme et langage», in *Difficile liberté*, p. 233〔レヴィナス『困難な自由』，235 頁〕; cf. *Liberté et commandement*, p. 36 sq.〔レヴィナス『歴史の不測』，223 頁以下〕

(20) «Langage et proximité», in *En découvrant l'existence avec Husserl et Heidegger*, p. 233.〔レヴィナス『実存の発見』，343 頁〕

(21) «Le Moi et la Totalité», in *Entre nous*, p. 34.〔レヴィナス『われわれのあいだで』，33 頁〕「〔ここで言われていることは〕神学的なものを何ももたないテーゼである」とレヴィナスは明言している。

(22) «Langage et proximité», in *En découvrant l'existence avec Husserl et Heidegger*, p. 236.〔レヴィナス『実存の発見』，349 頁〕これは，当該の論考〔「言語と近しさ」〕の最後を飾る文言である。なお，この論考は，『存在するとは別の仕方で，あるいは存在することの彼方へ』の概略であることを想起しておこう。

(23) «Roger Laporte et la voix de fin silence», in *Noms propres*, p. 137.〔レヴィナス『固有名』，147 頁〕

(24) «Dieu et la philosophie», in *De Dieu qui vient à l'idée*, p. 113.〔レヴィナス『観念に到来する神について』，135 頁〕

(25) *Ibid.*, p. 113–114.〔同上〕

(26) *Ibid.*, p. 115.〔同書，136–137 頁〕

(27) «La signification et le sens», in *Humanisme de l'autre homme*, p. 58〔レヴィナス『他者のユマニスム』，93 頁〕; *Totalité et infini*, p. 116.〔レヴィナス『全体性と無限』（上），284 頁〕すでに引用した。

結 論

(1) *Autrement qu'être ou au-delà de l'essence*, p. 233.〔レヴィナス『存在の彼方へ』，413 頁〕

(2) «La signification et le sens», in *Humanisme de l'autre homme*, p. 38.〔レヴィナス『他者のユマニスム』，60 頁〕

(3)　Cf. Heidegger, «Die onto-theo-logische Verfassung der Metaphysik», in *Identität und Differenz*, GA. Bd. 11, p. 77〔ハイデッガー『同一性と差異性』大江精志郎訳，『ハイデッガー選集』第10巻，理想社，1960年，75頁〕et Pascal, *Pensées*, §711 (Mémorial), in *Œuvres complètes*, La Pléiade, t. 2, p. 851.〔パスカル『パンセ II』前田陽一・由木康訳，中央公論新社，2001年，301頁〕

(4)　«Dieu et la philosophie», in *De Dieu qui vient à l'idée*, p. 96–97.〔レヴィナス『観念に到来する神について』，117頁〕

(5)　*Autrement qu'être ou au-delà de l'essence*, p. 158.〔レヴィナス『存在の彼方へ』，284頁〕一部はすでに引用した。

(6)　Nietzsche, 1884, 26 (72).〔ニーチェ「遺された断想」，『ニーチェ全集』第II期第7巻，薗田宗人訳，白水社，1984年，220頁〕; cf. 1884, 25 (460)〔同書，177頁〕ここで諸衝動は「長らく維持されてきた価値評価の波紋〔結果〕」として定義されている。

(7)　Cf. 1885, 43 (1).〔ニーチェ「遺された断想」，『ニーチェ全集』第II期第8巻，536頁〕すでに引用した。

(8)　«Philosophie et transcendance», in *Altérité et transcendance*, p. 48〔レヴィナス『他性と超越』，43頁〕; cf. «La conscience non intentionnelle» et «De l'Un à l'Autre. Transcendance et temps», in *Entre nous*, p. 151 et 169.〔レヴィナス『われわれのあいだで』，188–189頁，211頁〕次のことを付け加えておこう。哲学がその歴史において本質的＝存在的主観性と縁を切った「驚異的な数々の瞬間」のなかに，レヴィナスが並べているのは，「ニーチェ的人間であり，それは，世界の存在を，超人への移行において払い落とす者であり，存在を括弧入れを用いて還元するのではなく，前代未聞の言葉の暴力によって還元する者であり，世界を失墜させるアフォリズムの言葉によって織り上げられた世界を，踊りと笑いという〈語らざるもの〉(non-dire)（なぜだかわからないが，それは悲劇的であり深刻であり，狂気の淵にある）によって解体する者である。すなわち，彼は，永遠回帰の思想によって，（受動的総合の）老化の時間から身を退く者なのである」。別の箇所で，類似の文脈において，レヴィナスは，ニーチェが「不可逆的時間」を反転させている (renverser) と明言する。したがって，これらの指摘が提起する解釈上の諸問題は措くとして，レヴィナスは，実に，存在論的な永遠回帰思想と存在論的ならざるもうひとつの永遠回帰思想という二つの永遠回帰思想を区別しているのである。Cf. «Sans identité», in *Humanisme de l'autre homme*, p. 94–95〔レヴィナス『他者のユマニスム』，155–156頁〕et *Autrement qu'être au au-delà de l'essence*, p. 10.〔レヴィナス『存在の彼方へ』，35頁〕G. プチドマンジュは，これらのテキストのうちの一つを引用して，すでにレヴィナスとニーチェの関係の重要性を強調している。Cf. «Levinas : phénoménologie et judaïsme», in *Philosophes*

& Philosophies du XXe siècle, p. 283, n. 31.

(9) Cf. Nietzsche, 1886–1887, 5 (71), §6.〔ニーチェ「遺された断想」,『ニーチェ全集』第II期第9巻, 三島憲一訳, 白水社, 1984年, 278頁〕

(10) Cf. *supra*, chap. VI, *in fine*.〔本書第6章末尾参照〕

(11) «La révélation dans la tradition juive», in *L'au-delà du verset*, p. 179〔レヴィナス『聖句の彼方』, 244頁〕; cf. «De la déficience sans souci au sens nouveau» et «Herméneutique et au-delà», in *De Dieu qui vient à l'idée*, p. 86 et 167–168.〔レヴィナス『観念に到来する神について』, 106頁, 206頁〕

(12) «La signification et le sens», in *Humanisme de l'autre homme*, p. 38.〔レヴィナス『他者のユマニスム』, 60頁〕

(13) Cf. «Infini», in *Altérité et transcendance*, p. 70.〔レヴィナス『他性と超越』, 65頁〕

(14) «La signification et le sens», in *Humanisme de l'autre homme*, p. 38.〔レヴィナス『他者のユマニスム』, 60頁〕

(15) «La substitution», in *Revue philosophique de Louvain*, 3/1968, p. 490.

(16) Cf. *Autrement qu'être ou au-delà de l'essence*, p. 200.〔レヴィナス『存在の彼方へ』, 358頁〕すでに引用した。

(17) *Sein und Zeit*, §6, p. 25〔ハイデガー『存在と時間I』, 64頁〕; *Kant und das Problem der Metaphysik*, §44, GA, Bd. 3, p. 240.〔ハイデッガー『カントと形而上学の問題』,『ハイデッガー全集』第3巻, 門脇卓爾・H. ブフナー訳, 創文社, 2003年, 232頁〕ギリシャ語のοὐσία〔ウーシア〕もドイツ語のAnwesenも, ともに所有物, ひとが所有しているもの, 財を意味する。

(18) «Totalité et totalisation», in *Altérité et transcendance*, p. 67.〔レヴィナス『他性と超越』, 62頁〕この文章を引用できるように, われわれは, 不定形 (*formuler*) の代わりに複合過去形 (*ont formulé*) を用いた。

(19) «De la signifiance du sens», in *Hors sujet*, p. 138.〔レヴィナス『外の主体』, 150頁〕

(20) «La philosophie et l'idée de l'Infini», in *En découvrant l'existence avec Husserl et Heidegger*, p. 171.〔レヴィナス『超越・外傷・神曲』, 362頁〕

(21) «La pensée de Martin Buber et le judaïsme contemporain», in *Hors sujet*, p. 25.〔レヴィナス『外の主体』, 21頁〕

(22) «Dieu et l'onto-théo-logie» et «La mort et le temps», in *Dieu, la mort et le temps*, p. 154 et p. 40.〔レヴィナス『神・死・時間』, 185頁, 42頁〕この二つの発言は, 同日に行われた二つの異なる講義〔「死と時間」と「神と存在－神－論」〕の際に口にされたものである。

(23) Heidegger, «Aletheia (Heraklit, fragment 16)», in *Vorträge und Aufsätze*, GA, Bd. 7, p. 284.〔ハイデッガー『ロゴス・モイラ・アレーテイア』, 121頁〕

ἀλήθεια，λήθη，Ereignis のあいだの関係に関しては，以下を参照。Cf. *Heidegger et le christianisme.*〔ディディエ・フランク『ハイデッガーとキリスト教』中敬夫訳，萌書房，2007 年〕

(24) *Autrement qu'être ou au-delà de l'essence*, p. x.〔レヴィナス『存在の彼方へ』，9 頁〕すでに引用した。

(25) « Philosophie et religion », in *Noms propres*, p. 121.〔レヴィナス『固有名』，127 頁〕

(26) レヴィナスが，現象性は「esse〔存在すること〕固有の――「Ereignis」，「性起」という――出来事」であり，「Sein〔存在〕とは Ereignis〔性起〕である」と確言するとき，ハイデガーの言っていることを，間違って反対の意味で取っている。実際，「時間と存在」と題された講演の運びに従えば，「存在は，Ereignis の一様態であって，Ereignis が存在の一様態であるのではない」からである。ハイデガーは，続く段落でさらに次のように書いている。「存在は Ereignis のなかに消失する」。Cf. « Zeit und Sein », in *Zur Sache des Denkens*, GA, Bd. 14, p. 26 et 27〔ハイデッガー『思索の事柄へ』，42 頁，43 頁〕; Levinas, *Autrement qu'être ou au-delà de l'essence*, p. 123〔レヴィナス『存在の彼方へ』，230 頁〕et « Questions et réponses », in *De Dieu qui vient à l'idée*, p. 146.〔レヴィナス『観念に到来する神について』，180 頁〕「「時間と存在」における Ereignis は，『存在と時間』のなかにすでにある」という〔レヴィナスの〕テーゼに対して，次のように答えなければならない。すなわち，もし『存在と時間』にありえないものがあるとすれば，それは，まさに Ereignis である，と。Cf. « La mort et le temps », in *Dieu, la mort et le temps*, p. 44.〔レヴィナス『神・死・時間』，47 頁〕さらに，次のことを想起しておくことは，おそらく無駄ではないだろう。すなわち，1959 年の時点で，ハイデガーは，思惟すべきことを名づけるのに，25 年以上前から，Ereignis という語を用いていることを明示的に指示していたということである。Cf. « Der Weg zur Sprache », in *Unterwegs zur Sprache*, GA. Bd. 12, p. 248, n. 2.〔ハイデッガー『言葉への途上』，322 頁〕

(27) Heidegger, *Nietzsche II*, GA, Bd. 6. 2, p. 304.〔ハイデッガー『ニーチェ II』，314 頁〕

(28) « Der Weg zur Sprache », in *Unterwegs zur Sprache*, GA, Bd. 12, p. 251.〔ハイデッガー『言葉への途上』，326 頁〕

(29) « Die Sprache », in *Unterwegs zur Sprache*, GA, Bd. 12, p. 27.〔同書，28 頁〕

(30) « Dieu et l'onto-théo-logie », in *Dieu, la mort et le temps*, p. 173.〔レヴィナス『神・死・時間』，210 頁〕われわれは Läute ではなく Geläut と読む。Cf. *I Rois*, XIX, 11–12〔『列王記上』19 章 11–12 節〕; *Autrement qu'être ou au-delà de l'essence*, p. 172〔レヴィナス『存在の彼方へ』，307 頁〕et « Dieu et la philo-

sophie », in *De Dieu qui vient à l'idée*, p. 118.〔レヴィナス『観念に到来する神について』，140 頁〕

(31)　*Isaïe*, XLIV, 6, trad. J. Koenig.〔『イザヤ書』44 章 6 節。新共同訳では「私は初めであり終わりである。私をおいて神はない」〕

(32)　Cf. Heidegger, *Beiträge zur Philosophie*, Bd. 65, p. 403 sq.〔ハイデッガー『哲学への寄与論稿』，『ハイデッガー全集』第 65 巻，大橋良介・秋富克哉・H. ブフナー訳，創文社，2005 年，437 頁以下〕